国家社会科学基金项目（06bzx050）

经济逻辑导论

JINGJI LUOJI DAOLUN

瞿麦生　等著

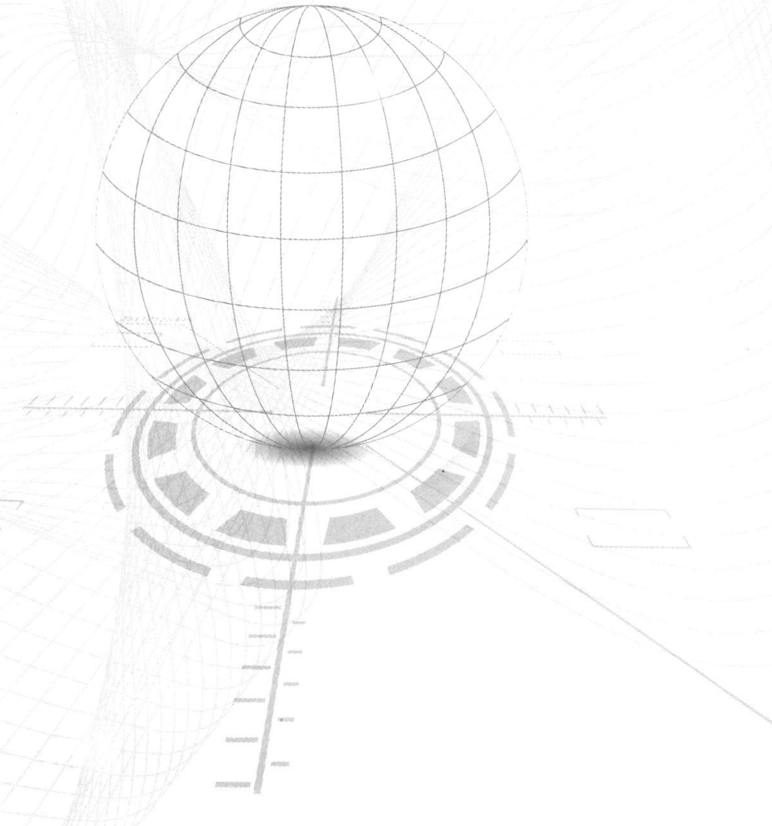

人民出版社

我认为《经济逻辑导论》不仅体现了经济学与逻辑学两大学科的融合趋向，而且较深入地探索了经济学内在的逻辑规律，因此，本书确实值得经济学界人士一读。

——成思危

中国学者的工作并不落后于人后，只是常常难以得到应有的评价，除非已经有洋人在同样的领域取得了成绩，经济逻辑就是这样的一个例子。

——蔡曙山

《经济逻辑导论》进行了开创性和有特色的研究。该书对中国经济逻辑研究、对丰富经济学方法论具有不可低估的学术价值、理论价值，对推进社会经济活动及逻辑学应用，具有重要的实践指导意义。

目　录

第一编　经济逻辑概论

第二编　经济思维原则论

第三编　经济思维程序论

第五编　经济学悖论

第六编　辅　论

序　一

数月以前，瞿麦生教授托人请我为他的新著《经济逻辑导论》作序，我最初并不想承担此事。一是由于我确实事务繁忙，国内外讲学和学术会议的邀请很多，自己还要做一些学术研究；二是因为我虽然对经济学略有所知，但对逻辑学仅略知皮毛，不敢轻易对“经济逻辑”妄加评论。对于严肃的学术专著，我也不愿意像有些名人那样，在别人起草的序言上直接或略加修改后就签上自己的名字。但是有两个原因使我未能遽然谢绝，一是我确实有点好奇心和求知欲，想知道“经济逻辑”的内涵。因为就我的粗浅了解，任何学科都离不开逻辑思维，“经济逻辑”究竟是概念的炒作，还是一门交叉科学？二是因为作者是逻辑学界的知名学者，又与我同为民建会员。因此我决定请作者将书稿寄给我阅读以后再决定是否为他写序，收到书稿后利用零星时间浏览了一遍，才决定提笔。

我曾经在《试论科学的融合》一文（载于《自然辩证法研究》1998 年第 1 期）中指出，科学融合的趋向正在兴起，我们应当全面深入地认识客观世界的系统性及系统的复杂性，发展并完善定性与定量相结合的综合集成方法。我认为“经济逻辑”不仅体现了经济学与逻辑学两大学科的融合趋向，而且较深入地探索了经济学内在的逻辑规律，因此本书确实值得经济学界人士一读，并建议在阅读时注意以下几点。

一是作者提出的经济思维原则，包括层次性原则、富集性原则、确定性原则和论证性原则。粗看起来这几项原则并无太多新意，但从书中的理论论述和结合经济学的实例看来，作者确实下过一番工夫。坦率地说，作为一个管理学家，我并不完全认同作者的某些观点，例如对 Saaty 的层次分析法的过分推崇，对经济衰退原因的劣势富集解析等；有些理论也可以落入模糊数学、复杂性科学等理论的窠臼。但是作者从经济思维的层次性、富集性、博弈性、共生性和概率性所推演出来的这几条经济思维原则还是有参考价值的。

二是本书论述的经济思维程序，特别是经济决策的逻辑。尽管从管理学家的角度看来，有些论述不够深透，但也确实展现了一位逻辑学家对经济思维程序的思考，是值得读者玩味的。我最感兴趣的还是作者对经济学悖论的阐述，有些观点确实应引起读者的思考。例如作者对期望效用理论上的阿莱斯悖论和交换悖论的论述，反映了逻辑学家的思维特色。

三是本书论述的经济思维方法，更多地体现了逻辑学作为以推理为主的思维科学的特色。我建议读者特别注意第 19 章（演绎主义方法论传统的新解读），以及第 20 章（开创金融物理学的类比启发法），或许可以得到一些教益。

经济学本身就是一门众说纷纭的科学，本书的许多观点可能会得到逻辑学家的认同，但有一些观点可能会受到经济学家和管理学家的质疑。我认为科学的融合本身就是一个相互了解和磨合的过程，只有在质疑和释疑的过程中才能实现理论的升华。这一点上世纪 80 年代末至 90 年代初关于“制约逻辑”的学术争论中可以得到一些借鉴。为此我希望读者能认真了解作者的观点，也希望作者能运用辩证逻辑和数理逻辑等方法，继续深入研究经济学中定性和定量的分析方法，从逻辑学的角度给出更完满的解释，将《经济逻辑导论》提升为《经济逻辑学》。

成思危

2012 年 12 月 6 日

序　　二

2011年，卡尼曼（Daniel Kahneman）出版了他的著作《思维，快的与慢的》（Thinking, Fast and Slow），此时距他获得诺贝尔经济学奖（2002）已经整整十个年头。

看到此书时，我正在伯克利加州大学做访问研究。我被本书奇特的思路、创新的方法、缜密的研究和新颖的结论所吸引。卡尼曼发现，我们的思维受两个系统的驱动，系统1是快的，它是直觉的和情感的；系统2是慢的，它是精确计算的和逻辑的。卡尼曼是心理学家，他将心理学与逻辑学相结合，并将思维的一快一慢两个模型应用于经济决策研究。他建立的前景理论（Prospect Theory）得出一些重要的结论：大多数人在面临盈利时是风险规避的；大多数人在面临损失时是风险偏爱的；人们对损失比对获得更敏感。卡尼曼和特沃斯基（Amos Tversky）的这项领先的研究工作使他们荣获诺贝尔经济学奖。

思维无处不在。因此，逻辑无处不在。在经济决策和其他一切经济发展过程中，同样少不了思维与逻辑。但是，将思维和逻辑与经济研究相结合，却只是晚近的事。在雷歇尔（Nicholas Rescher）的逻辑图（Rescher, 1968）和哥布尔（Lou Goble）的哲学逻辑序言中（Gobel, 2001），均未给予经济逻辑应有的地位。2002年卡尼曼获得诺贝尔经济学奖后，人们用不一样的眼光重新注视经济与决策过程中的逻辑。

中国学者的工作并不落于人后，只是常常难以得到应有的评价，除非已经有洋人在同样的领域取得了成就。经济逻辑就是这样的一个例子。

本书作者瞿麦生教授致力于经济逻辑教学与研究已近三十年。1983年,他与陈孟麟、郑功伦等共同发起、创建了全国第一个财经类院校逻辑教师学术团体“中国经济逻辑研究会”。1987年出版的《工作与逻辑》被誉为经济逻辑奠基之作,获首届金岳霖学术奖、中国逻辑学会优秀学术成果奖。2002年,他组织并主持召开的全国经济逻辑会议,中共中央政治局委员张立昌为之题词:“创新发展”,标志着我国经济逻辑研究开始进入一个新的更高的发展阶段。是年,他担任中国逻辑学会经济逻辑专业委员会主任。2005年,他创立了全国第一个经济逻辑创新研究中心。2006年,他主持国家社会科学基金项目“经济逻辑研究”,本书即为该项目研究的最终成果。

本书分为六编。第一编系论述经济逻辑的原理、功能、研究方法;第二编从思维层面展开论述经济思维的原则,包括层次性原则、富集性原则、确定性原则和论证性原则;第三编是本书核心,全面展开经济逻辑诸系统,包括经济信息的逻辑、经济问题的逻辑、经济预测的逻辑、经济决策的逻辑、经济决策偏好的逻辑;第四编经济思维方法论;第五编经济逻辑悖论;第六编辅论。本书可谓洋洋大观,是作者多年在经济逻辑领域辛勤耕耘的收获之作,对我国经济逻辑的发展,必将发挥积极的推动作用。

今日,经济逻辑学科已经得到国家和学术界普遍认可。但我国的经济逻辑研究,与我国的逻辑学发展一样,和欧美先进国家相比,仍然有不小的差距。一个重要的方面,就是学科的交叉与综合发展。卡尼曼所以取得那样的成就,是他将心理学与逻辑学、数学、经济学的方法共同运用于经济决策研究。卡尼曼的研究表明,经济学研究中的理性人假设并不成立,在经济决策的过程中,无意识或心理加工的系统和逻辑分析的系统共同发生作用。这不仅对经济学研究提出挑战,也对逻辑学研究包括经济逻辑研究提出了挑战。在应对这种挑战和回答这些重大理论问题的过程中,我国的逻辑学包括经济逻辑一定会得到进一步的发展。我们期望本书作者和他的团队在今后的研究工作中取得更多的新的成果。

蔡曙山

北京龙湖香醍,耕读斋中

2013 年 7 月 8 日

蔡曙山,清华大学心理学系教授,博士生导师,清华人学心理学与认知科学研究中心主任,教育部 985 工程认知科学研究基地主任。

现任国内学术职务:中国认知科学学会理事,中国逻辑学会副会长、中国逻辑学会符号学专业委员会主任,北京市自然科学和社会科学界联合会顾问。

曾任和现任的国际学术职务:联合国教科文组织国际历史和科学哲学联合会下属逻辑学、方法论和科学哲学协会协理(Assessor ofIntemational Union of History&Philosophy of Science/ Division of Logic, Methodology and Philosophy ofScience, IUHPS/ DLMPS);国际符号学研究会执行理事(Council Member of Intemational Association forSemiotics Studies. IASS/AIS);国际符号交际学院会 l:(Fellow oflnternational Communicology Institute,ICI);第 13 届国际逻辑学、方法论和科学哲学大会组委会第一副主席(First Vice - Chairman ofthe OrganizingCommittee of 13th Intemational Congress of Logic, Methodology and Philosophy of Science).

序　三

《经济逻辑导论》，是经济学与逻辑学交叉研究的成果。它以促进经济逻辑学学科发展为宗旨，以经济学为研究对象，以逻辑学为研究工具，吸收国际国内相关学科研究的最新成果，联系经济活动和经济学研究的实际，对经济逻辑的基本理论，进行了开创性和有特色的研究。该书对中国经济逻辑研究、对丰富经济学方法论具有不可低估的学术价值、理论价值，对推进社会经济活动、逻辑学应用具有重要的实践指导意义。

该书的突出特点是构建了经济逻辑这门新学科的理论框架，系统地阐释了经济逻辑的基本理论。该专著正文共分五编，22章，第六编辅论，阐述了6个重要问题。第一编是经济逻辑引论，论述了经济逻辑的概念、性质、功能、特点、研究方法及发展趋势。本编以经济思维的特征分析为逻辑起点，总结概括出经济思维的规律——经济思维的层次性、富集性、确定性和论证性四大原则，统率着经济思维程序纵向路径各环节的逻辑研究，直至经济思维的方法论研究和经济学悖论的研究，简明扼要地勾画出经济逻辑的基本理论体系，概念明确，分析清晰，奠定了全书的理论基础。第二编是经济思维原则论，具体详细论述了四大原则。特别是经济思维层次性原则和富集性原则，可以说是对经济逻辑理论具有原创性的理论贡献。第三编是经济思维程序论，它是该书的重点，全面展开对经济思维本体论的纵向路径如信息、问题、预测和决策等各环节的逻辑研究，分析透彻，有理有据，凸现了该书的特色。第四编是经济思维方法论，对经济学中的思维方法，进行重点梳理和分析,具有较强的理论意义和现实意义。第五编是经济学悖论。悖论是促进理论发展的启动器。经济逻辑为经济学悖论的破解,提供了新的理论工具。例如,该书提供了运用经济思维层次性原则的规律和方法,并将马克思、恩格斯对杜林谬论的批驳作为范例。

总体看,该专著基本概念准确,逻辑严密,结构完整,内容丰富,论述清晰,史论结合,吸收了大量国内外研究的最新成果,是一部有创意、有特色的经济逻辑研究的优秀成果,为我国经济逻辑研究作出了重要贡献。

具体来说,这部经济逻辑学的开创之作,其特色和建树主要体现在以下几个方面:

1.建构了经济逻辑学的理论框架,这为丰富该研究领域的理论内容提供了探索的平台,将极大地推动对该领域进一步的研究。

2.广泛收集、整理了现有文献,系统回顾了经济逻辑学研究的发展历程,对经济逻辑学研究的方法论作了富有启迪意义的探索。

3.对经济活动和经济学理论中的相关问题进行了有深度的研究,尤其探讨了经济思维原则论、经济思维程序论、经济思维方法论,从而丰富了经济学方法论内容。

4.该专著在“经济思维原则论”中提出了经济思维的层次性原则、富集性原则、确定性原则、论证性原则等,对这些原则的讨论具有一定的开创性,特别是结合现当代社会经济活动中的实际例证给出客观分析,言之有据,论证性强。

该专著的学术价值、理论价值或应用价值主要是:

1.该专著是经济学、逻辑学和博弈论等学科的交叉研究,体现了学科交叉、融合的发展特征,对丰富相关学科领域的研究具有重要的理论意义。

2.该专著运用了传统逻辑、现代逻辑和辩证逻辑理论与方法,对促进逻辑学的应用,扩展逻辑学的发展空间有重要的学术价值。

3.该专著根据经济活动和经济学研究的实践,总结概括出经济逻辑学的理论、原则和方法,对指导经济活动的合理化、推进经济学方法论的科学化有重要的应用价值。

当然,该专著虽经三十多年的探索,但作为学科开创之作,难免有些不成熟，有待今后改进、提高。

1.经济逻辑学是一个新兴的研究领域，在现代经济学和现代逻辑科学快速发展的背景下，与此相关的研究和讨论日益活跃，特别是经济学与博弈论的结合，对促进经济学方法论起到了巨大的推动作用，而经济学、逻辑学与博弈论交叉融合更值得深化研究。

建议今后在区分经济活动、经济学理论的基础上，更多地关注、应用现代逻辑讨论相关问题。

2.该书借鉴了近些年来大量的中文研究成果，也借鉴了一些国际学术成果，但对国外成果引鉴吸收还不够，建议作者借鉴更多国外的研究文献，使本成果更具前沿性和开放性。

何向东

（中国逻辑学会副会长、西南大学逻辑学博导、教授）

2013 年 7 月 16 日

自　　序

打开一座新的学术殿堂之门

2011年9月6日，一门新的学科——经济逻辑——经过三十年来的孕育，终于诞生了！这一天，是我们的国家社会科学基金项目"经济逻辑研究"(06BZX050)，经全国哲学社会科学规划办公室审核准予结项，发给结项证书的喜庆日子。这不是一般科研项目的结项，它标志着我们国家和学术界对经济逻辑这门新的学科的认可。

本书《经济逻辑导论》就是该项目的最终研究成果。由此我们将向您打开一座新的学术殿堂之门，一步步把您引入那引人入胜的经济逻辑殿堂寻赜探微。

经济逻辑是研究经济领域的思维结构特征、思维规律和思维方法的学科。它是跨经济学和逻辑学的交叉性学科。经济逻辑虽然是一门新的学科，但其思想却源远流长，从逻辑思想角度考察，可上溯到2500年前中国古代的墨辩逻辑，它可谓最早的经济逻辑；从经济学角度考察，从经济学诞生之时，经济逻辑就已蕴含其中，它反映在经济学理论的各个有机组成部分之中，从经济学的定义、研究范围、理论假设、基本原理到政策主张，都渗透着经济逻辑，它贯穿在经济学的产生、形成与演进的各阶段各环节之中，并对经济学未来的发展产生决定性的影响。斯密的重大贡献不仅在于创立了古典经济学，使经济学成为独立学科，而且为经济学研究提供了经济学和逻辑学相结合的优良传统。尽管发展中个别流派有分离倾向，但主流传统始终未变。经济学的发展需要经济逻辑的理性辩护与支持。面对流派纷呈、特色迥异的庞大的经济学研究领域，要从中梳理出具有清晰脉络的方法体系，必须上升到一定的逻辑范式。经济逻辑殿堂之门已向您打开。

抓住一个有利的契机

目前，世界经济正在迅猛发展，呈现出全球化的趋势，同时也暴露出许多矛盾和问题，急需经济逻辑这一理性思维工具紧急出场，对经济活动和经济学研究的思维加以制导、辩护与支持。但国内的经济逻辑研究基本局限于逻辑学界，这就表现出，一方面，逻辑学界由于缺少经济学素养，对经济学成果的掌握和消化颇显不足，有的甚至基本上是一种经济学内容的逻辑学话语直接转换或“翻译”；另一方面，经济学界虽然一些大师们非常重视经济逻辑的研究与应用，但在一般的经济学研究和经济活动中还是存在着轻视经济逻辑作用的倾向，还没有形成经济逻辑的自觉问题意识。

为此，我们以此为契机，以促进经济逻辑学学科的建立与发展为宗旨，以经济学为目的学科，以逻辑学为工具学科，吸收了国际国内相关学科研究的最新成果，联系经济活动及经济学研究的思维实际，就经济逻辑的基本理论与应用展开了深入的开创性研究。

本书是这一研究的最终成果。它的主要内容大都以论文的形式作为国家社会科学基金项目“经济逻辑研究”课题的阶段性研究成果公开发表过，有的被国际检索，有的由中国人民大学复印资料全文复印转载，有的由全国高校社科文摘（CUAA）“学术前沿”检索，摘要发表。但因专著《经济逻辑导论》的体系和篇幅所限，有许多阶段性研究成果未被吸纳进来。

构建一个新的理论体系

经济逻辑的理论体系是以经济思维的特征为逻辑起点，分析总结出其四种不同形式的思维规律，如经济思维的层次性原则、富集性原则、确定性原则和论证性原则等；追踪其思维进程，直逼其纵向程序中的各个环节，分别概括为经济信息逻辑、经济问题逻辑、经济预测逻辑和经济决策逻辑等各种逻辑系统，再根据其不同结构、不同规则、不同体系和不同方法而分别形成各自的推理逻辑子系统，例如经济博弈逻辑、经济模糊逻辑、风险决策逻辑、经济概率逻辑、经济共生逻辑等。再从经济理论思维角度总结其经济学研究中的多种思维方法就形成了独具特色的经济逻辑方法论；深入分析，还可发现经济理论思维的纠结之处——经济学悖论。

按照上述指导思想、理论体系及思路主线，本书安排了六编内容，其中五编正论，二十二章；一编辅论，论述了六个重要问题。全书从大逻辑观的角度，认真总结、分析、解释和论述了经济逻辑学的基本理论，但它又重点介绍了其他各种视角的经济逻辑学理论研究成果，很有特色。

第一编中对逻辑起点经济思维的分析，对经济逻辑理论体系的阐述，对经济逻辑的社会理性功能的论述，都有自己的特色等。

第二编的经济思维原则论，分四章，详细论述了经济思维的层次性原则、富集性原则、确定性原则和论证性原则及其应用方法。层次性原则、富集性原则具有原创性。特别是在经济思维层次性原则这一章，系统分析研究了经济思维层次性原则的概念、要求及违反要求所犯的逻辑错误；按逻辑思维进程及思维结构特点，把经济思维分为时间层次、空间层次、属性层次、因果层次和组合层次五种类型；介绍了经济思维层次性原则的应用方法——层次分析法，详细阐释了层次分析法的概念、缘起、意义、作用、实施步骤，展示了个案分析示例。在经济思维富集性原则一章，具体阐述了其概念、种类，详细分析了经济思维优势富集性原则与经济发展的关系，详细论述了其先机准则和封杀准则在经济发展中的作用，特别强调了劣势富集原

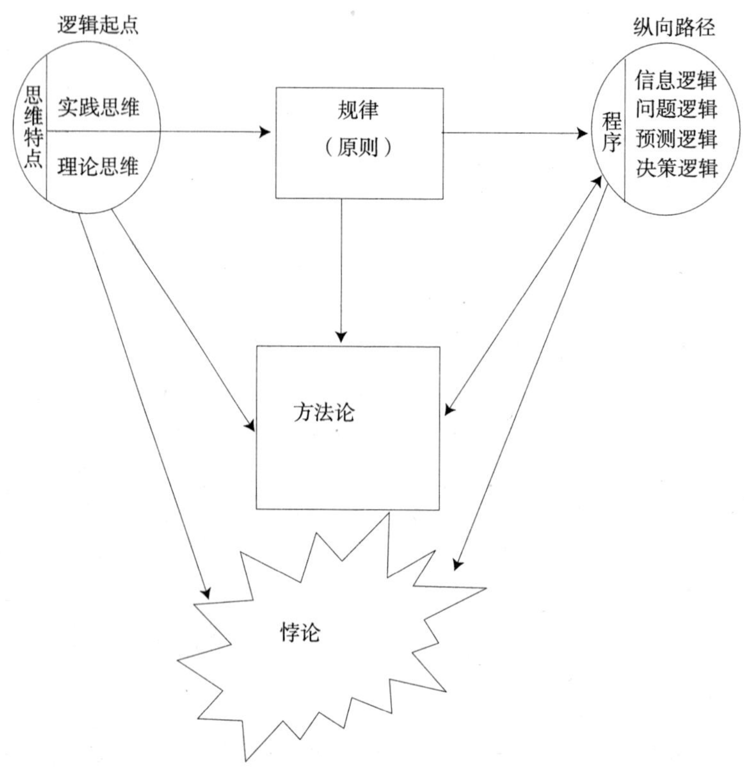

则在分析解释经济危机中的工具作用等。在经济思维确定性原则一章，深入阐述了其概念及特征，论述了确定性原则所包含的五个准则——同一性准则、不矛盾性准则、排他性准则、限度性准则。在经济思维论证性原则一章，系统阐述了其概念、特征、具体要求方法以及违反要求所犯的逻辑错误或谬误。

第三编是经济思维程序论，共分七章，分别从经济活动的信息、问题、预测和决策等几个主要环节来研究其逻辑问题，有经济信息的逻辑、经济问题的逻辑、经济预测的逻辑和经济决策的逻辑。经济决策的逻辑是本编的重点，仅这部分就用四章篇幅，详细分析介绍了博弈决策逻辑、模糊决策逻辑、风险决策逻辑以及经济决策偏好的逻辑。

第四编是经济思维方法论，重点分析研究了经济学研究中的思维方法逻辑，共六章，分别分析研究了：(1)经济学方法论的逻辑要义；(2)逻辑与历史相结合、科学逻辑与辩证逻辑相结合的方法；(3)经济假设的方法论意义;(4)演绎主义方法论传统的新解读;(5)开创金融物理学的类比启发法等。

第五编是经济学悖论,共三章,主要从经济逻辑学角度研究了经济学悖论及其方法论意义,重点对阿莱斯悖论和埃尔斯伯格悖论进行了逻辑评析。

第六编是辅论,共阐述了经济逻辑的六个重要问题。其中,两个主要是分别分析研究了墨子经济逻辑思想和儒家譬式思维方法的经济逻辑价值;一个是关于经济逻辑研究的新方法——概率动态认知逻辑的;三个是分别介绍经济逻辑研究的辩证逻辑视角、科学逻辑视角和共生逻辑视角。

我作为该课题组主持人,高兴地看到,反映我们最终研究成果的这部经济逻辑学专著,集中体现了课题组成员较深的学术造诣。在课题攻关期间,我们团结合作,学科优势互补,共同站在一个新的高度,各自采取一个新的角度,使用一些新的案例,集中说明一个个新的观点,创作出了一部思想新、成果精的著作。

展示一部新著的诱人之处

本书作为"经济逻辑研究"国家课题的最终研究成果,有如下诱人之处:

1.前沿学科引导的成果。经济逻辑学是经济学、逻辑学等多个学科研究的一个前沿课题。经济学作为一门独立的学科,从斯密创立至今时间不算长,但其发展无论是在国外,还是在国内,都非常迅猛,新理论不断涌现,应用范围不断拓展,研究方法不断创新。在诺贝尔经济学奖获得者大师们研究的前沿学科的引导下,经济逻辑获得了骄人的发展,本书即为其初步研究成果。

2.经济学与逻辑学联姻的产物。现代科学发展的总趋势是相互借助力量,相互影响,相互渗透,日益趋于精深,或拓宽疆域,或新生分支学科。经济现象复杂纷繁,单从经济学分析是难有作为的。我们将逻辑学与经济学结合起来,使用逻辑学的理论方法,根据经济活动与经济学研究实际的思维特点来研究，写下了本书。它是二者联姻的产物，效果好，体现了其历史走向，具有时代特征。

3.承传与创新相结合的新著。这本书既注意发掘、继承逻辑学和经济学的优良传统，吸收前人成果的精华，更努力于新的探索。例如，著作以经济思维为逻辑起点，在对其特点进行分析的基础上，按照经济活动程序的纵向路径，大胆构建了经济逻辑的独具特色的理论体系，特别是在理论阐述的过程中，提出了许多诸如“层次性、富集性经济思维原则”及“对经济学的逻辑解读法"等一大批新观点、新方法，既具有理论意义，又具有实践意义。

总之，这些研究成果既有学术性又具有实用价值。它深入浅出，事例丰富生动，便于将科研成果转化为生产力（工作、生活的智慧）。

瞿麦生

2013年7月于天津

第一编　经济逻辑概论

经济逻辑是关于“选择智慧”的科学，它的主要任务就是要通过对经济领域中的思维结构、思维规律和思维方法的研究，来提高人们的选择智慧，即提高人们在复杂情况下权衡各种影响因素，并以最为智慧的方式作出正确抉择的能力。社会经济发展要靠这种智慧，个人成功也要靠这种智慧。“选择智慧”是我们这个时代的最高智慧。著名管理学家彼得·德鲁克曾说，21世纪是一个选择的世纪，未来的历史学家如果回顾今天，他们会记得今天最大的改革并不是技术方面或网络方面的革新，而是人类拥有了选择的权利。[1]

那么，为什么要单独提出经济逻辑？经济逻辑的研究对象是什么，它有什么意义和特点，怎么进行研究？本编分三章，分别从经济逻辑的研究对象（第一章）、功能特点（第二章）和研究方法（第三章）等不同角度，概括介绍了经济逻辑的基本概念和理论体系，从而向您打开经济逻辑这座新的学术殿堂的大门。

第一章　经济逻辑的概念

经济逻辑的诞生顺应了全球经济急速发展变化的需要。它是经济活动和经济学研究的思维实践的科学总结，反过来又称其为重要的思维工具。因而，它一诞生就成为国内外逻辑学界和经济学界所关注的一个热门课题，也是一个前沿课题。特别是一些国际知名的经济学大师们在这个领域的深入研究和卓越贡献，更是在国际上一次又一次地把经济逻辑学的研究和普及，不断推向新的高潮。

中国国内有组织、有计划的经济逻辑研究始于 1983 年。那年的 3 月 27 日，中国经济逻辑研究会在西安成立。这不仅为经济逻辑的研究提供了组织保证，而且为中国国内有组织、有计划的经济逻辑研究拉开了光辉历程的序幕。到 2011 年 9 月 6 日，瞿麦生教授主持的国家社会科学基金项目(06BZX050)“经济逻辑研究”，经全国哲学社会科学规划办公室审核准予结项，发给了结项证书。这标志着我们日夜为之奋斗的新学科经济逻辑，得到了国家的正式承认、学术界和社会的认可；这标志着经济逻辑研究的初创阶段将告一段落，下一步，我们将转入深入研究的大发展时期。

三十多年来，我们在这一初创阶段，对经济逻辑的研究，首要探索的重点问题就是什么是经济逻辑，就是对它的研究对象和性质进行探赜索隐。

第一节　经济逻辑的定义

经济逻辑是个较为宽泛的概念，一般认为经济逻辑是研究经济领域的思维结构特征、思维规律和思维方法的学科。确切地说，经济逻辑就是研究经济人（理性人）在一定社会情景中进行经济活动及经济学研究中的思维结构特征、思维规律和思维方法的理论体系。也有人为强调其思维结构特征而简单地说，经济逻辑就是研究经济推理的学科。[2]它包容了众多逻辑学分支，但又不是简单地借用、套用或拼凑在一起，而是从多种逻辑视野，直逼经济活动和经济学研究中的各个环节及有关方面，全面、科学地总结其思维结构特征、思维规律、思维方法和思维模式，而形成的一个全新的有机逻辑系统。

平时，我们一般把“经济逻辑学”简单地叫作“经济逻辑”。有人把它做了更细致的划分：针对经济现象的称作“经济逻辑”，针对经济学理论的则称作“经济学逻辑”。但在不作细致分辨时，仍笼统地合称为“经济逻辑”。

过去，在我们研究的初期所编写的经济逻辑教科书，一般是传统逻辑加财经实例的建构模式。这时，有人误以为“经济逻辑”只是既定逻辑学在经济领域的推广、应用，就自然预设了逻辑学是一静止不变的科学。如果认为经济逻辑仅仅是传统逻辑和现代形式逻辑在经济领域中的运用，那么至少会面对来自两个方面的挑战：一是持演绎中心主义逻辑观的学者会认为，这样的“经济逻辑”不是“逻辑”或不够“逻辑”，因为它不够“现代”，没有运用“现代形式逻辑”，“没有形成完整的演绎系统”；二是来自经济学界或经济学家的批评与挑战。因为，他们会认为，这样的“逻辑”无视经济活动的自身规律，并未真正有效地进入经济价值创造的情境与机制并能进行抽象的、普遍的形式描述。

而我们这里所说的“经济逻辑”并不是现有的“传统逻辑”（也同样不是现代形式逻辑）的简单运用或推广。经济逻辑研究的对象范围覆盖着整个经济学研究的活动领域。陆家骝先生认为经济学研究的三种逻辑是一个多层次的复合结构,它由对象逻辑、思想逻辑和发展逻辑所组成。所谓经济学的对象逻辑是将客观的经济过程通过逻辑的抽象和形式的建构,而形成的纯粹的经济学知识或理论的逻辑系统,它是一些作为基础的经济学基本问题的集合[3]。真正的“经济逻辑”是研究经济活动、知识经济活动之思维结构与方法的学科。它乃是与传统逻辑和现代形式逻辑有“共生关系”的独立而又自主的学科。因为,它与“形式逻辑”形成了相互激发的关系,经济逻辑及其分支,如价值逻辑、决策逻辑、博弈论逻辑或对策论逻辑等,激发了我们必须对以纯粹逻辑理性为基础的规则的修订;也就是说,经济逻辑不仅激发了关于形式逻辑的本质性概念、规则和类型的修改,而且还促进新的“部门逻辑”的不断产生,这种“部门逻辑”的产生也同时挑战着所谓“基础的”、“一般的”逻辑学。

第二节　经济逻辑的基础

经济逻辑研究的对象是经济思维,是它的结构特征、规律和方法。我们这里所讲的经济思维,是广义的概念,既指经济活动中的实践思维,也包括经济学研究中的理论思维。

经济思维与其他思维,既有共性,又有其特殊性。经济实践思维的特点主要是:(1)博弈性:经济活动往往是涉及多个对象的社会活动,具有很强的竞争性,行为主体的行为决策必然要考虑到对方的行为取向,其思维具有鲜明的博弈思维特征。(2)共生性:经济活动中人们以利益为纽带结成了不同的关系,既有利益冲突的对抗关系,又有互相联系、互相促进、相互依存的共生共赢关系。例如买者与卖者,谁也离不开谁,自己赚钱、占便宜时一定要想到给对方一定的利益空间,共生共赢,否则,只想自己一个人赚钱,这买卖是做不成的。当然,除了互利共生外,还有偏利共生和寄生共生等关系。经济思维时时处处都体现出这一特点。(3)概率性:经济活动牵涉面极广,错综复杂,千变万化,具有诸多不确定因素,其决策、其结果都有一定的风险,成功都有概率大小的问题。(4)层次性:经济思维和其他思维一样都具有层次性,但是经济思维的层次性表现得更加明显更加突出,具有它自己的特点,这种特点已经被概括为经济管理中的层次分析法,被广泛应用于经济管理工作中,人人都能用它提高管理工作的效率,而且用它能够解释难以理解的理论问题,特别是为破解悖论问题提供了思路与方法。例如,批驳杜林歪曲马克思否定之否定规律的谬论时,用层次法一针见血地将其批驳得体无完肤。(5)富集性:经济思维的富集性有优势富集与劣势富集两种。优势富集是指经济人(理性人)在经济思维中某一方面的信念优势凸显,引起一系列的良性循环,迅速集中的各种有利的信心、信念等思维因素,在相关的经济思维活动中产生正效应,促使经济飞速发展、财富飞速集聚甚至是泡沫性集聚。劣势富集是指经济人(理性人)由某种经济现象引起信念崩溃,产生一系列的恶性循环,迅速集中的各种不利的信心、信念等思维因素,在相关的经济思维活动中产生负效应,促使经济急剧瓦解、财富突然丧失、经济泡沫突然破裂。如,美国的次贷危机,就是一种经济思维的劣势富集所起的作用,使得一些百年老企业一夜倒闭。因为虚拟经济主要是靠人们思维中的信念和信心起作用。次贷危机造成的金融泡沫一旦破灭,在人们的思维中就会发生丧失信心的富集雪崩作用,更加促使金融的各种衍生产品迅速崩溃,产生恶性循环,波及世界经济,形成世界经济危机。

经济理论思维是指经济学研究中的思维,也就是说,它不是经济活动思维本身,而是对经济活动思维进行再加工的思维过程。它较之经济实践思维的客观性、直接性和具体性特点来说,经济理论思维的主观性更强一些,更具有间接性和抽象性的特点,创造性的空间更大一些。它的缺点是思维的局限性就更大一些,既要受到历史条件的限制,也要受到个人条件的限制。经济学中的思维谬误、经济学悖论只有在经济理论思维过程中才会产生。

经济思维是经济逻辑的基础或基石。它的以上特点反映到经济逻辑大系统中来,就形成了经济逻辑的独具特色的理论体系。

第三节　经济逻辑的理论体系

经济逻辑的理论体系是以经济思维的特征为逻辑起点，分析总结出其四种不同形式的思维规律，如经济思维的层次性原则、富集性原则、确定性原则和论证性原则等；追踪其思维进程，直逼其纵向程序中的各个环节，分别概括为经济信息逻辑、经济问题逻辑、经济预测逻辑和经济决策逻辑等各种逻辑系统，再根据其不同结构、不同规则、不同体系和不同方法而分别形成各自的推理逻辑子系统，例如经济博弈逻辑、经济模糊逻辑、风险决策逻辑、经济概率逻辑、经济共生逻辑等。再从经济理论思维角度总结其经济学研究中的多种思维方法就形成了独具特色的经济逻辑方法论；深入分析，还可发现经济理论思维的纠结之处——经济学悖论。

经济逻辑的研究重点是经济推理（或策略推理）及其有效性。它在研究经济活动、特别是知识经济活动以及经济学研究过程之逻辑结构与方法的过程中，突出经济推理的研究。经济逻辑推理的本质特征在于它的经济性、多主体性和策略性；它的形式特征外显于目的性、复杂性和易变性。就其多维的学科面向而言，它是语用逻辑，是行动逻辑，是价值逻辑，是知识创新的逻辑。它不同于传统的形式逻辑，也区别于现代形式逻辑；就其基本功能而言，它是能够适应知识创新、价值评估、价值创造、风险决策和经济学研究需要的逻辑。

那么，什么是经济推理？经济推理的特点是什么？

一、经济推理

（一）经济推理的本质特征

1.经济性

经济推理是发生在经济活动过程及其情境中的推理（也可称为策略推理、决策推理、实践推理或语用推理）。这样，经济活动过程及其情境使“经济推理”本身具有不可分离的经济属性，它的发生、作用永远要在支出和收益之间达到适当的平衡。“决策是从两个以上的备选方案中合乎逻辑地选择出一个方案，希望这个方案能使收益最大化。”[4]

或者说，成本效应作为“经济推理”所要达到的既定目标，既是意图又是行动的现实目标，因此研究成本与收益的匹配对经济推理来说是不可或缺的前提条件。而在实际的经济活动过程中，对这种联系的把握则是一个认识不断优化的问题，是不断探索认识收益与认识成本达到最佳平衡的问题。那么，成本—收益的计算是人类经济行为活动“节约精力”（“节约精力”就是经济的）的关键。“节约精力”或合理地配置资源，必然是把握和进行经济推理的显著特征。它决定着，我们在认识经济推理和建立经济推理的“逻辑形式”与“推理的形式系统”时，应当运用“奥卡姆的剃刀”原则，即切勿以为复杂的就是有效的；相反，越是简单越能体现成本效益或“节约精力”的原则。所以，就总体而言，“节约精力”或合理地配置资源的原则是经济推理的重要原则。

2.多主体性

经济逻辑是多主体行为互动的“行动逻辑”。“经济逻辑”是多主体（两人或多个决策者）参与的“行动逻辑”（action logic）。现代经济决策所面临的情境是，决策不是在真空里进行的，也不是仅仅由一个单一主体作出，而是一个决策参与者和许多与你一样的决策制定者作决策。你要作出有效的决策，势必要了解对手如何“战胜”你，然后你才能够找到战胜对手的逻辑。虽然在这样的决策博弈的过程中，彼此之间的冲突不少，但是合作的机会也会不少。

面对多主体之间的动态而又相互制衡的关系，以决策逻辑为核心的经济逻辑不再是传统的主客二分法的逻辑了，传统逻辑预设单一主体并以客体为认识对象，而经济逻辑是多主体间的策略推理（或“对策推理”）的“博弈逻辑”。如此的“博弈逻辑”已不再只是经由自然科学之因果范式而建构出来的演绎逻辑（“必然推得出”）的翻版，不是建立在主客二分法基础上对“事实世界”的“逻辑构造”，而是建立在“主体间性”（人际间的，参与博弈者之间）的“行动世界”（或“生活世界”）的基础上的“逻辑”。

3.策略性

对待经济风险的态度以及解答问题的活动便是经济推理将解决怎样平衡经济风险的策略性问题。经济推理(尤其是其中的决策推理或策略推理)主要关注的是,如何用知识的收益去抵消因错误和无知而引发的种种风险,用可能取得的成功去抵消可能失去的收益。总的来说,经济推理的目的、意图均在于,它在处理认识风险时,要尽量地实现(最小)成本与(最大)收益的平衡。因此,怎样制订有效的策略,进行精确的计算,也就是怎样恰当地使用"策略推理"进行理性的风险评估,寻找避免冒险的最佳途径,才有可能得到最大的收益。"经济人"的"理性化"原则要求人们对经济风险作出合理的处置和慎重的估计;那么,经济推理的研究,就势必要找出问题的答案:在无知、错误的信息与最小的风险获得最大的收益之间找到最佳平衡点。我们是否为取得更高价值的潜在收益,作了冒更大风险的准备?高明的"经济逻辑"的实践者应是进行风险决策之"策略推理"的高手。在此意义上看,经济推理就是策略推理,是研究多个"理性人"在互动过程中如何进行决策的,亦即怎样制订、评估和选择自己的策略。决策可以分出重要的决策来,它就是策略(strategy)。策略是将理性贯彻到意志之中,并具有融贯知识与行动的特点。这样,策略是整体及其部分的部署和定位,因此策略推理便是"理性人"(或"行为人")通过理性地推导与取舍的方案而进行的实践推理。

(二)经济推理的形式特征

1.目的性

经济活动作为人类社会的基本活动,包含着十分广泛的内容。大到国家经济制度的改革、国民经济规划的制定,中到企业的管理、生产、经营,小到个人的投资、理财、消费,无不属于经济活动的范畴。经济活动纷繁复杂,但无论从事何种经济活动,都离不开有意识、有目的的思考和推理。经济活动中的推理是为实现经济活动的目标服务的。从经济活动中运用推理的直接目的来看,可以把经济活动中的推理分为以下三种不同类型。

一是认知型推理,即为获得对经济现象或经济规律的认识而进行的推理。比如,经济学家在探索社会主义市场经济的特点、分析国际金融危机产生的原因时所运用的推理,各有关经济部门在对 GDP、财政收支、职工工资收入、居民消费价格等进行统计分析时运用的推理,企业管理人员在计算产品的成本和利润、分析和检测产品的质量时运用的推理,都属于认知型推理。

二是预测型推理,即为预测经济现象的未来走向或发展趋势而进行的推理。比如,股市分析师或股市投资者在预测股市行情或某只股票价格在未来某个时期的涨落时运用的推理,有关部门或人员在预测未来劳动力市场需求状况和各类毕业生就业前景时运用的推理,企业管理人员在预测未来产品的市场供求情况的变化或消费者消费需求的变化时运用的推理,都属于预测型推理。

三是决策型推理,即为作出某项经济决策而进行的推理。比如,世界各国在制定针对金融危机的经济刺激方案时所运用的推理,政府有关部门在制定医疗改革方案或养老保险制度改革方案时所运用的推理,消费者在决定购买某处房产或某种大件商品时所运用的推理,都属于决策型推理。

在实际思维活动中,以上三种类型的推理往往是紧密联系在一起的。认知和预测是决策的基础和先导,没有认知或预测,决策就无从进行。比如,世界各国所制定的针对金融危机的经济刺激方案,是以对金融危机的认识为基础的;政府有关部门制定医疗改革方案或养老保险制度改革方案,是以对现行医疗体制和养老保险制度存在的问题的认识为前提的;有关部门或人员对未来劳动力市场需求状况和各类毕业生就业前景的预测,是他们提出针对劳动力市场和毕业生就业的各种举措的出发点和依据;企业管理人员对未来产品的市场供求情况变化或消费者消费需求变化的预测,会促使他们改变或调整企业的生产、经营方向或策略。因此,人们的实际推理过程,往往是各种类型的推理综合运用的过程。

2.复杂性

经济活动是十分复杂的活动,它不但受各种自然因素和社会因素的影响和制约,而且受处于经济环境中的人本身的各种因素的影响和制约。经济活动的复杂性必然导致经济活动中推理的复杂性。经济活动中推理的复杂性主要表现在以下几个方面:

一是推理过程的复杂性。长期以来,逻辑学研究推理,注重的是推理形式，逻辑学对各种推理的区分也是以推理的形式为依据的。然而，这种形式的研究却很难应用于经济活动中的推理。例如，在发改委《关于2009年深化经济体制改革工作的意见》中，明确地提出了将研究开征物业税的问题，此做法引起了各方的不同凡响。赞成开征物业税的人认为，开征物业税有利于平抑房价，遏制房地产投机行为，提高土地资源的利用率，使整个房产市场良性循环，健康发展。对开征物业税表示怀疑的人则认为，开征物业税无助于降低房价，因为虽然物业税有助于降低开发成本，但商品房价格是由供求关系决定的，当市场供不应求时，开发商极有可能避开成本定价，直接根据需求调整价格；另外，目前我国的房屋评估体系不健全，无法及时、准确地反映物业的实际价值，这将直接影响税基标准的制定。无论是赞成开征物业税的人，还是质疑开征物业税的人，都对自己的观点进行了论证，都运用了推理。但是，我们却很难对他们的推理进行形式上的分析，很难说清他们用的是何种推理，甚至连他们运用的是演绎推理还是非演绎推理都难以回答。

二是推理评价的复杂性。经济活动中的推理是有明确的目的性的，对经济活动中的推理的评价必须与其目的性结合起来，即通过推理是否获得了对某种经济现象或经济规律的正确认识，是否对某种经济现象的未来走向或发展趋势做出了合理的预测，是否作出了某项可行的经济决策。显然，这种评价不能仅仅限于推理的形式或过程，而是必须涉及推理的前提，包括各种背景知识。例如，开征物业税的决策是否可行？这涉及支持此决策的论据是否成立，以及从其论据是否能推出论题。如果开征物业税的目的是平抑房价，遏制房地产投机行为，提高土地资源的利用率，那么就要考虑开征物业税是否真的能起到这样的作用，这涉及房价高的原因是什么，什么是房地产投机行为以及它与房价的关系是什么，房价、房地产投机行为与土地资源利用率的关系是什么等一系列问题。同时，还要把开征物业税与其所处的整个社会背景联系起来考察，兼顾各个方面的因素对其的影响，以及它可能引起的其他后果。不进行这样的全面分析，就不可能对开征物业税这个决策的可行性做出合理的评价，也就不可能对形成这个决策的推理或支持这个决策的论证作出合理的评价。

又如,在微软即将正式推出新一代操作系统 Windows 7 之际,有人对 Windows 7 的前景进行了预测,认为它将成功取代 Windows XP,主要理由是:Windows 7 有很好的稳定性,有比以前的任何一个版本的 Windows 更快的速度和更强的功能;与上一代不受欢迎的操作系统 Windows Vista 相比,Windows 7 容量更小,对硬件的要求更低;WindowsVista 产生之初所遇到的兼容性问题,如今对于 Windows 7 已不存在;Windows 7 的测试版推出后广受好评;为了推销 Windows Vista 和给即将到来的 Windows 7 让路,微软已停止了对 Windows XP 的免费主流支持服务。要评价这个预测是否合理可信,就要对作出这个预测所运用的推理进行全面评价,包括其各个前提是否真实可靠,从这些前提是否足以推出 Windows 7 将成功取代 Windows XP 的结论。当然,还必须考虑是否存在着不利于这个结论的论据,比如 Windows 7 的销售价格是否将明显高于 Windows XP 和 Windows Vista。

经济活动中推理评价的复杂性不但表现在评价过程本身的复杂,也表现在评价结果的复杂。经济活动中的推理,其前提是否真实可靠,有时是很难确定的,特别是那些具有某种模糊性的命题,就更是如此;其前提是否能推出结论,并无绝对的规律可循,往往也是很难确定的。因此,对于经济活动中的推理,我们也就难以给出精确、严格的评价。在很多情况下,与其绝对地说某个推理是正确的或不正确的,不如相对地说它是合理的或不合理的、可接受的或不可接受的。特别是预测型推理和决策型推理,所涉及的不确定性因素更多,对它们的评价就更具有相对性。

三是推理检验的复杂性。这里所说的对推理的检验是指对推理结果的检验。

认知型推理的结果是对经济现象或经济规律的认识,这种认识是否正确取决于它是否符合实际。然而实际情况是纷繁复杂的,各种内部的、外部的、必然的、偶然的因素交织在一起,人们往往根本无法将具有抽象性、概括性的认识直接与具体事实相对照。人们对某种经济现象或经济规律的认识是否符合实际,这本身也存在着认识问题。例如,人们对于社会主义市场经济的特点的认识,是通过对社会主义市场经济的实际情况进行分析、研究,并将社会主义市场经济与其他市场经济以及计划经济加以比较,经过复杂的推理过程而抽象、概括出来的。这种认识是否正确，是否符合社会主义市场经济的实际情况，是无法通过简单地将这两者相比照而加以解决的。正是因为某种认识是否符合实际本身也存在着认识问题，人们对同一种认识的正确性才往往存在着分歧甚至截然相反的看法。又如，人们得出的关于GDP、财政收支、职工工资收入、居民消费价格等方面的数据，是对各类有关经济部门、经济活动进行多方统计分析，经过复杂的推理过程而归纳、概括出来的，这些数据是否准确，绝不是那么轻易地就能判定的。

预测型推理的结果是对经济现象的未来走向或发展趋势的预测，这种预测是否正确取决于它是否能得到应验，即是否能在将来的某个时刻成为现实。一般来说，如果预测得到了应验，就说明它是正确的；相反，如果预测没有得到应验，就说明它是不正确的。但是，具有前瞻性的预测是建立在当前情况的基础上的，有时预测之所以没能得到应验并不是因为人们在进行预测时没有正确地运用推理，而是因为未来情况发生了意想不到的变化。突如其来的地震灾害、流行性传染病等就是这种意想不到变化的最典型的例子，它们给经济造成的影响事先是无法估计到的。另外，某些预测还可能存在着部分或某种程度上得到应验的情况，这样的预测可能既非完全正确，也非完全不正确，而是有部分的正确性或者一定程度上的正确性。

决策型推理的结果是某项经济决策，这种决策是否正确取决于它的实施能否带来预期的结果。某项决策的实施带来了预期的结果，就可能说明该项决策是正确的；某项决策的实施没能带来预期的结果，就可能说明该项决策是不正确的。但是，这都仅仅是“可能”而已，并非必然。一项决策带来了预期的结果，并不一定就意味着这项决策是正确的。也许这种预期结果的出现纯属偶然（就像买彩票中了彩），也许实际上还存在着更好的选择，可以作出更好的决策。而且一项决策在带来某种预期结果的同时，还可能带来其他非预期的结果；在带来有利的结果的同时，还可能带来不利的结果。例如，某企业不惜花费重金在电视台的黄金时段做广告，迅速提高了该企业的知名度，达到了理想的广告效应，但是，高昂的广告费也可能会使该企业不堪重负，入不敷出。一项决策没有带来预期的结果，也不一定就意味着这项决策是错误的。也许预期结果之所以没能实现完全是因无法预料的偶然因素造成的(所谓谋事在人,成事在天),也许人们已尽了最大的努力,已作出了所能做的最好的选择。对决策来说,好与坏、对与错往往是相对的。某君打算买一台电脑,查阅了大量资料,经过反复比较,终于选中了某个著名品牌的一款产品。该品牌在国内外享有盛誉,其产品质量好,性价比高,售后服务有保障;而某君选中的那款产品又属该品牌同类产品中的精品。然而没想到,购买那款产品后不到半年,电脑的主板就出了毛病,虽然几经交涉,厂家给更换了一块主板,但却让某君着实心中不悦。某君购买这款电脑的决策错了吗?这似乎让人很难作出回答。

3.易变性

长期以来,逻辑学研究推理,主要追求的是推理的确定性:从确定的前提出发,运用确定的推理形式,得出确定的结论。然而,经济活动中的推理却存在着大量的不确定性因素。

首先,经济活动中推理的前提具有不确定性。经济活动中推理的出发点是经济现象,而经济现象是错综复杂的,甚至瞬息万变。人们从错综复杂甚至瞬息万变的经济现象中获得怎样的经济信息,其中又有哪些经济信息被人们认为是可用的,从而被采纳作为推理的前提,都存在着未知数。

其次,经济活动中推理的过程存在着不确定性。正如我们前面所指出的,经济活动中的推理往往是很复杂的,并不具有规范的、固定的形式。人们从什么样的经济信息出发,得出什么样的结论,往往并不是根据作为前提的命题与作为结论的命题在形式上的联系,而是凭借对不同经济现象之间在现实中的相互联系和相互影响的经验分析。因此,即使是从同样的经济信息出发,人们也可能形成完全不同的推理。有个故事说,两家制鞋公司各派出一名业务员到非洲的一个岛国去开拓市场,他们到了非洲后发现那里的人都打赤足,根本不穿鞋。一名业务员大失所望,向公司汇报说:“这里的人都不穿鞋,没有人会买鞋,鞋在这里不会有市场。”另一名业务员却欣喜若狂,向公司汇报说:“这里的人都不穿鞋,对鞋的潜在需求量很大,鞋在这里将会大有市场。”这两个业务员从同样的前提出发,却形成了截然不同的推理。

再次,经济活动中推理的结论存在着不确定性。经济活动中推理前提的不确定性和推理过程的不确定性必然导致结论的不确定性。在同样的经济环境中,人们从不同的经济信息出发可以得出不同的结论;面对同样的经济信息,人们从不同的认识出发也可以得出不同的结论。在这里,还要特别注意经济活动中的推理的非单调性。在逻辑学研究的推理中,单调性是推理的确定性的表现之一。所谓推理的单调性是指,如果从某个前提的集合可以推出某个结论,那么,从任何以该前提的集合为子集的集合也可以推出同样的结论。也就是说,推理的结论不会由于前提的增加而被推翻。但是,经济活动中的推理却往往具有非单调性,其结论有可能由于前提的增加而被推翻。例如,2007 年底到 2008 年年初,我国通过对当时国内经济形势的分析,将防止经济过热确定为宏观调控的首要任务。但几个月后,美国就爆发了金融危机,其影响迅速波及全球,在这种情况下,我国必须对自己的经济决策进行调整,因为这时我们首当其冲要防止的已不是经济过热,而是经济衰退了。又如,2007 年,我国乳品企业的前四大品牌伊利、蒙牛、光明、三鹿已经占到液态奶总销售量的 72%,按照当时对我国乳品企业情况的分析,可以预测,2008 年是我国这些一线品牌企业的扩张年。但是,到了 2008 年 9 月,由三鹿奶粉引发的三聚氰胺事件爆发,先后有 20 多家乳品企业的产品被检测出含有三聚氰胺,此时伊利、蒙牛、光明、三鹿等我国乳品企业的领头羊不要说扩张了,就连能否继续生存都成了问题,原来对它们的那种乐观的预测显然不再成立。

总之,经济活动中的推理,从前提,到推理过程,到结论,都具有不确定性。对于经济活动中的推理来说,或然性远远多于必然性。经济活动中推理的不确定性造成了推理的易变性。在经济活动中运用推理,以不变应万变是万万不行的。对于经济活动中的推理,不能只是静态地去进行考量,而是必须动态地去加以分析。情况在不断地发生变化,人们的思维必须适应这种变化。特别是对于预测型推理和决策型推理的运用来说,更不能仅仅立足于当前的经济形势、市场状况,而是要时时关注未来的经济走势和市场变化,随时准备根据经济形势和市场状况的变化进行调整。只有这样才能在经济活动中掌握主动权。

(三)经济推理的有效性

经济推理的有效性首先应当包括“合理性”。西方思想家看来,人类是理性的动物,与其他动物的区别在于能说话、会思考。西方哲学家们一般都秉承希腊哲学而认为,用理智指导行为既是智慧人类的光荣,又是人类的天职。理智的行动意味着,用智力推算出如何在特定条件下获得最佳的结果。理性的能力就在于具有使用推理的能力,以切实可行的最佳方式作出选择。总之,理性要求人们理智地追求合理的、恰当的目标,有效地、切合实际地追求合理的最高收益。以此观之,经济推理的有效性要求的实质,就是理性化与合理性能力的综合性的、总体性的实现。真正的经济推理不仅是“逻辑”的推理,更是实践推理。人们为了实现最大的收益,便会在力所能及的范围内,尽可能地选择一切可能的手段(方案、策略、计划),调动全部的智慧,追求可能达到的最佳收益。因此,无论是在知识、信仰或决断上,还是在实践和行动等问题上,经济推理的使命都会始终不移地、有意识地去追求用较少的成本获得最大的收益。这样,经济推理的有效性基础,不仅包含着理性化,而且还包含着合理性的行动效力,包括使用经济推理的经济行为活动的经济性和最大效率性。此外经济逻辑作为行动逻辑,其有效性的规则、原则,应当受到包括(人文)价值优先性原则、行动周密性原则、行动经济性原则(有限理性)、行动合作性等原则的限制和“介入”。对应于如此这般的“有效性要求”基础上的“经济逻辑”的逻辑有效性,则并非是单一的有效性(仅仅限于其形式的正确性),而势必是能够反映——集可满意性或可接受性、(经济言语行为的)恰当性或妥当性、价值性或经济性、合理性或优化性于一体的——多样性、综合性的——经济语用逻辑的有效性。

二、经济思维原则

经济活动、经济学研究以及经济逻辑研究所必须遵循的思维规律,是经济思维的四个基本原则,也即经济思维的整体性逻辑,主要包括经济思维的层次性原则、富集性原则、确定性原则和论证性原则等。这也是经济逻辑所要着重研究的对象。本书用整编的篇幅,分四章分别详细论述了这四个原则。(详见本书“第二编经济思维原则论”)

三、经济思维程序论

经济逻辑研究有纵向研究、横向研究和项目（专题）研究二条路径，本书是采用纵向深入研究的路径，按照经济活动的思维进程，一环接一环地研究其每个程序环节中的逻辑，即本体论逻辑，它主要是对选择思维整体过程中纵向各环节的逻辑分析，从而形成逻辑系统。选择贯穿于整个经济活动的全过程，经济学研究的核心内容是选择，经济学研究的现象或量，几乎都与选择相关。因而，经济逻辑把研究重点放在经济决策的逻辑，以概率逻辑、博弈逻辑、模糊逻辑等方法，来突出研究决策，其中也包括为决策作准备的各个环节的逻辑，如经济问题的逻辑、经济信息的逻辑、经济预测的逻辑及偏好逻辑等。（详见“第三编　经济思维程序论”）

四、经济思维方法论和经济学悖论

经济思维方法论（第四编）和经济悖论（第五编）是经济逻辑研究的重要方面，本书用大量篇幅进行了研究，其中不乏真知灼见。经济悖论在本书只是作了简要介绍，但它很重要。本书的层次性原则及层次分析法为解悖提供了一种思路和方法，希望引起大家的关注。经济悖论是经济理论体系中出现的一种特殊的反常现象，它已成为经济学家思维方式变更的契机和理论创新的内在动力。消除这些悖论意味着经济学家价值观的调整和思维方式的变更，这样往往会在经济学领域出现重要的科学发现。因而，经济逻辑学者们对此引起了极大的兴趣。

第四节　经济逻辑的学科性质

经济逻辑是跨经济学和逻辑学的交叉新学科。

在信息化高度发展的现代社会，学科渗透显示了更为强劲的趋势。有资料表明，最新的高科技成果和基本理论的创新成果几乎都不是在单一学科的范围内取得的，而是带有跨学科研究的特质。无论自然科学与技术领域或是社会科学与人文科学概莫能外，经济逻辑亦是如此。它是用逻辑学的工具去研究经济思维的逻辑结构、规律和方法。这种交叉性研究体现了跨学科的特殊优势，使其理论架构焕发出新的气息，既能提高经济学的研究水平，又为丰富逻辑学研究提供了宝贵资源，同时必将对相关学科产生较大影响。

这种交叉性研究涉及面相当广，其研究内容复杂纷繁。首先是工具的选择问题，要研究作为工具学科的逻辑学的理论继承与创新；其次是研究经济思维的逻辑结构、方法和规律时，既要涉及经济学方法论，又要涉及经济学所研究的本体即经济现象或叫经济活动。经济活动从实体经济到虚拟经济（证券、金融、期货交易等），从常规的确定性情景的经济活动到不确定的风险情景下的经济决策活动，情况复杂，要摸清其思维规律和方法难度相当大。

【参考文献】

[1]李开复：《选择的智慧》，人民出版社2006年版。

[2]瞿麦生：《关于经济逻辑学及其研究的基本构想》，《天津商学院学报》2007年第1期。

[3]陆家骝：《论经济学研究的三种逻辑》，载《哲学研究》1999年第3期。

[4]拉比尔S.巴塞：《情境管理——全球新视角》，机械工业出版社2000年版。

第二章　经济逻辑的功能

"秀才遇到兵，有理讲不清。"这是老百姓对过去社会上那些蛮横不讲理、仗势欺人的人的愤恨概括。现在是民主、法治的理性社会，理性社会需要社会理性。

社会理性是社会共同体及其成员为共同的事业展开一致行动的重要基础。那么，经济逻辑学的社会理性功能是什么？在这复杂多变的经济社会怎样发挥其社会理性功能？

第一节　时代呼唤经济逻辑理性的规约

经济逻辑是逻辑学和经济学交叉的边缘学科，是关于理性选择智慧的科学，它集中了经济学和逻辑学两大学科的理性特色及思维优势，因而具有更强的社会理性功能。其社会理性功能主要是通过其经济思维结构（如经济概念、经济命题和经济推理等）、经济思维规律（如层次性原则、富集性原则、论证性原则和确定性原则）以及经济思维方法的研究及运用的方方面面表现而体现出来。在经济活动中，它帮助共同体内的人们明辨是非，增强成员之间的相互理解度、支持度、信任度以及真诚合作与责任担当意识，从而以最为智慧的方式作出理性抉择。

社会经济发展要靠这种理性选择智慧。一个民族，一个国家的兴衰成败,亦在于此。我们来看看历史的经验和教训。1215 年,英国国王约翰无节制的税收激起了众怒,贵族率领民众讨伐国王,战斗到最后关头,国王身边只剩下七名骑士。按照传统做法,当然是要杀掉这八个人改朝换代,但那些英国人却没有这样做,而是作出了理性选择:迫使约翰签署了保护国民权利的《大宪章》。这个《大宪章》后来成为英国宪政制度的基石。相反,中国历史上的改朝换代,往往都是作出了非理性的选择:凭情感上的“痛快”和“解恨”,以“坚决、彻底”的破坏方式来进行。[1]项羽进入秦朝首都咸阳,不但杀人无数,还把阿房宫以及秦始皇陵墓的地面上相当于 72 个故宫那么大的豪华建筑放火烧了。李自成攻入洛阳,不但把统治洛阳的明朝福王杀了,也将福王宫给烧了。理性地审视历史,英国与中国的这两种态度,两种结果,源自两种思维方式。历史关头能否进行“理性选择”,对社会运行“成本”和“收益”合理权衡,有效实现社会制度的创新,是一个民族理性深思之后的结果,不是某个人某种激情冲动的产物。只有提高整个民族的群体思维素质,增强其社会理性,才能在社会进程的关键时刻进行这种理性审思。所以,培养群体条分缕析的逻辑思维、尊重论证以及对社会运行“成本”和“收益”的合理权衡后理性选择的经济逻辑理性精神,显然是最为核心的因素。

著名的美国逻辑教育家欧文 · M.柯匹(Irving M.Copi)在其著名教材《逻辑学导论》第 11 版中,将美国《独立宣言》起草人托马斯 · 杰弗逊(Thomas Jefferson)的如下论断置于全书之开篇:“在一个共和国,由于公民所接受的是理性与说服力而不是暴力的引导,推理的艺术就是最重要的。”[2]

柯匹解释说,当人们需要作出可靠判断,以决定在复杂形势中应如何行动,或者在重重疑团中如何判定真伪,理性都是最可信赖的工具。非理性工具(诸如预感与习惯之类)虽亦常被使用,但是当事关重大之时,或者当成败取决于所下判断的关头,诉诸理性无疑最易获得成功。我们已拥有一些经受了长期检验的合理方法,能够用来判定究竟何者为宜、何者为真;也已拥有一系列业已得到确立的原理,可以指导我们从已知的东西引申出推论。[2]

何为理性?

理性概念的内涵“一般指概念、判断、推理等思维形式或思维活动”,也是“划分认识能力或认识能力发展阶段的用语”。[3]历史上各种哲学流派对于理性有不同的理解和认识，但任何解说都是以人的推理与论证能力为本质要素，其根基都在于逻辑理性，表现为抽象思维能力和合理行为能力，即正确认识世界的反映能力、正确评价主客体关系的评价能力和正确改造世界的创造能力，体现出人性的本质特征。正如科恩所说：“一般说来，我们可以接受古代即已规定的尺度。一个有理性的人，至少应该具备两种能力：(1)设想一种计划或掌握判断或行动规则的能力；(2)在具体情况下运用规则或按行动计划办事的能力。由于在民主体制中，这些规则大多都是在人与人之间起作用的，我们可以增加一点；(3)清楚表达思想，与人讲理的能力。”[4]“非理性”最突出的表现为非逻辑性，就是缺乏对行为和思想的合理性与正确性作逻辑的反思和审问，任凭本能、激情、冲动而盲目地行动。当然，我们要分清“非理性”与“反理性”的界限。人类思想与行动固有理性因素与非理性因素两方面，当代科学逻辑研究认为，非理性因素与理性因素的互动，在科学研究和社会生活中起着重要作用。我们倡导在社会经济生活中弘扬经济逻辑理性精神，绝不是要否定非理性因素在社会经济生活中的正面价值，我们只是要使社会成员认识反逻辑、反理性因素的危害，抑制非理性因素的负面作用，使社会理性化因素占据主导地位，从而使社会走向真正的和谐发展。“人类社会关系和社会生活决定了我们必须用理性统率非理性，而不是把我们的命运交给盲目的非理性。”[5]

那么，何谓“社会理性”呢？“社会理性”是“理性”的种概念，它又分经济理性和合作理性。经济理性是指市场交易领域的社会互利；合作理性是指生存安全领域的社会互助，是合作各方为了各自的利益而达成共识、相互配合的互利互惠行为。人类的这种社会理性是人类社会长期实践的产物，是基于对人们之间存在的社会连带关系的认识而达成的共识并采取的必要行动。人类理性体现于对既往得失的审慎反思，对当下抉择的利弊权衡，对未来变化后果的合乎逻辑的推理，对社会规则的论证和遵守，对不同意见者有理有据的论证的尊重并经过认真审思后的包容。反思、权衡、推理、论证和包容，既是理性思维的过程，又是理性的基本特征。尊重理性和崇尚理性是一个文明开放、自由民主、和谐稳定社会的重要标志。这样的社会也可称之为“理性化”的社会。当下我们的社会正经历着大变革、大发展、大转型，它在强烈呼唤社会理性的归位和经济逻辑理性的规约。

第二节　经济逻辑社会理性功能的提升

尊重理性和崇尚理性也是一门学科成熟与否的重要标志。逻辑学是这样，与逻辑学紧密相联的经济学也是这样。经济学主要是从经济理性角度来尊重理性和崇尚理性。

由亚当·斯密首先提出的“理性经济人”和“看不见的手”这两个相互联系的假说，自创立古典经济学以来，成为整个西方主流经济学理论的硬核，整个西方经济学理论体系都是基于这两个假设建立起来的。对主流经济学来说，它既是实证性的理论前提，同时也是规范性的理念。[6]

关于“理性经济人”思想，斯密是这样提出来的。他在 1776 年的《国富论》中说：“人类几乎随时随地都需要同胞的协助，要想仅仅依赖他人的恩意，那是一定不行的。他如果能够刺激他们的利己心，使有利于他，并告诉他们，给他做事，是对他们自己有利的，他要达到目的就容易得多了。不论是谁，如果他要与旁人做买卖，他首先就要这样提议：请给我以我所要的东西吧，同时，你也可能获得你所要的东西……我们每天所需的食料和饮料，不是出自于屠户、酿酒家或烙面师的恩惠，而是出于他们自利的打算。我们不说唤起他们利他心的话，而说唤起他们利己心的话。”[7]

李嘉图、西尼尔和约翰·斯图加特·穆勒等古典经济学家，以及以边际革命为标志的新古典经济学，都承接了斯密对“经济人”的人性理解，并吸收当代哲学的研究成果，将其发展为意义完整的“理性经济人”。从此“理性经济人”成为经济学理论一个最基本的假设。

理性经济人的理性(rational)，随着时代的发展、经济学的发展，其含义不断变化，逐步由经济理性开始向逻辑理性转向。

一是由描述性概念向分析性概念的转化。

当代主流经济学将古典经济学基于经验基础、与现实世界存在着密切联系的理性经济人这样一个描述性概念，发展、深化为彻底地割断理性经济人与现实经验的关系的分析性概念。

二是主体符号化和理性意义转化。

当代主流经济学将古典经济学具有感性的血肉之躯、“避苦趋乐”的理性经济人转化为“追求自己利益最大化”的理性符号人、逻辑人（边际分析的公式、逻辑符号和逻辑结构），只需符合“简单性”、逻辑上的“完整性”和“一致性”以及预测上的“有效性”[8]，而与价值无关。这里的理性是一种面对各种选择方案进行决策的权重。当代主流经济学从原来的以主体人为中心转向以客体经济利益为中心。这种转化使理性经济人中的理性由一种洛克经验论意义上的理性，变成笛卡尔理智论意义上的理性。

三是理性含义的逻辑性特征更加明显。

（1）理性表现为选择的一致性或偏好的可传递性。罗宾斯指出，理性经济人中的“理性一词含有‘一致性’这个意思”。[9]人们的“每一最终的选择彼此是一致的，也就是说，宁愿 A，不要 B，宁愿要 B，不要 C，那我也就宁愿要 A，不要 C”。[10]用数学语言来表达就是，如果 $A\geqslant B$，$B\geqslant C$，那么，$A\geqslant C$。如果满足这样一个逻辑传递性，那么这个人就是理性的。相反，如果一个人宁愿 A 超过 B，宁愿要 B 超过 C，但是，又会出现宁愿 C 超过 A，即 $A\geqslant B$，$B\geqslant C$，却 $A\leqslant C$，那么，这个人就不是理性的，因为他的选择前后矛盾，违背了逻辑上的一致性。

（2）理性意为有原因的、可推理的、可理解的、可理喻的。

（3）理性是指节约的、可计算的。

（4）理性是表示合理的。

（5）理性意为理智的、明智的、和平的，而不是非理性的或暴力的。理性这层含义是相对于非理性而言的。在斯密看来，人们获得资源主要有三种方式：武力、情感和交易。武力、情感都是非理性的，交易是互利的因而是理性的，即斯密所说的：请给我所要的东西，同时，你也可以获得你所要的东西。[6]

随着逻辑学在经济学领域的广泛而深入的应用，特别是逻辑化理性经济人在分析上取得的巨大成功，理性经济人分析范式不断地扩张。目前，理性经济人假设已经应用到经济领域以外其他社会领域。1992年诺贝尔经济学奖得主加里·贝克尔(G.S.Becker)有一个著名论断“经济行为的理性和非理性具有相容性”。[11]他把“理性经济人”引入到家庭、婚姻、生育、一夫一妻制、离婚甚至利他行为等非理性的感情领域。这个本是属于亲情、爱情、仁爱和自我牺牲的伦理领域,也被理性经济人的分析框架侵入其中。因而有人认为,理性经济人假设在取得许多成功的同时,也成了无孔不入的腐蚀剂,过分夸大了它的普遍性。人们也正是在对理性经济人的极度地抽象化、普遍化、泛化的意义上,称当代主流经济学为“经济学帝国主义”。[10]不管怎么说,经济学理性的发展为经济逻辑学理性开辟了更加广阔的发展天地,更快地促进了二者的结合,从而大大提升了经济逻辑学的社会理性功能,为其充分发挥作用扩建了许多更加喜人的平台。

第三节　经济逻辑社会理性功能的特征

经济逻辑学的社会理性功能很强,范围很广。下面主要介绍其中三个特色功能:理性预测功能、理性辩护功能和理性制导功能。

一、理性预测功能

凡事预则立,不预则废。在日常经济生活中,我们接触到大量纷繁复杂的经济现象和信息。如果善于理性预测,就能够“见微知著”、“见端知末”、“顺手揽月”,科学决策,从微小的信息中获得重大收获。

下面来看日本某企业是如何运用已有的信息通过逻辑推理来进行理性预测、决策的。

早在20世纪60年代,我国的大庆油田刚刚开发,关于它的地点、规模、石油产量等情况还鲜为人知,但日本某企业却利用我国公开发表的刊物、文章、数据中的“蛛丝马迹”,通过逻辑推理得到许多重要信息,并应用于生产的决策。

他们首先从一本刊物封面上的王进喜(王铁人)的大照片推知大庆油

田的位置在东三省。原来，照片中的王进喜身穿白茬大皮袄，头戴羊皮帽，背后飘着鹅毛大雪。这样的穿戴加上这样的气候，只能是在东三省。他们又在一篇介绍王进喜先进事迹的文章中，看到其中关于王进喜如何带领大家用车拉、手提、肩扛、合抬等办法把仪器、工具从火车站运到工地，由此推断油田离火车站不远。这篇文章中还提到一个村庄的名字，日本人根据“东三省……火车站……某村”这几个信息找到大庆油田的确切位置。他们从一幅大庆油田油井的照片推测了油井的规模；又对比了国务院总理在政府工作报告中几年的石油产量，大致推测出大庆油田的石油产量。最后，根据这些新的信息作出决策——生产一批适合大庆油田需要的仪器，等着我们去买。果然，他们做成了这笔生意，赚了很多钱。

理性预测实质就是关于经济信息的推理。在这里，他们无孔不入的观察力和高超的逻辑推理能力，充分发挥理性预测功能，取得了可喜的成效。正如柯南·道尔在《福尔摩斯探案集》中所说：“一个逻辑学家不需要亲眼见到或者听说过大西洋或尼亚加拉瀑布，他能从一滴水上推测出它有可能存在。所以整个生活就是一条巨大的链条，只要见到其中的一环，整个链条的情况就可以推想出来。”这里虽然有些夸张，但通过这一环扣一环的连锁推理能把看起来不相关的事情联系起来，获得意想不到的结果，其作用却是毋庸置疑的。

那么，怎样运用推理进行理性预测呢？首先要善于获取信息，积累经济资料，以作推理前提。其次要善于把分散的、看起来不相关的各种信息有机地联系起来，经过头脑的整理和加工，形成有效的推理形式。其方法不外乎有两种，一种是以过去的经济资料为基础进行推理——“因为是这样，所以就这样”、“因为从来如此，所以如此”，这是归纳推理的方式；另一种是从很少的经济资料做出演绎推理的假设——“如果是这样的，那么结果应该是那样的。”这种假定推理的方法，人们称之为“假设一演绎法”。灵活应用这两种推理就行了。

二、理性辩护功能

人类的社会经济活动，始终离不开经济逻辑学这一理性辩护工具。

例如,2500 多年前中国春秋战国时代的墨辩逻辑,是墨子及其弟子们,科学地总结了当时领先世界的中国经济活动中,代表先进生产力的手工业者阶层的经济思维特点、经济思维规律而形成的逻辑。可以说,墨辩逻辑是中国最早的经济逻辑。它在当时的经济活动中,发挥着至关重要的理性辩护功能。其辩护的目的是在经济活动中制胜求当,辩护的价值功能就是“明是非、审治乱、明同异、察名实、处利害、决嫌疑”,其承载文本是《大取》、《小取》。“取”即趋利避害,利之中取大,害之中取小;“取”是行为之“取”,“兴天下之利”,除天下之害。墨家的推理(“推”)不仅是形式逻辑的推理(它偏向归纳与类比推理),而且还具有经济性(价值性)、合理性、正当性或妥当性要求。墨家的推理是为其价值观如“节用”、“非乐”以及对“利”、“害”的辨别、选择、取舍服务的。[12]

经济逻辑学的理性辩护功能,可具体分为论证功能、反驳功能和解释说明功能三个方面。

(一)论证功能

论证功能有很多表现方法,常用演绎论证法。演绎推理是前提蕴含结论的必然性推理,前提真,结论必真,因而它具有很强的论证功能。例如:市场经济的逻辑从承认独立的经济利益、财产权利开始。这是市场经济的基本前提。由此出发,市场经济的基本精神是自主选择,个人和企业自主地争取自身利益,进而形成市场经济的基本关系,即平等的竞争关系、契约关系。在这样的基础上,才会有市场机制的作用,而市场机制自动协调是对利益矛盾的基本协调方式。在良好的法律与制度条件下,这种方式是富有效率的。通过改革转向市场经济,我国社会主义现代化才最终走上了一条全新的道路。30 多年的实践表明,只有坚持这条道路,才会有中国特色的社会主义,才会有中国的繁荣与发展。

以上推理过程可表达如下(“←”表示必要条件关系:只有……才……):

市场经济的基本前提(p)考,是说以逻辑的方式分析问题,用分析取代断言”[10]5。我国的经济学家林毅夫说:“在建立经济学的理论时,必须对所研究的问题和给定的条件有明确的定义,从前提到结论之间的推论必须合乎严格的形式逻辑规范。"[11]105

市场经济的基本关系(q)—市场机制(r)卜提高生产效率(s)卜中国的繁荣和发展(u)

这是利用演绎推理的必要条件假言推理进行的论证。美国经济学家唐·埃思里奇认为:"经济理论极大地倚重于演绎逻辑。我们首先建立一组或一系列关于条件、动机和行为的假定,然后依照我们要解释或预测的许多变量或参数来进行演绎推理直至产生期望的结果。市场行为理论从对市场的结构、人的动机和目标以及外在因素影响的假定开始,然后从条件中演绎出一组市场价格和商品数量的行为。"[13]

(二)反驳功能

在日常思维和科学研究中,反驳也常常使用演绎推理的充分条件假言推理的否定后件式。有时为了反驳某种错误观点,有意从对方的错误前提出发,逻辑地得出荒谬的结论,以此驳倒对方。在天津2012年达沃斯论坛上,有的专家提出金融业要加强为农村和中小企业服务。其推理是:

如果农村和中小企业不发展,那么中国经济就不能发展。(如果p,那么q)

中国经济要发展。(非q)

所以,必须扶持农村和中小企业发展。(非p)

这个推理所运用的是归谬推理形式,是有效推理。在充分条件假言推理中,由肯定p到肯定q是有效的,经济学中称为"归真推理";由否定q到否定p也是有效的,称为"归谬推理"。但否定p却不能否定q,肯定q也不能肯定p。正如奥地利经济学家米塞斯所说:"经济学是一个演绎体系。它从自身的演绎出发点、从行为类别中汲取逻辑力量,并诉诸一系列不可辩驳推理,没有建构这种基础的经济理论都是不合理的。"[14]

(三)解释说明功能

解释说明功能主要是指经济逻辑学能为解释经济活动中某经济现象提供一定的理论支撑。例如,在经济全球化势不可挡的今天,由美国次贷危机引发的国际金融危机、欧债演变为国际经济危机,成为我们必须面对的问题。于是,我们运用经济逻辑学的富集性理论(即经济思维的富集性原则)

来解释这个问题。[15]所谓富集性原则,主要是指在经济思维过程中,一种观念、作用、影响或思维病毒,在某种条件引发下,呈几何级数爆炸式扩大的思维规律。这种富集有正负两个方向,即优势富集与劣势富集两种。经济危机主要是劣势富集规律在起作用。富集性作为经济思维的一种规律,对于靠信念和信心来支撑的虚拟经济影响极大。劣势富集是指经济人(理性人)由某种经济现象引起信念崩溃,产生一系列的恶性循环,迅速集中的各种不利的信心、信念等思维因素,在相关的经济思维活动中产生负效应,促使经济急剧瓦解、财富突然丧失、经济泡沫突然破裂。次贷危机造成的金融泡沫一旦破灭,在人们的思维中就会发生丧失信心的富集雪崩作用,更加促使金融的各种衍生产品迅速崩溃,产生恶性循环,波及世界经济。这就为国际金融危机的解释提供了逻辑理论依据。

三、理性制导功能

制导即控制与引导。经济逻辑学研究对象的特殊性及学科关系的特殊性决定了经济逻辑理性对经济思维活动及其理论研究进行制导的重要意义。

一是经济思维活动的特殊性需要经济逻辑学的理性制导。例如,以"凯恩斯革命"闻名于世的英国经济学家约翰·梅特林·凯恩斯(J. M. Keynes),同时也是逻辑学家。他着重研究了经济思维的概率性特点,出版了著名的《论概率》,率先把数学概率论与归纳逻辑相结合,建立了第一个概率逻辑系统,亦即经济逻辑学的第一个分支领域经济概率逻辑。[15]"凯恩斯开创了现代归纳逻辑发展的新时代"。[16]尔后,经济学家(甚至包括社会学家和政治学家)把概率应用于主体间行为、群体行为的研究,发展了经济博弈论和经济博弈逻辑。许多经济学家在这一金矿中,多次淘得丰厚的诺贝尔奖。决策逻辑和博弈逻辑在经济活动中应用最为普遍。有哲人说过,生存就是决策,人生无处不博弈。爱因斯坦、霍金对此都提出过不同看法,而马克斯·玻恩在《关于因果、机遇的自然哲学》中说得最为中肯、贴切:上帝掷骰子,但机遇是有规则的,世界是因果与机遇联合统治的。在这个竞争激烈、优胜劣汰的经济社会中,充满着"机遇游戏"或机遇博弈,只有善弈者才能善存,只有善存才有可能发展。应运而生的决策逻辑和博弈逻辑,以归纳逻辑(主观贝叶斯主义、统计推理等)为理论基础,充分发挥其理性制导功能,为人们找到解决争端的方法,提出实行双赢的方案。它不仅可以解决类似小孩玩游戏那样的争执,还的确有助于解决人与人之间、种族之间、国与国之间的各种利益分歧、矛盾冲突,化干戈为玉帛。[16]

二是经济学理论的构建和发展,需要经济逻辑的理性制导。斯密的重大贡献不仅在于创立了经济学,而且为经济学理论研究提供了经济学一逻辑学的优良传统。可以说,经济逻辑渗透到了经济学的每根神经。林毅夫教授指出,所谓经济学的理论,就是用以说明社会经济现象的几个主要经济变量之间的逻辑关系的体系。既然经济学的理论是一套逻辑体系,那么经济学理论创新就首先要严格遵守形式逻辑的要求,即要建立一套内部一致的逻辑体系,否则,变量之间的因果关系就无法说清楚。其次,经济学家之所以要建立一个内部一致的逻辑体系,并非是为了玩逻辑游戏,而是要解释经济现象。因此,方法论规范化的第二个要求是严格检验那些依照这个理论的逻辑推演产生的推论是否与经验事实相一致。如果一致,就是不被证伪的,这个理论暂时就可以被接受;如果不一致,这个理论就必须受到修正或摒弃。[8]

许多著名的经济学家,也都把逻辑看成是经济学中须臾不可缺少的东西,认为"对我来说,经济学好像是逻辑的一个分支,是一种思维方式"。[17]斯蒂格利茨在《经济学》(第 2 版)中提出"像经济学家一样思考"。[18]英国经济学家戴维·史密斯这样解释:"像经济学家一样思考,是说以逻辑的方式分析问题,用分析取代断言。"[19]而萨缪尔森更是在其《经济学》(第 17 版)中设专节来研究"经济学的逻辑"。他告诫经济学人:"必须警惕经济推理中各种常见的思维谬误。由于经济关系通常十分复杂,涉及许多不同的变量,因此很容易混淆事件背后的准确原因和政府政策对经济的影响。"他特别分析了经济推理中常见的三种谬误:后此谬误(the post hoc fallacy)、不能保持其他条件不变(failure to hold other things constant)、合成谬误(the fallacy of composition)。他还举例说明不注意经济学逻辑会使你犯什么样的错误,"这些错误有时会使你付出昂贵的代价。"[20]

柯匹反复强调,正确推理与论证在任何认知领域都不可或缺。“无论在科学研究中,在政治生活中,还是在个人生活管理方面,我们都需要运用逻辑以达致可靠的结论。学习逻辑学,可以帮助我们确认好的论证以及它们为什么好,亦可帮助我们确认坏的论证以及它们为什么坏。没有什么研究会有比之更广大的用途。”[2] 在阐明逻辑的认知功能的同时,柯匹也着重地强调了其在民主政治与社会生活中的作用,他指出:“当前,民主的理念已得到几近普遍的拥护,而要使之付诸实践,社会公民须能有效地参与到公共事务中来。而要实现这种有效参与,就要求公民能够正确评估我们的领导人或候选领导人的不同主张。因此,民主的成功乃依赖于公民作出可靠判断的能力,从而也就依赖于人们合理地评估证据与各种论证的能力。可见,逻辑不仅对于促进我们个人目标的实现,而且对于促进我们与他人分享的民主目标的实现,都是至关重要的。”[2]

以上,经济逻辑学的社会理性功能略至彰显。

【参考文献】

[1]马立诚:《历史的拐点:中国历朝改革变法实录》,浙江人民出版社2008年版。

[2]柯匹·科恩:《国外经典哲学教材译丛:逻辑学导论》第11版,张建军等译,中国人民大学出版社2007年版。

[3]《辞海:缩印本》,上海辞书出版社1989年版。

[4]科恩:《论民主》,聂崇信、朱秀贤译,商务印书馆1988年版。

[5]韩震:《重建理性主义信念》,北京出版社1998年版。

[6]余章宝、杨玉成:《经济学的理解与解释》,社会科学文献出版社2005年版。

[7]斯密:《国民财富的性质和原因的研究》上卷,郭大力等译,商务印书馆1972年版。

[8]胡书东:《当代中国经济学家评传丛书:林毅夫评传》,陕西师范大学出版社2002年版。

[9]罗宾斯:《经济科学的性质和意义》,朱泱译,商务印书馆 2000 年版。

[10]博兰:《批判的经济学方法论》,王铁生等译,经济科学出版社 2000 年版。

[11]何大安:《选择行为的理性与非理性融合》,上海人民出版社 2006 年版。

[12]瞿麦生:《经济逻辑学与构建和谐社会》,《安徽大学学报》2006 年第 5 期。

[13]唐·埃思里奇:《应用经济学研究方法论》,经济科学出版社 1998 年版。

[14]马克·史库森:《经济逻辑——微观经济学视角》,杨培雷等译,上海财经大学出版社 2005 年版。

[15]瞿麦生:《经济逻辑学的研究历程与前景》,《天津商业大学学报》2010 年第 1 期。

[16]任晓明:《新编归纳逻辑导论:机遇、决策与博弈的逻辑》,河南人民出版社 2009 年版。

[17]马克·布劳格:《经济学方法论》,北京大学出版社 1990 年版。

[18]斯蒂格利茨:《经济学》第 2 版,梁小民、黄险峰译,中国人民大学出版社 2000 年版。

[19]戴维—史密斯:《免费的午餐——易消化的经济学》,电子工业出版社 2004 年版。

[20]保罗·萨缪尔森、威廉·诺德豪斯:《经济学》第 17 版,萧琛等译,人民邮电出版社 2004 年版。

第三章　经济逻辑的研究

第一节　经济逻辑的研究历程

经济逻辑的研究并不是一帆风顺的，从 1983 年中国经济逻辑研究会成立到 2011 年 9 月，我们的国家课题"经济逻辑研究"结项，经济逻辑的新学科地位得到国家的正式承认，经历了一个艰难的初创探索时期。这一时期可分为迷茫、曙光、争鸣和热潮四个阶段。

一、迷茫阶段（1983—1986）

这一阶段刚开始我们只有一个朦胧的大致方向，知道经济逻辑是反映经济活动和经济学研究的思维实际的，但是对究竟什么是经济逻辑学、它有什么特点、我们怎样去进行研究还不十分清楚，感到很迷茫。研究中主要是以传统形式逻辑为基本线索，去寻找相关的经济实例加以解释和说明。当时的中国逻辑学会会长周礼全先生鼓励我们大胆探索。他说：逻辑学本来就有两种逻辑，一种是作为科学理论工具的逻辑，另一种是作为日常思维技术的逻辑。经济逻辑研究，可以从后一种逻辑的研究起步。这个时期的主要代表作是研究会全体会员参与编著的《经济专业用逻辑学》，由会长陈孟麟担任主编，副会长郑功伦担任副主编，陕西人民出版社 1985 年 3 月出版。

二、曙光阶段(1987—2002)

理论需要随着实践的发展而发展。随着改革开放的深入,人们迫切需要学会利用逻辑学这一思维工具来解决实践工作中的问题,提高工作效率。为适应这种需要,在周先生等老先生的支持下,瞿麦生完成了专著《工作与逻辑》,由北京大学出版社出版(1987 年 5 月)。这一专著的问世反映了逻辑学界对经济逻辑学的研究对象和研究方法开始有了明确的认识,结束了形式逻辑加例子的简单研究阶段,开始直逼经济活动的各个环节,去研究经济思维的规律和方法,加以科学的逻辑总结,形成了新的逻辑理论。有人将这部著作评价为经济逻辑研究的曙光。1988 年《中国哲学年鉴》用较大篇幅介绍该书,1990 年该书获得了首届金岳霖学术奖,1990 年 12 月天津电视台播出关于瞿麦生的专题片《一个叫瞿麦生的人》。许多学者按照这一新的思路写出了经济逻辑学的新著。例如,陈宗明等先生出版了《经济活动中的逻辑》,桂起权、任晓明、朱志方出版了《机遇与冒险逻辑》,傅殿英和党校系统的同志分别出版了《管理决策的逻辑》,谢新观、姜成林、谢先仁出版了《经济逻辑学》等。这个时期还有大量论文发表。

三、争鸣阶段(2002—2005)

这个时期是从 2002 年 11 月在天津商业大学召开全国经济逻辑学术讨论会开始的。企业家和行政领导者也加入到经济逻辑的研究行列,范围由大学扩展到社会,由原来的财经院校扩展到普通院校,由一般院校发展到一流的高等学府,如武汉大学、南京大学、中山大学、西南师范大学、南开大学等一流大学的著名学者积极参与,大大提高了经济逻辑研究队伍的学术水平,因而经济逻辑学的研究质量也有一个飞跃的发展,起了质的变化。这些年轻学者和著名学者把国内外最先进的学术成果引荐过来,把经济逻辑的研究推到一个新的高潮,引起了社会上的高度关注。中共十六届中央政治局委员、天津市委书记张立昌给大会和瞿麦生的专著题词:“创新发展”。在这样一种热烈的学术气氛中,广大学者广开言路,开展了百家争鸣、百花齐放的经济逻辑研究工作。学者们从各自的研究角度开展经济逻辑的研究,形成了各种学术观点争鸣的局面。这时的代表作有瞿麦生主编的《寻求超越——点击经济逻辑》,该书由香港东西文化事业有限公司出版,全书48万字,集中了经济逻辑研究会会员的智慧,反映了当时研究的最高水平,各种观点在该著作中得到了充分的体现。

四、热潮阶段(2005年至今)

这个阶段国外是以2005年10月奥曼和谢林以经济博弈论的卓越成就获得诺贝尔经济学奖为契机,掀起了经济博弈逻辑、决策逻辑的研究热潮。国内的经济逻辑学研究热潮主要表现为:(1)一批高水平的研究课题获准立项。例如2005年5月瞿麦生主持的天津市"十五"社科规划课题"经济思维原则与方法",2006年5月的国家社会科学基金项目"经济逻辑研究"及其他国家课题获准立项。(2)一系列影响较大的会议的召开。例如2007年8月教育部逻辑学青年教师高级研修班,2008年10月在天津商业大学召开的第八次中国逻辑大会。(3)这个阶段天津商业大学、中央财经大学等高校成立了经济逻辑研究机构。(4)《天津商业大学学报》从2007年起开设了经济逻辑专栏。这个时期的代表作有瞿麦生的《关于经济逻辑学及其研究的基本构想》、桂起权的《经济学的科学逻辑研究纲领》、潘天群的《博弈思维——逻辑使你决策制胜》、傅殿英《经济与逻辑的对话》等。

第二节　经济逻辑的研究方法

经济逻辑是一个全新的科学理论体系,所用的研究方法也要求是全新的。我们要以逻辑学为工具,结合经济背景,来客观地、准确地分析、审视、观察经济活动及经济学理论研究中极为丰富的、宝贵的经济思维资源,阐释和概括出经济逻辑学的基本形态与独特规律。

事实证明,人文社会科学研究要取得有分量的高水平成果,方法的选择是相当重要的。固然,从历史上看,经济学和逻辑学研究都已经形成了各自富有自身学科特色的方法论,但这并非意味着理论建构方法的唯一性和永恒性。就体系建构而论,甚至可以说有多少个流派就有多少研究方法。在中国古代有所谓“十日并出”的神话，后来道家把它作为理论建构的一种象征。道家认为，思想表达与理论建构应该具有“十日并出”的局面，而不是以“天无二日”的框框来束缚人们的创新。这对于已置身于学科渗透与交错趋势的社会大潮之中的我们来说，具有深刻的启迪意义，我们再也不能固守僵化的教条，而应该有所借鉴，有所创新。

研究方法的探索

（一）历史与逻辑相统一的方法

从经济逻辑产生的历史文化背景、历史演变出发，把理论建构与实证分析、论证结合起来。注重经济逻辑本土化。经济逻辑的分析和发掘，避免用西方逻辑简单地套解中国的经济逻辑思想，把中国丰富的经济逻辑思想变成西方经济理论的翻版。

（二）个案研究法

基于反映现代经济活动和经济学研究的实例的分析，提升、细绎出其一般的思维结构与程序。经验—归纳—科学抽象，环环相扣。以我们自己的理念与思路去收集资料，并将前人的智慧与艺术，纳入我们致力于整合性重构的新视野之中；而著述，则力求进一步地发前人之未发，讲述我们对时代经济创新的新体验，以回应风险时代给我们带来的全新挑战。

（三）形式化与非形式化并重

经济活动是复杂纷繁的，不是单纯的形式化方法所能总结概括得了的，因此，我们将采取形式化与非形式化并重的方法去进行研究。根据研究总结经济实践经验的需要去选用表述方法。

第三节　经济逻辑的研究视角

一、科学逻辑视角

2002 年 11 月全国经济逻辑会议在天津的召开，标志着我国经济逻辑研究开始进入一个新的更高的发展阶段。会上，在语言逻辑、形式逻辑、博弈逻辑百家争鸣的热烈气氛激励之下，桂起权教授提出了“经济学的科学逻辑”的口号和纲领。

他认为，自 1987 年《工作与逻辑》[1]、1988 年《经济逻辑学》[2]的出版到 2002 年全国经济逻辑的天津会议的召开，我国的经济逻辑基本上是在形式逻辑为主导的范式（即概念框架）中展开研究的。通常，经济逻辑表现为形式逻辑的扩展与应用，这是它的基本定位。然而，我们认为经济逻辑应当在科学逻辑的范式中展开研究才更加合适，而不应当定位在形式逻辑上。原因在于，随着国际上经济学方法论研究的进展，以及近年来国内对科学哲学（连同科学逻辑）的深入研究和广泛传播，为经济逻辑的研究提供了全新的背景。在这种背景下，经济逻辑的研究已经出现新的转机，也就是面临着从形式逻辑向科学逻辑的范式转换。借助于这种范式转换，有望实现我国的经济逻辑研究的创新，从而很好地与国际接轨。

按科学哲学与科学逻辑的眼光看，从总体上说，经济学逻辑应当研究经济学前提的逻辑性质、经济学理论的形式结构、经济学解释（即说明）的逻辑、经济学理论辩护的逻辑、经济学理论发展的逻辑模式等等。关于经济学理论的形式结构，应当研究演绎系统化思想在经济学理论中的表现，经济学理论的逻辑构造，观察语言、理论语言及对应规则（语义规则）在经济学中的表现，数理形式演算在经济学中的表现、特点和作用，模型在经济学表述中的作用等等。科学理论可以看作由经验定律、理论原理、对应规则、数学计算与模型这五大要素所组成的多重结构。

关于经济学的科学解释，尤其应当研究归入经济学定律的解释，研究它的逻辑结构，研究演绎—规律模型与归纳—统计模型在经济学中的具体表现，经济学的因果性解释只是定律解释的一个特例。还要研究经济学预测与经济学解释的逻辑对称性，等等。

经济学家总是用经济规律来消解经济现象之谜，寻找原因或根据，来回答经济生活中所提出的为什么问题。这就是对经济现象作出科学说明，也叫作科学解释。亨普尔的解释理论近年来备受经济学家的青睐。

在日常生活中，我们会碰到大量有待解释的经济现象。举个简单的例子说，改革开放以后，特别是近几年来，许多普通家庭的生活费中用于购买食品的费用比重减少了，用于购买冰箱、彩电、洗衣机等家用电器的部分却增加了。这类现象自然可以用经济学中的“恩格尔定律”来解释。一般地说，经济学解释是将用于解释的经济学规律覆盖了被解释的经济现象，并将其归入规律之中。这种模型有覆盖律模型之称。它又划分为演绎—规律模式与归纳—统计模式这两大类以及中间类型，若有必要还可以进一步细分。若由以规律（普遍全称命题）和初始条件（单称命题）为前提，以被说明的陈述为结论这样的演绎论证来进行解释，则称之为演绎—规律模式（D—N 模式）。若换作概率性的内容，则成为归纳—统计模式（I—S 模式）。恩格尔定律是一条概率统计定律。因此，某个家庭随生活水平的提高，用于购买食品的费用比重的减少，将以很高的概率被统计规律与先行条件的组合所确证，如此等等。

关于经济学理论辩护的逻辑。首先要区分发现的语境（context）与辩护的语境，研究类比、隐喻与模型在经济学理论中的发现作用。研究经济学探究的模式与经济学假说的检验，经济学的局部证伪的逻辑图式，迪昂—奎因的整体论论题，等等。

二、辩证逻辑视角

桂起权教授在《经济学的辩证逻辑解读初探》[3]中提出了经济逻辑研究中的辩证逻辑视角问题，冲破了以往科学哲学研究的逻辑主义与科学主义阈限，批判性地引入了哲学解释学的方法，从而使其研究焕发出新的理论气息。

在经济逻辑的研究中，他重申应用辩证逻辑观点对马克思《资本论》进行解读的合理性；在汲取西方马克思主义者对经济哲学研究的新成果的基础上，他认为马克思主义经济学与西方主流经济学两者并非简单地相互排斥。

他阐述了邓小平的“政治—经济不等式”：“市场经济≠资本主义”；“计划经济≠社会主义”，对于破除经济学的“两个教条”的意义。用“两重性逻辑”（dialogic：一个深刻的真理的对立面可以是另一个深刻的真理。）这种辩证逻辑，为邓小平“南方讲话”和“社会主义市场经济”进行逻辑辩护。社会主义好，市场经济也很好！

他风趣地说，目前，在以上海财经大学张雄为凝聚核的“经济哲学”科学共同体，和以天津商业大学瞿麦生为凝聚核的“经济逻辑”科学共同体中，笔者是从科学哲学/科学逻辑和辩证逻辑的双重眼光看问题的独特的一员。

他认为我们所作的工作是要表明，本书的经济逻辑可以在理论上为改革开放以来的实践进行有力的逻辑辩护，因而具有非常现实的社会效益。

三、语言逻辑视角

经济逻辑之所以是语用逻辑，首先在于它是以语境（亦即“情境”）为中心的，它不像形式逻辑与现代符号逻辑那样，是无语境或无情境的、无时空的、无变动的和无主体的（没有主体——人的“价值介入”）逻辑。而经济逻辑需直面当下时空情境，或面向当下时空情境所必须解决的问题。然而，我们当下却生活在一个如此复杂、如此不成体系的时空社会里，我们每个人的“生活世界”都好像是一堆碎片，相互之间缺乏必然的联系，各种生活准则和价值信仰相互冲突，未来是如此强烈地“不确定”，以至于我们无法相信我们曾经体验过的任何东西是否会再度出现，于是现代性的认识论特征就是“时空断裂”。在如此变动不居的现象界内生存着的“研究者”，是无法确信任何“科学理论”，因为现代的一切“科学”都以统计规律为导引，以解释“统计现象”为理论的目的，而这样的规律和理论在上述的不确定世界里，无异于康德的“先验理性”，我们个性化的经验几乎不允许被这些先于我们个人经验的理性规则“套牢”，这种套牢的理性行为，既不是我们每个人真切的生活，也违反了个人的个性。唯一的出路是搁置这样的理论，“直面现象”。那么，何以“直面现象”？能否建构直面现象的“逻辑”？这样的追问，对于逻辑学同样适应。本来就无语境、无情境的传统形式逻辑和现代形式逻辑，又何以因应于不断变动的时空情境呢？而以情境为出发点的语用逻辑的出场，显然可以“突破”传统形式逻辑的这些局限，它甚至可以搁置传统的、现代的形式逻辑理论而去直面“现象”本身。它以“过程理性”而不再以“实质理性”（本质主义）作为建构自己的理论前提。因为中国的一些懂得这些逻辑的,便将“这些”看作是逻辑的“唯一”。实际上他们因为缺乏对现有逻辑学知识的批判、反思与不断重建的能力,以致将中国“逻辑学”推向“干枯”的生存状态。于是,经济逻辑的发展便需要尝试在不断变动的时空情境中,实现对人的决策行为、知识创新行为进行有限性的“搜索”与“形式性描述”(连意向、意图、情感、效果的预期……都可以成为多主体“博弈”及其相互作用系统中的“个体变元”);因此,它不再是只限于纯外延、二值的“实体主义”逻辑,而是“高语境的”、“策略性”的“行动逻辑”。如作为经济逻辑视野中的决策逻辑——所思考的可以是策略博弈中的均衡——由均衡与解和理性选择之间的关联;在多主体参与博弈的决策过程中,不存在理性的悖论;决策人总是能够在每一特定情境中均具有一种理性选择;每一种在这样的博弈中产生的理想的方案,都是通过联合理性产生出来的策略组合;这样的理想选择是决策者自我支持的,但均衡却是联合自我支持的策略的组合。我们知道,语用逻辑的核心原理就是关联原则。它以语用行为得以产生的情境(客观的,同时也包括主观的、情感性的、价值的、意图性的情境构成要素),随着情境时空的变动,综合性地、整体性地、关联性地考察各种构成情境要素及其对达成理想的决策方案的影响,它的推理逻辑总是“向前展望,倒后推理”,这样的推理不再是线性的或直线性的推进,它甚至是逆向性的,回溯性的,当然也可以是从已知推未知的“向前推理”;此之足见作为语用逻辑的推理方向与传统(和现代)形式逻辑的“推理”之不同。

总之,作为语用逻辑的经济逻辑,试图以决策情境作为出发点,并将“决策情境”区分为风险情境与非风险情境,以及确定性情境与非确定性情境,以更为有效地研究不同情境下的“决策逻辑”或“管理逻辑”。显然,如此情境下的“经济逻辑”研究,乃是深入经济(行为)活动得以发生、发展的特定情境及其内在机制之中的“经济逻辑”,它按照经济行为活动发生发展的内在机制去研究经济(价值的)判断、经济(价值推理)的活动。

四、共生逻辑视角

经济共生逻辑是关于经济共生体在经济决策、推理、解释、管理、经贸投资合作等经济活动和相关研究中选择和遵循的一般思维活动规律和方法。

作为一种新型逻辑工具，经济共生逻辑主要功能和作用是，运用经济共生的特点和一般规律，采用演绎、归纳、类比等逻辑推理方法，借鉴生物共生研究成果，识别经济共生现象，掌握各经济共生体之间和经济共生体内部各主体之间形成的经济共生关系，解析经济共生关系特点，概括总结经济共生思维活动规律与方法，为经济共生体结构的稳定和优化提供策略和方法选择，预测经济共生风险和发展趋势，取得成本最小化和收益最大化的最佳平衡，从而推动整个经济关系稳定和经济社会与生态环境协调发展。

本研究参考共生、生物共生、生物起源等学说，结合经济活动领域实际，运用演绎、归纳、类比等基本逻辑方法，归纳了共生说可适用于经济共生研究的依据，推理出经济共生的概念和特点，诸如经济共生体的主、客体具有多元性、层次性和法定性，经济共生体客体中互利、偏利、寄生三大共生关系具有共存性和可转化性，追求互利共生胜于偏利或寄生共生的主体平等的经济共生体和追求偏利或寄生共生的主体不平等的经济共生体同样具有可持续发展性，针对不同类型经济共生体选择不同经济共生思维方式方法的灵活性，同一经济共生体和不同经济共生体之间同样存在三大类共生关系，应妥善选择思维方式方法，以实现经济共生体稳定、优化发展的必要性等，梳理出经济共生逻辑的概括了经济共生逻辑作为社会科学方法的基本概念、特点、方法和实践意义，形成了经济共生逻辑观。随后列举了典型经济共生特例，对其进行经济共生逻辑分析，最后运用经济共生逻辑工具解析了经济领域的现实、热点问题。

【参考文献】

[1]瞿麦生:《工作与逻辑》，北京大学出版社 1987 年版。

[2]谢新观、谢先仁、姜成林:《经济逻辑学》，中央广播电视大学出版社 1988 年版。

[3]桂起权:《经济学的辩证逻辑解读初探》，《天津商学院学报》2007 年第 1 期。

第二编　经济思维原则论

第四章　经济思维层次性原则

本章全面阐述了经济思维层次性原则的概念，刻画了其逻辑符号表达式、论述了其逻辑要求及违反要求所犯的逻辑错误；从时间、空间、属性、因果和组合等维度，详细分析了经济思维层次的类型。

层次性，既是经济思维的重要原则，也是经济思维的重要方法。本章在具体论述经济思维层次性原则的基础上，详细介绍了经济管理的层次分析法。

第一节　经济思维的层次性原则的概念

经济思维的主要对象是人类的经济行为和经济现象的变化规律。经济现象和其他任何事物一样，都是量、序（组织形式）、质的统一体。这里的"序"就是层次，也是我们平时所说的组织形式，又叫结构形式。任何一种结构形式内部的各部分（或要素）都有一定的层次和顺序。结构形式内部层次和顺序的变化（序变）会引起整个事物的变化。铅和石墨，其物理结构成分完全相同，只是由于其内部结构层次和顺序不同而形成两种性质完全不同的物体。经济思维活动中也有很多类似的例证。例如，到商店买东西，交钱与讲价的层次顺序不同，效果就不同：先讲价后交钱，成功率高；交完钱再想讲价，成功率很低。事物的层次序变是由量变到质变的重要环节。事物结构形式的层次和顺序，反映到思维活动中来，就是思想的条理性。思想的条理性在经济思维过程中表现得很突出，具体体现了经济思维活动的整体逻辑性，所以，层次性原则是经济思维的一个重要原则。

一、层次、层次性

这里所说的"层次"，是指表征系统内部结构不同等级的范畴。任何系统内部都具有相同结构水平的部分和不同结构水平的部分，相同结构水平的部分属于同一个结构层次，不同结构水平的部分，则形成了不同的结构层次。世界上的万事万物皆如此。自然界，如物体可分为分子、原子、原子核、"基本粒子"等若干层次；高级生命体可分为系统、器官、组织、细胞、生物大分子等若干层次。同样，人文社会经济系统亦如此。任何社会也都是分层次的。没有一个社会是"无阶级的"或者"不分层的"。"人类生活在一个有等级秩序的世界中。这些情境规定了组织管理的条件，管理模式应与其相一致。在社会发展的早期阶段，组织中等级森严的管理制度是一条重要原则。随着社会的发展，等级差别日趋变小，管理也变得更富于参与性。然而，即使在最发达和（或）标榜平等的社会中，等级也从没消失过。就是在有最广泛参与的管理中，也必须注意不同程度的等级、分化和集权。"[1]就是说人们生活在不同层次之中，管理亦应有不同的层次。

层次与结构是相辅相成的，层次从属于结构，依赖结构而存在。系统内部处于同一结构水平上的诸要素，互相联结成一个层次，而不同的层次则代表不同的结构等级。层次依赖于结构，但结构也不能脱离层次，没有也不可能有无层次的结构。

系统内部的层次是客观存在的，而同一系统内部各层次之间的界限又是相对的。一方面，每一层次都有自身的质和量的规定。不同层次有不同的质，它们相互之间不可归约、不可还原、不可代替；另一方面，高一级的层次对于次一级层次又具有依赖性，并在一定意义上具有包含关系。层次作为对结构整体的"解剖"，表现着结构的有序性及结构整体所包含的差别性和多样性；而这种差别性和多样性又处在统一的有规律的联系之中[2]。

"层次性"是个具有时空特征的概念，它表明了一个事物在时间和空间中的地位和作用，即在特定的时空条件下，一个事物与其他事物之间的关系。

二、经济思维层次性原则的定义

经济思维层次性原则主要是指，在同一个经济思维过程中，如果存在若干个思想，那么这些思想间总是有一定层次和顺序的。

用符号表示则为：$A \wedge B \wedge \cdots N \rightarrow C(A \wedge B \wedge \cdots N)$

这里用 A、B…N 表示经济思维过程中的每一“思想”，即命题（判断）或概念。C 表示有层次和顺序。→表示蕴含关系，即层次性原则定义中的“如果，那么”。

案例 1，关于工作总结的分类：工作总结的种类多，名目繁，分类方法不一。按内容分，有综合性和主题性总结；按性质分，有政治工作、生产、学习、思想、会议等总结；按范围分，有个人、小组、单位、部门、地区、国家等总结；按时间分，有月份、季度、半年、年度、阶段等总结。

在这里谈到工作总结的分类时，是以工作总结这一应用文体的层次性为基础的，这些思想内容有着不同结构层次，都是有一定顺序的，整个思维脉络清晰。

不论是简单的经济思维，还是较为复杂的经济思维，只要存在两个或两个以上思想，那么它就有层次性（条理性）问题。

案例 2，在经济贸易活动中，我们要面对各种各样的人，一般会把人分为君子和小人或者是好人和坏人两个不同层次，两分法。一个人不是君子，就是小人；不是小人，就是君子。而按经济思维层次性原则来看则不同。

“君子”这个概念是儒家伦理规范对我们今天所说的“完人”的概括和总结。在以儒家文化为主体的中国传统文化视野下，君子被赋予方方面面、各种各样的优点，例如，君子爱财，取之有道；君子喻于义，小人喻于利（《论语·里仁》）；君子怀德，小人怀土（《论语·里仁》）；君子成人之美（《论语·颜渊》）；君子坦荡荡，小人常戚戚（《论语·述而》）；君子和而不同，小人同而不和（《论语·子路》），等等。我们说，人的品德修养、性格爱好、技能职业等都是多元化的，但中国传统文化把“君子”在所有方面都推到了极致，使其变成完美无缺之人，而把“小人”则推到另外一个极端，成为无恶不作的“恶徒”。显然，在经济思维层次性原则的视角下，这是有问题的。由于人人都是经济人和理性人，人人都追求自身利益最大化，因此人人都是现实的人。现实的人处在复杂的多层次环境之中，其自身的思维也是处于多层次的复杂矛盾之中，因而就会具体表现为此时好，彼时坏，在此地好，在彼地坏，处理这件事情时好，办理那件事情时坏。可见，现实中的经济人和理性人都是好与坏、正确与错误、君子特征和小人特点的层次复杂的混合物和统一体。

我们可以参照下面的模型来认识人的层次的相对性，科学地认识与自己打交道的所有的人。

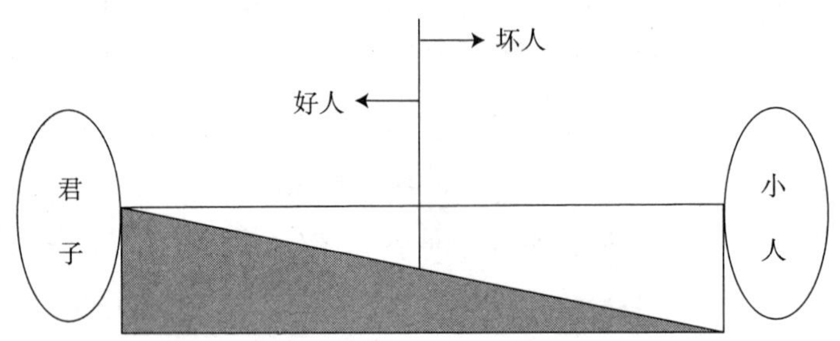

图 2－1 管理中的“人性”模型

君子是一个极端，代表着完美无缺的一类人；小人是另外一个极端，代表着一无是处的一类人。社会上所有的人都介于两个极端之间，也就是说，在君子和小人之间的连线上，有很多中间的层次，每个人都可以在这中间层次中找到自己的位置。如果从中间划开，则靠近“君子”的一端，算作好人，越往左，这个人就越好，但只可能逼近“君子”，而不可能达到极端；而靠近“小人”的一端，算作坏人，越往右，这个人就越坏，但同样只可能逼近“小人”，但永远不可能推到极限，如图所示。这就是说，在经济思维层次性原则下，世上无君子，同时也是在说，世上无小人。这就是我们经常讲的“金无足赤、人无完人”[3]的经济思维层次性原则视角下的诠释。

经济思维的层次性原则强调的不是“两分法”或“二元论”，而是“多分法”和“多元论”。世界的层次如此复杂而又绚丽多姿，怎么可能用“两分法”和“二元论”来穷尽呢？因此，经济思维的层次性原则对我们而言，是极其重要的。

三、经济思维层次性原则的作用

在一个经济思维过程中，经济思维层次性原则的主要功能是保持经济思路的条理性。

保持思路的条理性，要注意三个方面：

（1）保持经济思维脉络的清晰性。这是从经济思维的纵向层次过程来看，线性思路要清晰，讲什么问题就讲什么问题，一个问题一个问题，条分缕析，问题和问题之间不牵扯，不混淆。违反这一要求所犯的逻辑错误叫“脉络不清”。

例如，在日常经济生活中，人们接触的是大量纷乱复杂的经济现象和信息。如果保持经济思维脉络的清晰性，就能够利用这些现象和信息创造出更有价值的新信息，从微小的信息中取得重大收获。日本的现代经济学家山上定也在《惊人的信息推理术》中举了这样一个事例：

一九八二年二月月底至三月月初，墨西哥的爱尔·基琼火山爆发了。据说，这次火山爆发使史无前例的大量火山灰喷上了天空。

这是一则短小的报道，然而，“重要的信息往往正在那些不起眼的记事里”。通过这则小小的信息，可以进行一系列推理，推出意想不到的结果：

①大量的火山灰被喷到空中，使云极易变成雨云，变成水滴，于是，就很容易降雨，将会造成沿海地区大雨、久雨的天气。

②另外，由于雨风在前段地带降了大量雨水，无法再将水分带向以后的地区，只将干燥的空气送向内地，于是这些地方将出现大旱。

③由于气候异常，农业歉收，使苏联从阿根廷购买粮食的计划已经无法实现，只得依赖于美国。同时，由于苏联从美国进口谷物的价格昂贵，只得压缩军费开支。由于缺少资金，苏联不得不把通过各种渠道筹集的大量黄金作为购买谷物的资金抛出，从而导致国际黄金价格的下跌。

④美国作出减少三分之一耕种面积的规定，使谷物价格上涨，农民由此获利，随之也给和农业有关的一些企业（农具、肥料等）带来良好的转机。

这又使里根总统获得了农民以及与农民有关的实业家的支持,为他的竞选打下了良好的基础[4]。

从一则看起来与经济无关的信息中得到了左右某些企业甚至国家经济决策的重要东西。在经济思维过程中,始终保持思想脉络的清晰性,就能够看到信息层次的纵向线性连锁关联,从一条信息推断出其他有关信息。掌握了这一思维原则,就善于由此及彼,由一及多,扩大信息的价值,及时抓住机会。在这里,联结它们的链条就是一系列的逻辑推理。推理竟然具有如此惊人的作用,难怪爱因斯坦说:"推理的这种可赞叹的胜利,使人类理智获得了为取得今后的成就所必需的信心。"[5]《福尔摩斯探案集》的作者也赞扬道:"一个逻辑学家不需要亲眼见到或者听说过大西洋或尼加拉瀑布,他能从一滴水上推测出它有可能存在。所以整个生活就是一条巨大的链条,只要见到其中的一环,整个链条的情况就可以推想出来。"虽然柯南道尔对逻辑学家的"神算"有些夸张,但前一实例中一环扣一环的链锁推理,使经济思维的层次性原则得以充分发挥其作用,见到了实效。

(2)保持经济思维中思想层次的分明性。这是从经济思维的横向层次来看,思想层次要分明,命题(判断)或概念间要不重复、不纠缠,不自相矛盾。违反它所犯的逻辑错误叫"层次混淆"。例如,为了否定马克思的否定之否定规律,杜林曾有一个著名的诡辩:"如果我把大麦粒磨碎,我就否定了大麦粒;如果我把大麦粒烧掉,我也否定了大麦粒。"杜林的动机很明显——大麦粒被磨碎或被烧掉之后显然不能再转化为大麦粒,因而也就不存在所谓"否定之否定"。当时恩格斯对杜林的批驳是:"它们同形而上学思维的狭隘性完全合拍。"恩格斯的这个批驳自然是对的,但过于笼统,难以服人。其实要想驳倒杜林的诡辩并不难,只要引入一个"层次"的概念,按照层次性原则弄清否定周期的不同层次,就能将杜林的谬论驳倒。否定是在不同层次中分别进行的,不同层次的否定周期有其特定的否定方式,不能将不同层次的否定方式混为一谈。就拿大麦来说,至少有三个层次:大麦是植物,也是生命体,又是有机物。在这三个层次上其否定周期都有其特定内容。首先,大麦作为植物,属于第一个层次(即大麦自然生长周期的层次),其否定周期为"麦粒—植株—麦粒"。这体现了否定之否定规律。其次,如果把大麦粒磨碎,属于第二个层次的否定,是对麦粒生命体的否定。其否定方式为“非生命体—生命体—非生命体”(生命体由非生命体变化而来,又向非生命体复归而去)。这同样符合否定之否定规律。最后,如果把大麦粒烧掉,是对大麦粒这一有机物的否定。这种否定属于第三个层次。其否定周期为“无机物—有机物—无机物”(有机物由无机物转化而来,又向无机物复归而去)。这仍然符合否定之否定规律。那么,杜林的谬误何在? 就在于他把不同层次的否定方式混为一谈,当他说“把大麦粒磨碎”的时候,他混淆了前两个层次,而当他说“把大麦粒烧掉”的时候,他已经将三个层次都搅在一起了。这样他就犯了“层次混淆”的逻辑错误。

(3)保持经济思维中不同思想层次的顺序性。这是从经济思维的整体思路程序来看,先后顺序不能颠倒,不能错乱。违反了这一要求,就会犯“思路紊乱”或“程序颠倒”的逻辑错误。逻辑推理则是避免这一错误的基本保证。例如,《官场病——帕金森定律》以幽默、诙谐的方式讽刺了官场病,同时对产生机构臃肿、效率低下的原因及后果进行了一环接一环的层次性分析和推理,提出了“帕金森定律”。

美国经济学家唐·埃思里奇认为:“经济理论极大地依重于演绎逻辑。我们首先建立一组或一系列关于条件、动机和行为等不同层次的假定,然后依照我们要解释或预测的许多变量或参数来进行演绎推理直至产生期望的结果。市场行为理论从对市场的结构、人的动机和目标以及外在因素影响的假定开始,然后从条件中演绎出一组市场价格和商品数量的行为。”[6]

第二节　层次性原则应用范例

一、层次分析法

层次分析法(Analytic Hierarchy Process,简称 AHP)是经济思维的层次性原则生长出来的一朵奇葩。层次性原则是一切思维的肥沃土壤,特别是经济逻辑思维的肥沃土壤。层次分析法是经济思维层次性原则在经济管理中的具体应用。它是对一些较为复杂、较为模糊的问题作出决策的一种简便、灵活而又实用的多准则决策方法。它特别适用于那些难于完全定量分析的问题。它是美国运筹学家萨第(T.L.Saaty)教授于20世纪70年代提出的,1982年传入我国。目前,AHP在决策问题的许多领域得到应用,同时AHP的理论也得到不断深入和发展。

二、层次分析法的特点

它的主要特点是按经济思维层次性原则进行层次分析时,将定性与定量分析相结合,将人的主观判断用数量形式表达出来并进行逻辑处理,因此,更能适合复杂的社会科学领域。同时,这一方法虽然有深刻的理论基础,但表现形式非常简单,容易被人理解、接受,因此,这一方法得到了较为广泛的应用。

三、层次分析法的基本原理

层次分析法的基本原理是经济思维层次性原则的排序准则,即按层次最终将各方法(或措施)排出优劣次序,作为决策的依据。具体可描述为:层次分析法首先按经济思维层次性原则将决策的问题看作受多种因素影响的多层次大系统,这些相互关联、相互制约的层次因素,可以按照它们之间的隶属关系排成从高到低的若干层次,叫作构造递阶层次结构。然后请专家、学者、权威人士对各因素两两比较重要性,再利用逻辑、数学方法,对各因素层层排序,最后对排序结果进行分析,辅助进行决策。

为了进一步弄清层次分析法的逻辑基础,下面我们将对经济思维层次性原则展开深入细致的研究。

第三节　经济思维层次类型

经济思维层次是人们通过语言来思维、认知和创造的结果,是复杂纷繁的经济现象的客观反映,因而,随着我们认识的不断提高,思维层次就逐步深化。认识无穷尽,思维层次亦无穷尽。但是,我们可以按照不同标准,对经济思维层次进行分类,以认识其特点,把握其规律,恰当地表达我们的思想,正确理解、处理解决好经济问题。经济思维层次类型有很多种,这里研究五种:时间层次、空间层次、属性层次、因果层次和组合层次。

一、时间层次

时间层次就是在经济思维过程中以经济思维活动时间顺序为标准来划分的思想层次结构,一般先出现的在前,后出现的在后,也可以倒叙,逆向安排时间顺序层次。时间层次分为两种:一种是纵向层次或过程层次,它反映了经济现象的过去、现在和将来,即发生、发展、转移或结束的纵向过程;另一种是横向层次,它反映了同时出现几种经济现象或一个经济主体同时进行若干经济思维活动的情况。

在这里,时间层次可以纵横交错,但其思路要清晰,时间顺序丝毫也不错乱,不颠倒,条理性强,思维效率就会高。反之,如果时间层次不清就会使思路缺乏条理性而出现思维混乱。例如,“那个盗贼进了门,便开始作案。”绝不能颠倒为“那个盗贼开始作案,便进了门”。

二、空间层次

空间层次就是在经济思维过程中以经济现象主体的空间位置及距离的远近为标准来划分的思想层次结构。思想层次结构的排列次序既可以是由近而远,也可以由远而近,还可以远近交错。空间层次一般是指经济现象发生、发展及影响或其研究的范围,它是一种横向层次。金岳霖先生把空间层次分为居据空间和架子空间。

在研究空间层次时,我们注意到还有一种反映虚拟空间层次的思想层次结构。这种虚拟空间层次与我们的感觉、认识密切相关。

三、属性层次

属性层次就是在经济思维过程中以经济现象或其主体的属性为标准来划分的思想层次结构。属性层次分为两种:一种是性质层次,它反映了经济现象或经济主体自身性质的思想层次结构;另一种是关系层次,它反映了某一经济现象或经济主体与其他经济现象或经济主体具有某种关系的思想层次结构。

逻辑学所讲的属性包括性质和关系两个层次，属性层次在思维过程中既有依据属性将其具有该属性的经济现象主体划分的不同思想结构层次，又有依据某一标准将经济现象主体所具有的属性划分的不同思想结构层次。

四、因果层次

因果层次是指在经济思维过程中，按事物发展中的因果关系来排列的思想层次结构。例如，第二次世界大战期间，在伦敦英美给养司令部的墙上，醒目地写着一首1620年的摇篮曲：为了一枚铁钉，竟失去一只马蹄铁；为了一只蹄铁，竟失去了一匹战马；为了一匹战马，竟失去了一位骑手；为了一位骑手，竟失去了一次战斗；为了一次战斗，竟输掉了一场战役；为了一场战役，竟亡了一个帝国。

而这全部是为了得到一枚马蹄铁钉。

这首摇篮曲质朴而形象地描述了因果层次，精当地点出了要素与系统、部分与整体的层次关系。每一个思想层次是一个事理，因而在相关的思想层次间即事理间是一种事理间的因果顺序层次，前后层次紧密衔接，顺理成章。

因果层次在逻辑上一般表现为假言命题或假言推理。

五、组合层次

组合层次是指在经济思维过程中，采用倒叙、插曲、补叙等方式，将互不相干的思想按一定思路组合在一起而形成的新的层次结构。电影上把这种组合方式叫蒙太奇，所以，这种层次又可以叫蒙太奇层次。它主要是用来表达电影、电视、文章或讲话中的思想层次顺序。

综上所述，我们由经济管理的层次分析法入手，详细研究了其逻辑基础经济思维层次性原则，而经济思维层次性原则则是经济逻辑学的一条重要规律。以上拙见，只是抛砖引玉，以期引起重视，加强对经济逻辑学的研究，使之茁壮成长。

【参考文献】

[1][美]拉比尔 S.巴塞著:《情景管理》,石晓军等译,前言第 18 页,机械工业出版社 2000 年版,“前言”。

[2]舒炜光:《层次》,中国大百科全书哲学卷(一),1987 年版,第 84 页。

[3]出自宋代戴复古的《寄兴》:“黄金无足色,白璧有微瑕。求人不求备,妾愿老君家。”

[4]山上定也:《惊人的信息推理术》,上海文化出版社 1987 年版。

[5]转引自傅殿英、张峰:《经济与逻辑的对话》,北京大学出版社 2006 年版,第 12 页。

[6]唐·埃思里奇:《应用经济学研究方法论》,经济科学出版社 1998 年版,第 50—51 页。

第五章　经济思维富集性原则

经济思维富集性原则是经济逻辑学研究的重要部分。本章主要研究经济思维富集性原则的概念、种类、先机效应和封杀效应等,特别是联系经济活动的实际,来研究经济思维的优势富集性原则与经济发展、劣势富集性原则与经济危机的理论以及经济思维富集性原则的逻辑动因等理论。

第一节　经济思维富集性原则的概念和种类

一、经济思维富集性原则的定义

经济思维富集性原则是指,在经济思维过程中,思维起点上的微小优势(或劣势)经过思维关键环节的级数放大会产生更大级别的优势(或劣势)积累,以致产生突变。

"富集"一词借自于生物学,指一种级数发展。譬如农药滴滴涕,散在空气中的浓度通常为 0.000003 PPM,可当降落到海水中为浮游生物吞食后,其浓度可达 0.04 PPM,富集 1.3 万倍;浮游生物被小鱼吞吃,小鱼又被大鱼吞吃,大鱼体内滴滴涕浓度可增加到 2.0 PPM,一下子又富集 57.2 万倍;当人吃了大鱼后,天长日久,滴滴涕的浓度就可在体内富集一千万倍,从而中毒[1]。

二、经济思维富集性原则的种类

经济思维富集性原则有优势富集性原则与劣势富集性原则两种。

经济思维优势富集性原则是指经济人（理性人）在某一经济方面的起点思维中，信念优势凸显，引起一系列的良性循环，迅速集中大量的各种有利的信心、信念等思维因素，在相关的经济思维活动中突然产生极强的正效应，促使经济飞速发展，财富飞速集聚、甚至是泡沫性集聚。

经济思维劣势富集性原则是指经济人（理性人）在某一经济方面的起点思维中，由某种经济现象引发信念的突然崩溃，产生一系列的恶性循环，迅速集中的各种不利的信心、信念等思维因素，在相关的经济思维活动中产生极大的负效应，促使经济急剧瓦解，财富突然丧失、经济泡沫破裂。如，美国的次贷危机，就是一种经济思维的劣势富集所起的作用，使得一些百年的老企业一夜倒闭。因为虚拟经济主要是靠人们的信念和信心在起作用。次贷危机造成的金融泡沫一旦破灭，在人们的思维中就会发生丧失信心的富集雪崩作用，更加促使金融的各种衍生产品的迅速崩溃，产生恶性循环，波及世界经济。

从这次的全球金融危机就可看到经济思维富集性规律的重要作用。通过对金融危机的分析，可以清晰看见一个由金融危机引发的政策危机和信心危机，从而引发经济危机的链式传导过程。美国政府实施的长期利率飙升，使得美国的房贷市场迅速恶化，引发次贷危机。紧接着，次贷危机向美国商业银行系统全面扩散。美国金融游戏的基石——美国次级债，与之相关的各种金融衍生产品全面陷入混乱，各种期限的美国国债、地方政府债券、美国企业债券等也被牵连进来。建立在这些债券的“预期收益”基础上的、高达“数百万亿美元”的“金融衍生财富”被立刻“蒸发”，金融危机越演越烈。

纵观美国从次级贷款危机到次级债危机的发展、变化，会让人明显感到，美国金融界这些年来所作的，就像在并不牢固的地基上搭积木，一旦基层不稳，整个积木都有可能倒塌，而其影响力会在全球迅猛扩张，整个世界经济都会受到冲击。从次级贷到次级债，这一过程环环相连，层层传递，以多米诺骨牌的方式，劣势富集，演变成了全球性的金融危机。

从经济逻辑学的角度分析，全球性的金融危机的远离平衡态其根源在于“经济思维的劣势富集性原则”在起作用，造成了信心危机和政策危机。

第二节　经济思维优势富集性原则与经济发展

经济思维优势富集性原则有两个准则。

一、先机准则

经济思维优势富集性原则的先机准则告诉我们：经济活动一定要适时抢占先机，即抢先占住机遇。骆宾王在《讨武曌檄》说：“坐昧先机之兆。必贻后至之诛。”印度哲学泰斗泰戈尔也说：“有些事情是不能等待的。假如你必须战斗或者在市场上取得最有利的地位，你就不能不冲锋、奔跑和大步前。”因为经济发展在本质上不是结果，而是一种过程，是“领先—机会—再领先—再机会……”优势富集的总和。例如：超女李宇春，体育界的李宁，特别是电影界的张艺谋等。他们的迅速成名、暴富，只是因为他们适时抢占了先机。张艺谋的电影《黄土地》在艺术上达到领先，给他带来新的机会，然后又出现新的领先，进而带出更重要的机会，又导致更大级别的领先，最后成就为世界级电影大师。

其实，张艺谋并非是在数十亿中国人中经过最优化测试选出的唯一最佳导演，潜在的“张艺谋”何止千百，但为什么恰恰张艺谋能成为著名导演呢？答案只有一个——在每一阶段上抢先凸显。历史永远不会费力劳神去寻找终极的潜在最优者，历史只会抓住每一个阶段上的最先凸显者。这不但是历史付给进化的最低成本，也是历史对终极优选的无能为力。进化的选择原则究竟是最优还是最先？究竟是最优者能达到最先，还是最先者能达到最优？传统主流经济学更倾向于前者，然而有同样多具有统计意义的例子告诉我们，在相同的条件下“最先”更有利于达到“最优”。

往往，第一个选择做他人所没有做过的事情时，他会获得极大成功，以致后来的人都追随他前行。尤其在商场上，抢占先机就等于抢占了市场，抢占了成功,抢占了财富。成功者之所以会取得成功,是因为当周围的人都还在犹豫不定、左右徘徊的时候,他就已经开始行动了。诸多事实证明,要想取得别人不能取得的成功,做到别人不能做成的事情,首先应该做到的就是抢占先机。唯有如此,才能够抓住商机。但很多人往往有了商业构想,因为条件不成熟,总是在做与不做间徘徊,其实成功者常常选择看准了就去做,从而为成功奠定路基。

从前有个做大蒜生意的商人,他得知遥远的阿拉伯并没有大蒜,无疑,他们不仅没有见过,恐怕更没有品尝过大蒜的美味了。商人觉得那是一个潜在的巨大市场,如果能够抓住这个商机,肯定会大赚一笔。于是他带上两袋大蒜,艰难跋涉了很多天,终于来到了阿拉伯。

事实真的如他所料,善良而热情的阿拉伯人民从来没有见过世界上竟然有这么奇特的东西,而且它能够散发出一种与众不同的美味,尤其是在饭菜中加入少许,味道立即变得更加鲜美,想使人胃口不开都难。于是好客的阿拉伯人用极为热情的方式款待了这位商人,临别的时候还赠予了他两袋金子。

商人回到家里,向他的邻居——一个做大葱生意的人讲述了事情的整个经过。做大葱生意的人羡慕不已,心想:阿拉伯既然没有大蒜,肯定也没有大葱了,发财的生意到了,如果我也去跑一趟,肯定也能够赚得满满两大袋金子回来。于是,他决定去阿拉伯一趟。

自然,阿拉伯的人是没有见过大葱的,品尝之后他们发现大葱的美味简直要超过大蒜,于是他们更加盛情地款待了这位商人。临别的时候,阿拉伯人简直费尽心思,他们商讨说,这位商人给自己带来了这么美妙的大葱,一定不能轻待他。于是他们痛下决心,把上次那个商人留下的大蒜作为礼物回赠给他,因为他们觉得用两袋黄金远远不能表达他们对他的感激之情。

的确,做事情就是这样:抢占先机,往往会得到金子,而步人后尘,得到的物品对你来说可能是一文不值。上面的这个故事就讽刺了那些不懂得抢占先机重要性的人,他们只会跟在别人的后面,看到别人怎么做自己就怎么做,亦步亦趋,鹦鹉学话,结果肯定会赚不到钱。

成功者获得,成功者成功。在中国,改革开放初期,为什么有的人能够先富起来,有的甚至一夜暴富,获得了如此辉煌的发展?因为他们在特定的历史时期曾获得了领先优势,由此引出的历史光晕、政策倾斜、舆论导向、全民投入等会形成巨大的优势富集效应,这一效应会以指数的形式逐级放大,一发而不可收。中国的股市为什么用钱龙软件分析系统?不是因为它最科学,而是由于它最先被使用。当大家都接受并熟练掌握后,习惯使人们不再愿意改用其他任何即使是更先进的软件分析系统了。这也正是30指数、180指数无法取代上证综合指数的根本原因,因为历史走势已经在千百万人心中形成,人们不会付出额外成本去适应新的图形,分析家和证券显示系统也不愿冒险推出别的更新的系统。

为什么有家庭背景的领导干部,竞选时他能够大大超过无名小卒的成功概率?同样源自于无可抗拒的优势富集思维原则。芝加哥大学获诺贝尔经济学奖者之所以遥遥领先于世界其他大学,就是因为其一开始已经领先,在随后的发展过程中优势不断富集,优秀人才的蜂拥汇集和成功的示范效应以及对政府决策的影响等形成了一种良性共振——领先者成功。

优势富集思维原则在经济上的直接运用就是领先战略,也称为市场先导者战略,成功的领先战略对于竞争对手来说具有不可模仿性和不可抗拒性。美国PSI(战略规划研究所)的研究揭示,在500个成熟的行业中,第一个进入者企业的平均市场占有率达29%,早期跟进者企业的平均市场占有率为21%,而其余平均占有率为15%。

优势富集思维原则反映在语言交际上也有个先机效应。例如英语今天在全世界范围的通行已经无可阻挡。为什么仅有英语演变为世界语呢?难道是因为英语比法语、德语更科学吗?难道是因为英语比俄语、西班牙语更优美吗?不!仅仅是由于英国早期的扩张和移民政策快半步,将英语连同英国文化带入了包括美国、加拿大、澳洲在内的众多影响因子较大的国家,直至今日,以美国为首的强势文化借助于互联网的力量又将英语向全世界扩张。在全球一体化的今天,其他语言就被历史地封闭了,人们已经不可能付出学习第二种世界通用语的成本了。

优势富集思维原则反映在科学技术上也有个先机效应。例如电脑键盘的排列就是众所周知的绝妙好例,电脑键盘的字母之所以排列为

“QWERTY……”而不是按照“ABCDEFG……”的顺序排列，难道这是一种最有效的设计吗？其实QWERTY是一个叫克里斯多夫·斯格勒思的工程师在1873年设计的，他特意设计成这样是为了放慢打字人的打字速度。因为那时如果打字的人打字速度太快的话，打字机很容易就会卡壳。那时，仁民顿缝纫机公司大批量生产了用这种设计制作键盘的打字机。这意味着，许多打字的人都开始学用这种键盘打字。这又意味着，其他打字机公司也开始产销QWERTY键盘设计的打字机。这意味着有更多打字的人学习用这种键盘打字机打字。以至于电脑的发明已经使原先的“技术卡壳原因”不复存在，并且在理论上可以进行更科学的排列，但人们已经不愿付出更改打字习惯的成本了。

历史不会刻意寻求所谓的最优，她只青睐速度最快者。

由此可见，在更多的情况下，往往是领先凸显者最终成为最优。因为，领先可以形成一系列的先发优势，并且这些优势是可以富集的。

雷达表是第一个在中国市场进行广告宣传的外国品牌，也是第一个产品尚未在中国出售，却先建立起维修服务网络的钟表品牌。雷达表进入中国时，中国还没完全开放，但是有很大的市场可以挖掘。雷达表公司应用了行销学上的“第一品牌”理论，就是争做市场第一人。没有竞争者的情况下，可以用较少的资源和较少的时间建立很高的品牌知名度，吸引消费者。1979年3月15日，雷达表在上海《文汇报》上刊登了广告，同一天，上海电视台也播放了电视广告。这些现在看来很平常的事在当时却很不一般，在中国国内还引起了各界人士的强烈反响和争论。当时，中国市场上没有进口表，做了宣传后，品牌打出来了，就造成了　种需求。消费者知道雷达表很好，就想去买，但当时他们买不到，越得不到的东西可能越宝贵。中国刚改革开放的时候，有一些华侨回国，他们带回的礼物中可能就有雷达表。为保障这些表的正常使用，公司就先设了维修点。实际上，雷达表是1982年才正式进入中国的。但由于它在广告和服务上实施了领先一步的战略，最终导致全世界的名表中，雷达表在中国拥有极高的知名度。

先机效应在商业竞争中，存在着大量不为人知的潜利益，甚至在占有客户的心理资源上也具有不容忽视的好处。

Richard Makadok(1998)对货币市场共同基金(MMMF)产业的研究也显示,共同基金的转移相对于基金回报率而言是不敏感的,共同基金投资人不会经常将其投资从一家基金转至另一家,除非是对投资回报特别高的基金。尽管基金之间转移的"货币转换成本"并不高,有时甚至为零,但还存在一个"心理转换成本"。如要花费更多的精力去研究新基金,寻找最高回报率的基金,还有开户、销户等诸多手续,而且由于对未来的不确定性使其投资也存在一定风险。因此投资者更趋于"固定"在原来基金上,即使新基金更具竞争力。

可见,领先者的优势实际上是一种资源占有的优势,在资源短缺(政治资源、经济资源、心理资源等)的永恒背景下,领先者就像在公园里坐椅子一样,先到者可以享有"最初占有者的权利"(卢梭语)。这是一种可以让渡但永远不可剥夺的存在于千百万人内心深处的天赋特权。

于是,可以这样认为:在汪洋大海般的市场选择中,寻求最优就像搜索海藻基因最佳配对一样令人绝望,唯一的途径便是抢在对方之前占领市场,领先凸显,再发展。

二、封杀准则

当然,在经济思维中,有富集就意味着另一部分的舍弃。在种群的延续、文化的崛起、经济体的形成甚至个人的发展上,同样有一个历史封闭问题。

"领先者获得",这种获得是对一切更科学、更优秀的可能性的残酷封闭。对大多数落后者而言,情形就像精子大军的冲刺,仅仅因为晚到一步,亿万个可能的生命就被无情地封杀了。

历史封闭是一种广泛的"发展关闭"现象。历史一旦走进这个门,其余的门就被关闭。阿拉伯一旦选择了伊斯兰教,基督便被关在了门外;爱因斯坦一旦选择了物理,世界便少了一个小提琴家;一个文人偶然的一句"桂林山水甲天下",竟会将广西除桂林以外的所有相同岩溶地貌和喀斯特地形所造就的灵山秀水给封闭了。历史只需要一个,历史不喜欢重复。

三、非等值分布的耗散与群集

优势（或劣势）富集原则的趋向常常是匀质状态的破坏。世界在耗散的同时，又存在着一种更深刻的积聚力量。

从大尺度空间星系团的集结耗散到资本市场金融寡头的兴衰，从百万蚁群的汇聚到密集数千万人口的特大型中心城市的出现，我们看到的到处是远离平衡态。

城市的出现同样是随机进化和富集的产物。客观地看，单个的人在特定的时间段内也许是有目的的，然而，无数人群所形成的巨型系统和历史却常常是盲目的。用丘吉尔的话说，“历史就是一件接一件见鬼的事件组成的”。

由此可见，最优几乎是不可能的，没有最佳选择，只有随机选择。麦当劳、肯德基等董事会不可能在其全球几十万员工中进行大面积测试比对，从而选择 CEO，他们只关注少数的最先凸显者。

一方面，最先凸显者已经占有相对有限的资源，比如一定的市场份额，某种先进的技术，一种可以继续发展的品牌知名度等等。整个情形就像一架已经脱离起跑线的飞机，一旦启动，运行的维护成本将是非常低的。

另一方面，最先凸显者拥有制定规则的特殊权利。在当今由技术竞争时代向标准化竞争时代的过渡期，谁掌控相对强势的核心技术，谁拥有令人羡慕的市场份额，将可能成为标准的制定者，也就意味着中长期发展成本的相对降低。

罗素对历史进程提出了一种极端的解释：“我想以比较谦虚的态度，提出下述有关工业革命因果关系的另一种理论——工业制度是由于近代科学而产生，近代科学是由于伽利略，伽利略是由于哥白尼，哥白尼是由于文艺复兴，文艺复兴是由于君士坦丁堡的陷落，君士坦丁堡的陷落是由于土耳其人的迁徙，土耳其人的迁徙则是由于中亚细亚的干旱。因此，在探索历史因果关系时，基本的研究乃是‘水文地理学’。”[2]

问题不在于罗素对偶然性和小事件的逻辑想象力是否合理，有趣的是他无意间触及到了一种进化方式，至关重要的历史细节可能产生富集效应，初始条件的随机差异会形成一种递进性的放大效应。

这样一来,人们自然会问:国家与国家之间、城市与城市之间、企业与企业之间、人与人之间的巨大发展差异究竟是怎么形成的?微小的差异是怎样被积累、扩张和强化的?

我们虽然不能否认历史的必然进程,但我们可以寻找究竟是哪种随机力量代表了这一必然性。工业革命总要爆发,但为什么恰恰被英国抢先?伊斯兰需要圣地,但为什么偏偏选择了麦加?电影产业需要集中,但为什么单单出现在一个叫好莱坞的地方?世界金融危机总要爆发,为什么硬要在美国华尔街首先发难?

优势(或劣势)为什么能富集?微小的变量凭什么会产生摧枯拉朽的雪崩力量?为什么一些名声显赫的百年老企业崩溃破产于一夜之间?

第三节　经济思维的劣势富集性原则与经济危机

一、反映经济发展的低成本策略

从本质上看,优势富集原则所揭示的是一种低成本的发展观,它强调最初领先凸显的重要性,换言之,由于起点领先会带来链式反映,而起点的微小超越又往往是低成本的。

低成本是优势富集最初的动因。电影演员一旦出名,富集效应就会出现,更多的片约会接踵而至,更大的品牌效应又会吸引更多的利益关注,新闻媒体、歌舞演出商、音带发行商、出版商、广告商一哄而上,共同打造出影、视、歌、主持四栖明星,表面繁荣的背后是深刻的商业动机,是低成本的利益附加,是对无形资产的竭尽性瓜分。

一杯水,随机倒在地上,会形成一条水流轨迹,后继水滴便会沿着这一轨迹流淌,千百万次流淌的结果会使原轨迹出现一条浅浅的河床,于是又可容纳更大的水流,这又会形成更大的冲刷力量,经千百万次的积累,又将形成更深的河床,并进一步容纳更大级别的水流,如此往复,亿万年之后,便可能形成一条大江大河。问题在于,最初的随机水流其力量也许像推倒第一块多米诺骨牌和蝴蝶效应源头的第一次翅膀的震动那样微不足道,但富集演化的结果却是令人震惊的。如此低成本的“第一推动”正是优势富集效应最令人神往之处。

一个优先发展着的系统之所以能形成强大的富集效应，其最深刻的动因来自于系统内部和外部的扩张需求。

从内部看，系统具有强烈的扩张要求。一个经常被引用的例子是：微软开发第一盘视窗软件花费了十亿美元，但第二盘的成本只要十美元，条件是必须达到相应的销售量，因此规模扩张成了微软降低成本、增加利润至关重要的生存策略。在电器、计算机、制药、航空等许多方面无不如此，如研制第一颗 B2 炸弹的费用是 210 亿美元，而后每枚炸弹的制作成本是 5 亿美元。阿瑟说：高技术几乎可以被定义为“凝结的知识”，它的边际成本几乎为零。这意味着，你每生产一个拷贝，就会使成本更低一些，利润更高一些。报酬随扩张而递增。

这种扩张更本质的含义在于，社会性的使用成本也在强化这一过程，你用了 WINDOWS，他用了 WINDOWS，那么我最好也用 WINDOWS，否则大家无法交流。在一个系统内部，成本导致连锁扩张的过程更是显而易见，某航空公司恰巧购买了一架波音飞机，如果满意就再买几架，最后的结果可能是波音飞机越来越多，因为统一性能的飞机将大大减少飞行技术员和维修人员的学习和交流成本。这就是为什么绝大多数单位里使用的空调、电脑甚至饮水机都是同一型号原因之一。

从外部看，技术附加和利益附加所导出的规模积聚符合低成本演化策略。

所谓“技术附加”是指相关技术向主导技术的集聚。当家用电脑技术出现以后，比如由 IBM PC 机开始，成千上万的应用程序开发商、硬件组件开发商、增值供应商、系统生产商便迅速集聚，共同团结起来打造这一行业。这样，更大的富集效应又会铺天盖地而来，手机等无线通信技术、数码照相技术、彩色打印技术、扫描刻录技术、影视制作技术、音响播放技术、互联网技术等又会强迫性地形成功能附加。其结果又会导致外围更宽泛的技术汇聚，从商业到教育、从体育到游戏、从文艺到科研，甚至政治、经济、军事以及文化生活的一切方面都与 PC 机结成了神圣同盟，技术帝国终于确立。如果不具有根本的颠覆力量，那么，任何动摇这一技术的企图都将遭到与之共生共荣的外围技术的抵抗和消费者使用成本的拒绝。

技术附加常常在更广泛的意义上被运用，当某一技术或技术在某一地区异常发展后，富集效应便会发生作用。美国的高新技术一旦在硅谷结构成团，便会吸引更多的新技术加盟，人才和资金迅速汇入，规模效应使交易成本迅速降低，这又会导出更大的引力作用，推动硅谷进一步发展。因此，正是由于对规模效应和低成本分享的需要，才会产生连续的技术加盟，从而产生技术族群现象。日本筑波、北京中关村的出现也都是基于同样的理由。甚至印度的软件技术和中国的乒乓技术亦无出其外。由此可见，系统的扩张性暗示的是进化的低成本策略，正如对自然选择来说，较之于从一片混乱无序之中重新开始形成大团新准生质，显然不如将现存的单一细胞形成生物要容易得多。

广义的"利益附加"是指一种进化上的趋附策略。这儿是码头，然后小商贩就会停靠，然后更多的物流人流就会出现，然后旅馆饭店就会建立，然后定居就会发育，然后社区就会形成，然后城市就会诞生——集中导致利益附加，利益附加导致更大的集中，优势的雪崩效应便形成了。

最鲜明的便是特色集中，正因为浙江温州出现了颇具特色的纽扣市场，全国的纽扣生产商和销售商便群集而来，形成利益附加，这又进一步导致全国纽扣资源的集中，规模效应便凸现：信息传递充分、品牌优势明显、市场管理规范、购买者的搜索和交易成本就下降。这种市场和产业族群形式几乎可以使所有的参与者都能获得市场竞争以外的好处，这便是集中所带来的"整体大于部分之和"的效应。这里，利益附加是优势富集效应的催化剂。

二、反映经济发展的适应策略

从新的发展角度看，利益附加在优势富集的过程中不仅表现为一种利益追加，更表现为一种利益适应。普遍的情况是：当一种新的产品、新的机制、新的权力、新的组织一旦确立，周边的相关资源便会迅速发生适应性变化。

新的政权一旦建立，所有的权力、制度、组织都将发生适应性变化，然后是经济、社会、文化等利益体的变化，再接着是观念和意识形态的适应性变化，最后形成一个新的平衡系统和标准系统。这就是通常所说的一条规则被激活后，很可能会引起全部规则的连锁反应。

我国从汉朝开始，董仲舒“独尊儒术”，由于占有强大而又合法的政治资源，其他学术思想和社会理论被强行遏制。在近两千年的过程中，儒家思想不断被各朝政治和学术力量强化，导致我国相当长时期以来，再难出现春秋战国诸子百家各展其雄的学术匀质状态，即便有零星抵抗，也被视为异端邪说而难以为继。这种进化上的“奇观”就像王选说的：“你做了一个 IBM 不兼容的东西，但你不可能花几十亿美元来上自己的操作系统，更不可能花几十亿美元的精力去做应用软件，这样，一点点的创新就变成了祸害”[3]换句话说，如果你没有能力逆转潮流，最好的策略就只能是随大流，这似乎是进化给后来者留下的一条通路。当你在荧屏上看着几百万头野牛潮水般向同一个方向奔涌时，你不得不赞叹这背后的趋同力量，你也同样会担心少数叛逆者的悲惨命运。

三、反映经济衰退的劣势富集原则

劣势富集原则也就是我们平时所说的多米诺骨牌效应。

宋宣宗二年（公元 1120），民间出现了一种名叫“骨牌”的游戏。这种骨牌游戏在宋高宗时传入宫中，随后迅速在全国盛行。当时的骨牌多由牙骨制成，所以骨牌又有“牙牌”之称，民间则称之为“牌九”。

1849 年 8 月 16 日，一位名叫多米诺的意大利传教士把这种骨牌带回了米兰。作为最珍贵的礼物，他把骨牌送给了小女儿。这种游戏的玩法很简单：将许多长方形的骨牌竖立排列成行，轻轻推倒第 1 张牌时，其余骨牌将依次纷纷倒下。多米诺为了让更多的人玩上骨牌，制作了大量的木制骨牌，并发明了各种的玩法。不久，木制骨牌就迅速地在意大利及整个欧洲传播，骨牌游戏成了欧洲人的一项高雅运动。后来，人们为了感谢多米诺给他们带来这么好的一项运动，就把这种骨牌游戏命名为“多米诺”。到 19 世纪，多米诺已经成为世界性的运动。在非奥运项目中，它是知名度最高、参加人数最多、扩展地域最广的体育运动。

从那以后,“多米诺”成为一种流行用语。在一个相互联系的系统中,一个很小的初始能量就可能产生一连串的连锁反应,即牵一发而动全身。人们就把它们称为“多米诺骨牌效应”或“多米诺效应”。

多米诺现象在我国自古已有。据说,春秋战国时期,楚国有个边境城邑叫卑梁,那里的姑娘和吴国边境城邑的姑娘同在边境上采桑叶,她们在做游戏时,吴国的姑娘不小心踩伤了卑梁的姑娘。卑梁的人带着受伤的姑娘去责备吴国人。吴国人出言不恭,卑梁人十分恼火,杀死吴人走了。吴国人去卑梁报复,把那个卑梁人全家都杀了。

卑梁的守邑大夫大怒,说:“吴国人怎么敢攻打我的城邑?”

于是发兵反击吴人,把当地的吴人老幼全都杀死了。

吴王夷昧听到这件事后很生气,派人领兵入侵楚国的边境城邑,攻占夷以后才离去。吴国和楚国因此发生了大规模的冲突。吴国公子光又率领军队在鸡父和楚国人交战,大败楚军,俘获了楚军的主帅潘子臣、小帷子以及陈国的大夫夏啮,又接着攻打郢都,俘虏了楚平王的夫人回国[4]。

从做游戏踩伤脚,一直到两国爆发大规模的战争,直到吴军攻入郢都,中间一系列的演变过程,似乎有一种无形的力量把事件一步步无可挽回地推入不可收拾的境地。这就是劣势富集原则所起的作用,也就是我们平时所说的多米诺骨牌效应。它告诉我们:一个最小的力量能够引起的或许只是察觉不到的渐变,但是它所引发的却可能是翻天覆地的变化。

生活中这样的事情也是常见的:

头上掉一根头发,很正常;再掉一根,也不用担心;还掉一根,仍旧不必忧虑……长此以往,一根根头发掉下去,最后秃头出现了。哲学上叫这种现象为“秃头论证”。

往一匹健壮的骏马身上放一根稻草,马毫无反应;再添加一根稻草,马还是丝毫没有感觉;又添加一根……一直往马儿身上添稻草,当最后一根轻飘飘的稻草放到了马身上后,骏马竟不堪重负瘫倒在地。这在社会研究学里,取名为“稻草原理”。

第一根头发的脱落,第一根稻草的出现,都只是无足轻重的变化。当是当这种趋势一旦出现,还只是停留在量变的程度,难以引起人们的重视。只有当它达到某个程度的时候，才会引起外界的注意，但一旦“量变”呈几何级数出现时，灾难性镜头就不可避免地出现了！

第一棵树的砍伐，最后导致了森林的消失；一日的荒废，可能是一生荒废的开始；第一场强权战争的出现，可能是使整个世界文明化为灰烬的力量。这些预言或许有些危言耸听，但是在未来我们可能不得不承认它们的准确性，或许我们唯一难以预见的是从第一块骨牌到最后一块骨牌的传递过程会有多久。

有些可预见的事件最终出现要经历一个世纪或者两个世纪的漫长时间，但它的变化已经从我们没有注意到的地方开始了。

教育上的劣势富集原则的作用也非常明显。比如，学生第一次“不诚实”时，可能造成的危害并不是太大。小孩子偷了一支铅笔，抢了一块面包，说了一次谎……这些小事基本上不会给人造成什么巨大的伤害，也往往不会引起别人的重视，而这样事情作出之后，如果不能及时采取有效的措施，使得学生得以侥幸，无所谓，那么，时间一长就会导致习惯成自然，渐渐地蔓延开去，后果将是不堪设想，千里之堤溃于蚁穴，就是说的类似的道理。

再如，美国的次贷危机，就是一种经济思维的劣势富集所起的作用，使得一些百年的老企业一夜倒闭。因为虚拟经济主要是靠人们的信念和信心在起作用。次贷危机造成的金融泡沫一旦破灭，在人们的思维中就会发生丧失信心的富集雪崩作用，更加促使金融的各种衍生产品的迅速崩溃，产生恶性循环，波及世界经济。

通过对金融危机的进一步分析，可以清晰看见一个由金融危机引发的政策危机和信心危机，从而引发经济危机的链式传导过程。美国政府实施的长期利率飙升，使得美国的房贷市场迅速恶化，引发次贷危机。紧接着，次贷危机向美国商业银行系统全面扩散。美国金融游戏的基石——美国次级债，与之相关的各种金融衍生产品全面陷入混乱，各种期限的美国国债、地方政府债券、美国企业债券等也被牵连进来。建立在这些债券的“预期收益”基础上的、高达“数百万亿美元”的“金融衍生财富”被立刻“蒸发”，金融危机越演越烈。

纵观美国从次级贷款危机到次级债危机的发展、变化，会让人明显感到，美国金融界这些年来所作的，就像在并不牢固的地基上搭积木，一旦基层不稳，整个积木都有可能倒塌，而其影响力会在全球迅猛扩张，整个世界经济都会受到冲击。从次级贷到次级债，这一过程环环相连，层层传递，以多米诺骨牌的方式，劣势富集，演变成了全球性的金融危机。

从经济逻辑学的角度分析，全球性的金融危机的远离平衡态其根源在于“经济思维的劣势富集性原则”在起作用，造成了信心危机和政策危机。

第四节　逻辑动因

一、事物之间的因果联系是富集性原则产生的基本逻辑动因

优势（或劣势）为什么能富集？微小的变量凭什么会产生摧枯拉朽的雪崩力量？为什么一些名声显赫的百年老企业崩溃破产于一夜之间？

国家与国家之间、城市与城市之间、企业与企业之间、人与人之间的巨大发展差异究竟是怎么形成的？微小的差异是怎样被积累、扩张和强化的？

我们虽然不能否认历史的必然进程，但我们可以寻找究竟是哪种随机力量代表了这一必然性。工业革命总要爆发，但为什么恰恰被英国抢先？伊斯兰需要圣地，但为什么偏偏选择了麦加？电影产业需要集中，但为什么单单出现在一个叫好莱坞的地方？世界金融危机总要爆发，为什么硬要在美国华尔街首先发难？

经济思维优势（或劣势）富集的趋向常常是匀质状态的破坏。世界的经济在迅速积聚的同时，又存在着一种更深刻的耗散力量。

从大尺度空间星系团的集结耗散到资本市场金融寡头的兴衰，从百万蚁群的汇聚到密集数千万人口的特大型中心城市的出现，都是随机进化和富集的产物。客观地看，单个的人在特定的时间段内也许是有目的的，然而，无数人群所形成的巨型系统和历史却常常是盲目的。用丘吉尔的话说，“历史就是一件接一件见鬼的事件组成的”。

由此可见，最优几乎是不可能的，没有最佳选择，只有随机选择。麦当劳、肯德基等董事会不可能在其全球几十万员工中进行大面积测试比对，从

而选择 CEO,他们只关注少数的最先凸显者。

一方面,最先凸显者已经占有相对有限的资源,比如一定的市场份额,某种先进的技术,一种可以继续发展的品牌知名度等等。整个情形就像一架已经脱离起跑线的飞机,一旦启动,运行的维护成本将是非常低的。

另一方面,最先凸显者拥有制定规则的特殊权利。在当今由技术竞争时代向标准化竞争时代的过渡期,谁掌控相对强势的核心技术,谁拥有令人羡慕的市场份额,将可能成为标准的制定者,也就意味着中长期发展成本的相对降低。

罗素对历史进程提出了一种极端的解释:“我想以比较谦虚的态度,提出下述有关工业革命因果关系的另一种理论——工业制度是由于近代科学而产生,近代科学是由于伽利略,伽利略是由于哥白尼,哥白尼是由于文艺复兴,文艺复兴是由于君士坦丁堡的陷落,君士坦丁堡的陷落是由于土耳其人的迁徙,土耳其人的迁徙则是由于中亚细亚的干旱。因此,在探索历史因果关系时,基本的研究乃是‘水文地理学’。”[2]

罗素在这里强调:事物之间的因果联系是优势富集的基本逻辑动因。他认为,至关重要的历史细节可能产生富集效应,初始条件的随机差异会形成一种递进性的放大效应。

二、低成本发展是优势富集原则最初的逻辑动因

优势富集原则所揭示的是一种低成本的发展观,它强调最初领先凸显的重要性,换言之,由于起点领先会带来链式反映,而起点的微小超越又往往是低成本的。

低成本发展是优势富集最初的逻辑动因。电影演员一旦出名,富集效应就会出现,更多的片约会接踵而至,更大的品牌效应又会吸引更多的利益关注,新闻媒体、歌舞演出商、音带发行商、出版商、广告商一哄而上,共同打造出影、视、歌、主持四栖明星,表面繁荣的背后是深刻的商业动机,是低成本的利益附加,是对无形资产的竭尽性瓜分。

草上一滴水,随机滴在地上,会形成一条水流轨迹,后继水滴便会沿着这一轨迹流淌,千百万次流淌的结果会使原轨迹出现一条浅浅的河床,于是

又可容纳更大的水流，这又会形成更大的冲刷力量，经千百万次的积累，又将形成更深的河床，并进一步容纳更大级别的水流，如此往复，亿万年之后，便可能形成一条大江大河。问题在于，最初的随机水流其力量也许像推倒第一块多米诺骨牌和蝴蝶效应源头的第一次翅膀的震动那样微不足道，但富集演化的结果却是令人震惊的。如此低成本的“第一推动”正是优势富集原则最令人神往之处。

一个优先发展着的系统之所以能形成强大的优势富集，其最深刻的动因来自于系统内部和外部的扩张需求，而劣势富集则是其系统扩张到一定限度的爆炸。

系统的扩张性暗示的是进化的低成本策略，从外部看，技术附加和利益附加所导出的规模积聚正符合低成本演化策略。

所谓“技术附加”是指相关技术向主导技术的集聚。当家用电脑技术出现以后，比如由 IBM PC 机开始，成千上万的应用程序开发商、硬件组件开发商、增值供应商、系统生产商便迅速集聚，共同团结起来打造这一行业。这样，更大的富集效应又会铺天盖地而来，手机等无线通讯技术、数码照相技术、彩色打印技术、扫描刻录技术、影视制作技术、音响播放技术、互联网技术等又会强迫性地形成功能附加。其结果又会导致外围更宽泛的技术汇聚，从商业到教育、从体育到游戏、从文艺到科研，甚至政治、经济、军事以及文化生活的一切方面都与 PC 机结成了神圣同盟，技术帝国终于确立。如果不具有根本的颠覆力量，那么，任何动摇这一技术的企图都将遭到与之共生共荣的外围技术的抵抗和消费者使用成本的拒绝。

广义的“利益附加”是指一种进化上的趋附策略。这儿是码头，然后小商贩就会停靠，然后更多的物流人流就会出现，然后旅馆饭店就会建立，然后定居就会发育，然后社区就会形成，然后城市就会诞生——集中导致利益附加，利益附加导致更大的集中，优势的雪崩效应便形成了。这里，利益附加是优势富集效应的催化剂。

从新的发展角度看，利益附加在优势富集的过程中不仅表现为一种利益追加，更表现为一种利益适应。普遍的情况是：当一种新的产品、新的机制、新的权力、新的组织一旦确立，周边的相关资源便会迅速发生适应性变化。

新的政权一旦建立，所有的权力、制度、组织都将发生适应性变化，然后是经济、社会、文化等利益体的变化，再接着是观念和意识形态的适应性变化，最后形成一个新的平衡系统和标准系统。这就是通常所说的一条规则被激活后，很可能会引起全部规则的连锁反应。

【参考文献】

[1]王健：《创新启示录：超越性思维》，复旦大学出版社2003年版。

[2]《现代西方历史哲学译文》，上海译文出版社1984年版。

[3]文池主编：《在北大听讲座》，中国城市出版社2000年版。

[4]摘自：互联网资料。

第六章　经济思维确定性原则

在经济活动过中程，应当坚持思维的确定性原则。思维的确定在这里是一个广义的概念，它包括思维的同一性、思维的不矛盾性、思维的排他性以及思维的限度性。这是逻辑规律在经济活动中的运用和体现。以下我们对思维确定性的具体表现形式进行说明。

第一节　同一性准则

所谓“同一性”准则是一个广义的范畴，它不但包括在经济活动中遵守“同一律”的逻辑规律，又包括运用辩证逻辑的同一性原则去思考和处理问题。以下主要分析“同一性”逻辑思维在经济活动中的作用。

一、在经济活动中应当遵守同一律的原则

同一律是指在同一思维过程中，同一思维对象必须保持与其自身的同一。可将同一律表述为：A 是 A。

这里的 A 代表的是思维对象，可以是一个概念，也可以是一个判断。这个公式的含义是，同一思维过程中的每一概念和判断与自身是同一的，即一个概念反映什么对象就是什么对象，一个判断断定什么情况就是什么情况。

同一律的要求包括：

其一，在概念方面，同一律要求概念必须保持与自身的同一，不准随意变换，即不得在集合概念和非集合概念之间进行变换，也不得在不同含义的相同语词之间进行变换。

其二，在判断方面，同一律要求判断必须保持与自身的同一，不准任意转换，即在运用判断进行推理或证明时，不能用其他判断取代。

（一）在经济交往中应当保持概念的同一性

思维的确定性要求在经济交往中对于所使用的概念要有确定的内容，也就是要有确定的内涵和外延，防止由于概念不明确引起的经济纠纷。

在经济生活中，因为概念不明确引起的经济纠纷例子是很多的。例如，甲企业向供货方订购 30 车河沙，约定每吨河沙 10 元，一个月内交货。在合同中没有约定用什么样的车运送河沙。订货后，由于河沙的价格上涨，供货方不愿意多卖货，因此供货方用 130 型小卡货车（每车可运河沙 20 吨）送货。而甲企业认为应当用大卡车（每车可送货 40 吨）送货。虽然每吨的河沙价格已约定（10 元），但如果用 130 型小卡车送货，就会使甲企业购买河沙的数量减少一半，显然对甲企业是不利的。于是双方产生了争议。尽管争议是由多种原因造成的，但其中一个关键的问题是双方对用什么车运送河沙没有确定，也就是说，对车的概念没有明确的确定。

（二）在分析经济问题的时候要保持概念、判断的同一性

在分析经济问题的时候须要保持概念、判断的稳定性，坚持 A 是 A 的原则。例如，人们在分析经济活动中的某一个变量的时候，须要在思维上保持其他的条件不变。只有这样才能科学的研究问题，从而使研究的结论具有科学性和准确性。

美国经济学家萨缪尔森在他的《经济学》一书的导言中专门分析了“经济学的逻辑”，他列举了经济推理中的三个谬误，包括“后此错误”、“不能保持其他条件不变”和“合成谬误”。其中的“不能保持其他条件不变”就是与逻辑性的同一性原理相关的。萨缪尔森分析道：“第二个陷阱是在考虑某一个问题时没能保持其他相关的条件不变。例如，我们或许想知道提高税率究竟会增加还是会减少税收收入。一些人提出了这样一种诱人的观点，

即,我们可以吃掉蛋糕,但同时还仍然可以拥有它。他们争辩说,降低税率会在增加政府的收入的同时减少预算赤字。他们指出 1964 年肯尼迪・约翰逊的“减税”大大降低了税率,紧接着,1965 年政府收入就有所上升。据此,他们认为降低税率可以提高政府的收入。在本例中,一些人所犯的逻辑错误是没有坚持“保持其他条件(即总收入)不变”的原则,因为 1964 年与 1965 年的该国的总收入是不同的。由于没有保持“总收入不变”这个条件,所以所得出的结论没有科学性。最后萨缪尔森指出:切记,当你分析一个变量对于经济体系的影响时,一定要保持其他条件不变[1]。

依据思维的同一性的原则,在分析经济问题的时候须要保持概念、判断的稳定性,坚持 A 是 A 的原则。

(三)在经济交往中坚持诚实信用原则,保持思维的一贯性

在履行经济合同的过程中,对于已经确定的内容,应当按合同约定的产品的质量、数量、履行方式等交付货物,坚持 A 是 A 的原则,不能走样。例如,甲乙约定好由乙方向甲方供应某种货物为一等品,但甲方故意以次充好,用二等品代替一等品向甲方供货,这首先是违反了经济交往中的诚实信用原则。同时从逻辑思维的角度看,乙方违反了思维的一贯性,违背了 A 是 A 的原则。双方约定的品种是 A,在实际履行过程中就应当坚持用货物品种 A 来完成约定的品种 A。不能用非 A(二等品)来代替 A(一等品)。

(四)在经济交往中力求避免使用容易产生歧义的语言

思维的同一律原则要求人们在经济活动中应当保持概念的确定性,坚持 A 是 A 的原则。概念是通过语词来表达的,有时一个语词可以表达不同的概念。因此在经济交往中为了保证思维的确定性,应当力求避免使用容易产生歧义的语言。

例如在一张字据中有这样的语言:“张三还欠款拾万元(10 万元)。”这个语句中就有容易产生歧义的语词,究竟是“张三还(hái,音孩)欠款拾万元(即张三借的拾万元没有偿还)”,或是“张三还(huán,音环)了欠款拾万元(即张三借的拾万元欠款已经偿还了)”。这里关键是“还”字,“还”字是一个可以表达多种概念的语词。在经济交往中使用这样的语言容易使人们的理解产生歧义,既可以把它理解为 A 又可以把它理解为 B,这就不能很好

地坚持 A 是 A 的同一律原则。

二、经济活动中“辩证同一”思维方法的运用

在经济活动中，我们不但要坚持 A 是 A 的逻辑同一律的原则，同时也应当运用“辩证同一”的思维方法。A 不但与 A 之间具有同一性，而且在一定条件下 A 与 A′之间也同样具有同一性。这就是辩证的同一性。这种同一性是现实生活中具体事物本身所具有的同一性。现实世界中的客观事物总是运动变化着的，一个人在其生命历程的不同阶段总会发生变化，但是其自身仍然保持质的稳定性，保持自身的同一性。一个企业经历一段时期后，企业的规模扩大了，企业的人员发生了变化，但这个企业仍然保持着其自身的同一性。这就是 A 与 A′之间辩证的同一性。所以，在经济活动中，我们既要看到具体事物的发展变化、事物之间的区别，又要看到变化之中的同一性。

（一）用辩证同一的思维方式认识经济交往中的主体和客体

在现实生活中，经济交往中的主体和客体既是变化又是相对稳定的。应当既看到事物变化的一面，又要看到相对稳定的一面，坚持用辩证思维的方法认识事物，否则就会产生思想上的混乱。

在经济交往中，一个企业不能以企业负责人的变化或其他的变化而否认以前订立的合同的有效性。因为，一个企业能够与另一个企业订立购销合同、进行经济协作等是以相信这个企业具有相对的稳定性为前提的。随着客观经济活动的发展变化，任何一个企业也都会发生变化的，诸如企业的规模的扩大，人员的变化等。虽然这个企业发生了变化，但企业仍然具有相对的稳定性。如果把原企业称作 A，那么变化后的企业为 A′，A 与 A′之间仍然具有辩证的同一性。当企业由 A 变为 A′后，这个企业不能以企业负责人的更替或是其他方面的变化而否认这个企业所订立的合同的有效性，因为事物是具有相对的稳定性的。同样，当一个企业合并或分解后，合并或分解后的企业对原企业的债权、债务仍然具有承续性。这是辩证同一性的一种体现现。

在人们的经济交往中，客体也是会发生变化的。我们也应当用辩证同

一性思维的观点看待经济交往中的客体。客体主要包括财产和经济行为。随着时间的推移经济关系中的客体也会发生变化,但在一定条件下,这种变化并不改变客体(主要指财产)的性质。我们来看如下的例子:

农民甲某要在到外地办事,他把自己家里的一头黄牛让其邻居乙某代养一个月,甲和乙商量好了代养的费用。在甲外出的一个月里,甲的那头黄牛生下了一个小牛犊。一个月后甲回来了,要求乙归还那头黄牛和那个小牛犊。这时乙只同意还黄牛,不同意归还小牛犊。认为小牛犊不属于甲的财产,于是两个人发生争执。牛犊归谁所有?从法律上看,牛犊属于黄牛的孳息。孳息是原物所产生的收益。既然黄牛归甲所有,那么作为黄牛孳息的牛犊同样应当归甲所有。这体现了原物和孳息之间的同一性的关系。进一步说,体现了甲某对黄牛所有权的一致性。在这里所有权的归属和性质没有改变,体现了人们所有权关系的一致性和确定性。

(二)在竞争中,企业应当运用辩证同一的思维保持自身品牌的优势

企业在经济活动中应当保持品牌自身的同一性,辩证地运用 A 是 A 的原则,不能任意改变品牌的名称。当然,企业为了保持自身品牌的优势,就应当不断改进技术,提高品牌产品的性能。品牌产品的性能提高后,品牌产品由原来的 A 变为 A',但是 A 与 A'之间仍然具有辩证的同一性,因为它们仍然是同一个品牌的产品。例如,美国的著名企业英特尔公司在 CPU 芯片市场上 20 年左右的时间处于绝对领先地位,便是由不断的产品更新换代来保持的,从 286、386、486 到奔腾 I、II、III、IV 等。产品虽然不断更新,但英特尔公司始终保持其“英特尔”品牌的名称。这就会进一步增强其品牌的优势,加深计算机用户对其品牌的认同感。

(三)在经济活动中要反对虚假的“同一”

在经济活动中有些企业搞不正当的竞争,把本来不具有同一关系的事物混同于具有同一关系的事物。例如,假冒商标、假冒知名商品名称、包装和装潢等。这是虚假的“同一”行为。从逻辑思维上看,这是把 B 混同于 A,把没有同一性的事物混同于有同一性的事物。这是冒用 A 种企业或 A 种商品的名称,把 B 种商品混同于 A 种商品,从而达到推销 B 种商品的目的,这也是一种不正当的竞争行为。

例如,"鸵鸟"牌墨水是一个传统的优质的品牌。有的企业为了推销自己生产的墨水,把自己生产的起名为"鸵岛"牌。鸵鸟与鸵岛是两组很容易混淆的汉字。而且在外包装上这两组汉字又都是用毛笔字书写,从而混淆两个商标的图案,达到误导消费者的目的。这就是把B种商品混同于A种商品,从而达到推销B种商品的目的,这也是一种不正当的竞争行为,是虚假的同一,是应当反对的。

总之,企业在经济活动中不但要坚持A是A的同一律的原则而且要坚持辩证的逻辑思维,把辩证思维方式扩展运用到企业的生产、经营活动中,使企业在经济活动中能够很好地进行经济交往,提升自己的竞争优势,使自己立于不败之地。

第二节　排他性准则

排他性逻辑思维是指在经济活动中当面临几个不能同时给予肯定的对象的时候,如果选择了一个对象,就必须放弃其余的对象。即如果选择了P就应当放弃q。这是人们在鱼和熊掌不可兼得的情况下所作的选择,是选择过程中的排他性。

一、排他性逻辑思维是经济活动中的一种基本的思维方法

(一)排他性逻辑思维的具体含义

在经济活动中人们有时要面临着多种可能性,人们须要在几种可能性中择优取舍、作出选择。"在我们每时每刻的决策中,作决策的具体准则或方法固然重要,而最重要的是在复杂情况下权衡各种影响因素,并以最为智慧的方式作出正确抉择的能力。我们把它称为'选择智慧'。"[2]"排他性逻辑思维"就是在经济活动中的一种"选择智慧"。排他性是指"一事物不容许另一事物与自己在同一范围内并存的性质"[3]在现实生活中,有许多供人们选择的对象是不能同时存在的,人们选择了其中的一个对象就要否定其余的对象,即如果选择了P就应当放弃q。这是一种"取此舍彼"的过

程,是排他性逻辑思维的体现。人们在经济生活中进行选择、择优取舍的时候需要这种排他性逻辑思维。

美国经济学家曼昆在其名著《经济学原理》的开篇提出了经济学的十大原理,其中的第一个原理就是“人们面临权衡取舍”。曼昆指出:关于人作出决策的第一课可以归纳为一句谚语:“天下没有免费的午餐。”为了得到我们喜爱的一件东西,通常就不得不放弃另一件我们喜爱的东西。作出决策就是要求我们在一个目标与另一个目标之间权衡取舍。曼昆以学习时间为例,对权衡取舍的运用作了说明:我们考虑一个学生必须决定如何配置她的最宝贵的资源——时间。她可以把所有的时间用于学习经济学,可以把所有的时间用于学习心理学,也可以把时间在这两个学科之间进行分配。对于她用于学习一门课的每一个小时,她都要放弃本来可以学习另一门课的一小时。而且,对于她用于学习功课的每一个小时,她都要放弃本来可用于睡眠、骑车、看电视或打工赚点零花钱的一小时[4]。

我们还可以分析一个家庭的父母决定如何使用自己的家庭收入。他们可以购买食物、衣物,或全家度假;他们也可以为自己退休或孩子的大学教育储蓄一部分收入。当他们选择把额外的1千元用于上述用途中的一种时,他们在某种其他用途上就要少花1千元。也就是说,对于消费者来说,当他购买某种物品时,他只能少买其他物品。当他把更多时间用于休闲并用更少的时间工作时,他的收入就会减少,并只能减少消费。当他把更多的收入用于现在并减少储蓄时,他就必须接受未来的低消费水平。

在社会生活中,经典的权衡取舍是在“大炮与黄油”之间。我们把更多的钱用于保卫我们的海岸免受外国入侵的国防(大炮)时,我们能用于提高国内生活水平的消费品(黄油)就少了。

通过以上的分析可以看出,排他性逻辑思维在经济活动中是一种基本的思维方法,它是人们在经济活动经常运用的思维方法。

(二)排他性逻辑思维的逻辑形式

经济活动中的择优取舍表现了逻辑思维的排他性。这种思维方式可以表示为:

P 要么 q

P

所以非 q

这个公式表明，在一定的条件下，当“鱼和熊掌不可兼得”的时候，如果人们选择了 P 就要放弃 q，或者当人们选择了 q 就要放弃 P。它表达的是：为了得到一个被选择的对象，通常就不得不放弃另一个被选择对象的经济活动的排他性逻辑思维。当然，在经济活动中并不是所有的选择都有排他性，这种排他性逻辑思维只是人们在面对具有几个具有排他性关系（不相容关系）的被选择的对象时候所作出的选择。

（三）排他性逻辑思维与排中律的联系和区别

排他性逻辑思维与逻辑学的排中律既有联系又有表现形式上的区别。

1.排中律的含义

排中律是指在同一思维过程中，同一思维对象反映两个互相矛盾思想时，不能同假，必有一真。

排中律的公式是：“A 或者非 A”。这里，A 表示任一命题。“A 或者非 A”表示两个互相矛盾的命题不可能都假，其中必有一真。

排中律的要求包括：

其一，在概念方面，排中律要求，在同一思维过程中，不能同时否定两个矛盾关系的概念。

其二，在判断方面，排中律要求，在同一思维过程中，不能同时否定两个矛盾关系或下反对关系的判断。

2.排他性逻辑思维与排中律的联系和区别

排中律要求在互相矛盾的两个思想中，不能同假，其中必有一个是真的，即二者必居其一。人们在面对选择的时候，虽然不是判断所选择的事物的真假，但是，它要在二者之间权衡利弊，选择其一。如果一个人此时有 1 个小时的学习时间，如果他把这 1 小时用来学习 A 门课程，那么他就必然会放弃用这 1 个小时再学习 B 门课程。在这里我们用 A 表示“用这个 1 小时学习 A 门课程”，用 B 表示“用这 1 小时学习 B 门课程”。既然选择了 A，就必要放弃 B。当然这种选择的过程是不等同于排中律所要求的在两个矛盾关系的事物中不能同假，必有一真的要求。这种在经济活动中的排他性逻辑思维具有如下特点：

(1)人们所面对的几个被选择的对象，一般来说并不直接是一个为真、另一个为假的矛盾关系。但是当人们选择其一的时候，必然是对另一个、另一些选择的否定。当选择用这1小时学习A门课程的时候，就必须放弃用这1个小时学习B门课程。A和B不能同时存在。选择了A必然要放弃B。当我们选择了A的时候，这在一定角度上也可以看作是A真，当放弃了B的时候，在一定角度上可以看作是B假。

(2)可供人们选择的对象往往并不只有两个，并不一定是非此即彼(即不选择A就要选择B，或者不选择B就要选择A)的关系。人们可能有两个以上的选择。例如，他可以用这1个小时学习A门课程，也可以用这1个小时学习B门课程，还可以用这1个小时学习C门课程，当然还可以用这1个小时看电视(D)，或者用这1个小时去睡眠(E)等。这些A、B、C、D、E可供选择的对象是一种相互排斥的不相容的关系。这多种可供选择的情形可以看作不相容的选言判断，即要么A要么B要么C要么D要么E。当人们选择其中的一个选言支的时候必然要否定其余的选言支。当然，如果只有两个选言支供人们选择(即不可能还有其他选择的可能了)，那么选言肢A和B之间就是非此即彼，或者“非彼即此”的矛盾关系。此时选择A(可以看作A真)，就必然放弃B(可以看B假)。反之，放弃A(可以看作A假)，就必然要选择B(可以看作B真)。在这种情况下它与排中律的表现形式是有相同之处的。

人们在经济活动中权衡取舍的过程中往往并不像选择用1个小时的时间去学习课程A还是课程B那样的简单。在权衡取舍的过程中有时是对机会的选择，有时是对利益大小的选择；有时是对害处大小的选择，有时是基于兴趣的选择；有时是主动的选择，有时是被动的选择。或许人们是基于上述多种因素的综合作出的选择。

二、排他性逻辑思维在经济活动中的具体运用

排他性逻辑思维是人们在经济活动中经常运用的一种思维方法，它在

经济活动中表现在很多方面，它是人们在经济活动中面对多种选择的时候所运用的一个基本的思维方法。

从选择的主体上可以把经济活动中的选择分为个体的选择与国家机关的选择。个体是指单个经济单位，它是组成经济的最基本的单位，包括个人，家庭和企业。其中个人和家庭又称居民户，一般说来它是经济中的消费者。企业又称厂商，是经济中的生产者。个体选择的主要标准和目的是个体利益的最大化。国家机关的选择是指一个国家政府和其他国家机关对整个国家的资源的利用所作出的选择。其选择的主要标准和目的是社会资源的合理、充分的运用及社会中人们利益关系的协调。以下通过对个体和国家机关在选择中的权衡取舍的分析，笔者将进一步阐述经济活动中的逻辑思维排他性的表现。

（一）经济活动中排他性逻辑思维在个体的权衡取舍中的表现

在经济活动中有一种广泛应用的概念叫作“机会成本”。它比较充分地体现个体在经济活动中的排他性逻辑思维。所谓机会成本（Opportunity Cost），又称替换成本，是指生产者为了生产一定数量的产品所放弃的使用相同的生产要素在其他生产用途中所能得到的最高收入。简言之，机会成本，是为了得到某种东西（A），所必须放弃的另一种东西（B），即如果选择了A那么就要放弃B。它体现了人们在选择过程中“取此（A）舍彼（B）”的思维。

例如，某人拥有100万元资金，他可以把这100万元资金用于三种不同的用途：开商店获利20万元，开饭店获利25万元，投资房地产业获利30万元。他决定把100万元投资房地产业，在所放弃的用途中，最好的用途是开饭店获利25万元，这就是他选择投资房地产业的机会成本。所以，机会成本并不是实际支出，而是观念上的损失，因为用某种资源去得到什么，这种资源就不能去得到其他东西，所损失的只是另一种可能性。从思维的方式看，这当然就是一种权衡取舍的过程。

在这里，“机会成本”是作为个体所面对的一个选择的对象而出现的。当个体选择了现在的对象，那么它必然放弃了这个“机会成本”。在个体看来，选择现在的对象（例如上大学）比选择机会成本对他来说更为有利。作出这种"取此舍彼"的决定的标准一般是个体追求利益的最大化,对于厂商来说,就是追求利润的最大化。经济活动中的个体常常是基于追求个体利益的最大化的目标确定自己的选择对象的。

(二)经济活动中排他性逻辑思维在国家机关的权衡取舍中的表现

在经济活动中不仅个体要作出权衡取舍的决定,政府等国家机关也要参与到经济活动中来。因为即使是市场经济,也不能仅仅靠那只"看不见的手"(价格)来引导经济活动。有时经济活动的决策是由政府作出的。政府也要在某些对象之间作出"取此弃彼"的选择决定。经济学家认识到在大多数政策决策中都涉及权衡取舍:一项能提高效率的政策会以损害公平为代价;一项政策会有助于子孙后代,但会伤害现在的一代人。在指导经济活动的过程中政府等国家机关应当权衡利弊在多种方案中作出恰当的选择。

经济学家们经常谈论的"黄油和大炮"(民用品和军用品)之间的关系,就是一个应当由政府作出决策的关系。任何一个社会所拥有的用于生产各种物品的资源是一定的,生产的能力也是一定的,所以生产出物品的数量总是有限的。多生产某种物品就要少生产其他物品。假设全社会只能生产黄油和大炮两种物品,如果多生产黄油就必须少生产大炮,要多生产大炮就要少生产黄油。这种带有全局性质的物品(尤其是军用品)一般说来是由政府作出选择的。当然这并不是在"只要大炮"还是在"只要黄油"之间作出选择,而在"生产多少大炮"与"生产多少黄油"之间作出选择。但这里的实质依然是肯定一部分而放弃另一部分的关系。因为多生产了一份黄油就必然要少生产一份大炮,反之亦然。这依然是一种取此舍彼的关系,也就是选择了 A 要放弃 B。国家机关的在这种选择的过程中也要运用排他性逻辑思维权衡利弊,作出取舍。

第三节　不矛盾性准则

一、坚持逻辑思维的不矛盾律原则

在经济活动中要坚持逻辑思维的不矛盾律,遵循不矛盾律的原则,坚持思维中的不矛盾性。

不矛盾律是指,在同一思维过程中不能同时主张两个相反的思想。

不矛盾律的逻辑形式可以表示为:A 不是非 A。

这里 A 和非 A 代表的是两个相反的思想,他们可以是概念,也可以是判断。这个公式的含义是,在同一思维过程中,对于同一思维对象,不允许出现两个相反的思想,当出现两个相反的思想时,不能同真,必有一假。

矛盾律的要求:

在概念方面,矛盾律要求,在同一思维过程中,不能同时用两个矛盾关系或反对关系的概念指称同一个思维对象。

在判断方面,矛盾律要求,在同一思维过程中,不能同时肯定两个矛盾关系的判断或两个反对关系的判断。

经济活动中的不矛盾律原则分为两个方面:一是在经济活动中不能与已经确定的思想相矛盾;二是在经济活动中不能同时采用两个相反的决策。下面我们对此作进一步的说明。

(一)不能与已经确定的准则、规律相矛盾

在经济活动中有些是已经确定的准则,这种准则一般表现为国家的法令,经济活动的基本规律等,人们在思维的过程中不能与这些原则相悖,否则就违反了思维的不矛盾律。以下我们对此作出进一步的分析。

在经济活动中的个体的行为不能与已经确定的原则相矛盾的要求可以从如下几个方面表现出来。

1.经济活动的合法性的原则

经济活动的合法性是现代社会中所有的经济活动的个体都应当遵守的原则。这是经济活动中已经预先确定的规则,当经济活动中的个体作出某一个决策的时候,它不能与"所有的行为都是要守法的"这个思想相矛盾。在这里"所有的行动都是合法的"是事先已经确定的规则,用公式表示就是"所有的 S 都是 P"。S 表示经济活动中的个体。P 表示守法的。当某一个经济作出违反合法性原则的时候,它实际上是在主张"这个行为不是应当守法的"用公式表示就是"有的 S 不是 P"。显然这两者是一种矛盾关系的思想。为了更清楚地表现,我们看如下的符号形式:

所有S都是P(所有的经济活动都是应当守法的)。

有的S不是P(这个经济活动不是应当守法的)。

显然,上述两个思想是具有矛盾关系的两个相反的思想。在这里,“所有S都是P”是预先已经确定的原则。是否违反不矛盾律主要是看经济活动中的个体是否再作出“有的S不是P”的决策。如果作出了,从思维的形式上看,就是违反了不矛盾律的原则。

2.遵守经济活动的规律的原则

经济活动的规律是在经济活动中产生的不以个人的意志为转移的客观事物之间的必然联系。例如价值规律,边际生产效益递减规律、边际消费效益递减规律等。经济活动的一般原则是经济规律在经济活动中的表现,这些原则也是经济活动的客观过程所必然产生的,不以人的意志为转移的原则。如,生产可能性边界原则等。无论是经济活动的规律,还是经济活动的原则都是由经济活动的客观性所必然产生出来的,不以人的意志为转移的。

我们可以把这种违背不矛盾律的思维用下面的符号形式表示为:

这个S是P(经济活动的主体是应当遵守经济规律(原则)的。

这个S不是P(经济活动的主体不是应当遵守经济规律(原则)的。

或者表示为:

所有S是P(所有的经济活动的主体是应当遵守经济规律(原则)的)。

这个S不是P(这个经济活动的主体不是应当遵守经济规律(原则)的)。

这两种的表示的方式在形式上有所不同,但是在实质上是一样。上述两组表达方式中的每一组的两个思想是相矛盾的,同时主张这两个思想就违背了形式逻辑的不矛盾律。

经济活动的规律和原则与法律是不同的。法律是由国家制定和认识的,它属于上层建筑的组成部分是属于思想关系的范畴,是属于主观思想范畴。而经济活动的规律(即经济规律)是属于物质关系的范畴,是一种客观范畴。

经济活动中,不违反经济活动的规律(原则)是逻辑思维的不矛盾律的要求在经济活动中的又一个体现。它的具体要求是经济活动的主体(也包括国家政府)在经济活动中不能作出违反经济规律(原则)的决策。因为经济规律和一般经济原则是经济活动的客观过程所必然产生的,不以人的意识为转移的。因而这些规律和原则在思想上的反映就是一种正确的思想。这些规律和原则在思想上表现为:经济主体是不能违背经济规律(原则)的。这个思想是在经济活动中所有的经济主体知道的或者是应当知道的,它可以被看作是所有经济主体在经济活动中已经确定的思想。当经济主体的一个决策或思想与其相违背的时候,这就违背了思维的不矛盾律。

遵守经济规律的原则中所涉及的经济规律在经济生活中大量存在,下面我们对这些规律(或一般原则)作一些列举以供人们在经济活动的实践和思维过程中参考。经济学中所涉及的经济规律有许多,例如:边际效用递减规律;边际产量递减规律;价值规律;还有一些层次更低一些的规律。如:竞争企业的目标是利润最大化,体现利润最大的有三个一般性的规律,这就是:(1)如果边际效益大于边际成本,企业应该增加其产量;(2)如果边际成本大于边际收益,企业应该减少其产量;(3)在利润最大化的产量水平时,边际效益和边际成本正好相符[5]。以上这些规律和规则有些是我们在前几节的论述中已经涉及了,有些并没有涉及。我们在此不可能也没有必要把这些规律或原则展开说明。这里只要指出的是,经济活动的主体在经济生活中应当遵守经济生活的规律或原则。这是每个经济生活的主体都已经明确的或者是默认的思想。当经济主体的另一个思想(如认识,决策等)与这个思想相对立的时候,就违反了不矛盾的思维的原则。

3.经济活动的守法性原则与遵守经济活动规律的原则有如下异同:

经济活动的守法性原则与遵守经济活动规律的原则在表现形式上是相同的。它们都是要求经济活动的主体不能违反已经确定的准则。当经济活动的主体违反了这些准则的时候,就是主张了两个相反的思想,就违反了不矛盾律。

其不同之处在于,合法性原则中已经确定的准则(法律)是由人(国家政府)制定的,经济活动的主体遵守经济规律的原则中,已经确定的准则是由经济活动的客观过程所产生的客观规律,它不是由人制定的,而是不以人的意志为转移的。

二、在经济活动中人们不能同时主张两个相反的思想

(一)“鱼和熊掌不可兼得”

在经济活动中人们不能同时主张两个相反的思想是指:人们在经济生活中作出权衡选择的时候,不能作出两个自相矛盾的思想。例如,甲某今天只有1个小时的时间用于复习功课。在思想上它不能作出两个相矛盾的决策。即,“用这1个小时的时间复习语文”与“用这1个小时的时间学习数学”。对于仅有1小时的时间学习的甲某来说。这两个决策无疑是对立的,同时主张这两个思想当然违反了不矛盾的原则。用符号形式表示就是:

这个S是P(用这1个小时的时间学习语文)。

这个S是q(用这1个小时的时间学习数学)。

显然上述两个思想是一种相反的思想,同时主张这两个思想,就违反了不矛盾性的思维原则。

再如,当一个企业作出“用仅有的100万元用于购买用于加工的原材料”的决策,它就不能同时再作出“用这仅有100万元来购买生产设备”的决策。因为这两个决策是相互对立的思想。同时肯定这两个思想就违反了不矛盾的思维原则。当然这里举出的是十分简单的例子。经济生活是复杂的,人们违反不矛盾原则的情况的表现要比这些例子要复杂得多,但其根本的原理是一样的。其基本的思路就是“鱼和熊掌不可兼得”。

(二)正确对待经济活动中看似相反而实际相成的两个事物之间的关系

在经济生活中有些事物之间的关系最初看起来似乎是相互对立的矛盾的关系,例如,生产与消费的关系,公平与效率的关系,两个具有竞争关系的企业之间的关系,等等。这些关系乍看起来,似乎是两个相反的对立的事物之间的关系,实际上他们之间在一定的条件下是相互依存,共生共荣的关系。在思维的过程中同时肯定这两种事物并不违反不矛盾律。在经济生活中对看似对立而实际一致的事物之间的关系是需要正确认识、正确对待的:

例如,在经济生活中生产与消费是一对矛盾关系的事物,表面上看两者似乎是对立的,但在实际上,在一定条件下两者之间是一种共生共荣的关系。

我们再看详细分析储蓄与消费的关系。储蓄是对消费节俭的结果，这种节俭是美德，还是退步，对此结论并不一致。一般而论，是把储蓄或节俭作为一种美德来提倡的。但凯恩斯的理论对储蓄和节俭提出了反论。他认为，节俭对个人来说可能是一种美德，但对整个社会来说，可能就不是美德，而是一种退步。因为大家都节俭，储蓄增加，如果这部分储蓄不能及时转化为投资形成新的消费力量，那就会减少社会需求，对国民经济活动造成一种紧缩的压力，导致经济萧条。国民收入也因此下降，就业减少。尤其是在经济萧条时期，这种节俭更会加剧萧条，形成恶性循环。所以，凯恩斯主张减少储蓄，增加消费。

对节俭的反论（亦称节约的悖论），不仅是指在萧条时期储蓄增加会使萧条更加萧条，而且，这一反论还指出，储蓄过多还可能会减少实际的储蓄，这是因为过多的储蓄引起国民收入的下降而造成的。"蜜蜂的寓言"讲的就是这个道理。

一直关注美国罗斯福新政的英国经济学者，约翰·梅纳特·凯恩斯，从一则古老的寓言中得到了启示。从前有一群蜜蜂过着挥霍、奢华的生活，整个蜂群兴旺发达，百业昌盛。后来，它们改变了原有的生活习惯，崇尚节俭朴素，结果社会凋敝，经济衰落，终于被敌手打败。凯恩斯从这则寓言中悟出了需求的重要性，并建立了以需求为中心的国民收入决定理论，并在此基础上引发了经济学上著名的"凯恩斯革命"。这场革命的结果就是建立了现代宏观经济学。

一般说来储蓄是财富的保值或增值，消费是财富的支出，是财富价值的减少。似乎储蓄与国民收入的增加是一致的，而消费与国民收入的增加是相反的。实际并非好此。正如在前面的分析中所指出的。在一定条件下储蓄的增加会导致国民收入的减少，进而还可能会减少实际的储蓄。

因此，从逻辑思维上看，不能认定储蓄与国民收入的增加是一致的，因为在一定条件下，两者恰恰是相反的事物，同时肯定这两个事物，实际上是违反不矛盾律的。

而消费与国民收入的增加之间在一定条件下都是一致的，在思维上把这两者对立起来，看作不相容的关系也是错误的。

第四节　限度性准则

所谓限度性准则是指在经济活动中，为了保证经济活动合理的、有效益的进行，人们应当把自己的行动置于一定的有效的限度之内。任何经济活动的主体都应当使自己的行为在一个合理的限度内活动，超出一定的限度就会使自己的行为走向反面，会使自己的利益或者整个社会的利益得到损害。

萨缪尔森在其《宏观经济学》第 6 章“消费与投资”的篇首引用了英国作家查尔斯·狄更斯在《大卫·科波菲尔》中有这样的句子：“年收入二十镑，年支出十九镑十九先令六便士，结局是幸福的；年收入二十镑，年支出二十镑零六便士，终局是痛苦。”[6] 幸福和痛苦是根本不同的。在这里幸福在于少支出了几便士，而痛苦在于多支出了几个便士。虽然是几个便士之差，但这里有一个限度，超出了这个限度就由幸福变为痛苦了。这就是对限度的认识，也就是我们在本节所要说明的限度性的准则。

限度性准则可以在宏观经济中表现，也可以在微观经济活动中表现出来。以下我们从这两个方面进行说明。

一、限度性准则在宏观经济中表现形式

在宏观经济生活中，社会的管理者须要把社会的经济活动控制在有效的范围之内。

我们首先以税收为例说明这种限度性准则。在政府税收政策与政府所得的税收总量的关系上有一个著名的拉弗曲线，它可以说明在税收中坚持限度性准则的重要性。一般来说，税率越高政府税收越多，提高税率可以增加政府税收。但是如果税率越过一定的限度，企业的经营成本提高，企业就会减少投资或退出投资，从而造成政府征税范围缩小，政府税收的总量因而减少。描绘这种税收与税率关系的曲线称为拉弗曲线（Laffer Curtre）。以下是拉弗曲线的图形：

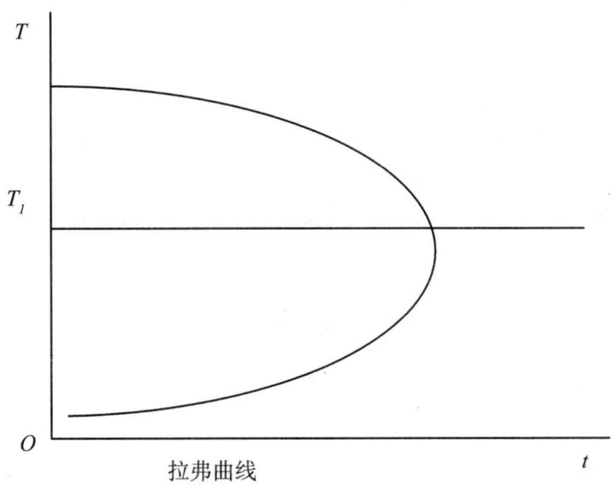

图 6－1

如【图 1】所示，纵坐标 T 为税率，横坐标 t 为税收，税收随税率的提高而增加，但税率提高到 T1 以后，税收随税率的提高而减少。拉弗曲线表明了税率应当保持在适当的水平上。美国里根政府时期采取减税政策，就是因为当时供给学派认为当时美国的税率已超过了 T1，削减税率能刺激投资。事实上美国当时的减税政策也确实取得了积极的效果。

在审视经济活动中，还存在着一个“底限”问题，这种底限也是经济活动所要坚守的最低限度。

国民收入的分配过程中存在的“基尼系数”是底限的一种。基尼系数（Gini Coefficient）是衡量一个国家贫富差距的标准。当基尼系数等于零时，表示该国收入分配绝对平等，当基尼系数等于 1 时，表示该国收入分配绝对不平等。实际的基尼系数总是大于零而小于 1 的。基尼系数越接近零，表示收入分配越平等；基尼系数越接近 1，收入分配越不平等。

按国际通用的标准，基尼系数小于 0. 2，表示收入分配绝对平等，0. 2—0. 3，表示收入分配比较平等，0. 3—0. 4，表示收入分配基本合理，0. 4—0. 5，表示收入分配差距较大，0. 5 以上表示收入分配差距悬殊。中国改革开放以后收入的不平等程度逐渐加大，在 1978—1990 年间，城镇个人收入的基尼系数从 0. 185 提高到 0. 23，农村个人收入的基尼系数从 0. 212 提高到 0. 31，到 2002 年某些大城市的基尼系数已超过 0. 4。我们应当坚持限度性准则,把我国的基尼系数控制在一个适度的水平。

二、限度性准则在微观经济活动中表现

这种限度性准则,在经济生活中有一个典型的表现,就边际效用理论。经济学家通常假设,人是理性的。在机会成本为既定的条件下,理性人(rational people)系统而有目的地做可以达到其目的的最好的事。当你学习经济学时,你会遇到为实现利润最大化要决定雇佣多少工人和制造并出售多少产品的企业;你将会遇到在收入与物品和劳务价格的限制下,为达到可能的最高满足水平而购买一篮子物品与劳务的消费者。

理性人知道,生活中的许多决策很少是黑与白的选择,而往往是介于其间。当到了吃午饭的时间时,你面临的决策不是在快餐和猪排之间的选择,而是是否再多吃一勺土豆泥;当考试临近时,你的决策不是在放弃考试和一天学习 24 个小时之间的选择,而是是否多花一小时时间复习功课而不是看电视。经济学家用边际变动(marginal change)这个术语来描述对现有行动计划的微小增量调整。边际变动是围绕你所作的事的边缘的调整,理性人通常通过比较边际利益与边际成本来作出决策。这也是限度性准则的一种体现。

(一)限度性准则在消费领域中的表现

在消费领域中有一个边际效益递减规律可以比较好的说明了在微观经济活动中的限度性准则。边际效益递减规律是指在一定时期内,在其他物品的消费量不变的条件下,随着消费者对某种物品的消费量的不断增加,消费者从该物品连续增加的每一消费单位中得到的效用量即边际效用是递减的。

我们先从消费者消费过程中的消费的边际效用开始分析。我们把消费者从消费一定数量的某种物品中得到的总满足的程度称作总效用。边际效用是指消费者每增 1 单位某种物品的消费所增加的总效用。假如一个饥饿的人需要填饱肚子,假如他吃 5 个馒头就完全吃饱了。那么这 5 个馒头就能达到他的总的满足程度,这 5 个馒头使消费者的满足程度就是总效用。以下我们用图表对此作出说明。

表 6－1　总效用与边际效用

馒头数	总效用(TU)	边际效用(MU)	馒头数	总效用(TU)	边际效用(MU)
0	0	0	4	22	1
1	12	12	5	22	0
2	18	6	6	20	-2
3	21	3			

从表 6－1 可以看出:总效用开始随消费馒头的数量不断增加,而不断的递增,直到消费第六个馒头时,总效用的量开始递减。而边际效用随消费馒头的数量的增加而不断下降,当消费第五个馒头时边际效用为零,以后再增加馒头的消费边际效用就为负值,它给消费者带来的是负效用。由此得出这样的结论:当边际效用为正数时,总效用是递增的;当边际效用等于零时,总效用最大;当边际效用为负数时,总效用递减。在这里,边际效用为正数与边际效用为负数之间存在一个界限。在这个限度内总效用为正数,反之总效用为负数。

我们可以看出,当这个饥饿的人吃完了第 5 个馒头的时候他对馒头的需求已达到了饱和。第 6 个馒头对他来说已经起副作用了。因此第 5 个馒头是这个人的边际效用的限度。超过了这个限度,馒头的作用就由积极的作用变为消极的作用了。依据限度性准则,这第五个馒头就是效用的限度。或者更精确地说这第五个馒头与第六个馒头之间的界限,就是限度性准则所说的界限。

(二)限度性准则在生产领域中的表现

不但在消费领域存在着边际效益,在生产领域也同样存在着边际效益。对于一个企业来说,其生产的目的在于追求利润的最大化。在这里企业要正确处理好成本、收益、利润之间的关系。收益是厂商出售产品和劳务所获得的货币收入。利润是指厂商总收益减去总成本的差额。

厂商有无经济利润,以及经济利润的多少,是其进行生产经营活动决策的主要依据,是厂商对生产资源进行配置和重新配置的一项重要指标。厂商的经济利润可能出现三种情况。

第一,总收益大于经济成本,即经济利润大于零。这种情况下,厂商的现有投资方向和决策是合理的,并优于其他投资方向,这时他会继续保持原有的选择。

第二,总收益等于经济成本,即经济利润等于零。这种情况下,厂商正好能够获得正常利润,虽然没有经济利润,但他也不会轻易改变投资方向,除非新的投资方向能有稳定的经济利润。

第三,总收益小于经济成本,即经济利润小于零。这种情况下,厂商的纯收益低于正常利润,这时他将会重新考虑其投资方向,以争取至少能获得正常利润。

当厂商在一个较长的时间里如果总收益小于经济成本,它一般也就不会再继续生产了。追求利益是厂商生产的目的。当收益小于成本时,厂商就会赔钱,这是任何厂商都不愿意发生的事情。这说明厂商在生产领域中也应当遵守限度性准则。

【参考文献】

[1]萨缪尔森:《微观经济学》第16版,萧琛译,华夏出版社1999年版,第3页。

[2]瞿麦生:《关于经济逻辑学及其研究的基本构想》,《天津商学院学报》2007年第1期,第19页。

[3]《现代汉语词典》,商务印书馆2005年版,第1017页。

[4]曼昆:《经济学原理(微观分册)》梁小民译,北京大学出版社2006年版,第4页。

[5]参见曼昆:《经济学原理》第4版,梁小民译,第286页。

[6]转引自萨缪尔森:《宏观经济学》第83页,第6章《消费与投资》开篇的引语。

第七章　经济思维论证性原则

经济学作为一门理论，是以探索各种经济现象、经济活动以及经济规律为指向的。在这种复杂的理论对现实的反映过程中，形成了一系列的思维论证过程。本文拟对经济思维的论证性原则的含义、特点、规律以及遵循方法作一探讨。

第一节　经济思维的论证性原则的概念

何为经济思维的论证性？正如我们的思维都有其论证性一样，经济思维作为一种针对经济现象、经济活动和经济规律的一种特殊性思维，也有其论证性，并因经济学领域中思维对象的特点呈现出自身的特殊性。经济科学在研究各种经济范畴、经济现象、经济规律的过程中，需要运用各种逻辑思维方法、规则、规律进行分析、推理和论证。而人们在运用各种逻辑思维方法、规则、规律对经济范畴、经济现象、经济规律进行分析、推理、论证的过程中，源于逻辑学中的归纳方法和演绎方法逐渐成为经济学研究中的重要推理、论证方法。

在古典经济学产生时期，受英国的经验主义和法国的理性主义的影响，英国经济学家、统计学家、古典政治经济学创始人威廉·配第和法国资产阶级古典经济学家、重农主义学派的创始人和领袖魁奈分别把归纳法和演绎法运用于经济学的研究中，并以此作为各自研究经济学方法论的基础，构建了各自的经济理论体系。但是由于只是归纳法和演绎法单一性的运用，使他们的研究都有一定的不足。威廉·配第的归纳法经济学研究，无法“从一般叙述到特殊，对经验事实作进一步的分析”。[1] 而魁奈的演绎法经济学研究，“忽视了对经济材料的收集、归纳，因而使他的一些观点不能反映发展变化的经济状况”[1]。自此以后，经济学家在其经济学的研究中，始终面临着归纳方法和演绎方法的选择和争论。

当然，作为一种理性思维，无论是偏爱演绎方法的经济学家，还是倾向归纳方法的经济学家，都无法回避对人类思维发挥重要工具作用的任何逻辑方法。随着经济学研究的深入，愈来愈多的经济学家逐步认识到，无论是归纳的方法，还是演绎的方法，都不足以独立担当对其经济科学理论论证的逻辑支撑作用，归纳与演绎两种方法的各自优劣，促使经济学家最后主动或被动地选择了将归纳和演绎综合起来进行应用的方法。亚当·斯密常被人认为是归纳主义者，“他对不同时期和不同地域的历史资料进行详尽的研究，进而提出了他的劳动分工一般原理，即作为经济增长基础的劳动生产率提高的程度，是生产专业化的结果”[2]。这显然是归纳方法的具体运用。但他同时又使用演绎方法对经济问题进行分析和研究。“演绎推理和归纳推理之间的转换，在亚当·斯密那里总是天衣无缝”[3]。J.N.凯恩斯也主张将归纳和演绎统一起来。他在《政治经济学原理的范围与定义》中，提出“合理的方法既是抽象的，也是现实的；既是演绎的，也是归纳的；既是数学的，也是统计的；既是假说的；也是历史的”[3] 16。固然以上所提及的，仅是经济学界诸多学者有关经济学研究中如何运用逻辑思维作为论证工具的代表性论述，但也从中可以较为明显地反映出，经济学绝难离开逻辑作为论证工具而去构筑其经济学风格各异的大厦。经济学的研究和发展，离不开逻辑方法的推理论证。

论证，是人们为了证明自己的观点、思想、理论的一种逻辑表述，是去探索外在世界过程中证明自己的发现合于规律的一种过程，在人们的生活、工作以及科学探索活动中，发挥着极为重要的作用。经济科学的研究和发展，自然也不例外。经济科学在研究各种经济现象，探索各种经济规律，构建各种经济范畴和经济体系的过程中，不仅需要遵循论证的各种规则，而且还需要运用各种逻辑方法、规律和推演形式进行论证。“经济是社会生产关系的总和，经济活动是整个社会活动的基础，它包括生产、交换、分配、消费等许多环节、许多部门。无论是哪个经济部门、经济活动，都离不开人，离不开人的思维活动”，更加离不开人的经济思维的论证[4]。人们在从事各种经济理论研究过程乃至人们在进行各种经济活动的过程中，需要逻辑学提供“最一般的经济逻辑形式和方法，遵循最一般的经济逻辑规律”[4]。而且在经济理论研究和经济活动过程中需要进行逻辑的论证，尤其是在经济活动中的经济预测和经济决策中更为需要。在经济领域，经济现象错综复杂，理论的研究深奥艰辛，经济预测和经济决策极为重要，是非常复杂的思维活动领域，其各个环节、各个层面、各个系统，都离不开经济思维的论证。由此可见，经济思维的论证对于经济研究和经济活动具有重要的逻辑论证意义，它为复杂严密的经济研究提供了无可替代的极为重要的论证工具和方法，为经济预测、经济决策等一系列经济活动提供严谨、明确、可靠的思维论证。

经济思维的论证是在复杂的经济理论研究中，运用已知为真的经济方面的逻辑前提，根据相关的逻辑性质来确定一新的经济命题的真实性，或证明某一经济命题虚假性的思维过程。经济活动是种复杂的社会活动，需要收集大量经济数据和经济信息，并对之加以分析和概括，以此去寻找最佳的经济方案，并运用相关经济信息为之加以论证，采用科学的、可靠的论证方法，达到最优的经济目标。

例如：我国应采用社会主义市场经济机制。因为，社会主义在其发展的不同阶段，应根据其不同阶段的生产力发展水平，选择适合自己的经济发展手段。当前，我国正处于社会主义初级阶段，市场经济利用价值规律来调节市场，达到生产过程中各要素的最优配置，促进社会生产的快速发展。市场经济是手段，因此，为社会主义公有制的目的服务。

再如：某一制作国产品牌汽车的企业，由于外国品牌对我国汽车市场的冲击，面临着产品大量积压，企业濒临停产倒闭的危险。在研究企业发展现状中，企业经营管理层通过收集大量经济数据和调研丰富市场信息，反复论证，最后果断否定了其他方案，决定与某外国知名品牌合资，生产合资的品牌汽车,终于扭转了颓势,使企业经济效益大为提高,最终获得了成功。

上面所谈的两个具体事例,均是关于经济活动中经济思维的论证的案例。经济活动虽然纷繁复杂,但正如其他任何理性思维的过程中,无法离开逻辑的论证过程一样,离不开经济思维过程中的逻辑论证。经济思维的论证同样是由论题、论据和论证方式三个要素构成。

那么,经济思维的论证与非经济思维的论证有什么异同呢?从相同的方面讲,都要遵循论证的基本规律,论证的三个要素是相同的。非经济思维的论证是由论题、论据、论证方式三个要素构成的,而经济思维的论证也是由论题、论据和论证方式三个要素构成的。从不同的方面讲,经济思维的论证是由经济方面的论题、论据和论证方式构成,具有超过一般思维过程的论证的实用性、目的性和功用性。经济思维的论证的三个要素,从经济论题的选立、经济论据的选用以及经济思维的论证方式的运用,都是为经济活动和经济理论研究服务,为追求经济的最大效用化而提供思维工具。

在经济理论研究和经济活动中,都离不开经济思维的论证。人们运用大量真实的经济论据,通过各种推理方法来论证经济论题的真实性,进而服务于经济理论研究和经济活动。经济理论研究者运用经济思维的论证来阐述其经济观点、思想、理论真实性,并宣传自己的经济观点、思想、理论;经济活动者运用经济思维的论证来为经济预测以及经济决策等经济活动的开展进行可行性研究和论证,并为经济预测以及经济决策等经济活动的进行提供科学的、可靠的现实依据。但是,人们在其所进行的经济活动和经济研究中,并不是所有的经济思维论证的过程都是正确的,由于论题的偏差、论据的不真实以及论证方式的不正确,导致很多经济思维的论证缺乏明确性、一贯性和充分性,无法通过经济思维的论证来完成其论证目的或实现经济论证的目标。例如,某位酒厂老板对自己厂生产的酒赞不绝口,因为每100位消费者中只有3位投诉该酒有质量问题。他说:“这就是说,有97%的消费者对我厂的产品满意,由此可以看出我厂的酒是多么的好。建议你们也经常买我们厂的酒喝。”这位厂长把统计数据用到了风马牛不相及的结论上,只有3%的消费者投诉,并不能说明未投诉的消费者酒对其产品非常满意,有些人也许嫌麻烦,有些人也许认为不值得而没有投诉,只是再也不打算买该酒厂的酒罢了。这种推理过程就是由于论据与论题不相干，导致无法推出论题，违背了充足理由律，犯了“理由与论题不相干”的逻辑错误。

再如，某一企业，听说制作家具的原材料要大幅涨价，因而斥资大量进货囤积原材料，但过较长时间，原材料并未像原预测的那样大幅涨价，反而产品销售缓慢，以致因过多进货而占用大量流动资金，导致企业流动资金短缺，最终企业陷入困境。这家企业只是听说原材料上涨，并没有对这一信息进行足够的分析与核实，其真实性并没有得到充分论证，以致企业盲目作出决策，最终导致企业经营困难。可见，原材料涨价这一论题并没有得到充足理由，违背了充足理由律导致“虚假理由”的逻辑错误。

又如，某人有点小本钱，想投资干点生意，经过一番调查，发现某一繁华地段有一小店要出让，他想买下来在此处开个饭馆，认为这一地段人流量大，将来肯定吃饭的人很多，饭馆会赚大钱。这一思维过程，如果用经济思维规律来检验，就会发现其犯了论证理由不充分的逻辑错误。他仅凭人流量大就武断地认为饭馆会盈利，显然不了解经营之道，饭馆的盈利与否取决于多种因素，绝不是仅凭地段好就可以实现的。

上述案例的经济思维的论证过程中由于其自身论证中出现的不同程度的逻辑性错误，导致论证失去了其本身所应具有的论证性，最终使论证出现错误的结论。

正确地进行经济思维的论证，是经济理论研究的主体和经济活动的主体进行正确的理论研究和实践活动的必要条件。经济理论研究，是系统化地对人类经济活动合乎理性的总结和概括，甚至于存在着发现和创造的活动；而经济活动是以寻求利益主体的利益最大化为其最终目标的，客观上是一种理性活动，它是以认识经济规律和按经济规律进行经济实践活动为主旨的。经济理论研究和经济活动虽然存有层次不同、目的不同、系统化和理论化程度不同的区别，但其中都充满了经济逻辑思维的过程，主动地使用着逻辑思维方法，也就是说，逻辑思维的原则和方法支撑着经济理论研究和经济活动过程。经济思维的论证不仅可以培养和提高经济理论研究者和经济活动者的逻辑思维能力，而且为经济理论的研究奠定坚实的基础，为经济活动的开展提供前期性指导、支持和依据，为经济目标的实现提供可行性研究和保障,最终促进经济理论的科学研究、经济活动的顺利开展和经济目标的有效实现。同时,也应该看到,在很多的经济思维的论证中,由于经济理论研究者和经济活动者不谙经济逻辑思维,缺乏系统的甚至是起码的经济思维原则和方法,表现出逻辑思维低下,致使经济思维过程中错误百出,根本无法进行科学的经济思维的论证,最终导致经济理论的研究、经济活动的开展、经济目标的实现受阻。

怎样使经济思维的论证具有逻辑性、明确性、一贯性?这就要求经济理论研究者和经济活动者都必须遵循经济思维的论证性原则。

经济思维的论证性原则是指在经济理论研究和经济活动中,在对某一经济论题的真实性进行经济思维的论证时,必须严格遵循充足理由律,以人类已有的正确认识为前提,根据各种逻辑规则,综合运用各种推理(或论证)形式,进行科学的经济思维的论证,从而提高经济理论研究者和经济活动者的逻辑思维能力、分析能力、预测能力和决策能力,促进经济理论研究者的理论研究的深入进行和经济活动者的各项经济活动的顺利开展,促使经济研究者和经济活动者各自目标的最终实现。

总之,我们应该看到,经济思维过程与其他思维过程相比较,具有自身的特点,应该研究其特有的思维过程;同时,经济思维又具有其他思维的一般规律,为保证其思维的真实性和有效性,必须遵循一般的思维规律,遵循充足理由律。经济思维的论证性原则,保证了经济思维的论证的有效性和正确性,为经济理论的研究和经济活动的开展,乃至经济目标的实现提供了可靠的依据和保证。

第二节　经济思维的论证性原则的特点

经济思维的论证性原则是经济思维的论证所必须遵循的原则。可以说,经济思维的论证过程就是经济思维的论证性原则得到遵循和实现的过程;经济思维的论证性原则确保了经济思维的论证的论证性,使经济思维的论证得以顺利完成,以实现对经济论题真实性的论证。在遵循经济思维的论证性原则进行经济思维的论证过程中,经济思维的论证性原则具有多方面的特点。下面就对经济思维的论证性原则的特点进行研究和探讨。

一、遵循充足理由律的逻辑规律

充足理由律在逻辑学界,是个备受争议的思维规律,许多逻辑学研究者力主将其从逻辑基本规律中去掉,也有更多的逻辑学家认为充足理由律具有独特而重要的逻辑论证作用,是不可或缺的逻辑基本规律。莱布尼茨就曾经说过:"任何一件事如果是真实的或实在的,任何一个陈述如果是真实的,就必须有一个为什么这样而不那样的充足理由,虽然这些理由常常不能为我们所知道。"[5]我国古代墨家,也曾对充足理由问题加以论述,墨子在《大取》中说:"辞以故生","立辞而不明于其所生,妄也。"[6]意思是讲,一个论题要想成立必须有充足的理由,提出一个论题,而不知道它之所以成立的充足理由,那么这个论题就有可能是虚假的。他们都谈到,一个思想或论题的建立中必须有充分理由,这显然是正确的。但是,无论是国外学者,还是国内学者,可以说,他们都只是初步谈及充足理由问题,并没有对其进行深入而系统的研究和论述。经过逻辑学几千年的发展,人们对充足理由律已有比较一致而明确的认识:充足理由律是讲思想、理论、观点等要有充足的理由。也即作为理由的命题不但要真实,而且能够必然地推出被确定为真的命题,尤其是在经济思维的论证过程中更是如此。

根据充足理由律的要求,在经济思维的论证中,必须具备事实根据和逻辑根据。何为事实根据?对于经济思维来说,事实根据就是真实、充分、有效的经济信息和经济数据。经济领域是一个实践性很强的领域,面对错综复杂的经济信息,我们不仅需要发现、鉴别、搜集这些经济信息,而且需要整理、分析相关信息,区分出虚假和真实的经济信息,以利于经济思维的论证,尤其是在经济预测和经济活动中更是如此。只有正确地分析、运用经济信息即经济事实,才有可能进行经济思维的论证,这是经济思维的论证的要求。在经济思维的论证中,仅有事实根据还不足以保证经济思维的论证过程是正确的,还必须遵守各种逻辑规则,即逻辑根据。否则,经济思维的论证,是思维混乱的论证,根本论证不了论证者的思想、理论、观点,更加不可能为经济预测和经济决策等经济活动的开展提供依据。如果缺乏正确的事实根据,经济思维的论证的结论是虚假的;如果缺乏正确的逻辑根据,经济思维的论证的结论是混乱的,它们都难以使经济论题得到充足理由的论证,无法保证其经济理论研究和经济活动是理性的行为。总之,对于经济研究中的理论来说,只有具有经济思维的论证性,它才具有无懈可击的说服力;对于经济预测和经济决策来说,只有具有经济思维的论证性,它才能使经济预测具有可靠性、真实性、正确性,才能使经济决策具有可行性、发挥其应有的作用、实现决策目标。

二、确保经济思维的论证规则的遵守

经济思维的论证性原则也就是经济思维论证规则的概括和集合,经济思维的论证规则是经济思维论证性原则的具体化。经济思维的论证规则包含经济论题的规则、经济论据的规则和经济思维的论证方式的规则。人们在进行经济思维的论证过程中,必须遵循经济思维的论证规则,保证经济思维的论证性的正确性。如果我们违反了经济思维论证的这些规则,将会产生一系列的逻辑错误,这些逻辑错误都会导致推不出,最终无法完成经济思维的论证。在经济思维的论证中,确保经济思维的论证性,必须遵循经济思维的论证性原则,从某种意义上来说,经济思维的论证性原则确保了经济思维的论证规则的遵守;遵循经济思维的论证性原则,也就遵循了经济思维的论证规则。

经济思维的论证性原则在经济思维的论证中得到恰如其分的体现,经济思维的论证离不开经济思维的论证性原则的遵循。经济思维的论证比推理更需要经济思维的论证性原则。经济思维的论证性原则以及经济思维的论证规则都要求经济论题和经济论据的真实性,特别强调经济论据的真实性,而推理则只强调其前提与结论之间的逻辑关系,推理形式本身并不要求其前提真实。因此,经济思维的论证需要遵循经济思维的论证性原则,遵循经济思维的规则。如果经济思维的论证中,违背经济思维的论证规则,即违背经济论题的规则、经济论据的规则、经济思维的论证方式的规则,也就削弱了经济思维的论证性。从某种意义上来说,违背经济思维的论证规则,保证不了经济思维的论证性，也就违背了经济思维的论证性原则。同样，如果违背了经济思维的论证性原则，必然同时违背了经济思维的论证规则，也就削弱了经济思维的论证性，也就使我们的论证失去意义。

三、综合运用各种推理形式进行经济思维的论证

论证和推理，是同一个内容而不同的视角。论证的过程，从相反的方向看，就是推理的过程。论证的论题、论据可以视为推理的结论与前提，而论证方式也就是推理过程。所以，经济思维的论证性原则要求遵守各种推理规则，综合运用各种推理形式，进行经济思维的论证。经济思维所面对的并非是单纯静止的事物，而是错综复杂、经常变动的事物、现象以及相应的繁杂经济数据和经济信息，因此，经济思维的论证需要运用各种推理形式来分析、运用经济论据，确定经济论据的真实性，并进而运用推理形式来论证经济论题的真实性。这是经济思维的论证所要求的，也是经济思维的论证性原则所要求的。

在运用经济思维的论证性原则进行经济思维的论证中，推理形式的多样性决定了论证方式是多种多样的。科学地运用论证方式进行经济思维的论证，也就是科学地运用推理形式进行经济思维的论证，也就是遵循了推理形式所要求的推理规则。由于推理形式的多样性，所以，论证方式也呈现出多样而丰富的特点。推理具有直接推理、间接推理、演绎推理、归纳推理、类比推理、反推理等多种形式，经济思维的论证过程也同样存在直接论证、间接论证、演绎论证、归纳论证、类比论证、反证法等多种形式。因此，从某种意义上说，正确的论证过程都离不开科学、正确的推理形式，后者保证了论证的逻辑性。

在经济思维的论证中，不仅仅使用简单的推理形式进行推理论证，而且往往需要各种复杂的推理形式，善于进行复杂推理是经济研究者和经济活动者在其各自的工作中所必需的能力。复杂推理是两个或两种以上的复合命题作前提，根据相关的复合命题的逻辑性质与推理规则推出结论的推理，演绎推理复杂形式的运用就属于此类。在经济理论研究和经济活动中，往往运用这些复杂推理进行经济思维的论证。例如：

某一城市,面临重工业和生态旅游业的两难选择。发展重工业将不可避免地导致环境污染。但良好的环境又是发展生态旅游业的首要条件,因此,这个城市或者导致环境污染,或者避免导致环境污染。

上述案例中的结论是通过假言选言推理的推出的。其推理形式如下:

如果城市要发展重工业,就不可避免地导致环境污染;

如果城市要发展生态旅游业,就必须避免导致环境污染;

城市或者发展重工业,或者发展生态旅游业;

所以,城市或者导致环境污染,或者避免导致环境污染。

以上就是运用假言选言推理进行的复杂推理。在现实的经济生活中,还有许许多多的复杂推理运用。无论是进行经济研究,还是进行经济预测和决策等经济活动,都离不开经济思维的论证,经济思维的论证离不开推理的运用,尤其是复杂推理的运用。因此,在经济思维的论证中,遵循经济思维的论证性原则,必须科学运用各种推理形式;各种推理形式的科学运用,既是经济思维的论证的特点和要求,又是经济思维的论证性原则的特点和要求。

第三节　原则实践的规律

经济思维的论证性原则是经济思维的论证所必须遵循的原则,它的遵循体现在经济思维的论证之中,科学的经济思维的论证体现了经济思维的论证性原则。因此,经济思维的论证性原则的规律也是在经济思维的论证中体现出来的。在科学的经济思维的论证中,经济思维的论证性原则的规律也存在其中。我们要理解、把握经济思维的论证性原则的规律,首先就要从经济思维的论证中去寻找其规律,去分析、理解、把握其规律,进而遵循其规律,为经济思维的论证性原则的遵循、经济思维的论证提供指导和方法。经济思维的论证性原则主要是在经济思维的论证中所遵循和体现的,因此,我们主要从经济思维的论证方面去研究和探讨在遵循经济思维的论证性原则过程中所体现的规律以及经济思维论证中的规律。

一、原则的体现

（一）事实根据和逻辑根据相依存的规律

在经济思维的论证中，如果要确保经济思维的论证性，必须遵循充足理由律，以事实根据和逻辑根据为前提，这不仅仅是经济思维的论证所必须遵循的，而且是经济思维的论证性原则的特点和要求。在遵循经济思维的论证性原则中，事实根据和逻辑根据是相互依存、相互制约的。无论是事实根据的缺失，还是逻辑根据的缺失，都会违背经济思维的论证性原则，都会削弱经济思维的论证性，都会导致经济思维的论证的失败，进而导致经济研究和经济活动进程受阻，无法实现经济理论研究者和经济活动者的目标。

在遵循经济思维的论证性原则进行经济思维的论证中，事实根据和逻辑根据是相互依存的，缺一不可，它们之间是内容和形式的关系。事实根据是真实而有效的各种经济信息或经济论据。逻辑根据是必须遵守的各种逻辑规则以及推理论证的形式。在遵循经济思维的论证性原则中，缺少了事实根据，逻辑根据就没有了联系的事实、推理的内容、论证的论据。同样，缺少了逻辑根据，经济思维的论证性原则也只能是松散的原则、毫无说服力的原则；缺少了逻辑根据，遵循经济思维的论证性原则进行的经济思维的论证也就失去或违背了基本的论证规则和形式；缺少了逻辑根据，经济思维的论证也就确保不了经济思维的论证的逻辑性。因此，在遵循经济思维的论证性原则的过程中，事实根据和逻辑根据是相互依存，缺一不可的。

无论是缺少事实根据，还是缺少逻辑根据，都是违反了充足理由律，确保不了经济思维的论证性，违背了经济思维的论证性原则，进而完成不了经济思维的论证，实现不了其论证的目的，更加实现不了经济研究和经济活动的目标。同时，在遵循经济思维的论证性原则的过程中，要注意以下问题：第一，重视事实根据，以事实根据为前提。这里就需要对错综复杂的经济活动中的经济信息进行搜集，并且整理这些信息，区分出虚假和真实的经济信息，为经济思维的论证性原则的遵循提供前提条件，以利于经济思维的论证，实现其论证目的。第二，重视逻辑根据，以逻辑根据为支撑。经济思维的论证性原则需要逻辑根据这一前提，否则经济思维的论证性原则就失去了重要的支撑，就确保不了经济思维的论证性，就完成不了经济思维的论证。因此，事实根据和逻辑根据相依存的规律，既是经济思维的论证中所要遵循的规律，又是经济思维的论证性原则中的重要规律。我们要进行经济思维的论证，确保经济思维的论证性，遵循经济思维的论证性原则，就需要遵守事实根据和逻辑根据相依存的规律。遵守事实根据和逻辑根据相依存的规律，也就遵守了充足理由律，也就保证了经济思维的论证性，也就遵循了经济思维的论证性原则，也就为科学地进行经济思维的论证奠定基础。

(二)以经济思维的论证为主的规律

经济思维的论证性原则要求在经济研究和经济活动中，在对某一经济论题的真实性进行经济思维的论证时，必须遵守充足理由律，已被证实为真的论题为前提，按照各种推理规则，综合运用各种推理形式，进行科学的经济思维的论证。这说明经济思维的论证性原则是在经济思维的论证中所要遵循的，经济思维的论证承载着经济思维的论证性原则，体现着经济思维的论证性原则的遵循，是经济思维的论证性原则的载体。只有在经济思维的论证中，才能使经济思维的论证性原则得到更好的体现和运用。当然，不可否认的是，在现实的经济生活中，面对复杂的经济现象，不仅仅需要运用经济思维的论证，而且还需要运用另外一些经济思维形式，如经济思维的类推、经济命题的假说。在这些经济思维形式中，从某种角度、某种意义上来说，也需要遵循经济思维的论证性原则。但是在经济思维的类推、经济命题的假说中，并不是完全遵循经济思维的论证性原则。在特定的条件下，由于其经济结论的或然性，不足以保证经济思维过程中的严谨性，无法按照充足理由律的要求去做，在某种意义上说，甚至有时会违反经济思维的论证性原则。例如，经济思维的论证性原则要求遵循充足理由律，既要求其理由必须真实，或者说经济思维的论证中的经济论据必须真实，否则就是违背了充足理由律或者无法进行经济思维的论证。而经济思维中的类推就没有要求其前提的真实，只要推理形式和方法正确、有效即可。这也是经济思维的论证与经济思维的推理的不同之处。

总之，经济思维的论证必须遵循经济思维的论证性原则，只有这样才能进行科学的经济思维的论证，才能实现经济思维的论证的目的。也就是说，经济思维的论证性原则，只有以经济思维的论证作为承载其自身的载体，它才能成为科学的原则、有效的、可靠的原则。以经济思维的论证为主，是经济思维的论证性原则的本质要求、客观要求，是遵循经济思维的论证性原则过程中的客观规律。如果违背了以经济思维的论证为主的规律，就保证不了经济思维的论证性原则作用的充分发挥，导致经济思维的论证性原则的乱用，也达不到经济思维的论证性原则的遵循者所要遵循的目的。以经济思维的论证为主的规律，是保证经济思维的论证性原则得以遵循的规律，也可以说是确保经济理论研究和经济活动得以顺利进行的规律，因此，必须遵守以经济思维的论证为主的规律。

（三）科学性和预测性相统一的规律

在经济思维过程中，始终贯穿着科学性和预测性。科学性和预测性相伴随而存在，贯穿于经济思维的论证过程的始终，也可以说是贯穿于遵循经济思维的论证性原则的始终。科学性中伴随着预测性，预测性中也伴随着科学性。只要是进行科学的经济思维的论证，只要是遵循经济思维的论证性原则，科学性和预测性就会存在。

经济思维的论证性原则要求严格遵守充足理由律，遵守各种推理规则，综合运用各种推理形式，进行科学的经济思维的论证。如果在进行经济思维的论证时，在遵循经济思维的论证性原则的过程中，真正地严格遵循充足理由律，遵守各种推理规则，综合运用各种推理形式，进行科学的经济思维的论证，那么就真正做到了经济思维的论证性原则的遵循。这其中充满了科学色彩，带有理性思维科学的鲜明特点。经济思维的论证性原则中所要求的充足理由律、推理规则、推理形式，都是科学的、正确的思维规律、思维形式、逻辑规则、逻辑方法，它们使经济思维的论证性原则注入了科学的活力，具有了由规律、形式、规则、方法等构成的科学品格。因此，在经济思维的论证性原则中无时无刻不都体现着科学性，充满科学的气息和氛围。与此同时，由于经济思维所面对的经济对象的特点，经济思维的论证性原则也具有预测性。

在遵循经济思维的论证性原则的过程中，科学性存在的同时，预测性也存在着，它就像是一个无声的影子跟随着科学性，无时无刻不都伴随着科学性的存在。任何事物都不是绝对的，任何事物都有一定的局限性，就是真理也有相对和绝对之分,真理也有由相对真理走向绝对真理的过程。经济思维的论证性原则也是如此,它无法做到绝对的科学,尤其是在遵循经济思维的论证性的原则进行的经济思维的论证的过程中更是如此。我们说在遵循经济思维的论证性原则的过程中,具有预测性,并不是说,质疑经济思维的论证性原则的科学性,而是说,经济思维的论证性原则中充足理由律的遵守,各种推理规则的遵守,各种推理形式的运用,都是在一定条件下、一定范围内的遵守或运用,这就使经济思维的论证性原则的遵循的效果以及遵循经济思维的论证性原则进行的经济思维的论证的过程、结论具有一定程度的不确定性,其过程、结论也就具有了一定的预测性。同时,在遵循经济思维的论证性原则的过程中,还需要遵循以事实根据和逻辑根据为前提的要求。在复杂的经济现象中,无论是事实根据的运用,还是逻辑根据的运用,都面临着其事实的相对不确定性和逻辑的有效性问题,这也使经济思维的论证性原则的遵循过程以及经济思维的论证结论具有了不确定的或预测性的性质。因此,在遵循经济思维的论证性原则的过程中,始终具有预测的性质。科学性和预测性互相伴随,存在于经济思维的论证性原则的遵循的整个过程之中。科学性和预测性互相伴随的规律,也是如此。我们必须重视、把握科学性和预测性互相伴随的规律。

二、经济思维论证的规律

关于上述的事实根据和逻辑根据相依存的规律、以经济思维的论证为主的规律、科学性和预测性相统一的规律,是遵循经济思维的论证性原则所要必须遵循的规律。与此同时,我们还要遵循关于经济思维的论证的一些规律,因为经济思维论证在经济研究中,在经济思维的论证性原则的遵循过程中,具有重要的作用,它是经济研究中不可缺少的重要方法,是经济思维的论证性原则的载体。关于它的一些规律,也需要我们重视和遵循。关于经济思维的论证的规律主要有以下几个方面:

(一)理由律

关于理由律,天津财经大学的刘明明在《经济思维逻辑》中指出,对于任何一个主张,无论赞成它或反对它都需要理由,只有一个主张拥有理由时，才成为论证。英国哲学家泰勒说："对于任何一个肯定的真理来说，都有某种充足的理由。就是说，都有使它成为真理的某种根据。简言之，关于一切事物的存在，都有某种为人所知或为人所不知的解释。"[7]这些都说明了理由的重要性，在论证中，缺少了理由就不是真正的论证，就会陷入"循环论证"的错误之中，因此必须遵守理由律。

（二）真实律

在经济思维的论证中，不仅仅要求有理由，而且要求理由必须是真实的。有理由只是论证的一个前提条件，但并不是充分的条件，只有有了理由并且是真实的，才能保证论证的顺利完成。尤其是在经济活动中，经济活动的进行涉及方方面面，更涉及重大的经济利益，一个理由的虚假会导致论证的失败，甚至导致整个经济活动的失败，使经济活动蒙受重大的经济损失。因此，必须重视理由的真实，尤其是经济信息瞬息万变，更要重视其真实性、有效性。

（三）有效律

有效律就是说，论证要能够达到一定论证的目的，无论是证实也好，还是证伪也好，它们都是要通过论证来实现经济研究或经济管理中的一定的目的，否则就是无意义的论证，就会浪费宝贵的人力、物力、财力。尤其是对于重大项目的论证，更需要巨大的人力、物力、财力，如果没有相应的目的，就无法保证论证的科学、有效的实施，也就无法达到论证的目的，至少是达不到有效的目的。这就需要为了论证的顺利完成，有效地实现论证的目的，就要做好各项有关论证的准备，以保证论证的万无一失。

总之，经济思维的论证性原则的遵循过程中所体现出来的规律，即事实根据和逻辑根据相依存的规律、以经济思维的论证为主的规律、科学性和预测性相统一的规律是我们必须遵守的规律；经济思维的论证中的理由律、真实律、有效律也是我们必须遵守的规律，它们是保证经济思维的论证性原则得以遵循的规律，是实现经济思维的论证性原则所要求的目的的规律。

第四节　遵循经济思维的论证性原则

经济思维是有规律的，遵循规律进行科学的思维应具有一定的方法，因此，掌握科学的方法，经济思维的论证性原则才能得到有效的运用，经济思维的论证才能得到科学的完成。遵循经济思维的论证性原则的方法主要有：经济信息获得的方法、经济思维的论证在经济预测和经济决策中运用的方法、排除谬误的方法等。

一、经济信息获得的方法

前文已述，经济思维的论证性原则要求以事实根据为前提，而经济思维的事实根据不外表现为经济情况、经济事实，将这些根据收集起来就是经济信息的收集过程。因此必须重视事实即经济信息的获得，才能确保经济信息的真实有效，以作为经济思维的论证的事实根据。作为错综复杂、瞬息万变的经济活动，为了保证经济论证的正确，必须重视经济信息的收集、整理的环节。

（一）收集经济信息

收集经济信息是整理经济信息的前提，是进行经济思维的论证的重要前提和基础，因此，必须运用各种方法收集全面、真实、准确的经济信息，为整理经济信息做好准备。收集经济信息的方法主要有：访谈法、观察法、问卷法、实验法等。

1.访谈法

访谈法是指经济信息调查人员通过有计划地与被调查对象或被调查对象的相关人员进行口头交谈，以获得有关经济信息的一种方法。访谈法适用于小范围内的经济信息的搜集或者作为经济信息收集的辅助方法与其他方法共同发挥信息搜集作用。这里需要注意的是要事先做好充分的访谈准备以应对访谈中出现的各种状况和问题，例如被调查对象的喜好或禁忌的了解、访谈问题的设计、访谈节奏或气氛的控制、访谈过程出现冷场的灵活处理等等。

2.观察法

观察法是指经济信息调查人员运用自己的感觉器官或辅助工具，直接从现实社会生活中收集感性资料的方法。例如，服装公司派调查人员到人流密集的商场附近观察人们的衣着打扮，就可以初步判断人们的喜好，获得服装设计的第一手资料，这就是观察法的运用。但是由于多种主客观因素的影响和制约，观察效果容易受到不同程度的影响而出现不理想的状况，这就需要提高经济信息调查人员各种素质或能力，如：思想和心理素质、知识水平、观察能力、分析能力、研究能力以及一定的创新能力等等。

3.问卷法

问卷法是指经济信息调查者根据经济目的和要求，按照拟定的标准，通过统一的问卷来向被调查者了解相关情况、征求意见的一种经济信息收集方法。问卷法的优点有："它可以在大范围内对众多的调查对象同时进行调查；它有利于对调查资料进行定量分析和研究；它可以避免主观偏见的干扰。"[8]在进行问卷调查时，必须注意问卷的设计、问卷的发放、问卷的回收等具体问题，以提高问卷的回收率和有效率。问卷法被广泛地应用于经济信息收集中，例如，我们经常会在新买的书的后面会有"读者意见"的卡片，报纸、期刊上也经常会刊登关于某种产品的满意度调查，这些都是通过问卷的方式来获得相关的信息。

4.实验法

实验法就是经济研究或经济活动中的人们根据其目的，在特定的条件下，对某一经济活动、经济现象、经济规律进行分析和研究的方法。实验法是经济活动中人们收集经济信息时经常运用的方法。实验法为进行经济活动、分析经济现象、探索经济规律提供了重要的条件和准备。例如，某企业要对产品进行重新包装，这时企业采用的是实验的方法，即在小范围内进行实验，如果销售结果令人满意的话，再进行全面的推广，这样就可以降低一定的风险性。再如。我国经济特区的设立也是一种实验法。实验法也有一定的局限性，就是它只能在小范围内进行实验，因此，在进行实验时，必须选择特定的实验对象和实验范围，即尽可能缩小因实验失败所带来的损失的实验对象和实验范围，以获得正面或反面的经济信息，为其进一步的经济预测或经济决策提供依据。

收集经济信息，在不同的情况下，可以使用不同的收集方法，也可以将访谈法、观察法、问卷法、实验法结合起来使用，以获得真实、准确、可靠的经济信息。

（二）整理经济信息

收集经济信息，只是为其作为经济思维的论证中的经济论据乃致为其作为经济研究和经济活动的材料或依据做了前期性的准备工作。要想把刚刚收集到的经济信息作为经济思维的论证中的经济论据以及进行经济研究或经济活动的材料或依据，就需要对收集到的经济信息进行进一步的整理，以更好地发挥它作为经济论据或有效经济信息的作用。因此，收集到经济信息，就需要对经济信息进行整理。整理经济信息是指运用科学的方法，将收集到的相关信息按照一定的目的、一定的标准进行筛选、分类、鉴别与加工，使之系统化和条理化，并以集中、简明的方式反映调查对象总体情况的过程。这样有利于对经济问题的研究，尤其是有利于经济活动中经济思维的论证工作的进行。

整理经济信息主要就是进行筛选、分类、鉴别、加工等工作。筛选，简单地说，就是对收集到的大量经济信息进行的，其目的是为了排除重复的、不相关的信息。对于筛选后的经济信息，还需要对其进行分类，以方便经济研究者或经济活动者运用这些经济信息。分类就是将经济信息按照一定的标准加以区别和归类。经济信息从不同的角度按照不同的标准有不同的分类。例如，“从管理组织的角度来分，经济信息可分为系统化经济信息和非系统化经济信息；从经济时态上来分，经济可分为过去的经济信息、现在的经济信息、未来的经济信息；按照经济信息反映面来说，可分为宏观经济信息和微观经济信息等等”[9]。而鉴别就是提取有用的、真实的、准确的、可靠的经济信息，去除无用的、虚假的、含义不清的、不可靠的经济信息，提高其真实性、合理性、全面性和实用性。加工就是使经济信息条理化、系统化，使之符合我们的需要。筛选、分类、鉴别、加工经济信息，是经济研究和经济活动所必需的，它能够使经济信息的运用者更加科学、准确、方便的运用这些经济信息。

在经济研究、经济预测和经济决策等经济活动中，在收集和整理经济信息以作为经济思维的论证性原则中经济思维的论证的事实根据时，必须科学地运用访谈法、观察法、问卷法、实验法等来收集经济信息，科学地运用筛选、分类、鉴别、加工等方法来整理经济信息，使经济信息成为准确、可靠、真实、全面、有用的经济信息。总之，我们必须综合运用各种方法来收集经济信息和整理经济信息，以为经济思维的论证提供真实可靠的事实根据，为经济理论研究、经济预测和经济决策等活动提供前提条件和准备。

二、经济思维的论证在经济预测和经济决策中的运用

在复杂的经济生活中，无论是经济预测，还是经济决策都离不开经济思维的论证。运用经济思维的论证进行经济预测和经济决策，是经济思维的论证性原则的要求，尤其是运用经济思维的论证进行经济预测和决策是经济思维的论证性原则的根本要求，经济思维的论证性原则的最终目的就是能够使经济思维的论证为经济理论研究、经济预测和经济决策等经济活动服务，实现经济研究的目的、经济预测和经济决策等经济活动的目标。经济思维的论证有多种方式，在对某一经济预测进行可靠性论证、对某一经济决策的方案进行可行性的论证中，往往使用演绎论证、归纳论证、类比论证。这里就对经济思维的论证在经济预测和经济决策中的运用进行一下研究和探讨。

（一）经济思维的论证在经济预测中的运用

经济预测是对经济活动或经济现象中的事物发展可能产生的经济效果和经济发展趋势作出科学预见，为经济决策提供科学依据。经济预测是经济决策的前提，因此，必须做好经济预测工作。在经济生活中，经济预测往往运用经济思维的推理方法进行科学的预测。只不过在经济思维的推理过程中，要求遵循其前提必须真实的逻辑规则，这也是遵循经济思维的论证性原则的一个要求。经济思维的论证性原则要求以经济思维的论证为主，但是，并不是说，不允许使用其他形式，推理也是可以的，只要推理遵循经济思维的论证性原则即前提为真的要求就行。在经济预测中常常使用大量的推

理进行预测,同时,对于运用推理进行的各种预测还需要运用经济思维的论证对其可靠性进行论证。可以说,在预测中,推理之后,还需要反过来运用其他方法对其预测进行经济思维的论证,以增强其预测的准确性、可靠性。

在现实的经济生活中,经济思维的论证被经常运用于经济预测之中,论证其预测的准确性、可靠性,尤其是运用演绎推理进行的论证得到的是必然性的结论,更能确保其预测的准确性、可靠性,以迎接实践的检验。演绎推理是从一般性规律或前提出发,运用逻辑论证或数学运算,得出特殊事实应遵循的规律或结论,即从一般到特殊。只要前提真实,运用演绎推理进行的论证就可以必然地论证经济命题的真实性。在经济生活中,有许许多多运用演绎推理进行的经济预测,而人们运用演绎推理进行预测的过程,反过来,可以说也是运用演绎推理在论证其预测是否可靠的过程。例如,2007年的食品的价格飞速上涨,尤其是猪肉价格上涨幅度更大,经济学家对猪肉价格的走势进行了预测,认为猪肉价格将会上涨,这是因为:如果猪肉的市场供应满足不了市场的需求的话,猪肉价格将会继续上涨。现在猪肉的市场供应满足不了市场的需求,因此,猪肉价格将继续上涨。这里就是运用了演绎推理中假言推理的形式对猪肉价格的走势进行的论证。其推理论证的形式如下:

如果猪肉市场供不应求,猪肉价格将会上涨;猪肉市场供不应求;猪肉价格上涨。

上述案例就是演绎论证经济预测中的很好运用。还有许多其他的论证形式在经济预测中的运用,如归纳论证、类比论证在经济预测中的运用等,这里就不一一赘述。

(二)经济思维的论证在经济决策中的运用

经济决策是指在经济活动者在若干种可供选择的方案中选定最优方案的思维过程。在经济活动中,决策贯穿于经济活动的始终,尤其是贯穿于企业经济活动的始终。在企业的经济活动中,企业的决策者应当对各种方案进行科学的经济思维的论证,作出正确的决策,以利于经济活动中决策目标的实现。经济决策离不开经济思维的论证,尤其是对某一方案的可行性的确定以及对其他方案的不可行性的确定上更离不开经济思维的论证。经济思维的论证,保证决策方案的可行性以及决策目标的最大化的实现,促进经济活动的顺利进行。

在经济决策过程中,人们经常使用归纳推理的形式对方案的可行性进行论证,以确定决策方案的有效性、可行性。例如:

某一乡镇为了发展经济,提出要通过发展特色经济以促进乡镇经济的快速发展,并强调这是因为许多乡镇经济的快速发展都是通过发展特色经济实现的。因此,应该通过发展特色经济来促进乡镇经济的快速发展。

上述案例论证过程就是归纳形式的论证。其推理形式如下:

甲乡镇通过发展特色经济促进了经济的快速发展;

乙乡镇通过发展特色经济促进了经济的快速发展;

丙乡镇通过发展特色经济促进了经济的快速发展;

……

甲、乙、丙乡镇……都发展了特色经济;

所以,任何乡镇通过发展特色经济都能促进经济的快速发展。

上述论证运用的就是归纳推理形式。如果我们能够科学地运用归纳推理进行某一方案的可行性论证,就可以得到理想的决策效果。但要注意的是:归纳论证运用的推理形式多是不完全归纳推理,所以它并不是必然性推理,而是或然性推理,因此,要想得到可靠的论证结论,必须使推理的前提必须真实,其数量要尽可能的全面、系统、充分。

在复杂、现实的经济生活中,经济预测和经济决策离不开经济思维的推理论证,经济思维的论证保证经济预测的可靠性、准确性,经济思维的论证确保经济决策的可行性、科学性,必须科学地运用这些方法进行经济预测和经济决策等经济活动,以实现最终的经济目标。

三、排除谬误

在遵循经济思维的论证性原则进行经济思维的论证的过程中,由于违背一定的逻辑规则,常出现诸多的谬误和问题,尤其是违背充足理由律而出现很多谬误。这些谬误对遵循经济思维的论证性原则,进行科学的经济思维的论证都具有一定的阻碍性的作用。这些谬误和问题将使经济思维的论证性原则得不到有效的遵循，经济思维的论证得不到科学的完成，导致经济活动的失败。我们只有认识、掌握这些谬误出现的形式及其应注意的问题，才能更好地遵循经济思维的论证性原则，进行有效的经济思维的论证。在这些谬误和问题中，主要有因违背充足理由律而出现的谬误、经济推理论证中常出现的谬误。

(一)违背充足理由律而出现的谬误

1.有论无据

有论无据，就是在经济思维的论证中，只有经济论题而没有提供任何的经济论据。例如：某企业领导要求，任何干部职工必须遵守企业制定的安全生产规定。但是，在以后的工作中，违反安全生产规定的屡见不鲜。这是因为企业领导只是提出了“遵守安全生产规定”，并没有说出遵守的理由，后来领导就找到许多因违反安全生产规定而导致的诸多悲剧的真实案例，来说明遵守安全生产规定的重要性，逐渐提高了干部职工的认识，降低了违反安全生产规定的发生率。因此，在经济思维的论证中，是不允许没有理由或论据的，否则其后果是极其严重的。

2.虚假理由

虚假理由，就是在经济思维的论证中，使用虚假的或尚未得到证实的理由或经济论据，而出现的一种谬误。例如，天津的小刘向一个企业购买了一个产品，约定必须在 9 月 30 日之前以快递地方式送去，邮局称 30 日之前可以送到。几天后，小刘向企业投诉说 30 日没有收到产品。企业向邮递公司询问，邮递公司的人员称，说是产品在 30 日已经送达天津，但是由于和小刘联系不上所以延误了！但是，小刘说，他 30 日当天给快递公司打了不下十次的电话要求送货但都遭到拒绝。这个故事中，邮局就使用了“虚假理由”来证明“没有将产品送到不是自身的过失”。

3.理由不充分

在经济思维的论证中，即使有理由，理由真实，理由与论题相关，如果理由不充分的话，也不能完成经济思维的论证。理由不充分，就无法确保经济论题的真实性，就得不出科学的论证结论。例如：2004 年，公路交通事故造成 9. 8 万人死亡，而从 2000 年至今，整个国内航空公司平均死亡仅 77 人。

因此，事实证明坐飞机是最安全的交通方式。这个案例中对“坐飞机是最安全的交通方式”的论证的理由是不充分的，对于论证“坐飞机是最安全的交通方式”这一论题，不能仅看死亡人数，关键要看出现事故的概率，即还要看2000年以来，通过公路旅行的人次和乘坐飞机旅行的人次。在经济生活中，还有许许多多的鲜活的例子，由于理由不充分，论证结论错误，进而使接下来的经济预测和经济决策等经济活动出现一系列的连锁性的错误，最终导致经济活动的失败。因此，我们必须为经济思维的论证提供充分真实的理由或经济论据，以使经济思维的论证获得成功，经济活动的目标得以实现。

（二）经济推理论证中常出现的谬误

在纷繁复杂的经济活动中，由于面对大量的经济现象及其他不确定的经济信息，经济思维的推理论证常常也会出现众多的谬误。这就需要我们去认识和把握这些谬误，排除萨缪尔森经济学中的“后此谬误”、“不能保持其他条件不变”、“合成谬误”[10]。

1.后此谬误

“后此谬误”是指如果一件事在另一件事之前发生，就认为前者是后者的原因。例如，生活中的冬去春来、昼夜更替等现象，它们都是在时间上前后相继的，即一件事发生在另一件事之前，但并不能因此而判定它们之间就有因果关系或者说前一件事是后一件事的原因，即冬引起春、昼引起夜，而它们真正的原因是地球的公转、自转。在经济研究或经济活动中也必须注意排除“后此谬误”。例如，某企业在年度报告总结会上，分析“企业前三个季度亏损数百万元，最后一个季度扭亏为盈”的原因时，认为是由于企业引入现代管理制度，从而成本降低、效率提高，最终实现了“扭亏为盈”。从表面上来看，我们会想当然的认为企业的“扭亏为盈”与“现代管理制度”的引入有因果关系。但仔细研究和分析的话，就会发现“现代管理制度”的引入可能在一定程度上会降低成本和费用，使企业获得一定的利润，但是这并不能完全解释“扭亏为盈”这一结果。出现这种结果的原因可能有很多，如产品的涨价、原材料的降价等等。因此，该企业仅用“现代管理制度”的引入来解释企业盈利的原因，是明显的“后此谬误”。

2.不能保持其他条件不变

在经济学研究中，经济学家通常在其理论、观点的表述时加上“其他条件不变”这句话，进而去讨论或论述其要说明的理论或观点。例如经济学中的需求规律的表述，即“在其他条件不变的情况下，如果某一商品的价格下降，消费者会购买更多的该商品；如果某一商品的价格上涨，消费者将购买较少的该商品。”[11] 在这个需求规律的表述中，就用到了“其他条件不变”这个表述。在现实生活中，所有其他的因素和状况不变是不可能的，但是，假设“其他条件不变”就会有利于对经济活动或经济现象的研究。例如，如果某公司提高了其产品的价格，但消费者购买的数量却更多了，这无法证明违背了需求规律。这是因为导致消费者需求增加的原因可能是其他原因，如收入的增加和喜好的改变等。如果假设“其他条件不变”就方便了我们去寻求和探索经济现象的内在的原因，反之，就可能会出现不必要的错误。因此，我们在研究和分析经济现象时，可以运用“其他条件不变”的假设，来寻求经济现象背后的真正原因。

3.合成谬误

所谓“合成谬误”，是指“从个体角度看是合情合理的行为，但从整体看却可能使人人遭殃。换一种说法就是总体并不等于部分之和，对于部分是正确的事情，对于整体来说就可能是错误的”[12]。例如，某一农户种植油菜获得了丰厚利润，其他农户见种植油菜获得如此大的利润，就全都改种了油菜，但由于收获后油菜市场供远远大于求，再加上销路不畅，导致油菜卖不出去，农户遭受巨大损失。这就是典型的“合成谬误”。再如，改革开放前，猪肉实行统一的收购、定价、管理等政策，保证了猪肉的销售。改革开放后，由于竞争机制的引入，多家销售者在管理缺位和市场规则不健全的情况下争抢肉源，导致无序竞争，出现了“合成谬误”，即大家都为自身利益，争抢肉源，造成“猪肉大战”，进而导致猪肉价格的不稳定，最终影响企业和养猪农户的积极性。在经济活动中，由于恶性竞争等行为经常出现“合成谬误”，这就需要我们加以避免。

总之，必须把握谬误出现的形式，排除谬误，以利于经济思维的论证性原则的遵循、经济思维的论证的成功，进而实现经济活动的目标。

总之，经济思维的论证性原则的遵循方法是多样性的、综合性的，经济信息获得的方法、经济思维的论证在经济预测和经济决策中运用的方法以及排除谬误的方法的综合运用才能保证经济思维的论证性原则的有效遵循、经济思维的论证性原则的作用的真正发挥。

【参考文献】

[1]傅殿英：《经济学方法论的逻辑要义》，《天津商学院学报》2007年。

[2]谢拉·C.道：《经济学方法论》，上海财经大学出版社2005年版。

[3]J.N.凯恩斯：《政治经济学的范围与方法》，华夏出版社2001年版。

[4]齐文华：《经济逻辑刍议》，《现代财经——天津财经学院学报》1989年。

[5]刘明明：《经济思维逻辑》，清华大学出版社2006年版。

[6]孙中原：《中国逻辑研究》，商务印书馆2006年版。

[7]理查德·泰勒：《形而上学》，上海文艺出版社1984年版。

[8]吴增基、吴鹏森、苏振芳：《现代社会调查方法》，上海人民出版社2003年版。

[9]黄学忠：《经济信息与管理》，人民出版社1985年版。

[10]保罗·萨缪尔森、威廉·诺德豪斯：《经济学》第十七版，人民邮电出版社2004年版。

[11]马克·史库森：《经济逻辑——微观经济学视角》，上海财经大学出版社2005年版。

[12]徐彦洲：《谈合成谬误对农村产业结构调整的影响》，《牡丹江教育学院学报》2004年。

第三编　经济思维程序论

第八章　经济信息的逻辑

第一节　经济信息的概述

一、信息及信息技术简介

(一)信息的定义

英语的“信息”(information)一词来自拉丁文,一般指消息、指令、情报、密码、数据、知识等,即对消息接受者来说预先不知道的通信内容或报道。目前,人们并没有形成对于“信息”的统一概念表示,在不同的领域对于信息的内涵有着不同的理解,具有不同的定义和描述。

《辞海》里关于信息的词条为:“信息是指对消息接收者来说预先不知道的报道”,强调了信息的未知性。

信息论的创始人香农(C.Shannon)在其经典著作《通信的数学理论》中把“信息”描述为:“信息是能够用来消除不确定性的东西”。强调了信息能够改变人们的知识状态,使人们对某些事物从不知到知之,从知之甚少到知之甚多。

本体论层次上,信息是指一个事物的运动状态以及状态发生变化的方式。强调了信息是一种客观存在,与我们主观是否感觉到它的存在没有关系。

认识论层次上,信息概念只把那些认识主体所能感受到的“某个事物的状态及状态的变化方式”才视为信息。强调了信息的可感知性,那些接受主体感觉不出来的,或者是感觉到了但不能理解的东西,都不叫信息。

根据本课题的研究内容,本书的“信息”是指那些能够为认识主体所理解,并改变人们知识状态,帮助人们进行有效逻辑思维的东西。

(二)信息量

信息的表达和呈现借助于以下方式:声音、语言、文字、图像、动画、气味等。客观世界中大量的存在、产生和传递着以上述方式表示出来的各种各样的信息,这些信息在传递过程中存在着“有用信息”和“冗余信息”。“有用信息”是指认识主体未知的、新鲜的、能够引起其知识状态改变的内容;与其相反,“冗余信息”是指认识主体已经知晓而又被传递的信息,这部分的信息对它的知识状态改变不起任何作用。一般把“有用信息”称为正在传递中一条信息的信息量。

常使用“信息熵”的概念对信息量进行量化度量,使用符号 H 表示,单位是比特,该理论是由香农在 1948 年提出的。信息熵,是一个数学上颇为抽象的概念,可以理解成某种特定信息的出现概率。一般而言,当一种信息出现概率更高的时候,表明它被传播得更广泛(或者说,被引用的程度更高)。从信息传播的角度来看,信息熵可以表示信息的价值。信息熵的计算是非常复杂的,而具有多重前置条件的信息更是几乎不能计算的,所以在现实世界中大多信息的价值是不能被计算出来的。但因为信息熵和热力学熵的紧密相关性,所以信息熵是可以在衰减的过程中被测定出来的。因此信息的价值是通过信息的传递体现出来的。在没有引入附加价值(负熵)的情况下,传播得越广、流传时间越长的信息越有价值。

(三)信息的特征

信息具有以下的特征:

(1)可量度。信息可采用某种度量单位进行度量,并进行信息编码。如现代计算机使用的二进制。

(2)可识别。信息可采取直观识别、比较识别和间接识别等多种方式来把握。

(3)可转换。信息可以从一种形态转换为另一种形态。如自然信息可转换为语言、文字和图像等形态，也可转换为电磁波信号或计算机代码。

（4）可存储。信息可以存储。大脑就是一个天然信息存储器。人类发明的文字、摄影、录音、录像以及计算机存储器等都可以进行信息存储。

（5）可处理。人脑就是最佳的信息处理器。人脑的思维功能可以进行决策、设计、研究、写作、改进、发明、创造等多种信息处理活动。计算机也具有信息处理功能。

（6）可传递。信息的传递是与物质和能量的传递同时进行的。语言、表情、动作、报刊、书籍、广播、电视、电话等是人类常用的信息传递方式。

（7）可再生。信息经过处理后，可以其他形式等方式再生成信息。输入计算机的各种数据文字等信息、可用显示、打印、绘图等方式再生成信息。

（8）可压缩。信息可以进行压缩，可以用不同的信息量来描述同一事物。人们常常用尽可能少的信息量描述一件事物主要特征。

（9）可利用。信息具有一定的实效性和可利用性。

（10）可共享。信息具有扩散性，因此可共享[1]。

（四）信息处理技术

人们接收到信息之后，需要对其进行加工和整理才能得到其中的有用内容，对自己的知识进行更新。一般来说，对信息的加工和处理方法可以分为定量处理和定性处理两类。下面我们将分别进行介绍。

信息的定量处理是指现阶段主要借助与计算机、数学、统计、预测及图书情报等技术方法对信息进行搜集、加工和分析，并对用数字、模型、统计图或者数学公式等工具对加工、处理后的信息进行描述和表达。由于当代社会的信息爆炸现象，使得信息的定量处理在信息处理的中越来越占有重要的地位，各种定量描述方式能够帮助人们分析出事务的本质和运动特性，从纷繁、复杂的信息载体中找到自己感兴趣的部分。目前，定量信息处理基本呈现两种发展趋势：一种是面向大规模、非规范、多介质的信息，使计算机系统具备处理更大范围信息的能力；另一种是与人工智能进一步结合，使计算机系统更智能化地处理信息。

信息的定性处理是指人们运用哲学、逻辑学等理论，根据自己的知识和经验，对信息进行加工和分析，透过由各种关系构成的表面现象，把握其本质,从而获取对客观事物运动规律的认识。发现其内在本质联系。这是一种综合性研究方法,具有软科学色彩。追求的是从已知世界到未知世界的跳跃。具体地说是运用归纳和演绎、分析与综合以及抽象与概括等方法,对获得的各种材料进行思维加工,从而能去粗取精、去伪存真、由此及彼、由表及里,以达到认识事物本质、揭示内在规律的目的。

信息的定量处理和定性处理是具有区别和联系的。定性处理的过程与定量处理相比,复杂性较高,得到的结果价值较高,是高层的处理,但是信息的定性处理往往是建立在严格的定量分析基础上的定性分析。从科学认识的过程看,任何研究或分析一般都是从研究事物的质的差别开始,然后再去研究它们的量的规定,在量分析的基础上,再作最后的定性分析,得出更加可靠的分析。

二、经济信息

(一)经济信息

在现代社会,随着经济活动规模地不断扩大,分工协作关系的更加发达,在经济活动中产生地信息也越来越多,这些信息被称为经济信息。在广义上,经济信息是指那些和整个经济活动有关系的各种信息,它们从不同角度、不同侧面来反映经济运动的变化及其特征;在狭义上,经济信息是指经济运动过程中直接反映出来的各种信息[2]。经济信息源在于经济活动本身,哪里有经济活动哪里就有经济信息,经济信息是伴随着经济活动的产生而产生,又伴随着经济活动的发展而发展的,具有明显地经济效益和情报价值。

经济信息按照不同的标准可以分成不同的类型:按照研究对象的不同,经济信息可以分为经济学理论、经济史、部门经济学、技术经济学、经济法规和经济政策、经济统计资料、经济组织机构和任务资料、经济信息文献。按照按学科属性,《中国图书馆分类法》将经济信息资源分为 9 大类,并配置了分类号。即:F0 经济学;F1 世界各国经济概况、经济史、经济地理;F2 经济计划与管理;F3 农业经济;F4 工业经济;F5 交通运输经济;F6 邮电经济;F7 贸易经济;F8 财政、金融[3]。

随着社会经济的迅猛发展,许多大型的国际情报检索系统都应运而生,这些联机检索系统中,有许多经济信息数据库位用户提供服务,以实现经济信息资源的共享。国内也创建了一些经济资源数据库,开通了“中国经济信息网”,“中国经济信息专网”,“中国咨询行”等经济信息网站,它们以高新科学技术为基础,以数字化的各种经济信息为底层,以分布式海量资源库为支撑,以智能检索技术为手段,以宽带高速网络为传输通过,将丰富多彩的多媒体经济信息传递到千家万户,改变了传统实体图书馆的静态书本文献服务特征,实现了多媒体存储,远程网络传输、智能化检索等功能,创造了超时空服务的新境界[3]。

(二)经济信息特点

电子商务在企业的广泛应用,企业的经营和管理中都应用到了大量的信息技术,管理信息系统、企业 ERP 系统以及各种各样的电子商务平台在企业的有效应用,使得现今经济信息除了具备信息的十个特点外,还具有以下的一些不同特点:

(1)海量性。与传统的经济信息纸质的储存方式不同,在信息技术普遍应用的今天,企业经营的各种信息以电子方式大量地被储存在了企业数据库中,海量的数据存于数据库中,以至于出现了“信息爆炸同,而知识却贫乏”的慨叹。在一个中型超市,一天仅交易记录就能有上万条,巨大的信息量使得信息的处理方法和技术都要加以改进和更新,才能适应信息海量的特点。

(2)实时性。经济信息具有很强的实效性,一条经济信息的利用价值与掌握它的时间紧密相关,在某一时刻这条经济信息价值很高,但过了这一时刻,可能一点价值也没有。比如财务信息,时效性是衡量财务信息质量的一般原则之一,如果财务信息不及时,则会导致用户不能作出迅速、准确的决策。时效性已经被美国会计协会确认为有用信息和相关披露的一个定性的特征;又例如金融信息,在需要知道的时候,会非常有价值,但过了这一时刻,这一信息就会毫无价值,所以股票投资者在参考分析文章时都非常注意其时效性,注意发稿的时间。如果投资者在晚间 23 时参考上午 10 时发稿的文章进行操作,就会在出现问题,带来经济损失。

(3)动态性。经济信息随着社会经济形势和市场的变化而变化,其组成内容不是固定的,具有不断变动的特征。比如经济法,作为国家干预经济之法,通过财政、税收和信贷等调节手段对国民收入进行再分配,以缓和社会矛盾和经济利益的冲突,它必须随着经济形势和市场而不断调整。人们常说商场瞬息万变,可见经济活动对象和环境发展和变化的速度,相对于其他信息,经济信息变换较快,所以我们在分析和研究经济信息的时候,应该以变换的、动态的眼光来看待问题,不断地进行信息更新,结合最新的经济信息分析问题、进行决策,避免采用一成不变的知识来解决经济活动作出决定而引发问题。

(4)不对称性。在理想状况下,经济信息被每一个市场参加者免费使用,但是实际上,在经济生活中存在的都是不对称信息,也就是说发生利益关系的双方对相同的事务所掌握的信息不一样多,通常都是信息多的一方获得更大的收益。比如说一个房产经纪人想卖一套房子,一个买家也想买一套房子,对同一套房子,买家掌握的信息可能就是房子的大小、朝向、布局、环境,开发商的信息等等,而房产经纪人掌握的信息就要多很多,可能还有这条街道,这个区域的房产信息,过去十年这个区域房产信息,这个开发商的其他房产的信息等等。所以当这个买家通过这个房产经纪人买这套房子的时候,就产生了信息的不对称。

(5)经济信息是用来支持企业经营和管理决策的,信息和信息结果的正确与否会直接影响到经济利益,所以对于经济信息及其信息处理结果的要在实践中进行验证才能加以应用和推广。

经济活动产生信息并伴随着信息流转,而"信息是每一个经济的生命线","如果没有可靠的信息,市场就不可能很好地运转",经济信息的特性直接影响人们的经济行为,因而在利用经济信息的进行逻辑思维的时候,应该充分注意到经济信息的固有特点,才能作出更准确的判断,制定出有效的决策。

三、经济信息的处理技术

为了更好的研究和利用经济信息,探索经济活动领域中的信息规律,研究信息的产生、收集、加工、传递和应用的理论与方法，以期达到促进经济发展的目的，产生了经济信息学。经济信息学是经济学和信息学相结合的交叉学科，通过研究经济信息和经济信息活动的理论和与实践问题，以探索经济信息的活动规律[4]。经济信息学的研究方法体系的构成除了科学研究的一些普遍方法（如系统法、定性研究等等）外，其学科研究的特殊方法有如下几种。

（1）流程还原法。流程还原法是指在经济信息学的研究中，还原经济活动的过程，并从中找到贯穿经济活动全过程的经济信息流，将经济信息运动与经济活动融合起来。分析经济信息对经济活动的作用及作用机理，即从经济活动的特点出发，分析研究特定的经济活动中的经济信息主体、客体、信息渠道等问题，如经济信息的需求调查、生产、传播和利用中的各项问题及规律；谁是生产的主体、生产的规律、生产者的责任等；经济信息传播主体及其运行机制、传播的渠道、传播中的法律问题、传播中信息的组织与传播的效率等；经济信息用户对经济信息利用的关系等。

（2）特征解析法。特征解析法是指对特定的经济活动整个流程进行分析研究，对经济活动进行层层剖析，确定经济活动流程中每个环节的属性、特征及各环节之间的联系，寻找最概括的信息表述方式，从而确定经济信息与经济活动的对应关系，并将经济活动流程简化为经济信息流，帮助人们认识经济活动及规律，在经济活动中积极主动地搜寻和利用经济信息。

（3）指标解析法。指标是指认识、评判经济活动流程所需的各项指标，即描述经济活动特征、属性与发展变化的各项指标。事实上这些指标集合也就是特定的经济信息集合。指标解析法就是指通过分析研究人们对经济信息的解读与解释，研究经济信息流动过程中经济信息客体与主体的交融，从而指导人们正确解读经济信息及经济信息之间的关系所揭示出的当前经济状况，并正确判断经济信息预示的变化与发展方向，为人们进行理性的经济行为作出最优化决策提供信息保障。

（4）数据挖掘法。数据挖掘法是指对经济活动中各项经济信息指标进行多角度、多方位的统计分析，建立经济信息的分析模型，对日常的、单一的、局部的经济信息进行综合处理，深入分析它们之间的交互影响，挖掘出能揭示经济活动实际运行情况和昭示经济活动变化发展方向的有用的经济信息，为经济活动提供决策支持。

(5)实证研究法。经济信息学研究的是“经济领域中的信息现象、过程和规律”，因此，经济信息学是一门与经济活动实践紧密联系的学科，在具体的研究过程中就必须对经济活动中的经济信息现象及经济信息活动进行实证研究。经济信息实证研究法是指经济信息研究应从具体的经济信息现象及经济信息活动着手，首先应了解经济信息及经济信息活动是怎样的；其次以概括的经济信息指标准确描述之，然后通过各种分析模型进行分析研究；最后得出经济信息活动的规律。实证法要求经济信息学在研究具体的经济信息活动时，要从经济信息活动实践出发，立足于经济信息活动实践，以经济活动实践为经济信息的第一来源，在此基础上进行经济信息研究。这样的研究才是可信的，才对实践具有指导意义[5]。

(6)面向逻辑分析的信息技术处理法。随着科学技术的进步与生产规模和模式的日益复杂化，电子商务的飞速发展，单纯定量化的、纯信息处理技术的决策方法难以适应决策的需求。石杰等人也指出只有有效地利用决策过程中的定性信息，即利用人们的知识经验，经济活动过程的逻辑性(思维和推理)，通过定量模型的改造与定性分析融为一体，发展基于知识、面向思维和具有经济管理偏远自身特点的决策理论和方法[6]。所以在经济管理活动中，也应该突出经济管理决策本身的直觉与逻辑、经验与理论技术相结合的特点。经济工作是以“思”来规划和制导“行”的活动，逻辑为其提供思维策略、方法和技巧，帮助科学地论证和克服经验思维的缺陷，形成科学、严谨、全面、深刻、批判性的思维习惯和建立现代思维方式，从而提高思维的正确性和效率。

当我们在经济信息进行分析的时候，应该注意研究的对象不是经济活动本身而是经济活动中的信息；其研究方法的主体不是经济学方法，而是信息学方法。诚如科技情报是对科技信息的研究、文献信息是对文献载体的信息研究等，这些都是信息研究的一个分支，是对特定领域里的信息问题的研究，其基本的目标任务就是特定领域知识和信息的组织，并提供利用。今天，尽管环境变了，条件变了，这个目标仍然没有变，是我们要坚守的一个阵地”[7]。

第二节　经济信息的逻辑处理程序

一、经济逻辑简介

经济逻辑学是目前国内外逻辑学界和经济界所关注与研究的一个热门课题和前沿课题。作为逻辑学的重要一支，在培养和提高和经济研究和管理人才的素质中有着十分重要的作用，逻辑学特别是经济逻辑学，重在培养人们适应社会经济发展的理性精神，这对于构建和谐社会具有重要的理论意义和现实意义[8]。

从 20 世纪 80 年代至今，不同学者及专家从不同方面进行了研究，综合来说，经济逻辑不是简单地将众多逻辑学分支借用、套用或拼凑在一起，而是从认识论逻辑、博弈逻辑、语用逻辑、经济信息处理逻辑等多种视野，直逼经济活动和经济研究中的各个环节及有关方面，全面、科学地总结其思维特征、思维规律、思维方法和思维模式，而形成一个全面有机系统[8]。经济逻辑也只有适应知识经济时代的要求，与经济实践紧密结合，才能发挥理大的作用。

二、电子商务下经济信息处理的特殊性

因特网正在改变世界，由于因特网具有传播信息容量极大、形态多样、迅速方便、全球覆盖、自由和交互的特点，已经发展成为新的传播媒体。因特网的发展直接影响到了人们的生活，学习，工作以及娱乐等方面，网络已成为人们快速获取、发布和传递信息的重要渠道，对传统的经济方式也产生了巨大的影响。基于因特网的电子商务在我国蓬勃发展，随着我国互联网的更加普及和各项信息技术的更加成熟，市场潜力会得到充分发挥。随着电子商务在我国各企业的应用，如何更好地加快企业发展，加强企业的竞争力，是企业管理中值得探讨和研究的话题。

在电子商务中，传统的物流、商流、信息流等高度电子化，信息的高度共

享与高速传递,既给企业各业务管理提供了大量决策数据,但同时也对管理决策提出了新的要求。企业经营过程中积累了大量的客户和销售数据。这些大量的数据对企业来说是宝贵的财富,因为它们是管理层作出决策的重要依据。但现如今,一方面,重要的决策常常不是基于数据库中信息丰富的数据,而是仅仅基于决策者的直觉,这是因为决策者缺乏从大量的数据中提取有价值知识的工具;另一方面,一些辅助决策的技术(比如说专家系统)依赖用户或专家人工的将知识输入知识库,这一过程常常有偏差和错误,并且耗时、费用高;再有,使用传统的数据分析和处理方法分析的只是数据局部或表面的特性,而无法得到隐藏在这些数据之后的有关这些数据整体特征的描述及其发展趋势的预测信息。人们希望能够让计算机自动智能地分析企业数据库中的海量数据以获取精确决策信息,这就是推动数据挖掘(Data Mining, DM)这一辅助决策工具产生并发展的强大动力。数据挖掘技术正是一种能够解决挖掘有价值信息这类问题的新的手段、方法,也是目前在智能决策技术中的热点信息处理技术[9]。

但是,随着科学技术的进步与生产规模和模式的日益复杂化,电子商务的飞速发展,单纯定量化的决策方法难以适应决策的需求。石杰等人也指出只有有效地利用决策过程中的定性信息,即利用人们的知识经验,经济活动过程的逻辑性(思维和推理),通过定量模型的改造与定性分析融为一体,发展基于知识、面向思维和具有经济管理偏远自身特点的决策理论和方法[6]。所以在经济管理活动中,也应该突出经济管理决策本身的直觉与逻辑、经验与理论技术相结合的特点。

经济工作是以“思”来规划和制导“行”的活动,逻辑为其提供思维策略、方法和技巧,帮助科学地论证和克服经验思维的缺陷,形成科学、严谨、全面、深刻、批判性的思维习惯和建立现代思维方式,从而提高思维的正确性和效率。经济逻辑,作为逻辑学的重要一支,成为逻辑界和经济界所关注的热门话题,也是一个前沿话题。很多学者从不同方面进行研究,有的已取得了一定成果[8]。但与信息技术结合在管理决策领域的应用与方法研究还不是很多,而当今知识经济时代,如前所述,经济生活,甚至人们日常生活对信息技术的极大依赖,要求我们不得不进行在新的经济模式下的各项研究，来适应知识经济时代的需要。所以经济逻辑在经济管理、决策中的应用研究应当结合经济管理、决策的实际需要及其特点、规律，提供有实用价值、理论意义、富有启发性的东西。这对于经济逻辑研究的深入和基于经济信息处理技术的管理决策实效性的提高都是有意义的。

综上所述，在电子商务的新经济模式下，经济信息的处理呈现以下特点：

(1)信息处理的最终目的是为了决策，对原始数据的分类，也是为了从中发现规律，以便指导后续工作。正如以上提到的，对于经济活动的逻辑研究更要注意数据的动态性、正确性及评价结果的评价和表达性，由此，本课题提出了经济信息智能处理技术中自适应的逻辑思维方法，即随着经济实践活动的进行，信息处理中的思维活动必须适应信息的变化而不断变化。

(2)利用经济信息进行逻辑思维时，往往需要借助于现在信息处理技术，加快得到思维结果的速度，使得用户能够在进行经济活动时，占领商场上的先机，尽快作出对自己有利的决策，避免相应的损失。

(3)经济信息的逻辑方法不完全等同于传统的逻辑方法，由于经济数据的实时可变性及实践性，在应用逻辑方法时更强调对处理后得到的结果的实证性验证，即在实际经济活动中应用的正确性。

第三节　经济信息的逻辑处理过程

对于经济信息的处理，结合目前热门的智能信息处理技术和现代逻辑处理方法，本课题把它分为三个阶段来进行：信息处理前提的分析，经济信息处理过程分析和经济信息处理结果分析三个阶段，下面分别介绍三个阶段的逻辑处理方法。

一、经济信息处理前提的逻辑分析

赫伯特・A.西蒙认为管理就是决策，只有科学的决策才能提高管理效率，而科学的决策应该依据对大量经济信息的处理工作[10]。工作离不开思维，思维离不开逻辑。工作的实际就体现了思维、体现了逻辑[8]。正如恩格斯所说："离开了思维便不能前进一步，而且要思维就必须有逻辑范畴"。所以在经济信息处理过程中逻辑研究对于管理决策的指导意义重大，但要注意的是，经济信息的处理不是为了处理而处理，是为了解决经济运行中的问题，提供有力的决策依据给决策者，由此，经济信息处理前提是发现问题，其后是根据问题去搜集整理信息，即数据选择，最后对经过得到要处理的目标数据库[11]。

二、问题分析及方法

经济信息的处理是为了决策，在经济决策中的问题指的是影响企业经济运行的最终盈利的各种不良的人或者事物，刘明明也指出该处的问题指的是实际状态与期望状态之间存在的需要缩小或排除的差距。下面是问题分析中常用的逻辑方法[10—11]。

（一）比较法

比较，就是辨认对象之间的共同点和差异点。这是认识事物的最基本方法，也是人们认识事物的先决条件，没有这种比较就谈不上认识事物。问题指的是实际状态与期望状态之间存在的需要缩小或排除的差距。

实际状态指的是现有的客观状态，有时也包括预计的未来状态。期望状态，是管理决策者在一定环境和条件下，主观上所期望和想达到的一种结果。

1.纵向比较法

纵向比较法主要用于企业的现状与本企业的未来发展目标相比较的逻辑方法。如著名的"啤酒与尿布"案例，即在美国沃尔玛超市的货架上，尿布和啤酒赫然摆在一起出售。一个是日用品，一个是食品，两个风马牛不相及的物品摆在一起。大名鼎鼎的沃尔玛怎么会出现这种随意摆放商品的不智之举？实际状态是：超市经理发现最近商品销售一般；期望状态是：准备改善商品组合摆放方式，以增加销售量。通过两个状态的比较，找出差距和距离,也就确定了问题,即如何进行商品摆放才能增加销售量？后来的解决方法是借助了一种现代信息智能处理技术——数据挖掘技术中的关联分析。他们将一张张购物单处理成海量的原始数据,存储到数据仓库中,经过数学与计算机知识的辅助处理,提炼并广泛运用了大量像“啤酒+尿布”之类的隐含规律,进而增加销售额。原来,在有孩子的美国家庭中,太太经常嘱咐他们的丈夫下班以后为孩子买尿布,而丈夫们在买完尿布以后又顺手带回了自己爱喝的啤酒,因此啤酒和尿布一起被购买的机会很多。

2.横向比较法

横向比较法用于企业的现状与同行业、国家的总体要求或整个市场相比较,涉及采用的技术、管理的方式等。

(二)利用求同法寻求问题的原因

1.求同法

问题本身就是一种结果,它是由一定的原因引起的,在寻找原因的过程中,人们常用的逻辑方法是求同法,本课题结合现代信息技术,对求同法进行了改进。

企业电子商务技术的应用过程通过网上与客户交互信息,大量的客户和销售历史数据保存了下来,以至于人们发出了“数据爆炸,而知识贫乏”的慨叹,这些大量数据对我们的决策又有什么帮助？经济逻辑的因果关系认为,自然现象和社会现象之间普遍存在联系[8],要找出客户的分类规则,就必须认清事物之间的因果联系,判断其历史数据中蕴含的规律,及其发展趋势,来指导将来工作的进行。

穆勒五法是由 19 世纪的英国逻辑学家穆勒提出的,主要包括契合法、差异法、求同差异公用法、共变法、剩余法,是常用的一种归纳推理方法,以确定现象之间的因果联系,找到产生某些现象的根本原因,帮助人们推断出现某个特定经济现象的根本原因。其中,契合法主要用于归纳引起某种特定现象的原因。

求同法也叫契合法。基本内容如下:若某种现象在不同的场合出现,而这些场合中只有一个条件是共同的,那么,这个条件就是引起该现象的原因。可用下列公式表示：

表 8-1 因素水平表

场合	条件	被研究现象
①	ABC	a
②	ADE	a
③	AFG	a
所以 A 是 a 的原因		

例如：1960 年，英国某农场十万只火鸡和小鸭吃了发霉的花生，在几个月内得癌症死了。后来用这种花生喂羊、猫、鸽子等动物，又发生了同样的结果。1963 年，有人又用发了霉的花生喂大白鼠、鱼和雪貂，也都纷纷得癌而死，上述各种动物患癌症的前提条件中唯一共同的因素就是吃了发霉的花生。于是人们推断：吃了发霉的花生可能是这些动物得癌死亡的原因。后来通过化验证明，发霉的花生内含黄曲霉素，黄曲霉素是致癌物质。这个推断就是通过契合法得出的。

由以上介绍可以看出，利用契合法对经济规律进行逻辑归纳推理时，依据的经济信息数量越多，得到的结论越正确。而互联网技术为我们最大幅度地搜索经济信息创建了良好条件，但是针对数量巨大的经济信息，单靠手工的方式列出因素水平表将是一项花费较大的工作，是不切实际的，需要借助于本课题挖掘处理技术来实现。下面为结合文本挖掘技术的逻辑归纳法的详细介绍。

2.穆勒契合归纳逻辑法存在问题

直接利用穆勒契合法对经济信息进行归纳推理，主要的步骤如下：

(1)搜集造成某经济现象的相关信息资料。

(2)整理出形成该经济现象的因素有哪些，列出因素水平表。

(3)根据因素水平表找出所研究场合中的共同因素。

由于目前经济信息规模巨大的特点，以上步骤中存在的主要问题为：

(1)由于契合法的或然性，所收集到的些资料的数量越多，内容越丰富，则得到的结论的正确性越高。在网络时代，单纯靠手工搜集资料在时间和数量上是不能满足需求的。

(2)由于经济信息数量较大,靠人工的方式把经济信息整理出因素水平表需要花费大量的时间。

(3)由大量经济信息形成的因素水平表会具有规模较大、行数很多的特点,对这样的表进行人工分析,同样需花费较大的人力和时间。

3.文本挖掘技术的穆勒契合归纳逻辑

本课题针对以上步骤中存在的问题,使用文本挖掘技术对穆勒契合法进行改进,提高对经济信息进行归纳推理的效率。

(1)为了得到内容丰富、数量规模大的经济信息。利用网络搜索技术进行经济信息的收集。

(2)通过文本挖掘技术从丰富的经济信息中整理出因素水平表。

(3)利用基于统计的文本挖掘技术,对规模巨大的因素表进行分析,找到造成所研究经济现象的最主要的因素。

具体地应用方法和步骤,将在后面的案例应用小节中详细讨论。

(三)数据选择

数据选择的目的是辨别出需要分析的数据集合,缩小处理范围,提高数据采掘的质量。数据选择的过程就是收集信息的过程,主要是根据问题的定义收集有关的信息材料或数据,形成用于处理的原始数据库。结合现代信息技术,常用的方法有:自然观察法、实验法、统计调查法、信息技术搜索法。

1.自然观察法

自然观察法,就是人们有目的、有计划地利用感觉器官,去认识处于自然条件下的客观对象,以获取信息材料的逻辑方法。例如,为进行某一地段的道路交通情况,就要派人去进行曲观察,按照预定的要求记录行人、车辆的过往情况。这种观察并不人为地控制和改变消费状态,而是顺其自然地去观察,这种观察就是自然观察。

自然观察可以获取客观实际状况,具有明确目的和计划性,但是它也有一些局限性:(1)人的感官使观察的范围受到局限;(2)人的感官使观察的精确性受到局限;(3)人的感官使观察的数量或复杂性受到局限。鉴于上述原因，就必须在观察者和被观察者之间，引进一个中介物。这个中介物就是仪器，这也为自然观察法向实验法的发展提供了条件。

2.实验法

实验法，就是人们根据研究的任务，利用专门仪器设备，在人式控制的条件下，对被研究对象进行观察和研究，从而获取信息材料的逻辑方法，通常也叫作科学实验法。某企业将一种准备大批量生产的产品，先进行试销，实验观察人们的需求情况，为最终决定生产提供了可靠的依据。

3.统计调查法

统计调查法，就是把某一社会经济现象作为一个整体，对反映这个整体的各个有关指标有计划地系统地进行记录，以取得原始数据资料的方法。例如，一个销售数码产品的公司，为获取消费者对产品外观的意见，就要派人在销售商场进行观察和询问并记录，掌握消费者对产品意见。

4.信息技术搜索法

信息技术搜索法是电子商务环境下出现的新的收集信息资料的方法。根据信息来源，可以分为信息系统内部搜索法、因特网搜索法。

(1)信息系统内部搜索法。

信息系统内部搜索法，主要指的是搜集的信息随着企业或单位内部的管理信息系统，企业 ERP 或企业内部的销售管理系统、库存管理系统、财务管理系统等的每日正常运行而自动产生的保存于这些信息系统内部的数据库的信息。由于信息技术的大量成熟的应用，产生了大量的可保存的数据，使得过去需要大量人力去搜集数据的方法有了改进，同时数据量也就相应增加了，海量数据被自动保存在了企业或单位的数据库，这些数据对于企业来说是相当重要的，但是也出现了“数据爆炸，而知识缺乏”的问题，所以对于这些数据的收集就需要不同于传统收集信息的方法，现在多采用的是数据挖掘技术来解决。

(2)因特网搜索法。

随着计算机、互联网等技术的发展，网络逐渐成为经济信息的主要来源，据美国电视新闻网 2006 年 11 月报道，目前网站数量突破一亿；据 2009 年 6 月的第 24 次中国互联网发展状况统计报告显示中国网站数量为

306.1万个。经济信息呈现出数量巨大、更新频繁、分散性高的特点。对信息的收集就应与时俱进，采用目前已研究成熟并在正在不断探索的因特网探索法。

信息技术的两种搜集信息的方法，都提醒我们，人们在面对经济信息进行逻辑思考时，应该充分利用统计学、数据挖掘等现代信息处理技术，才能对这些数量庞大的经济信息进行及时全面正确地收集和处理。

（四）信息预处理

信息预处理，就是整理信息，是把所得到的第一手材料，通过比较、分析、综合、抽象、概括、汇总、分类，加以去粗取精，由表及里。在信息技术与逻辑方法结合下，对信息的处理要采用信息技术来进行，信息技术对所要处理的信息必然会提出一些要求，所以信息预处理也是为了克服目前信息处理工具的局限性。比较方法已在上面的小节中讨论，预测、归纳在信息的预处理和信息处理过程都会用到，本文将在相关章节中重点讨论，下面我们重点探讨分析与综合、分类、抽象等方法。

1.分析与综合

（1）分析。分析法就是将研究对象分解为各个要素、各个部分、各个方面，然后逐个分别加以考察的逻辑方法[10—12]。

分析法一般包括两个步骤：一是分解，即把客观事物分解为各个要素、部分或方面；二是分别考察，即对分解后的各个要素、部分或方面分别加以考察或研究。例如，为了深入研究企业客户的价值，我们可以根据和客户交易往来的具体情况将其分解为客户规模大小、每次交易量大小，交易时间等几个部分，分别加以研究。这样使本来较为复杂的价值评价问题，就成了若干个较为单纯的问题。这样，既便于研究工作的进行，又利于对每一个的客户属性在客户整体中的作用和地位有更深刻的了解。

常用的分析法有定性、定量和因果三种分析方法[10]：

①定性分析。定性分析，就是确定研究对象是否具有某种性质，从质的角度进行分析的逻辑方法，主要解决“有没有”、“是不是”的问题。例如，上面提到的客户价值评价的问题，对于客户的一些属性：对产品质量满意度、对销售服务满意度等就需要进行定性分析。

②定量分析。定量分析，就是确定研究对象各种程度或成分的数量的分析，是从量的角度对研究对象进行分析的逻辑方法。通过对事物数量方面的基本分析，来揭示事物量变的特点及规律性，以解决人们对事物数量方面的认识问题。它解决“有多少”的问题。H.詹姆斯·哈林顿认为“量化是科学管理的第一步，它导致控制，并最终实现改进。”尤其，随着信息技术的应用，大量信息处理工具都对所要处理的信息相关的各项数据有量化的要求，比如，客户对产品质量满意度在应用神经网络技术进行客户评价时就需要将满意度中的满意、不满意等进行量化分析，改为 2 或 1 的数值。

定量分析可以得到定量信息，可以使得管理者得到更准确的信息，是经济信息处理中常用到的逻辑方法。但在现实生活中，对定量分析的逻辑方法要正确使用，对于不能量化的对象就不能使用定量分析。例如，在对学生的综合素质能力的评价中，定量分析的方法使用不当，会影响到了学生的成长和全面评价。

③因果分析。因果分析，就是分析确定某一现象变化的原因的逻辑方法。它主要解决“为什么“的问题。因果性，是自然现象和社会现象之间普遍和和基本的联系。上面小节中谈到的求同法是其一种简单模式。经济处理中的销售量或市场预测，就要常常用到这种方法。它是根据影响现有商品的销售的各种因素，来预测未来在各因素变动的条件下销售量的变化趋势。

分析的方法是多种多样的，常用的分析方法还有系统分析、结构与功能分析、因素分析、网络分析、路径分析等等。随着人类实践和认识的发展，分析的方法还会不断增加。

(2)综合法。分析法解决了对于部分属性认识，但是，它不能解决对于研究对象的统一的认识。综合法就是思维中把客观事物的各个要素、各个部分、各个方面分别考察后的认识联结起来，然后从整体上加以考察的思维方法[12]。

综合法一般也包括两个步骤[12]，一是联结，即把分解、考察客观事物各个要素、方面所得到的认识联结起来；二是整体考察，即把客观事物的各个要素、部分、方面及其相互关系综合起来作为一个整体加以考察或研究。

与分析法一样,综合法也是人们认识客观事物的一种重要方法。这是因为,任何客观事物都是由各个要素、部分、方面构成的统一整体。要完整地认识事物,就必须在分析的基础上加以综合。亦即分析并不是目的,而只是深入认识事物的一种手段,只有在分析的基础上通过综合形成对客观事务整体的认识,才能达到思维的真正目的。例如,气象预报,通过各项因素分析,得出某一地区的气象特征。

2.分类

分类,就是根据工作对象的共同点和差异点,把经济信息分为若干类型的逻辑方法。在对收集到的信息,为了便于处理、使用,经过比较、分析、综合等,还要进行分类,就能更好地适应工作和决策的需要。例如,要想作好客户价值的评价,首先要对现有的客户进行分类,确定已知客户的类别,如:潜在客户、成长期客户、成熟期客户和衰落期客户等,根据不同类别进行一对一的个性营销,对潜在客户要给大的折扣和更积极的服务进行争取,对衰落期客户可以尽量用少的营销成本,因为该类客户无论给以多少折扣都面临客户关系的结束,这样才能以用最少的成本获取最大的营销效果。瞿麦生认为经济信息分类可以采用以下方法:按规律性分、按时间分、按期待性分、按来源分等,本课题的研究发现,电子商务经济模式下,随着商业智能技术应用的普及,在经济信息的分类可以按信息处理目标来进行分类,以得到更方便处理的信息。

3.抽象

抽象,就是对信息材料进行科学分析的基础上,抽取对象内共同的、本质的属性,暂时排除相互差别的、非本质的属性的一种逻辑方法。

抽象的步骤有:(1)把研究对象从与之普遍联系的事物中抽取出来。上面谈到的客户评价中,企业涉及的客户有企业或个人,个人客户因消费行为和消费心理随机性和复杂性大,而且一次消费金额较小,为了进行对企业影响较大的客户评价工作,我们可以把研究对象只确定为企业客户。(2)剔除与研究目的无关的部分。在客户评价中,客户的地址或电话对问题解决是无关的,此时可以把其剔除不管。(3)着眼于决定事物深层的本质的因素。比如,客户购买时间属性,是连续的值,此时就应用抽象方法化为春、夏、秋、冬四季即可。

三、经济信息处理过程中的逻辑分析方法

信息处理的最终目的是为了决策，在掌握了大量经济信息的基础上，针对发现的问题，要确定的处理的目标，即决策目标的确定；接下来，要解决的是针对决策目标的信息处理方案选择和实施。

(一)处理目标的确定

根据要解决的问题和信息的收集整理，可以确定信息处理的具体目标。可以采用假设的方法，拟定处理目标。

先决定如何产生假设，是让信息处理技术为用户产生假设，还是用户自己对于信息材料中可能包含的知识提出假设。前一种称为发现型(Discovery-Driven)的信息处理技术；后一种称为验证型(Verification-Driven)的信息处理技术[18]。

(二)信息处理方法方案的选择和实施

信息处理的结果是得到模式，模式是经过智能处理的数据，但并不是最终的知识。

这一过程首先要根据信息处理的目标选择合适的知识发现算法，并决定如何使用该算法，包括如何指定算法的参数等。最后运行信息处理方法，比如数据挖掘算法，用选定的算法对经过处理的数据进行模式提取，即模式发现。接下来，当然是信息处理的实施，这也是通过信息处理解决问题的核心部分。常用的方法有统计方法、归纳推理、预测、分类、聚类等。

1.归纳逻辑推理

管理者在进行决策和管理的过程中都要遵循经济规律。经济规律是不以人的意志为转移的、内在的、本质的、必然的联系和趋势。人们对经济规律只能发现、认识和利用，而不能创造、改造和消灭，自觉或不自觉地违反客观经济规律就要遭到惩罚。如果企业的管理者违反了经济规律，就会给企业带来负面影响，例如九十年代的秦池企业，管理者投下重金夺得中央电视台的黄金时间广告，而不再进一步对产品的生产和质量下工夫，虽然赢得一时的品牌效应，但是还是因为产品薄弱的生命力，引起消费者的不满，使得

品牌很快陨落,给企业带来致命的打击。

经济规律是人们对日常经济生活、信息资源进行归纳整理得来,可以说经济信息资源是归纳经济规律的主要来源之一,是获得经济规律的基础。经济信息资源是对经济运动及其属性的一种客观描述,是经济运动中各种发展变化何特征的真实反映,指经济活动全部过程中所涉及的有用信息及其载体的统称,简单地说,就是那些与工农业生产、交通运输、财经贸易、市场行情等一系列经济活动有关的各种信息的总和[13]。

人们在总结经济信息中隐含的经济规律时,常用的方法就是逻辑归纳。例如经济学家在研究“房价上涨”这一经济现象时,会搜集各地市,甚至世界各地的相关资料,对资料进行整理,归纳出导致到该经济现象的原因;企业家在投资开发某种产品前,会对市场上相关产品的信息进行整理归纳,以归纳出销量好的产品所具备的特点。

归纳推理是常用的一种经济逻辑方法,可以帮助决策者从经济信息中得出造成某特定经济现象的根本因素。主要包括枚举归纳推理、排除归纳推理、穆勒五法、回溯图法等。穆勒五法是由十九世纪的英国逻辑学家穆勒提出的,主要包括契合法、差异法、求同差异公用法、共变法、剩余法,是常用的一种归纳推理方法,以确定现象之间的因果联系,找到产生某些现象的根本原因,帮助人们推断出现某个特定经济现象的根本原因。

在运用现代智能信息处理技术中,大量用到了归纳推理方法,即从个别中认识到一般的逻辑方法并把两者有机的结合,下面相关章节的案例中,将有详细的论述。

2.预测

预测,就是借助于对已知、对过去和对现在的分析,得到对未知和对未来的了解。预测的基本概念是使用过去一个或多个时间序列的值来发现将来某个序列的值。原则上,预测问题是一个函数重构问题。传统的预测方法一般采用统计中的线性自回归预测模型,但该模型很难运用于非线性情况。虽然出现了某些非线性回归模型,但这些模型基本存在局限性。此外是判断分析法,主要是依靠预测人员或专家经验和综合分析逻辑能力来预测,由于缺少了定量的科学方法的参与,也容易出现偏差[14]。

本课题采用“基于逻辑方法中的完全归纳法”来完成预测，即应用了从个体性到一般性的逻辑思考方法。结合经济逻辑理论和思维与基于反向传播(backpropagation, BP)神经网络技术的预测模型对未来的数据的趋势进行预测，将预测结果提供给管理者决策使用。

3.统计

统计，是数据计量工作，是一种数量分析方法，是对由计量得到的数据进行分析研究，从而对大量现象进行估计，以发现其规律性的逻辑方法。也可以说，统计是一种特殊的归纳法。在信息处理中常用到平均分析统计法、抽样统计法、概率统计法等。

4.聚类

聚类与分类不同，它没有类标记作为指导，又称为无指导的分类，类标记由它本身产生。对象根据最大化类内的相似性、最小化类间的相似性的原则进行聚类和分组。

聚类技术包括模式识别方法，数据分类法、80 年代初 Michalski 提出的概念聚类及神经网络的自组织模型。当所要处理的信息的类别不明，不能应用分类的逻辑分析方法，又想得到相似性的信息群时，可以采用聚类方法。

四、经济信息处理结果的逻辑方法

当经济信息处理结束，得到了结果后，首先要进行结果的表述和解释，即根据最终用户的决策目的对提取的信息进行分析，把最有价值的信息区分出来，并且通过决策支持工具提交给决策者。因此，这一步骤的任务不仅是把结果表达出来(例如采用信息可视化方法)，还要对信息进行过滤处理。如果不能令决策者满意，需要重复数据处理挖掘的过程。其次要对结果进行实证性验证和实时更新反馈的逻辑处理方法，我们在上面已提到过，由于经济信息的特殊性，即其处理结果中为了提供给决策，所以必须保证信息的正确性。在此本课题提出了经济信息处理结果的实证性验证和实时更新反馈的逻辑处理方法。

（一）结果的表述和解释

应用信息技术对信息进行通过模式发现得到的模式并不是最终的知识，模式是信息处理的初步结果，是未经评估和验证处理的知识。模式有可能是冗余的、无价值的，甚至是错误的。另外，模式一般是用数学语言表达的，用户难以理解，需要对模式作一定的转换表达。总之，在这个阶段需要对模式进行解释、表示等处理。常用的逻辑方法有归纳、汇总等。

（二）结果的实证性验证和实时更新回溯

信息处理的结果是为了决策，用于经济运行的指导，而经济活动是变化的、动态的，所以对于经济活动的逻辑研究更要注意结果的正确性、动态性，由此，本课题提出了经济信息智能处理技术中自适应的逻辑思维方法，即随着经济实践活动的进行，信息处理中的思维活动必须适应信息的变化而不断变化。

1.结果的实证性验证分析

对信息处理结果的验证可以采用先验式和后验式。先验式是指在用来信息处理前把收集和整理后的信息分为两部分，一部分用来处理，一部分留下来对处理后的结果进行验证。这种方法避免了将处理结果作为决策依据运用到实际经济活动中，如果处理的结果有误，则会造成巨大的经济损失。缺点是没有考虑经济信息实时性和变化性，用旧的信息进行验证，即使结果正确，很可能也不适合当前经济形势的要求。后验式则是采用当前信息进行验证或在小范围内进行试用，以验证信息处理结果的正确性。这种方法充分考虑了经济信息的动态性，但风险也很大。

2.结果的实时更新回溯分析

在经济实践中，尤其当信息技术广泛应用到经济活动中，每天，甚至每秒钟数据实时更新，前一刻证实正确的结果，随着原始信息材料的更新，会否决该结果的正确性，为此，就需要进行连续的回溯分析。

回溯分析，从原决策实施后得到的结果开始，一步步地向前追索，查找结果错误的原因。检查每一步信息处理的方法、步骤，确定问题所在。如果是原始信息材料的更新，则应确定信息处理速度和实时性。

经济信息的逻辑分析是一个复杂的、综合的思维过程，在电子商务经济模式下，经济信息的逻辑分析必然要和信息技术结合。现代企业的管理者，不仅要有较好的逻辑思维能力，还要有接受并追踪新的技术的能力。

第四节　经济逻辑在经济管理决策中的应用研究

一、基于神经网络和经济逻辑的业绩评价管理决策案例分析

（一）销售业绩评价管理问题背景

美国印第安纳大学的 D.Darymple 教授认为销售管理是计划、执行及控制企业的销售活动，以达到企业的销售目标[15]。在以人为本的现代销售管理中，对销售人员进行科学的管理和评价则是决定销售管理好坏的关键。在以往的销售管理中，对销售人员强调的指标基本上是定量的销售额，或直接采用专家的人为主观因素，前者对增强销售人员的积极性很有帮助，但也容易出现产品市场占有率上升，而销售利润下降的现象；而后者易有失客观，造成销售人员的主动性丧失。所以，企业决策者应当重视并运用科学的、全面的和有效的方法来评价销售业绩。企业绩效的评价指标有很多，是一个复杂的指标体系，包括定量指标，也包括应变能力，人际交往能力等定性指标，并应该尽可能将二者联系起来。只有这样，才能准确、全面地反映销售活动的成果，才能科学地衡量销售人员的工作业绩，才能防止出现以偏概全的错误，将评价指标更好地结合。对销售业绩进行更精确地评价正是本课题研究的重点。

在本课题所讨论的具体案例中，常用到反映企业产品销售计划收入与实际销售收入之比的产销率，确定产销率的关键就是计划销售收入，而计划销售收入的确定标准是未来销售量的准确预测。

本案例结合经济逻辑理论和思维与基于反向传播（backpropagation，BP）神经网络技术的预测模型对不同的食品销售量进行预测，以此来确定有效业绩评价量，后面的小节中将讨论经济逻辑在其中的作用。

（二）经济逻辑充分条件对经济活动决策的理性作用

赫伯特・A.西蒙认为管理就是决策，只有科学的决策才能提高管理效

率,而科学的决策应该依据对大量经济信息的处理工作[7]。工作离不开思维,思维离不开逻辑。工作的实际就体现了思维、体现了逻辑[10]。正如恩格斯所说:“离开了思维便不能前进一步,而且要思维就必须有逻辑范畴。”所以在经济信息处理过程中逻辑研究对于管理决策的指导意义重大。

从第2节分析可以看出销售预测对解决企业的业绩评价管理决策问题及增强企业竞争力有重要意义,但如何对下期销售进行预测呢?企业中电子商务技术的应用过程,大量的销售历史数据保存了下来,这些大量数据对我们的决策又有什么帮助?经济逻辑的因果关系认为,自然现象和社会现象之间普遍存在联系[10],要找出客户的分类规则,就必须认清事物之间的因果联系,判断其历史数据中蕴含的规律,及其发展趋势,来指导将来工作的进行。但要注意的是,经济信息的逻辑方法不完全等同于传统的逻辑方法,由于经济数据的实时可变性及实践性,本课题强调了经济逻辑信息研究和应用的动态性和自适应性,即在应用逻辑方法时更强调对处理后得到的结果实证性,和在实际经济活动中应用的正确性。

基于以上的逻辑思维,本案例以企业中大量的销售数据为研究对象,采用了数据挖掘中的神经网络技术来进行信息处理。

(三)逻辑与BP神经网络技术的结合

1.选择BP神经网络技术进行预测

本课题采用“基于逻辑方法中的完全归纳法”来完成预测,即应用了从个体性(数据库中大量的原始的销售数据实例)到一般性(以此推断出的未来销售量)的逻辑思考方法。由于产品销售预测实质上是对经济类时间序列的预测,而经济类时间序列是一组特殊形式的数据,在这组数据中前面的数对后面的数会产生影响,这种影响关系可以表现为一定的趋势变化或周期变化等。该影响关系一般为非线性,并很难建立定量的、固定的数学关系式。而且,对后期销售数据的预测要以前期数据为训练样本,应属于有教师学习。模拟非线性及需要有教师的学习这两点,正是本课题选择BP神经网络来进行销售预测的原因。

2.基于BP神经网络技术的销售预测

人工神经网络是模拟人脑的结构和功能的信息处理系统,在众多的人工神经网络模型中,BP 网络由于其结构简单和从样本中提取规则的强大能力而使它应用最为广泛[16]。BP 网络避免了回归方法的局限性,在输入与输出变量之间准确地建立起了映射关系[11]。

根据 Kolgomorov 定理,三层(输入层、输出层和中间层)的 BP 网络几乎可以逼近任意的非线性的连续映射。本课题中用于时间序列预测的 BP 神经网络模型结构如图 1 所示。将销售历史数据按一定的时间间隔形成的序列作为输入,加载到神经网络之后经过运行产生的结果则为下一个时间间隔的预测值。

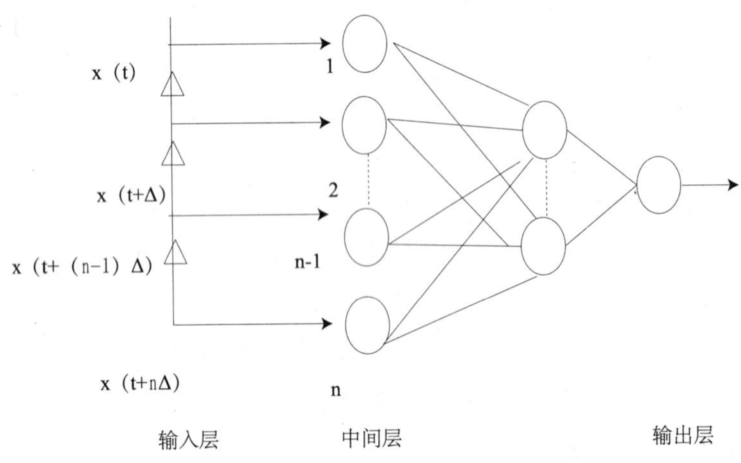

图 8-1 用于时间序列预测的 BP 神经网络模型

3.确定面向经济逻辑思维的定性指标

定性指标体系的建立是值得认真考虑和研究,对指标体系的定性分析的建立和提高改善必须用到企业管理者的知识经验和逻辑思维推理,这就是在管理决策过程中推动经济逻辑发展的原因。接下来的问题是在得到各指标的内容后,各指标权重的确定。本书在此采用了层次分析法(Analytic Hierarchy Process,AHP),因为它可以使定性问题定量化,避免了引入过多的人为主观因素,从而保证了评价的科学性公平性客观性。定量分析与定性分析相结合是 AHP 方法的重要特点,它使得人们的主观判断以定量方式表达出来以进行科学的处理工作。

在本文中,销售业绩评价指标体系采用了定性指标和定量指标相结合的方法，其中定性指标由面向逻辑判断和思维的专家经验并加入 AHP 方法对其进行权重的确定，定量指标采用产销率，其关键的计划销售量由基于 BP 神经网络技术的销售预测模型求出的下期销售量决定。该结合将提高评价的准确性。

（四）经济逻辑在处理结果中的应用

正如以上提到的，对于经济活动的逻辑研究更要注意数据的动态性、正确性及评价结果的评价和表达，由此，本课题提出了经济信息智能处理技术中自适应的逻辑思维方法，即随着经济实践活动的进行，信息处理中的思维活动必须适应信息的变化而不断变化。

1.保证处理结果正确性

为保证处理结果正确、有效，必须对训练好的网络模型用另一组数据进行检验。所以，一般来说，其构造主要由两个阶段组成，相应的样本数据也分为两种：训练集与测试集。第一阶段，模型建立。选取部分样本数据（训练集）建立模型并训练成功为止。第二阶段，测试阶段。用剩余数据（测试集）检验，如果所建立的模型不能正确回答所研究的问题，我们要对模型进行调整。当然，这些调整离不开人类的逻辑思维。

2.信息处理结果的表达

评价的结果应该提取出来并形成评价方案以支持管理决策，这些规则随着数据更新而改变，并保存成逻辑规则库，当有新数据，就可以对其进行预评价并采取相应管理方法。

（五）实例分析

1.某食品公司销售预测问题陈述

本文食品公司的销售为例，选择（1999—2000）两年水饺各月的销售量来作为预测对象，数据集中共有 24 个月的数据，包括两个独立的子集：训练集（18 条数据）和测试集（6 条数据）。采用基于 MATLAB 7.0 的神经网络工具箱作为实验工具，则根据数据处理要求，数据需完成标准化，本课题选择增长与当前量的比值作为前置处理，即 $x'(t)=\frac{x(t)-x(t-1)}{x(t)}$，则 $x'(t)$ 数值范围一般为（-1,1）。

2.网络预测模型的建立

进行网络设计的首要任务就是网络结构的确定,根据上述分析,选择三层 BP 网络,输入输出层的节点数由问题实际确定,而中间层的节点数由经验值初定为 4,经过实验比较分析后,当网络中间层神经元个数确定为 6 时,网络模型性能稳定。

(1)输入层的设计。经济类时间序列是时间的一维离散函数,其所提供的信息不足以建立精确的网络模型以模拟复杂的非线性关系。为此,需要对单维时间序列进行扩展。在本课题研究的实例中,因公司按一季度为一周期,而本课题考虑预测结果要用于每月销售业绩评价及业绩评价管理分析,从而把食品的各月销售数据作为预测对象,即将预测的时间间隔定为一个月,所以此处输入层节点置为 3。这样,通过一季度三个月的数据依次滚动输入,就可预测出下一季度各月的销售量。

(2)输出层的设计。对于销售数据的预测问题,预测的目标一般都是下一期的数值,这个预测目标决定了网络的单输出特性,即输出层节点数为 1。则样本数据见表 8－2。

表 8－2　用于 BP 网络预测模型的输入输出样本

样本数目	输入矢量	输出矢量
1	[0,0,0]	[0. 2320]
2	[0,0,0. 2320]	[-0. 1655]
3	[0,0. 2320,-0. 1655]	[0. 0530]
…	…	…
11	[0. 2266,0. 2177,0]	[-0. 0745]
12	[0. 2177,0,-0. 0745]	[0. 0455]
…	…	…

3.预测结果及分析

通过训练好的网络模型,对 2000 年 12 月份的销售量进行预测,经过上述的预测仿真,可得到如表 8－3 所示的结果。

从预测结果来看,神经网络可以有效地在数值上逼近时间序列内难以定量描述的相互关系，同时良好的柔性使其能够很好地适应众多的经济预测领域[13]。最终的预测结果在评价中的应用也由公司的工作人员进行了验证，结果的正确与有效证明了最终的网络模型是令人满意的。

表 8-3　2000 年 12 月水饺销售量的预测结果（吨）

实际值	预测值	误差平方和	预测精度
387	378.7523	0.00045419	97.87%

4.评价实现

根据 4.3 的结果，则销售评价中的定量指标也就确定了，结合其他的定性指标及 AHP 的评价分析方法就可实现销售业绩评价。

（六）案例小结

数据挖掘技术在管理决策中的应用提高了管理决策的科学性和客观性，但对经济信息的处理，由于其处理目标是为了管理，而管理主要由人来实施，所以单纯依靠定量的方法，会忽略或弱化人们的逻辑思维指导。本课题将经济逻辑方法研究与数据挖掘中的神经网络技术结合，来解决企业中的销售业绩评价问题，充分体现了定量方法与定性分析相结合的优势。经济逻辑重在培养人们适应社会经济发展的理性精神，在销售业绩评价的信息处理的过程中，经济逻辑起着重要的理性作用、工具作用和制导作用，比如说，原始数据目标数据的确定，评价指标的内容及权重的确定和结果的分析讨论等。本课题主要以某食品企业经销管理决策分析中的销售业绩评价问题，利用其销售数据，运用面向逻辑的基于数据挖掘技术的智能信息处理方法，对未来销售数据进行预测，建立了基于神经网络模型的预测决策模型，同时结合 AHP 评价方法将定性分析和定量处理进行了有效的结合，这不但提高了信息处理技术的处理精度，又开扩展了经济逻辑的应用领域。此外，还提出了经济逻辑在电子商务信息处理中不同于传统逻辑的特点，即逻辑方法的研究和应用中的动态性和自适应性。最后对一个公司的实例进行了详细探讨，其结果的有效性与决策支持能力表明面向经济逻辑的基于神经网络的管理决策研究是有意义的。这对于经济逻辑研究的深入和基于经济信息处理技术的管理决策实效性的提高都是有意义的。

为了扩展解决问题空间,提高更准确可靠的结果,对于电子商务中的管理决策方法、理论的研究还将进一步深入。在逻辑与决策技术的结合,尤其在管理领域中的应用,比如神经网络与推理的符号逻辑集成以及逻辑在数据预处理的影响等方面都值得探讨。

二、基于文本挖掘技术的穆勒契合归纳逻辑案例分析

如前所述,随着计算机、互联网等技术的发展,网络逐渐成为经济信息的主要来源,经济信息呈现出数量巨大、更新频繁、分散性高的特点,而经济信息本身的实效性、动态性,对经济信息处理的速度提出和较高的要求,如何能够及时对这些经济信息资源进行处理,尽快地得到新问题的决策,以适应于瞬息万变的社会、经济环境?是我们当前面临的一个富有实际意义和挑战的任务。

针对以上问题,我们研究发现人们在面对经济信息进行逻辑思考时,应该充分利用统计学、数据挖掘等现代信息处理技术,才能对这些数量庞大的经济信息进行及时处理,满足"实效性"的要求。下面我们将结合逻辑归纳法与文本挖掘信息处理技术,对互联网上的经济信息展开研究,该研究可以使得决策者能够从众多、纷乱、形式多样的经济信息(新闻、经济年鉴,相关报道)中,归纳整理出主要的因果关系,这对于经济逻辑研究的深入和基于经济信息处理技术的管理决策实效性的提高都是有意义的。

(一)基于文本挖掘技术的穆勒契合归纳逻辑

在上面小节中已介绍了本课题针对归纳逻辑存在的问题,使用文本挖掘技术对穆勒契合法进行改进,提高对经济信息的进行归纳推理的效率。下面将以具体案例对改进方法的步骤进行论述。

1.为了得到内容丰富、数量规模大的经济信息。利用网络搜索技术进行经济信息的收集

当前经济信息的主要来源是网络,网络上的信息具有发布及时,内容广泛的优点,我们要想得到关于要想分析的经济现象的资料,可以通过以下方式从网络上获得:

第一,获得常用的网址如:中国经济信息网(http://www.cei.gov.cn)、中国资讯行(http://www.chinanfobank.com)、中国宏观经济信息网(http://www.macrochina.com.cn)等,并从这些网站上找到相关的经济信息,保存起来作为后续分析的资料数据。

第二,如果想要在更广泛的范围内,收集到与被研究经济现象相关的信息,可以借助于现有的搜索引擎,如:www.google.com.cn、www.baidu.com、http://www.iask.com 等,把要研究的经济现象作为关键词输入到搜索框内,搜索引擎会把包含有相关信息的网页罗列出来,使用者可以根据自己的需要,对这些网页进行下载保存。其中 Google 通过对 30 多亿网页的整理,覆盖世界 200 多个国家与地区,是目前公认为全球最大的搜索引擎。几乎占全球所有搜索量的 2/3,所以本文利用搜索引擎 www.google.com.cn 对所研究的经济现象进行信息搜集。

由于搜索到的信息基本上都是文本,一个文本会包含几十~几千个词语,如果对每个词语都进行分析会花费很大的时间代价,而文本的标题都是对文章内容的高度整理概括,能够集中体现出文本内容的主要内容,所以只需利用 google 的高级搜索项目中的标题搜索对文本标题进行收集即可。

2.通过文本挖掘技术从丰富的经济信息中整理出因素水平表

因为所收集到的每一条信息资料都是标题的形式,且一般都是长度为几个到几十个词语的句子,需要使用分词技术对这些句子进行分析,把句子分解成若干个词语。根据汉语的语法规则,在一个句子中,原因和条件会放在结果的前面,例如:"北京民宅开公司全面叫停中低档写字楼租金上涨"、"甲级写字楼供应持续紧张租金仍将上涨"、"暑假结束租房迎高峰京城学校扎堆区域租金上涨"等标题中表示原因的"北京民宅开公司全面叫停"、"甲级写字楼供应持续紧张"、"暑假结束租房迎高峰"词句都放在结果"租金上涨"的前面。基于以上规则,本课题把所研究经济现象词语前的词作为形成该现象的原因,列在因素水平表的条件一列中。

在对标题句子进行分词后,为了最后正确性的考虑,把所研究经济现象词语前的每个词都作为条件列出来。一般情况下会出现某个词语多次重复出现的现象,那么给这样的词语加上权重系数,词语出现越多,说明该词语越权威、越重要。应该在归纳分析时给予足够的重视。

3.利用基于统计的文本挖掘技术，对规模巨大的因素表进行分析，找到造成所研究经济现象的最主要的因素

在经典的穆勒契合法中，需要对照比较每个场合得到的条件因素，若某些因素在所有的场合中都出现，则这些因素即为造成所研究经济现象的共同原因。本文对因素水平表中每个场合出现的条件因素进行统计，并把其出现频率作为权重，对条件因素进行排序。排在前面的词语为造成所研究经济现象的原因的概率最高（可能性最高）。然后，按照对与给定的场合的条件进行上述的次序进行比较，选择出相同的作为共同的因素。

但是由于网络上的信息缺乏统一管理，没有共同的规范性，所以会用不同的词语表示相同的含义，所以本课题对词语进行分类，建立相应的专家库。这样不仅可以使得同义词以统一的形式表示，而且能够把词语的条目进行大幅度的约减。提高后续处理的效率。

综合上述，从因素水平表中寻找共同条件因素的步骤为：

（1）根据专家词库，对作为因素的词语进行整理，统一表示形式。

（2）在每个场合中，对整理后的条件因素根据其出现频率进行排序。

（3）比较整理出不同场合中，出现的频率超过阈值的词语作为根本条件因素，并把其输出，供决策者使用。

（二）案例分析

本文以“价格上涨”这一经济现象作为研究对象，分别在场合“水果价格上涨”、“蔬菜价格上涨”“鸡蛋价格上涨”三种场合下进行归纳，分析出造成“价格上涨”的原因。

本课题使用搜索引擎 google 作为收集经济信息的工具，使用其高级搜索功能，搜索过去 3 个月内、且标题中分别含有“水果价格上涨”、“鸡蛋价格上涨”、“蔬菜价格上涨”完整字句的网页。并对收集信息进行文本挖掘，把各个场合中的条件因素按照出现频率的高低进行排列，得到的结果如表 8－4 所示（本文只给出条件的前 10 项）。其中，条件列中的各个条件为利用专家词库处理后的结果，例如把“海口、昆山、长沙”用“地区”统一代替，“中秋、春节、近期”用“时间”统一代替，“暴雨、变冷”用“天气”统一代替。

表 8－4　价格上涨因素水平表

场合	条　　件	被研究现象
1	地区、其他相关食品（蔬菜，大米，禽蛋等）、天气、时间市场、价格、富含 VC、高档、运费、供应商……	水果价格上涨
2	天气、地区、时间、其他相关食品、连夜、运输、平稳、菜篮子、收成、消费……	蔬菜价格上涨
3	其他相关食品、时间、地区、市场、疫情、鲜、需求趋旺、开始、天气、产量……	鸡蛋价格上涨
地区、其他相关食品、时间、天气		

通过表 8－4 可归纳得出造成这三种食品价格上涨的共同原因为“地区、其他相关食品、时间、天气”。同时从表中我们还可以分析出，不同的食品涨价的原因虽有共性但还是有区别的：对于水果来说，地区的不同是造成其价格上涨的首要原因；对于蔬菜来说，天气是造成器价格上涨的主要因素；而对于鸡蛋来说，其他相关产品的影响是造成其价格上涨的重要因素。这与实际情况是基本相符的，比如说目前鸡蛋价格上涨就是由于猪肉价格大幅度上升引起的连锁反应，而其价格不受天气的影响；相反，天气的好坏直接影响蔬菜的价格，而其他相关产品的价格（比如说猪肉和鸡蛋）对于蔬菜的价格影响相对较小。通过以上分析，结合文本挖掘技术的穆勒契合法能够归纳出有实际意义的条件因素，帮助决策者进行决策。

通过上面的案例，我们可以看出，利用经济信息进行逻辑思维时，往往需要借助于现在信息处理技术，加快得到思维结果的速度，使得用户能够在进行经济活动时，占领商场上的先机，尽快作出对自己有利的决策，避免相应的损失。

【参考文献】

[1]程栋：《世界科普画廊（信息传播）》，浙江教育出版社 1997 年版。

[2]薛宏珍、何兴旭：《经济信息分析研究的现状和趋势讨论》，《科技情报开发与经济》2007 年第 17 期。

[3]蒋果莉:《信息搜索技术与经济信息的开发利用》,《集团经济研》2007 年第 5 期。

[4]谢阳群:《经济信息学论纲》,《图书馆工作》1994 年第 1 期。

[5]李国秋、吕斌:《经济信息学研究范式及方法体系》,《情报科学》2005 年第 2 期。

[6]石杰、薛惠锋、史晓峰:《基于知识的管理决策优化方法研究》,《陕西工学院学报》2003 年第 19 期。

[7]马费成:《新信息环境下的图书情报学科建设问题》,《图书情报工作》1998 年第 10 期。

[8]瞿麦生:《经济逻辑学与构建和谐社会》,《安徽大学学报》(哲学社会科学版)2006 年第 30 期。

[9]Jiawei Han、Micheline Kamber:《数据挖掘——技术和概念》,电子工业出版社 2000 年版。

[10]瞿麦生:《新应用逻辑学》,天津教育出版社 1989 年版。

[11]刘明明:《经济思维逻辑》,清华大学出版社 2006 年版。

[12]佚名:《资料的整理与分析方法》,2008-03-03[2009-09-10].http://hi.baidu.com/uehe/blog/item/7af79d51c52c188b8d543060.html.

[13]张晓红:《神经网络经济预测法研究》,《预测》2001 年第 20 期。

[14]周龙君、石丽:《BP 神经网络在电子商务供应链中的应用》,《电脑开发与应用》1999 年第 4 期。

[15]D.Darymple. Sales management concept and eases.3th ed.John, Willy & Sons, 1988.

[16]飞思科技产品研发中心:《神经网络理论和 MATLAB7 实现》,电子工业出版社 2006 年版。

[17]Smith, James E, Von Winterfeldt, Detlof.Decision Analysis in Management Science. Management Science, 2005.

[18]Qiang Li, Jingyuan Yu, et al.BP Neural Network Prediction of the Mechanical Properties of Porous NiTi Shape Memory Alloy Prepared by Thermal Explosion Reaction. Materials Science and Engineering, 2006.

[19] IBMCorporation. IBM's DataMining Technology. WWWBook, 1996http://booksrv2.raleigh.ibm.com:80/cgi-bin/book-mgr/bookmgr.cmd/BOOKS/datamine/CCONTENTS.

第九章　经济问题的逻辑

亚里士多德认为，人们的思考，往往开始于对自然界一些现象的“惊异”。就是说，人们常常是在产生疑虑、发现问题时，开始思考、探索的。经济活动亦然。

一个人的经济管理才能，往往表现为善于敏锐地发现问题，果断地确认问题，正确地分析和解决问题。

第一节　经济问题的概念及逻辑刻画

一、经济问题的概念

在直觉水平上，每个人都知道什么是问题。例如，建筑工程师要设计出一幢大厦，医生要作出对患者疾病的诊断，棋手要选择好下一步好棋，学生要解答一道数学题，等等，这些都是我们在实际生活中遇到的问题。在现实生活中遇到的大多是经济问题，它们虽然在内容和形式上都千差万别，但有一个共同的特点，就是在经济活动中人们总是要以最小的成本去获取最大的利益，如何去达到成本和收益之间的平衡，就产生了问题。

从经济逻辑角度来看，经济问题是关于在追求成本和收益之间平衡的经济活动中的事件与事件间或现实与目标间的一种特殊关系。所以，我们这里所说的经济问题，也可以说是人们日常所说的一种“经济矛盾”，是指经济活动中的应有现象（预期目标）与实际现象（现实状态）之间的差距。具体来说，经济问题是指经济活动或经济学研究的预期目标（应该是什么）与经济活动或研究的现状（现在是什么）之间的差距。我们可用公式表示如下：

经济问题（差距）= 经济标准（目标）-经济现状

1987 年拙著《工作与逻辑》[1]中，把问题用公式表述为：

工作问题（差距）= 工作标准-现状

无独有偶，1988 年著名学者凡·古恩第（Van Gundy）也同样把现有状态与期望中的状态之间的差距定义为问题（Van Gundy，1988）[2]，这种差距可以被看作是“是什么”和“应该是什么”之间的差别。如果在这两者之间确实存在差别的话，那么解决问题就是一个缩小差距的过程，就是改变现有的状态，使其进入期望状态的过程。

这样，人们可以把问题过程结构表征为三种状态，即起始状态、目标状态以及中间状态。当起始状态和目标状态是已知的，但是如何从起始状态达到目标状态的路径是未知的时候，就存在了一个问题（problem）。也就是说，问题就是期望与现实之间的差距。

我们的经济活动是改造自然和改造社会的活动。在这种活动中，人们发现，实际经济状况与人们所希望的理想状况之间，总有一段距离或障碍（难题），人们就把这种距离或障碍（难题）叫作问题。人们所希望的这种理想状况就是我们经济活动中的预期标准。

例如，消费者对一种服装的要求是款式新颖，美观大方、舒适耐穿、并根据这一标准来决定购买与否。如果某种服装达不到这一要求，就会出现滞销的问题。

又如，医生诊断疾病，总是以健康人的情况为标准，来和病人相比较，以发现问题（即二者的差距）。这里的问题就是病人和健康人在某些方面的差距，即通常人们所说的病症。解决问题，就是对症下药，以消除病症，缩小以至消灭差距，使病人恢复到健康人的水平。

行政管理和经济管理，也和医生看病一样。一个经济管理者要开展某项经济活动，必须首先知道该项经济活动的问题是什么，弄清造成这一问题的原因,然后才能采取最有效的办法来解决问题。经济管理者在分析问题时,要有一项经济活动上的预期标准(目标),也就是用以衡量实际经济“应该如此”的标准。例如,天士力集团在以最小的成本去获取最大的利益的经济活动中,具体表现为以发展大健康产业,打造大健康产业第一平台为核心战略目标。围绕“生得优”、“活得长”、“病得晚”、“走得安”十二字方针,集团大力发展两大支柱产业——生命安全与生命健康。为达此目标,他们申请了美国FDA(食品药品监督管理局)认证,按FDA的标准,天士力集团找到了15000多个问题,正一一加以解决。一是产品采用高科技现代中药生产工艺精制而成,并建立了从种植、提纯、生产、经营、科研以及临床试验,“六位一体”的规范化、标准化的产业链。二是选材道地:建立了规范化的植物药种植基地,从源头上确保原材料的品质卓越。三是科学配伍:依托天士力研究院强大的科研实力,为产品的研发奠定了坚实的基础。四是工艺先进:采用数字化低温提取干燥工艺及先进生物酶解技术,确保产品具有超强生物活性。五是剂型独特:国内首例滴丸剂型保健品,具有“体积小、用量小”、“溶解快、吸收快、起效快”两小三快特点。经过近年来的快速发展,天士力2011年产值已达168亿元,2012年将超200亿元,已经逐步形成了较为完善的大健康产业格局,成为中国大健康产业领域的领军者。天士力的问题就是从现有状态(168亿元)如何去达到、实现200亿元的目标。

在实际经济活动中,随着经济活动的不同,经济标准也有所不同,问题也就不同。经济标准既可以是上级对经济活动的要求、指示、命令、规章制度、国家法令,又可以是行业标准、发展规划、计划等等。在现代化的企业管理中,有所谓“企业诊断”。就是由有经验的专家所组成的智囊团,以经营管理水平高的企业为标准,给经营管理水平比较低的企业“治病”,为企业解决问题,以改善经营管理。

我们的经济活动是复杂纷繁、千变万化的,不可能有个统一的标准,而且,当我们解决了一个旧问题,随着这种理想状态与现实状态间差距的缩小,人们的认识又提到了一个新的高度,人们又看到了新的理想状态。这样,人们的实际经济活动与理想状态间总有一段距离。人类世世代代生生不息，为之奋斗，就是要缩短这种距离，即解决问题。在人类认识的长河中，这种解决问题的过程是永无止境的。但在具体的经济活动过程中，具体问题的解决是完全可能的。就是说，具体的经济标准是完全可以达到的。例如，在具体的经济标准中，小如上级的要求、指示、命令、规章制度，大至国家法律和法令，都是完全能做到的；再如，同行比较，更是可以超过的，发展规划、计划任务等，都是能够完成和超额完成的。

从问题的定义，我们可以看到，经济问题是和经济标准及经济现状紧密联系在一起的。当经济现状这类事物的外延小于经济标准（理想状况）的外延时，经济问题就存在，反之，当经济现状这类事物的外延等于经济标准（理想状态）时，经济问题就不存在。当经济现状大于标准时，则要作具体分析，有的经济行，如完成生产或经济任务，多干是可以的。而在执行政策上，“左”和右的倾向都不行，生产产品时产品零件的规格小了不行，大了也不行，等等。因而经济问题主要表现在这样三个方面：

1.经济实际状况之间的差距

这主要是同行经济活动进行比较时，出现的经济活动成效上的差异，具体表现为先进、一般、后进的差别，这种差异是由于主、客观条件的不同而造成的。要解决这类问题，从逻辑上来讲，就要使支持经济标准的事实范围不断扩大，而使与经济标准相违背的事实范围不断缩小，以至于消除“反例”。例如，在具体经济活动中开展的学先进活动等。

2.经济实际状况与经济标准之间的差距

它有两种情况：一是经济实际情况落后于经济标准，这一问题的解决无疑是加强经济活动，从逻辑上来讲与上一情况相同；二是经济标准落后于经济实际情况，这里主要是指指导经济活动的理论、政策、规定、指示、命令等脱离实际，束缚了经济活动者的手脚，阻碍了经济活动的发展。这时，实际经济活动中提出的有待解决的疑难问题，是在拒斥已有经济标准（已有理论、政策、规定等）的前提下提出的，这类问题的解决具有革命意义，它意味着要以新的经济标准（新的理论、政策、规定等）取代旧的经济标准。例如，党的十一届三中全会以后，理论、政策的改革开放并不断深入，促进了农村经济和各行各业的大发展。

3.经济标准之间的矛盾

这主要是指在一个总的经济活动过程中，具体经济活动的标准与总目标之间、具体目标之间以及指导经济活动的新旧理论之间也会产生矛盾。

经济活动是一个十分复杂的过程，问题往往隐藏在许多表面现象之后，要从中发现问题并不容易，确认问题更是十分严肃和慎重的事。为了提出正确的问题，准确地予以分析，并加以解决，需要许多主、客观条件。从主观上讲，首先要积极收集资料。资料是经济思维中进行逻辑加工的原料。其次，要对事物有深入的了解，从实际出发，实事求是地进行具体分析。最后，在分析中要恰当运用相关的逻辑方法。

二、经济问题过程结构的逻辑刻画

前面，我们明确“经济问题”这个概念时，是就其发生过程来进行定义的，因而我们将其过程结构分为起始状态、目标状态和中间状态三个基本要素。我们要研究经济问题(中间状态)与这两个要素之间的内在联系及其变化规律，就要将它们加以抽象化，进行逻辑刻画。所谓对经济问题进行逻辑刻画，就是把经济问题(中间状态、差距、障碍)、经济标准(目标状态、理想状态)、经济现状(起始状态)这三个要素，用逻辑形式准确地表达出来，明确反映这三个概念间的外延关系。

对问题进行逻辑刻画的工具是集合论。

例如，某商店经营鞋、帽子、上衣、裤子、袜子、毛线、床单、钟表、电视机九种商品的销售业务。第一批进货品种有帽子、上衣、裤子和袜子，第二批进货品种有上衣、袜子、床单和电视机。以后又进了四批货。逐批的要求是：

(1)第三批为第一批进货所无者；

(2)第四批为第二批进货所无者；

(3)第五批为第一、第二批进货所无者；

(4)第六批为第一批与第二批进货中所共有的品种以外者。

设这四批进货的品种为 A_3、A_4、A_5、A_6，而第一批进货为 A_1，第二批为 A_2，那么，

$A_3 = \overline{A_1} = \Omega - A_1$

= {鞋,毛线,床单,钟表,电视机}

$A4 = \overline{A_2} = \Omega - A_2$

= {鞋,帽子,裤子,毛线,钟表}

$A5 = \overline{A_1} \cap \overline{A_2} = \Omega - A_1 \cup A_2$ = {鞋,毛线,钟表}

$A6 = \overline{A_1 \cap A_2} = \Omega - A_1 \cap A_2$ = {鞋,帽子,裤子,毛线,床单,钟表,电视机}

这样,我们便可以以集合这一逻辑工具来描述经济活动思路中的经济问题与现实经济状态及目标或理想经济状态之间的逻辑关系。从集合的观点来看,所谓经济问题,是指某项经济活动的目标或理想经济状态与现实状态这两个集合的差集。我们把经济问题这一差集简称为问题集,以 C 表示;而把某项经济活动的目标或理想经济状态这一集合简称为目标集,以 M 表示;把现实经济状态简称为现实集,以 X 表示。所以,问题集是由所有在目标集而不在现实集的元素所组成的集合,可表示为:

C = M—X

在这里,问题集随着目标集和现实集的不同情况而呈现出不同的变化。

在实际经济活动中,目标集与现实集间的关系主要有如下关系:

1.真包含关系

这主要是出现在经济活动者开展一项熟练的经济活动,经验非常丰富,一般不会出现背离经济标准(目标、理想等)的错误的时候,经济的现实情况没有超出经济标准的范围,目标集与现实集的差集即问题集。随着时间的推移及经济活动的深入发展,其范围越来越小,直到一定阶段,按预定的时间完成或超额完成任务,目标集与现实集变为同一关系,而问题集变为空集。如下图 9 - 1 所示。

2.交叉关系

这主要是出现在经济活动者开展某项经济活动,有一定基础,但还不太熟练,在经济活动的实际状态中有时会出现背离经济标准的情况。即现实集的元素有些属于目标集,而有些元素不属于目标集。如下图 9 - 2 所示。

3.全异关系

这主要出现在经济活动者在毫无基础的情况下，转入一项全新的经济活动，以往的经验、知识对于新开始的经济活动无关，或是由于某种特定的原因，经济活动者的经济环境、经济任务和性质起了完全相反的变化。如下图 9－3 所示。

4.同一关系

这一般是出现在经济活动过程完结之时，圆满解决问题，实现预期目标，达到理想状态。即现实集的元素都是目标集的元素，两者完全重合。如下图 9－4 所示。

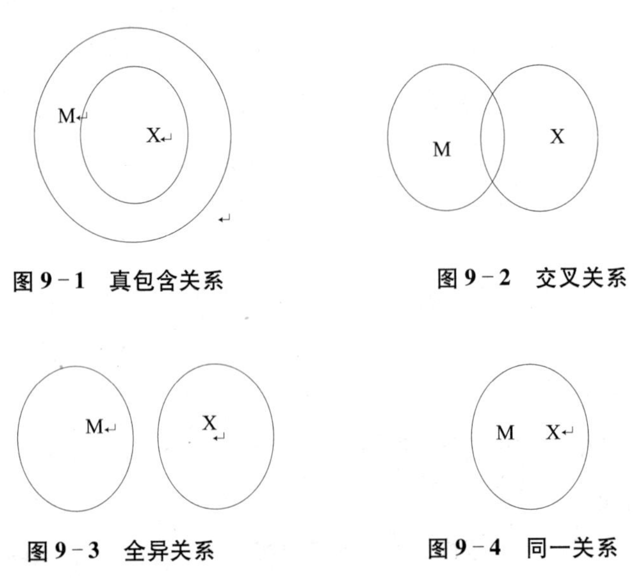

图 9－1　真包含关系

图 9－2　交叉关系

图 9－3　全异关系

图 9－4　同一关系

三、经济问题的类型

根据经济问题的内容和性质，可以大致分为呈现型、发现型和创造型三类。

呈现型问题又称为低级问题，它们是一些给定的问题，即由他人呈现的问题，答案是现成的，求解的思路和方法也是现成的。问题的解决者只需通过记忆去按图索骥，就能得到与标准答案一样的结果。学生们考试要解决的问题大多是此类问题。

发现型问题是自己发现的,或由自己提出的,而不是由他人提供的。这些问题有的有已知的答案,有的却可能没有现成的解决办法或答案,要通过思考或创造。这样的问题能引人深思,给人启迪。高层次的发现型问题能导致重大的科学发现。

创造型问题在人们发明、创造出来之前是不存在的,是全新的。它是科学家、艺术家、经济学家和管理学家们从事创意开发活动的基础。

在创意开发的经济活动中,从问题的提出到问题的解决,不可能一蹴而就,总要经过一系列促进问题解决和逐渐趋于问题解决的中间步骤。这些中间步骤的存在,就使整个创造过程具有不同的发展阶段。尽管创意经济开发活动的具体内容千差万别,而且人们在从事这种活动时的行为表现和心理特征又异常复杂,具有极大的随机性,但这种阶段性特征和解决问题的有序性却是普遍存在的。也就是说,无论是什么内容和形式的创意开发经济活动,实际上都是按照以问题为中心来发展的。

因此,问题解决是从问题的起始状态出发,经过一系列有目的、有指向的认知操作,达到目标状态的过程。问题解决过程也可以看作是对问题空间的搜索过程。所谓问题空间是问题解决者对一个问题所达到的全部认识状态。任何一个问题总是要包含给定条件和目标(另外还有障碍),即提出一定的任务领域和范围。要解决这个问题,必须先要理解这个问题,对它进行表征,也即构成问题空间。在问题求解过程中,运用一系列的操作和限定,这些操作可称为"算子"。在解题过程中,要利用各种"算子"来改变问题的起始状态,经过各种中间状态,逐步达到目标状态,从而解决问题。在问题解决的过程中,所达到的全部状态(包括算子在内)称为问题空间或状态空间。将问题的任务领域转化为问题空间,就实现了对问题的表征和理解,而问题的解决就是应用算子来改变问题的起始状态,使之转变为目标状态。换句话说,就是对问题空间的搜索,以找到一条从问题的起始状态达到问题的目标状态的道路。问题的类型和内容各有不同,但其解决的过程总是相似的。[3]

第二节　经济问题的逻辑分析

经济问题的逻辑分析有两种。一是经济问题的宏观分析,二是经济问题的微观分析。

一、经济问题的宏观分析

对经济问题进行宏观分析,主要是从整体逻辑性的角度来分析问题与问题间的关系。

在实际经济活动中,任何经济问题都不是孤立存在的,它总是和其他问题发生着千丝万缕的联系。它们之间既有纵向联系,又有横向联系,纵横交错,形成网络状联系。

从纵向联系来看,在经济活动中所要解决的问题,总是在一定的经济背景之下提出来的。因此,我们把一个问题放到一定的经济背景之下加以分析,就会发现,在当前的经济背景之下,为了解决眼下经济中的这个问题,它所涉及的有关的政策、措施、手段和方法等,都还存在着困难和空白。这些困难和空白就组成一系列的相互联系的前问题,解决这些"前问题"就成了解决所要承担任务的必要条件。

问题之间的纵向联系,还表现在一个大的问题可以分成许多小的问题,而且任何一个问题在解决过程中又必然会引申出新的问题,这些都是我们所要解决的派生问题。

再从问题间的横向联系来看。一个经济问题,不仅与经济背景相联系,而且在同一背景下必然还有许多问题和它组成了横向联系。例如农民工问题,不仅是农民工这一个阶层的问题,它还和城市居民问题、农民问题、其他劳动群众问题紧密联系在一起。如果解决处理得好,可以调动广大农民工的积极性,促进社会和谐。相反,如果解决不好,不仅影响农民工的积极性,而且会影响社会的安定和团结。

在问题的横向联系中,更为重要的是,一个问题本身有它自己的各个方面,其中每一个方面又都可以构成问题而成为我们需要去研究解决的对象。

这样,围绕着我们所要解决的经济问题,从纵向、横向、纵横交错等各方面,组成了问题的具有一定层次结构的网络。所谓经济问题的宏观分析,就是要将所解决的问题的网络结构,逐步地、有条理地展开,使问题逐渐具体化,从而找到解决该问题的方法、步骤和相关的网结。

问题的分析是开展经济活动所必须进行的十分重要的一步。如果某个经济活动者不对所要解决的问题进行分析,或者没有能力进行分析,那么,这个经济活动者面对所要解决的问题就会如坠云里雾中,找不到任何解决问题的方向和方法。这不但对于创造性经济活动、逻辑型经济活动是如此,甚至对于常规性经济活动、执行型经济活动也是如此。例如在企业经济管理活动中,对于问题分析的程度如何,直接关系到经济活动的成效、效率的高低。瑞星董事长王新,善于分析问题,搞好经营决策,把瑞星从中关村名不见经传的小公司经营成了 IT 行业的佼佼者。1993 年瑞星打败 100 多家竞争对手,占据 80%以上的反病毒市场,业绩不仅好过现在年营业额高达 32 亿元,也好于当时如日中天的晓军。那年 3 月,瑞星防病毒卡月销量达到 1 万套,创下日销量 1000 套的纪录,1994 年,瑞星作为那年国内唯一一家计算机厂商参加了在美国举办的 COMDEX 世界计算机展览会,时间不长,到 1999 年 7 月,瑞星杀病毒软件月销量突破 10 万套,全国销量第一,联邦排行榜第一。瑞星之所以能取得如此显著的成就,关键是董事长王新能正确分析经济活动中的问题,从而作出正确的决策。他曾在上海对经销商说:"瑞星现在最应该看郭沫若先生的《甲申三百年祭》,瑞星现在的胜利仅仅是李自成进京。这个时候盲目乐观,不去作过细的工作,沉醉于胜利之中,沉醉于感慨之中,瑞星会重蹈覆辙。"

当初瑞星面临的问题是防病毒卡市场萎缩,销量直线下降,处境日趋困难。很多人劝王新放弃防病毒业务。王新在分析这个问题时,把它放到当时的经济背景中去看。认为防病毒软件市场将具有巨大潜力,他将重心从防病毒卡过渡到防病毒软件,不打巨额广告,而是和主流 PC 厂商合作搞预装。截至 1998 年 4 月,瑞星同联想、长城、方正、浪潮、四通、同创、实达、清华同方等近 20 家国内最大的计算机集团建立了专项合作协议,瑞星杀毒软件作为上述公司向用户提供的唯一杀毒软件,同各公司的主力机型一同销售。

可见,正确分析经济问题,对于我们的经济活动具有十分重要的指导意义,作好经济问题的分析,即有层次地把握了问题的脉络,实际上就明确了问题解决的方法、步骤和应克服的基本难点,等等。所以,分析问题的能力,表现出一个经济管理者,特别是决策人员的洞察能力和远见卓识。在科学研究这一创造性经济活动中更是如此。一个成熟的科学家往往表现出这方面的特殊才能。

例如,我们的逻辑发展史上就有许多这样杰出的人物。德国著名数学家兼哲学家莱布尼茨(G.W.Leibniz,1646—1716),是大家公认的数理逻辑创始人,主要原因却只是由于莱布尼茨最早提出了数理逻辑的基本问题,并进行了分析,至于问题本身他是完全没解决的。莱布尼茨曾经设想,是否能够建立一种符号化的通用语言,并用数学计算的方式来进行逻辑推理。他的这些设想并没有留下系统的著作,现在所知道的仅是一些零星话语。莱布尼茨在给一位友人的信中写道:“要是我少受搅扰,或者要是我更年轻些,或有一些年轻人来帮助我,我将作出一种‘通用代数’,在其中,一切推理的正确性将划归为计算,它同时又将是通用语言,但却和目前现有的一切语言完全不同;其中的字母和字将由推理(或理性,reason)来确定;除却事实的错误之外,所有的错误将只由于计算失误而来。要创作或发明这种语言或字母将是困难的,但要学习它,即使不用字典,也是很容易的。”莱布尼茨的零星话语为解决他所提出的数理逻辑问题提出了基本的设想,这些设想实际上就是他对问题的分析。他认为要解决他所设想的问题,必须创造两种工具:一种是通用语言,另一种是推理演算。通用语言的主要任务是消除现存语言的局限性(没有公共语言,任何一种语言都不是人人都能懂的)、不规则性(任何一种语言都包含有许多不合理的规则),使得新语言变为世界上人人公用的语言,此外,由于新语言使用了简单明了的符号和合理的语言规则,它将极便于逻辑的分析和逻辑的综合。而推演规则,则是用做推理的工具,它将处理通用语言,规定符号的演变规则、运算规则,从而使得逻辑的演算可依照一条明确的道路走下去。莱布尼茨本人并没有创造这两种工具，甚至还未来得及做这项工作，因而他就不可能创造数理逻辑。但他确实深刻地提出了数理逻辑的问题，并对它进行了具有远见卓识的分析，从而真正地指导了二三百年间人们对数理逻辑的研究。今天，莱布尼茨所提出的创造两种工具的设想，在数理逻辑中已经部分地实现了。可见，对于一个重大的科学问题的分析，有时甚至能够开辟出一门学科的研究道路，影响和指导几代人的研究。

二、经济问题的微观分析

经济问题的微观分析是对经济问题自身的形式结构所进行的分析。

（一）经济问题的形式结构及其问题指向

经济活动中的问题呈现复杂纷繁的局面，从语言形式结构来看，有："……是什么""……为什么""……怎么样""何处""何时？"等多种形式的疑问句。但不管是哪一种类型的疑问句表达的经济问题，我们通常都可以用"……是什么"这样一种疑问句的形式把它转换过来：

"……为什么？"→"……是什么原因？"

"……怎么样"→"……是什么样的？"

"何处？"→"……是什么地方？"

"何时？"→"……是什么时候？"

将它加以一般化，则为：

"X 是？"

这里的"X"是变项，"？"是疑项，"是"是联项。"X"这一变项，表示问题所指向的研究对象。我们把经济问题所指向的研究对象，叫作问题指向。这里，X 变项即为问题指向。它说明作为经济问题所指向的研究对象正是变项 X 所代表的某个（或某类）对象。

问题指向随着经济问题类型的不同而有所不同。

第一，它可以是经济问题对于对象的识别或判定。例如，"今年天津市要办的二十件大事是什么？"

第二，它可以是经济问题所要求的对现象的原因或行为目的的回答。这在经济刑事侦查和医疗经济纠纷中表现得较多。这类问题实际上是说

“对象的原因是什么”。这里如果设有某种(某类)对象或现象 P,说“P 的原因是什么”。这个公式中的“P 的原因”即等于 X。这是“为什么”类型问题的转换形式。经济问题形式变化,但其问题指向不变。

例如,“艾滋病的原因是什么?”是“为什么会发生艾滋病?”的转换形式。这两个问题的形式虽然变化了,但其问题指向是不变的。这是一种解释型问题。

第三,它可以是经济问题所要求描述的对象或对象的系统状态及其变化,而这种状态及其变化又可以分析为它的组成、性质和关系是什么的问题,实际上只有搞清它的组成、性质和关系,才能对对象或对象系统加以描述,以回答“……是怎样的”的问题。

第四,问题指向,还可以是对象的时间,这是指由“何时”类型问题变为“……的时间是什么”的问题。

第五,问题指向还可以是对象的地点。这是指由“何地”类型问题变为“……的地点是什么”的问题。

问题指向的性质不同,对经济问题求得解决的特点也就不同。对经济问题的微观分析,便于我们掌握其特点,从而采取不同的方法和措施解决问题。

(二)经济问题的应答域

经济活动中的问题,不但有问题指向,而且还有应答域。所谓问题的应答域,是指问题的提法中所确定的能够包括这个问题的解的域限。“问题指向”是指问题的研究对象。它在客观上潜在地决定了问题的“解”。而问题的应答域则是我们预设了一个问题的解的存在域,它像路标那样指示我们向何处寻找这个问题的解。也就是说,它在主观上为我们求得问题的答案明确地指出了一个方向。例如,“世界经济危机是在哪个国家首先爆发的?”这里,问题的提法本身就包括了解决这个同题的大致范围,它告诉我们,世界经济危机是在一个国家首先爆发的,不是在所有国家同时爆发的。这是在解决问题之前事先假定了问题的解的应答域。所以在问题中已经包含了假说。

既然在问题的提法中已经预设了它的解的存在域,即具有了明显的指向性，它将引导或诱使我们按这种指向去求得问题的解决。所以，我们说，问题不仅仅是关于“未知”或“不知”的知识，不仅仅是一种疑惑、疑难，而且还包含着某些已知的确定的内容。在实际经济活动中，一个确切的经济问题，往往包含有很大的信息量。因而，经济问题中所预设的应答域对我们的经济活动具有重要的指导意义。一个正确的问题将引导人们的经济活动获得成功，而且效率高。而一个错误的问题将诱导人们走入歧途，白费工夫，经济活动将一无所获。所以，一个经济活动者的活动能力的强弱及活动水平的高低，也会在他所提出的问题之中反映出来。

问题的应答域有宽窄，可分为类域或全域两种。有的问题对该问题的解决范围限定得很具体，它的应答域是一个具体的类域。例如，“世界经济危机是在哪个国家首先爆发的?”这时，它所限定的应答域是一个具体的类：国家。这样，它就排除了其他类。而如果有人把它改为：“这次世界经济危机是什么原因引起的?”这里问题的应答域除了假定世界经济危机的发生是有原因的以外，对研究对象的范围几乎是没作什么限定，因而这个问题的应答域是一个全域。这时，经济活动者是把这一问题的应答域预设分为两个互补的域：一个是由有限集合所组成的类（我们以 M 表示）；另一个是这个集合 $\bar{M}$ 的补集（读作“非 M”）。集合 M 和它的补集 $\bar{M}$ 所组成的并集，是一个全集合（$M \cup \bar{M} = Q$）。所以，这个问题的应答域也是一个全域。但它与前一个一般性的泛全域是不一样的，它是一个带有分析性的全域，即把这个全域分为两个类域，而且这两个类域是互补的。这样，它的指向性就比前一个问题明确得多。

在实际经济活动中，经济问题的应答域愈小，限定得愈具体，它的指向性就愈明确，对实际经济活动的指导性（正确的指导或错误的指导）就愈强。反之，问题的应答域愈宽，限定得愈少，与问题无关的因素就排除得愈少，其指向性就愈不明确，因而对实际经济活动的指导性就愈弱。当然，问题的应答域愈小，由于它对经济活动的指导性愈强，因而按这一问题方向开展经济活动，所冒的风险就愈大，因为这种问题成为错误问题的可能性也愈大。反之亦然。所以在实际经济活动中提出的经济问题，不仅应当正确，而且应当使其应答域尽量限定得小一些,因而对于确定解决方案来说指导性尽量明确。

第三节 经济问题的发现与检验的逻辑

一、经济问题的发现是一个综合的思维过程

我们知道,经济问题是理想经济状态与实际经济状态的差距。因而经济问题的产生来源于对实际情况的分析。只有通过分析,才能发现问题。所以经济问题不是“发明”、“创造”来的,而是“发现”的。

经济问题的发现是一个综合的思维过程,在这里既有逻辑的通道,也有非逻辑的因素,强调一面而排斥另一面都是不对的。一方面,我们应该看到:问题的发现是非常复杂的创造性思维的结果,它具有很大的随机性和直觉性,我们不能幻想有什么普遍有效的固定的机械的发现程序(发现的形式规则)。例如,关于问题应答域的预设,常常是一些原始的假说,并不能从经济背景知识中逻辑地推导出来,而是依赖于某种直觉和猜测。这种猜测即关于应答域的预设,难免出错。另一方面,在我们的经济活动中最重要的是及时发现并排除错误,努力端正问题的提法,然而关于如何端正问题的提法,显然是没有直接的逻辑通道的。但是,我们也不能因此而认为,经济活动中问题的发现,完全是一种无逻辑性可言的神秘猜测。实践证明,任何一个问题的发现和确认,逻辑的方法都是必不可少的。即使经济活动中的所谓“顿开茅塞”、“急中生智”、“灵机一动”等瞬时简单联想,也是逻辑方法发生作用的范围,谁也不能离开由已知到未知的推理过程。

经济活动中的“顿开茅塞”、“急中生智”、“灵机一动”,一般称为顿悟或灵感,这种顿悟或灵感,往往在偶然的机遇中,被客观现象间的某种联系所引发,它是一种由已知到未知的联想,这种联想的思维形式是一种初始推理。所以这种初始推理是由客观事物直接作用于人的感官,并把信息传给大脑而引发的。它具有发生时间短、信息传递快的特点。它体现了智力的敏锐性。正因为如此,有人往往容易被表面现象所迷惑:误认为顿悟(灵感)可以离开逻辑思维,甚至把问题的发现,完全归之于灵感的作用。例如

西欧一位科学史家说:阿基米德发现浮力问题“就靠了一时的灵感”。这是不符合事实的。事实是,欧洲古代科学家阿基米德为叙拉古国王海隆辨识王冠是否真金所制,进行了长期观察和试验,经过紧张的逻辑思维后,他在洗澡时,忽然悟到人体在水中的浮力与排出的水量有关,进而联想到王冠。他用同重量的金块和银块先后放入水中,发现排出的水量不同,然后用同重量的金块和王冠放入水中,结果排出的水量不同,因而证实王冠不是纯金的。这里运用的是类比法。后来他在这一初始推理的基础上,形成关于“浮力”的科学概念,总结出了浮力定律。可见,经济活动中的这种新联想,既是在实践基础上紧张思维的产物,又是经济活动中逻辑思维高度发展的新起点。即使在产生灵感的一刹那,也进行了缜密的逻辑思维。

在经济活动中发现问题,确认问题,要有一定的理论知识,要有发达的逻辑思维能力。“心有灵犀一点通。”首先要有灵犀,然后才能“点通”。刚生下的娃娃不会有灵感。法国著名生物学家巴斯德说:“机遇只偏爱那种有准备的头脑。”[4]查理·尼科尔说:“机遇只垂青那些懂得怎样追求她的人。”[5]我国著名数学家华罗庚说:如果说,科学上的发现有什么偶然的机遇的话,那么这种“偶然的机遇”只能给那些学有素养的人,给那些善于独立思考的人,给那些具有锲而不舍精神的人,而不会给懒汉。因为机遇只是提供机会,关键是经济活动者要有广博的知识和高度发达的逻辑思维能力,才能及时认出机会,抓住机会,发现和确认问题,去把握真理,否则即使真理碰到鼻子尖,也会让真理跑掉。例如,中国的企业现在正处于迈向国际化的关键时期。经过二十多年改革开放的洗礼,我们拥有了一大批规模较大、有一定竞争力的企业。中国企业要想在国际竞争中胜出,就必须改变观念,破除以往的惯性思维,抓住机会,走向国际市场,走国际化发展的道路。否则只能位居人后。这不仅是自身拓展市场、整合资源的需要,也是全球经济一体化带来的无法避免的现实情况。世界上成功的强大企业,多是国际化程度非常高的跨国企业。

二、发现和确认问题的逻辑方法

如果不找准问题,所有的手段,都会是无的放矢。

发现问题是解决问题的第一个阶段,也是经济活动中创意开发的起点。因此人们首先要做的工作是找到问题的所在,紧接着就要根据系统期望来确立需要实现的目标,再来寻得问题的解决方法。

发现问题的重要前提就是要保持对周围的系统环境进行仔细而有效的扫描。这样的系统环境涉及内部系统和外部系统两部分。对于外部系统而言,经济形势的好坏、技术上的进步、消费需求与消费构成的变化、竞争对手的态势,甚至于组织所处国家或地区的传统习俗和固有的文化模式,以及这些要素的变动,等等,这些都要被加以关注和考虑。同样还有内部系统,要保持对内部系统可能出现的问题的敏感。以一个工厂为例,就需要注意生产设备和其他各种机械的运转是否处于正常状态,关注整个工厂各个生产环节的运行情况及工艺流程的状态及效率,同时内部系统中的人的因素也很重要,要关注员工们对工作岗位的满意程度,如果不满意还要探寻造成抱怨的原因,这些都是对内部系统进行问题扫描所要重点关注的问题。

如果可以根据不同的环境及系统的特点,建立起一套行之有效的问题扫描系统,就可以尽早地发现问题,也为创造性地解决问题奠定良好的基础。

问题就是应有现象(目标、标准)和实际现象(现状)之间的差距。这种差距在经济活动中,一般表现为理论和事实之间的矛盾,这里的理论包括方针、政策、上级指示、计划、办法等。所谓发现和确认问题,就是找差距。在实际经济活动中,我们常用来找差距的逻辑方法,主要有:

(一)演绎寻找法

在经济活动中,要找问题,我们常常是通过演绎论式进行的。常用的演绎论式有两种:一是假言论式,就是以一定标准为理由,推出一个推断,构成一个充分条件假言判断。然后,以该判断为大前提,以现状为小前提,构成充分条件假言推理。如果现状和推断不符,就可以确认现状没有达到标准,因而是有问题的。因为这是充分条件假言推理的否定后件式。它是必然性推理,其推理规则是:否认后件就否认前件。它的有效式如下:

如果 p,则 q;

非 q;

所以,非 p

例如,我们在评选先进的经济活动中,采用这种方法,坚持评选标准,可以对那些不合标准的,指出其问题,不予评选。

用这种方法找到的问题比较准,这种方法也简便易行,因而广泛地应用于各项经济活动中。

二是连锁三段论式。例如,多年前,美国华盛顿的杰斐逊纪念堂前的石头腐蚀得厉害,使得维护人员大伤脑筋,而且也引起了游客们的纷纷抱怨。照一般的思路,最简单的做法就是更换石头。但这样需要花费一大笔钱。

这时有管理人员开始不断思考:石头为什么会腐蚀?原因是维护人员过于频繁地清洁石头。

为什么需要这样频繁地清洁石头?是因为那些经常光临纪念堂的鸽子们留下了太多的粪便。

那为什么有这么多的鸽子来这里?因为这里有大量的蜘蛛可供它们觅食。

为什么这里会有这么多的蜘蛛?因为蜘蛛是被大量的飞蛾吸引过来的。

那么,为什么这里会有大量的飞蛾?大群飞蛾是黄昏时被纪念堂的灯光吸引过来的。

通过这一连锁三段论式的思维,不断地发问,真正的原因才被找到了。之后,管理人员采取了推迟开灯时间的方法。这样一来,没有了灯光,飞蛾就不会来;没有了飞蛾,就没有蜘蛛;没有了蜘蛛,就没有鸽子;没有了鸽子,就没有了粪便。

小小的一个举措,不但解决了问题,还节省了一大笔开支。

(二)归纳发现法

归纳法在问题发现中应用很普遍,常用的有:

1.优点列举法、缺点列举法

把某项经济活动或产品或某项技术的优缺点及所谓需要达到水平的希

望事项一一列举出来,凡认为是重要的,记录下来,逐条研究,然后归纳,从中发现问题。列举缺点时称为缺点列举法,列举优点时称为优点列举法。优点列举法接近经济标准中理想的内容,一开始就能提出来,所以比缺点列举法思考阶段短而且比较容易办到。

2.资料归纳分类启发法

这是通过整理研究经济活动中集中起来的大量有关资料和情报,从中得到新的启发的一种方法。它把经济活动中大量有关资料和情报,在特定要求下加以归纳分类,使之逐步系统化,成为能向他人说明的新的想象。如同向别人介绍情况那样边写边说,在谈话中,往往自己也会忽然想到新的问题。这种方法最初是日本人类学家川喜田二郎提出的想象启发法。它是对经验的巧妙归纳运用。

这种方法对资料整理的顺序是:①把资料一个个记入卡片;②像摆纸牌那样排列卡片,使其一目了然;③把内容相同的集中分类;④写上表达各类内容的标题;⑤把有关类似或相同内容的标题汇集编组;⑥写上表达各组内容的标题。这样使内容杂乱的情报逐渐系统化,试将其归纳成能向别人说明的文章。这里要注意分类和标题是否相符,不相符时应再次进行分类,在反复的经济活动中,自己往往又会发现新的问题。

3.SWOT 分析方法

了解系统或组织当前面临的情况,更重要的是了解今后影响系统和组织的内部,外部因素的变化和发展趋势,决策人员必须仔细分析内部和外部环境,对于企业来说就要包括其顾客和竞争者。如此一个范围广、操作复杂并且常常代价不菲的问题扫描的全部目的,就是使决策人员能制定更有效的战略。

采用系统搜索的方法可以帮助辨识问题或者是使问题凸显出来。而目前采用的比较成熟的方法是 SWOT 分析方法。

SWOT 分析是一种结构化的分析工具,包含的四个方面分别是优势(strengths)、弱点(weakness)、机会(opportunities)和威胁(threats),可以说这种方法是一项专门的技术,它涉及组织的实力、弱点、机会和威胁等多方面的状况,通过它将这些特征加以详细说明,同时其彼此间的联系也可以梳理清楚。使用SWOT分析方法通常要求有一个项目小组，由项目小组准备一份报告，描述现状、提出目标、建议修正缺陷应采取的措施或者提出增强优势的对策。

SWOT分析通常被用来制定组织的战略，这种战略是建立在明确自己的优势和不足的基础之上的，并且趋利避害。一个组织只有在比竞争对手更有优势的领域进行投入，才能保持竞争优势。同时这些优势又必须与环境的要求相适应，也就是说，有效战略的实质是在组织（即优势和劣势）与环境（机会和威胁）之间达到适应和平衡。因此，通过SWOT分析这样的系统搜索方法来发现问题、认准组织的优势与劣势以及面临的机会和威胁，是组织决策人员发现问题和制定战略的核心所在。

以一个生产制造类的企业为例，进行SWOT分析可以由产品经理和主要的员工一起组成一个讨论小组，利用下面列出的目录来激发创意。

首先从自己的角度出发（见表9－1）分析自己的优势和劣势。

使用SWOT分析方法还需要注意以下三个方面。

1.使用SWOT分析必须与组织的其他分析活动相配合

表9－1　利用SWOT分析优势与劣势

关键因素	优势	优势详细阐述	劣势	劣势详细阐述
产品设计				
产品质量				
产品特征				
市场规模				
市场信息				
市场覆盖范围				
分销范围				
分销质量				
产品包装				
沟通战略				
销售推广业务				
广告业务				
销售				

续表

关键因素	优势	优势详细阐述	劣势	劣势详细阐述
产品成本				
产品获利能力				
产品生命周期				
新产品开发				

然后再从顾客的角度(见表9－2)来检查企业的机会与威胁。

表9－2　利用SWOT分析机会与挑战

关键因素	机会	机会详细阐述	威胁	威胁详细阐述
服务功能				
替换产品/竞争				
竞争者				
营销信息				
经营成本				
经营者素质				
生产能力开发				
沟通系统				
促销媒介				

2.在对外部环境作出评价之前,应当尝试列举有哪些机会和威胁

社会变化(更多的老龄人口等)、经济变化(所在地区的经济高速增长)、政治变化(民主与功利主义的对立等)、技术变革(计算机技术和通信技术的突飞猛进)、行业和组织的变化(质量小组的出现),这些变化都可能对未来的产品和服务产生影响。

3.不同类型的组织成员进行SWOT分析的侧重点不同

例如针对三位不同的产品经理设计的SWOT分析问卷各有侧重,见表13－3。

以下为不同产品经理设计的“SWOT”问卷

工业品产品经理

是否根据产品定义轴线确定产品目标？

在经营轴线上处于什么位置？

优势和劣势中的关键方面是什么？

是否对外部环境作出了评价，并以此为基础进行机会和威胁分析？

SWOT 过程中是否包含了目标和行动计划？

消费品品牌产品经理

品牌是按照满足需求和用户特征定义的吗？

有关品牌的市场业绩信息中是否不仅包括每一销售点的销售量和销售额的信息，而且包括使用者的态度和沟通效率的信息？

确定哪些方面作为制订目标和结果的基础？

谁将参与分析优势和劣势？

是否定期得到关于外部环境的最新考核材料？

SWOT 行动计划是否具有现实性？

服务产品经理

是向一个经过仔细界定的细分市场提供服务吗？

信息系统和数据库能否提供反应顾客要求的信息？

对所监管的营销因素进行过列表排序吗？

能否判断出它们的强弱？

有什么样的竞争对手？

(三)对比法

对比法是根据两个(或两类)对象有某些属性相反，从而推得两对象的另一属性也相反的或然性推理。对比法可表示为：

已知：甲对象有 A、B、C、D 属性；

乙对象有 $\bar{A}$、$\bar{B}$、$\bar{C}$、--属性；

所以，乙对象也有 $\bar{D}$ 属性。

对比法着重的是属性的相反，这种相反的程度应是两个极限，而不仅仅是区别，只有借助属性的这种矛盾关系，才能作出对比法的推断，其推得结论也是个相反的属性。正因为对比法具有这个特点，所以在实际经济活动中,往往用这种推理方法来找经济问题。这时推理所根据的两个对象,一个是经济标准,一个是经济现状,推出的相反属性即可揭示问题。

例如,国家通过前一阶段房价增速过快、很多房屋空置等,可以发现房地产行业存在过度投机的问题。这是和正常房地产发展指标逐一进行对比而得出的结论。

其他各项经济活动,特别是企业经济管理,也可以运用这种方法。通过标准和现状的各个相反属性的逐一对比,就可以由结论(另一属性的相反)揭示出差距(问题的症结所在)。例如,某厂的产品质量低,这是一个问题,但是问题的关键在哪里?我们就得将产品的实际质量的情况(现状)与质量标准的各项规定逐一进行对比,才能明确问题的所在。有些问题(如产品质量、数量的问题等)比较明显,容易找到差距。有些问题,一开始只有一个模模糊糊的感觉,如"这里的经济很乱","生产不够理想",等等。这就要在了解情况的基础上,通过对比法,尽可能地把这种原始的感觉变成对一定标准的差距的明确表达。这时,对比法的作用就更明显了。这里之所以要强调尽量用差距的形式把问题的症结表达出来,是因为只有这样才便于具体地确定经济活动目标。否则,只有个"不够理想"之类的模糊感觉的问题,怎么能确定经济活动目标呢?

对比法推理的结论是或然的。因而就有个提高其结论可靠性程度的问题。这里的关键在于选择对比属性时,要注意它们的相反极限程度,如果是矛盾关系,非此即彼,二者必居其一,其结论可靠程度高,相反,可靠程度就低。在实际经济活动中,往往据以对比的属性间并非都是矛盾关系,这时,其结论可靠程度就低。

例如,

王林干劲足,肯钻研业务,成绩显著,他是先进工作者;

刘明干劲不足,专业心不强,成绩很差;

所以,刘明不可能是先进工作者。

这个结论可靠程度就高,而如果对比属性是反对概念,结论就有个可靠程度问题。例如,

甲车间生产投料准确,严格按规程操作,一丝不苟,产品百分之百符合

质量;

乙车间生产投料不够准确,没严格按规程操作,态度不认真;

所以,乙车间产品不会百分之百(或只有百分之六十)符合质量。

这个结论如果是矛盾概念,可靠程度高,而如果结论要推出个反对概念“百分之六十符合质量”,这个结论可靠程度就不那么高。

由于这种对比法的结论是或然性的,所以在找到差距(问题症结)之后,还不能马上确定经济活动目标,还要检验其结论的可靠程度。切忌依据一些表面现象进行机械对比,而要找到与问题联系紧密的现象作对比的属性,真正找到病因,对症下药,才能把病治好。否则,就会是“头痛医头,脚痛医脚”,不能从根本上解决问题。

(四)比较分析法

这主要是对经济活动中有可能产生问题的有关因素进行细微的横向和纵向比较分析。通过横向比较分析,从多种因素的错综复杂的联系中分清主次,找到重点问题。通过纵向比较分析,透过表面现象,深入下去,抓住问题的症结所在。

【参考文献】

[1]瞿麦生:《工作与逻辑》,北京大学出版社 1987 年版,第 168 页。

[2] Van Gundy, A. B. Techniques of Structured Problem Solving. New York: Van Nostrand Reinhold, 1988,转引自杨德林编著:《创意开发方法》,清华大学出版社 2006 年版,第 276 页。

[3] 杨德林编著:《创意开发方法》,清华大学出版社 2006 年版,第 51 页。

[4][5]贝弗里奇:《科学研究的艺术》,科学出版社 1979 年版,第 35、28 页。

第十章　经济预测的逻辑

第一节　经济预测的逻辑特征

一、经济预测

无论何项经济活动，其实质是就目前与长远的经济问题是什么，以及为怎样解决这一问题而作出决策。要使经济决策有决胜的把握，就必须对经济形势作出正确估计，对其后果作出较为准确的推测。科学的定性或定量的估计和推测就是预测。预测是决策的前提，预测是经济活动的基础。经济活动要求每个经济活动者必须善于预见和洞察未来。一个经济活动者只有能够预见到自己经济活动的结果，他才会满怀信心和富有成效地把自己的精力集中于该项经济活动。

那么，究竟什么是经济预测呢？

所谓经济预测，就是根据已掌握的定性或定量信息，运用科学理论和方法来推断某一经济现象发展趋势的思维过程。

经济预测是一种科学的分析过程，它是通过对经济活动对象的历史和现状的分析研究，来估计、推测其发展前景，求得对其未来的了解，以减少盲目性，提高经济活动效率。

经济预测一般包括经济活动者、经济信息、预测方法、预测对象和推断这五个基本要素。这五个要素组成一个互相联系、互相依存、互相促进的经济预测有机整体。其中经济者是主体，信息靠经济者去收集、去整理、去加工；预测方法靠经济者去发明、创造、掌握、应用；预测对象靠经济者来选择、描述；预测结果是靠经济者推测出来的。所以，经济预测是一个完整的思维过程，在这个思维过程中正确地应用逻辑手段，就成为搞好经济预测的关键。

二、经济预测的分类

随着预测研究的深入，预测的范围越来越广，几乎涉及自然界和人类社会的各个领域，所以，预测的种类繁多。

按预测内容，一般分为社会未来预测、科学预测、技术预测、经济预测、军事预测等。

社会未来预测是研究与社会发展有关的未来问题，研究科学技术的发展而带来的种种社会未来问题，如人口膨胀、环境污染、生态平衡失调、城市的恶性发展、交通拥挤等，通过及时预测各种社会现象的发展趋势，协助决策机构，选择最优方案，提出改进措施，促进对社会有益的发展趋势，阻止对社会不利的发展趋势。

科学预测是用科学的方法分析研究现代科学技术各个领域的内在联系，寻求科学技术未来的发展目标，从而为制订科学研究计划提供依据。

技术预测是研究与技术发明、技术应用有关的一系列问题，预测即将出现的技术发展与效果，技术发明与市场所需要的新产品之间的关系等。

经济预测又分宏观经济预测与微观经济预测。宏观经济预测是为国家制订经济计划、经济政策服务的。它主要预测科学技术的发展对经济的影响，自然资源的状况和劳动资源的状况；预测最终产品的需要量及各种非生产性的需要；预测再生产的社会条件；预测财政、信贷、价格、税收等因素的变动对社会生产和市场供求的影响。微观经济预测，主要针对企业而言，预测销售情况、货源情况、设备投资情况等。

军事预测的目的是协助国家确定未来战略目标，研究未来战争的兵力部署和作战计划，估计未来战争中所需要的新式武器，以及战争给人类带来的影响等等。

预测按时间长短不同，可分为长期预测、中期预测、短期预测和近期预测。

预测还可按预测的信息情况分为定性预测与定量预测。

预测按方法分，主要有：判断预测、历史引申预测、因果预测等。

三、经济预测的逻辑特征

从上述各种不同的经济预测，我们看到它们虽然有着各自许多不同的性质，但它们都有某些共同的逻辑特征。这些共同的逻辑特征是；

（一）时间性

预测是研究未来的。不管何种类型的预测都是人们事先对客观世界各种事物未来的变化发展趋势以及人类实践活动后果所作的分析和推测。这里都涉及未来，也就直接涉及时间。

预测的时间性有两重含义。一是预测必须是对时间上某一特定时点作出的，改变这个时点，往往会影响到预测的性质及结果。二是预测结果要有及时性。预测及时，才能对决策、对经济起到指导作用。“凡事预则立”，即在事物变化之前，要有经济的时间，采取措施的时间。不然，“时过境迁”，预测就变成废话、空话，对经济决策毫无意义了。

预测的时间性主要表现在时态上。它对时态的要求是严格的。它要根据过去时态和现在时态的已知条件来推断将来时态的未知结果。所以它的推断结果总是带有将来时态词。任何事物都不是孤立存在的，没有过去和现在，就没有将来。将来的结果与已经发生和正在发生着的变化是有一定联系的。因此，只要我们对过去时态的已知的历史资料，各种变迁，各种现象和信息，能够格外重视，广为收集，做到了如指掌，那么，就能够凭事实、靠数据，有见解、有独创，对将来时态，对事物的发展趋势和发展规律作出具有说服力的预测。这样的预测，才可能被决策者理解和接受。

预测的将来时态，即预测的目标，既可以是一个月、几个月，也可以是一年、几年，甚至更长时间。这种时间范围与各种预测方法密切相关，不同的预测方法分别适合于未来的这种不同期限。一般说来，定性预测法较多地适用于长期预测，而定量预测法较适宜于中期预测和短期预测。随着时间的推移,各种条件都在发生变化,影响将来的因素也必然有所变化。经济预测的难度与预测的时间跨度有很大关系,预测未来的时间越长,难度也就越大。在这种情况下,我们要善于运用过去、现在和将来这三种时态间的密切相关的规律,当我们对过去和现在的认识越充分,分析越透彻,对未来的判断就越切合实际。

(二)或然性

预测是人的一种认识。所以,预测目标能否实现,一方面取决于人们对于客观事物的认识能力;另一方面在某一时间内事物发展是否受外来因素干扰的状况。人们对未来事物的预测,只能是一种主观的预计和推测,即使过去和现在的演变规律可以代表未来,但也不可能完全是一个模式,过去和现在毕竟不是未来,所以预测推断的结论总是有一定的误差,即它是或然的。

在这一点上,我们不能苛求于预测,不能像有些同志所要求的那样,一谈到预测,就要求百分之百准确,不允许有误差。这是很难达到的。

(三)可能性

预测不是神秘的宗教预言、求神卜卦,或是主观臆断,而是通过仔细地了解过去和现在的情况,充分利用历史资料和科学的预测方法,研究和分析事物的演变规律,从而作出合乎逻辑的推论。这种对未来的推断和研究,是完全可能反映客观事物未来的变化发展趋势的,就是说,事物发展前景和经济产生的后果,有些是完全可以事先预见的,人们可以通过预测来采取恰当的行动和合理的措施,力求趋利避害,达到改造客观世界的目的。但这只能说明客观事物的发展规律是可以认识的,它并不是说,未来的事件是确定的。如果说未来的事件是确定的,即经济者已确知在某一特定时间中将存在何种情况,那么经济预测就失去意义了。实际上,经济管理者所面临的一切未来情况都包含不确定性,因而必须搜集资料,以作为预测的根据去加以推论,这种推论的结论一般是带有可能性的可能模态判断。

例如,经济专家预测,2010 年中国经济有望进入 21 世纪以来的第二轮高增长、低通胀的黄金增长周期。这是根据投资增长延续状况,消费稳定增长状况以及外需改善状况综合得出的“中国经济将继续保持强劲的复苏态势”的经济假说。

第二节　经济预测与假说

经济预测是一个完整的思维过程，在这个思维过程中，它要综合运用多种推理形式，从其思维的主要特征来看，它是逻辑假说的一种应用。

一、什么是假说

人们的行为都是在一定的思想支配之下进行的。人们在进行认识和改造客观世界的实践活动之前，在头脑中就预先对该活动作出了某种观念或猜测。

人们根据已有的事实材料和科学原理，对未知的事物或规律性所作的推测性论断就是假说。例如，在第十三届德克萨斯相对论天体物理学讨论会上，美国麻省理工学院粒子物理学家艾伦·古思博士提出宇宙形成新假说。他认为，宇宙是由大约九千克的质量膨胀到今天所能观察到的范围的。宇宙的整个形成过程持续了不到一秒钟。古思是从 1980 年开始这方面研究的，他所取得的研究成果回答了宇宙演化中一些令人为难的问题。这些问题是：宇宙有多大年龄？它可继续存在多长时间？为什么在这么大的距离范围内它都是均匀的？宇宙在形成之前是什么样子？

古思对前三个问题的答案是：宇宙已存在了一百亿到二百亿年；它可能继续存在数十亿年；它之所以如此均匀是因为宇宙是以比光速快一百倍的速度均匀膨胀的。第四个问题迄今没有人回答[1]。

又如，关于“飞碟”的假说，关于大陆漂移的假说，等等，都是自然科学中的假说。恩格斯非常重视假说在自然科学研究中的作用。他说，自然科学的发展形式就是假说[2]。

在社会科学领域也是如此。例如，唯物主义历史观在其创立时就是一种假说，“但是是一个第一次使人们有可能极科学地对待历史问题和社会问题的假设”。[3]这个假说在《资本论》问世以后就变成了科学地证明了的原理[3]。

至于军事假设、医疗假设、侦破假设,还有经济中的预测、财政预算、规划、计划等,也都是假说的具体应用形式。

所以,假说是关于已知对象的推测性说明,它既包括对象间因果联系及其规律性联系的推测,同时假说又包括关于未知事实的出现的推测。有的假说是关于一类现象的,有的假说是关于个别现象的。

假说的主要特征是:

(1)假说是以已知事实和科学原理为根据的,假说与那种毫无事实根据的幻想或宗教迷信是根本不同的。

(2)假说是推测性的。这是由于限于种种条件,人们提出假说的根据不一定很充分,加上人们的认识往往带有时代的局限性,因而假说只能是对未知的事物或规律性的一种推测,它是一种尚未达到确切可靠程度的认识,还有待于检验与证实。一个假说是否具有或在何种程度上具有客观真理性,只有通过实践才能加以检验,也是能够通过实践加以检验的。

(3)假说是一种复杂的思维形式。在假说的提出、推演和检验的各个过程中,都要综合运用多种推理形式。

二、假说的思维过程

假说一般要经过如下的思维过程:

(一)假说的提出

这是假说形成的初始阶段。在这个阶段,人们的注意力往往集中于最主要的事实,根据这些主要事实和科学原理,对某类或某个现象作出初步的估计或解释,这就是假说。

对某现象作出估计或解释,这里有两层意思:一是说明该现象为什么会存在,它是怎样发生的。这是解释已发生现象的原因。二是说明该现象将怎样发展变化,或者估计新的现象会不会发生。这是对未来事实的估计或解释。例如,关于宇宙形成的新假说,就是前者,就是对宇宙这个已发生现象是怎样发生的进行解释。

又如,哥伦布环球航行发现新大陆,起初是个假说。他在航行之前,提出了这样一个设想:如果地球是圆的,那么他就能向西航行到达东方。这一假说是对未来事实的解释,是对他的行动结果的一种估计、推测。在这里,他所依据的科学原理是:地球是圆形的。他所依据的主要事实是:他对航海情况的了解,特别是"他曾从一个水手那里获得了新的佐证,此人被大风刮离了航道,据他自己说,他在西方重登陆地,然后返航。"

在提出假说的过程中,归纳推理和类比推理的作用较为突出。类比推理具有很大的触机性和创造性,往往给假说的提出予以启发。

(二)假说的推演

初始阶段提出的假说具有尝试性和暂时性。检验它的成立与否,就要对假说进行逻辑推演,以所提出的初步假说作为理由,结合一般性知识,从中引出推断。假如哥伦布的航行假说成立,那么他就能返回原地重新登陆。又如,达尔文的进化论提出的假说是:人是猿猴进化而来的。如果是这样,必然引出这一推断:在地壳中能找到类人猿的遗骸。这种假说推演,是构成一个充分条件假言判断,然后以此为前提进行假言推理。在这一阶段,还要综合运用其他演绎推理形式。

(三)假说的验证

实践是检验假说客观真理性的标准,假说或是被证实为科学理论,或是被证实为不成立,或是部分被证实为真。假说如果是关于一类现象的解释,进行验证过程较为复杂,必须反复多次;而关于个别现象的假说,则相对来说,较为简单。

以上我们研究的一般是在科学研究中对一类事实提供解释的假说,这一类假说,我们把它叫科学假说。另外还有一类假说。它是我们在经济、管理、军事、刑侦、医疗等项经济中,关于对特定事实提供解释的假说。这一类假说,我们把它叫作经济假说。我们这里主要研究经济假说。

三、经济预测与经济假说

经济预测总是面向未来的,因为经济活动的后果往往要经过一定时期的经济之后才能出现。因而,经济预测是对未来经济的设想,这种设想,一方面要对经济问题产生的原因进行假定性的分析和解释,另一方面要对未来经济(即问题的解决)进行推测。这种分析、解释和推测,要根据科学原理和事实来进行。从经济预测的这种思维特点看,它属于经济假说的范畴。它是逻辑假说在经济思维领域里的一种应用。

(一)什么是经济假说

经济假说是根据了解到的事实情况,运用经验和一般性知识,对某一经济问题产生的原因及其解决前景,作出的假定性解释和推测。

例如,山东省某县,种植了一千多株板栗树。十多年过去了,还不结果。有人建议干脆砍掉,改种红薯。这事传到县农科所所长王振宇的耳里,他特地跑到现场观察,向老农调查了解栽培过程,提出了板栗树不结果的主要原因是缺乏有机肥的假设。在他的帮助下,该县终于获得了板栗大丰收。

又如,一九六一年五月,即苏联宇航员加加林成功地进行人类第一次宇宙飞行后一个月,美国开始组织"阿波罗"工程,美国总统宣布了"十年内把人送上月球"的惊人计划。这是根据当时人类达到的科学技术水平,特别是美国本身的科学技术水平和物资条件,通过周密的分析研究,对经济问题解决的前景所作的一种推测。它不是毫无根据的臆测和幻想,所以,它是经济假说。

(二)经济假说的特点

经济假说具有三个逻辑特征:

1.推测性

经济假说的重要作用就在于对未知的客观现象和规律提出科学的预测。经济假说是根据一般知识和过去的实际经验,根据目前的政治经济情况,根据现存的各种事物间的现有关系,进行推断,想尽可能准确地估计未来。由于这种推理估计毕竟只是人们的主观的预计和推测,其目标能否实现,关键是经济活动者的认识是否符合客观实际和在经济活动中是否受到外来因素的干扰。这些方面,都有许多不确定的因素。因此,我们无法绝对准确地预测未来,这就决定了假设必然带有一定的推测性。

例如,以经济方案形式体现的经济假说,其重要的组成部分就是预测,因为未来的经济活动(即方案实施后的情况)只能通过预测才能求得。这种预测包括两个方面:

一是客观环境条件变化的可能性。经济活动方案是对未来经济的设想,是在将来才能实施的。作为实际经济活动者,特别是经济管理经济者,在拟订经济方案时,仅仅对现在的情况作出反应是不够的,还必须设法去预见方案在将来实施时客观环境条件的各种要素,估计到其变化的各种可能性。当然,我们无法也不必预测客观环境中可能发生的全部变化,因为其中有些变化对我们所研究的问题影响很小,可以忽略不计。但有些变化对经济活动有重大影响,甚至是将来成败的关键,这就必须事先充分估计到这些重要变化。

环境的变化,大多是经济活动者无法控制的,但可以预测它的各种变化的可能性,以便在拟订方案、选择方案、作决策时心中有数。所以,人们说,一个有成就的经济活动者,特别是经济管理者,不是当情况发生变化时能及时作出反应的人,而是能预见到变化,并因此而采取适当行动的人。

二是预测在各种可能情况下,方案实施后的效果。这对于选择经济方案、作决策是很重要的。只有预测到其效果,才能比较方案的优劣,便于选择。

任何一项富有成效的经济活动,都是先明确经济目标,然后拟订经济方案,方案选定之后才能付诸实施。因而,拟定经济方案的根据就是经济目标。

经济目标要根据经济所要解决的问题来确定。把需要解决的问题的毛病所在及其产生的原因分析清楚了,经济目标也就随之可以确定下来了。确定经济目标好比医生诊断疾病,拟定方案与选择行动好比医生开处方。

例如,一辆汽车突然出了故障,需要修理。要使此汽车恢复正常运行,这个目标好像十分简单,也比较明确。但是,即使这样简单的问题,要解决好,也首先要弄清毛病所在和产生的原因,然后根据毛病大小决定是大修还是小修。如果是要大修,就需要详细了解该汽车的使用年限,损坏程度,它对客运量的影响,以及有无备用汽车等情况,加以分析研究之后,才能确定:(1)这辆汽车值不值得修,是买台新的合算,还是修理合算。(2)如果修理,修到什么程度,是简单地修理一下,让它勉强再用一个短时期就算了,还是彻底大修准备长期使用。(3)修理的期限问题,是准备突击抢修还是按常规处理。假如确定“在十天之内彻底抢修好，准备长期使用”这个目标，然后根据这个目标，拟订具体维修方案。

经济方案的拟订，主要是提出解决经济问题的原则、任务、方法和步骤等。它大体要经过大胆寻找和精心设计这样两个阶段。在大胆寻找阶段需要勇于创新的精神和丰富的想象力，在精心设计阶段则需要冷静的头脑和坚毅的精神，因为这时需要反复的计算，严格的逻辑论证，细致的推敲，以经得起怀疑者和反对者的挑剔。因而，方案的拟订，是一个复杂的思维过程。一个经济活动者要想能创造性地提出方案，以解决问题，就必须有关于该问题的广博知识，必须熟悉情况，即熟悉问题本身，它的背景、历史、重要性，以及它与其他问题的联系等，此外，他还必须具备一定的逻辑学知识，要有较强的逻辑思维能力和创造能力。

通过这种预测，拟订方案，形成经济假说，经济活动者就可以不断地提高自己的认识，使自己的认识逐步逼近真理，从而在经济活动中就可以避免盲目性和被动性。这对于经济管理经济具有更为重要的意义。所以，管理学家认为，预见性是管理的本质。要按照客观经济规律组织各种经济活动，充分发挥人力、财力、物力的作用，以获得最大的经济效益，而且要对未来的发展趋势和各种经济现象之间的联系进行预测。这样才能实现有效的管理，在错综复杂的经济现象中，看清其变化规律和发展趋势，立于不败之地。

经济假设不仅是编制计划的基础，而且是择优决策的依据。管理的关键在经营，经营的关键在决策，决策的关键在预测。在企业管理中，要决定一项重要的生产经营活动，没有准确的预测作依据是不行的。例如，我国在国民经济调整过程中，企业部门要决定哪种产品转产，就要对政治经济形势的发展，社会的需要和转产产品的市场容量等作科学的预测，提出正确的假说。

如果不进行预测建立假设，就盲目生产、盲目经营，势必会造成经济上的损失。

例如，世界著名的发明家爱迪生，一生有过一千多种发明创造，但是他在经营自己创建的爱迪生通用电气公司时，却屡遭失败。其原因就是由于他不善于提出经济技术假设，没有把握好技术发展趋势和产品寿命周期。

产品都有它的寿命周期,都要经历投入、发展、成熟、衰退四个时期,到达更替期即淘汰旧产品,使用新产品。爱迪生发明的电灯,仅供110伏直流电使用,随着社会对电力需要的增长与电力技术的发展,需要远距离输电,威斯汀豪斯等人创造了高压交流电技术。这时,爱迪生没有预测到交流电的发展趋势,仍坚持直流电,就必然失败。在留声机的技术问题上,也以同样原因而招致失败。最后,他不得不退出自己创建的公司。

(2)可证性

经济假说虽然具有推测性,但是,它与缺乏科学根据的主观臆造和幻想是根本不同的。经济假说是以可靠的知识和事实材料为基础的,它是人们的认识接近客观真理的方式,或者说是通向客观真理的桥梁。

经济假说为什么能够在经济活动者的头脑中起到这种联系已知和未知、事实和真理之间的桥梁作用呢?

任何经济单位在社会上都不是孤立存在的个体。它的各项经济活动的开展同整个社会的许多因素紧密地联系在一起,而且,社会经济越发达,相互间的关系就越密切,相互制约性就越大。比如资本主义国家的周期性经济危机,每隔若干年就发生一次,而且带有世界性。社会主义国家的经济发展,也不是直线上升的,总有它的高潮和低潮,即大发展时期和发展缓慢时期。这些变化都是周期性变化的,有它一定的规律。可见,任何社会经济现象都有其自身的相对稳定的发展趋势。这种发展趋势尽管可能会受到各种经济因素或经济以外的其他社会现象的干扰和影响,但它毕竟有其自身固有的规律性。其他事物也莫不如此。这种规律性,就是我们建立经济假说的根据。而且,我们所说的经济假说,是对特定事实即经济问题,提供解释和推测,而不是对普遍事物提供解释和推测,因而在经济假设的建立过程中,只要进行周密深入的调查,并对调查材料进行科学分析,就能够把握该事物发展过程中的基本特征和基本规律,通过旧假说的否定和新假说的证明来获得确实可靠的结论。所以,经济假说可以被证实。即使一个经济假说是错误的,也能通过实践被否认。这就是经济假说的可证性。

例如前例,一九六一年五月,美国总统宣布了"十年内把人送上月球的惊人计划,当时还仅是一个经济中的假设,虽然这个假设把握了事物的本质,认清了事物发展的规律性,但它毕竟还不是现实,因此,此时它仅仅是人的认识接近事物发展必然结果这个客观真理的方式。一九六九年七月二十日,美国宇航员阿姆斯特朗和奥尔德林乘坐"阿波罗"飞船的登月舱,抵达了月球,"阿波罗计划"就被证实而由假设变成了现实。

(3)多样性

客观经济现象及其他事物的复杂性和多变性,决定了对经济现象(包括技术和市场情况)及其他事物的预测而建立的经济假设必然具有多样性。

历史不会重演,任何社会经济现象的出现,都会有它的新特点,不会与过去一模一样,完全相同。这样,人们在建立经济假设时,就可能因方法不同,角度不同,呈现出多样性。因而,在拟订方案这个步骤中,我们要充分估计到问题的复杂性,针对问题原因和解决前景的各种可能性,提出各种不同的经济假说,即拟订出各种不同的经济方案,以供决策时选择。

(三)经济假说的类型

经济假说可按内容、方法、结构等许多不同的标准,划分为许多种假说。例如按内容可分为技术假说、市场假说等,按方法来分,也有许多种,大致可概括为定性假说和定量假说这样两大类。按结构来分,可分为解释性假说和推测性假说两种。

下面仅就两种常用的经济假说,进行逻辑分析。

1.市场假说

市场假说是根据调查了解的情况,运用科学方法,对市场商品的供求发展趋势以及与之相联系的各种因素的变化所进行的推测。市场假设是在对以往市场供求情况作观察、分析的基础上,提出对未来供求趋势的假定。从结构上来看,它是一种推测性假说。

建立市场假说,要注意以下几点:

(1)要围绕经济目标进行。

(2)要掌握大量资料,并加以分类和分析。在分析中,既要考虑到政治、经济形势和其他变化因素,作出定性分析,又要根据数据资料作出定量分析,还要估计未来事件可能发生的时间和实现概率,作出定时分析。

(3)在复杂的经济系统中,要对假说的每个分支系统分别提出假设,然后综合提出整个经济系统的假说。

根据以上三点,建立市场假说需要有下列步骤:

(1)确定目标。根据经济目标来确定预测目标和对象,研究调查方案,选择预测方法。

(2)收集、整理调查资料,加以分类和比较分析。

(3)提出数学模型,把定量预测与定性预测结合起来。

(4)分析预测误差。

(5)检查预测成果,修正预测值。从预测与实际结果之间的差额,分析评价预测成果,根据客观情况,对预测值进行修正,以提高假说中预测的精确性。

市场假设是一种预测未来的假说,是关于经济问题解决前景的推测。

另一类假说,如侦查假说、医疗假说等,是对问题发生原因所作的假定性解释。现以侦查假说为例加以说明。

2.侦查假说

侦查假说就是根据案件的事实情况,运用以往的经验及一般性知识,对案件所需要查明的问题,作出假定性的解释。例如,某凶杀案发生后,我们看到地上足迹凌乱,被害人身上有伤痕、衣服有撕破的情形,被害人的贵重物品丢失等。再勘查现场,发现遗留的凶器是一把大扳子。侦查人员了解这些事实情况后,根据以往的经验和知识,就可以作出这样一些假定性解释:被害人与凶犯进行了搏斗;此案可能是图财害命;凶犯可能是工人。这些假定性解释,就是侦查人员运用一般经验和知识结合回溯推理而提出的侦查假说。

侦查假说一般包括关于案件性质的假说,关于被害人和作案人的假说,关于作案时间和地点的假说,关于作案工具和作案方法的假说,关于犯罪过程的假说,等等。

侦查假说的建立,始终是围绕着一定的目标,即查明犯罪人及其罪行。如果提出的假说经检验证明不符合实际,没有接近要侦破的目标,那就应该否定。一个假说被否定,接着又提出新的假说。这样新旧假说交替,连续进行，直到侦破经济完成为止。

建立侦查假说，要把所有可能性都考虑进去，建立穷尽各种可能性的假说。例如非正常死亡问题有几种可能：自杀、他杀或意外事故。在侦破此类案件经济中，就要建立这三种可能性的假说，否则就会影响侦破工作。又如，有一小流氓，某晚潜入一妇女家，企图偷看这位妇女洗澡，后被发现，他持刀向这位妇女连砍二十余刀逃跑。案子发生后，侦破人员认为此案不外三种可能：一是图财害命，二是私仇报复，三是奸情谋杀。前两种可能性很快被否定，因而大家倾向于奸情谋杀的可能性很大。主要理由是：既然不是前两种，即是后一种的可能性大。根据这种假说，进一步给犯罪分子画了像，认为罪犯与受害者很可能是从奸情矛盾、“争风吃醋”恶化发展到行凶报复，并且事先预谋，夜间潜伏，情况熟悉，一定是个老练的成年人作案。按此侦破方向提出一百多个嫌疑对象，然后定到五个重点人头，最后缩小到一个人身上。经反复调查，该人当晚无作案时间，应予否定。就这样第三种可能性也基本否定了。后来又陷于私仇报复的假说之中，一错再错。经碰壁后，才开始省悟是否有第四种可能性？经过冷静分析，才把侦破方向放到青少年犯罪上。

假说的穷尽与否，在逻辑上主要根据概念的划分规则来判定。符合者就穷尽，不符合的就不穷尽。当然在实际经济中要灵活运用，根据情况具体判定。

四、经济方案的评价与假说检验

（一）经济方案的评价

当通过预测，拟定经济方案之后，就要对各种方案一一予以评价和比较，以便作决策时予以选择。这里首先就碰到一个价值标准问题。即第一，什么样的经济方案才算好？好的标准是什么？第二，怎样判别“好”“坏”？

这里所说的价值，并不是政治经济学中所指的以货币计算的价值，而是泛指一个方案的作用、效益、意义等，也就是我们通常所说的“值得不值得”的意思，越值得追求的东西价值就越高。我们开展经济的目的是为了达到一定的目标，当然是越接近目标越好。逻辑学并不研究具体的价值标准问题，即好坏问题，而只是研究好坏的判定方法问题。

如果是单目标的经济活动，价值标准比较明确，判定也比较方便。如果是多目标的经济活动，价值标准中还得包括各个目标的重要性，否则就无法予以判定。这样，经济活动者就必须根据经济的需要，对各个经济目标的相对重要性有明确的规定，并且根据这个规定标准对各个经济目标一一予以判定，然后综合起来即为总方案的判定结果。

那么一个经济方案的好坏评价，与逻辑有什么关系呢？

我们知道，一个经济方案就是一种经济假说。经济假说具有推测性，它是尚待证实的一种"毛坯"或"预制品"。所以对经济方案的评价、判定，在逻辑上就是对假说的检验。

（二）经济假说的检验

对经济假说的检验，实质上是对经济假说的推出判断的检验。所以要检验经济假说，就要对经济假说进行逻辑推演。这种推演就是以经济假说为假言判断的前件，结合一般知识，推出一个判断作假言判断的后件，构成假言判断。然后看推出的判断合不合理，符合不符合事实。所以，检验的标准是实践。

例如，第一节所举，王振宇关于板栗树不结果是缺乏肥料的假设。要对这一假设进行检验，首先是进行逻辑推演。根据一般性知识，推出判断："如果给板栗树施肥，板栗树就会结果。"其次是对这一检验判断进行考查，看它是否符合事实。在王振宇给板栗树施化肥之后，虽然结果了，但很少，没有经济价值，不能说服人，人们仍然坚持毁树种粮。王振宇又提出了更为确切的假设"板栗树不结果是缺乏有机肥"进行推演，推出："如果给板栗树施有机肥就会大量结果。"于是王振宇帮助园艺场给板栗树施大量有机肥，后来板栗获得大丰收。这样，检验判断的后件即推断被证实。但这并不等于假设被证实，因为假设检验运用的思维形式是充分条件假言推理，它以推出的假言判断为大前提，而以事实判断为小前提。如果事实判断与大前提的后件相符，则提供了假设被证实的论据，提高了假设的概率。这是由于根据假言推理的规则，我们不能从肯定后件进而肯定前件。然而，如果事实判断与大前提的后件不符，检验判断被证明为假，即被否证，则该假设就被推翻,因为假言推理的规则是,否定后件就得否定前件。在经济假设的检验过程中,演绎推理的规则是完全适用的。

这里还必须注意,经济假说的检验是个复杂的过程,不能简单从事。一般来说,检验判断被否证,假说就被否证。但这又不是绝对的,因为检验判断被证明为假,只表明检验判断的前提,即假说与已有知识为假。只有当已有知识为真实时,假说才必为假;如果已有知识为假,则假说就未必为假。另外,由于表述经济中假说的判断,有的是针对某一事物的单称判断,如美国“阿波罗计划”中关于把人送上月球的假说;有的是关于某类事物普遍性的全称判断。因而,对于经济中假说的检验,其复杂程度是不同的。

以上讲的是经济假说的一般检验过程和一般方法。在实际经济中,对经济方案等经济假说的检验,还常常用到以下方法。

第一种是正面论证法。当经济活动者经过调查研究,分析推测,初步设想出几个假说方案之后,通常采取两种方法来检验这些假说方案,看哪些是正确合理的,哪些是不合理的。一种做法是进一步调查研究,找材料来证明其中一种假设方案的正确。这就叫正面论证法。这种证明方法本身是没问题的。例如,前举美国总统在组织“阿波罗”工程时,关于“十年之内把人送上月球”的假说方案,是通过苏联成功发射载人地球卫星成功,宇航员加加林胜利完成宇航任务的事实材料来证明的。并且它的支系统的假说方案都有科技材料证明它的正确性。当然,这一假说的最后检验,是在九年之后由乘坐“阿波罗”飞船的两个宇航员抵达月球而实现的。

有的人带着主观随意性来使用这种方法,结果危害很大。在实际经济中,有的人自己有了个初步设想,不是到实际经济中去验证,而是想办法证明他是正确的,不但自己这样干,而且还要他所领导的下属千方百计证明它。有些下属人员迎合上级的意图,上级领导本来不正确的设想,他也要按此框框从四面八方找材料来证明它的正确。结果促使领导下决心按此分析及设想作出错误的决策。

为避免个人主观成见,在实际经济中更多的是采用另一种做法,叫反面论证法。这就是间接论证中的淘汰法,即选言论证。

例如针对某一经济问题,有并且只有几种可能的解决方案,除了所要论证的方案之外，其他各种可能的方案经论证后都被否定了，也就证明这方案是正确的了。所以在经济过程中，主要是找材料来反驳自己的假说方案，以便排除那些不可靠的假说方案。

经济中思考问题，如理论探讨、科学实验、医疗诊新、侦查破案等，都经常使这种淘汰法。拿医生看病来说，如果发现病人心律不齐，就要考虑产生心律不齐的各种可能原因，因而采取各种可能方案：或者是窦性心动过速，或者是额外收缩，或者是心房阵发性心动过速，或者是心房纤维性颤动。一般说来，只有这几种可能性。当医生进一步检查，比较分析，排除了窦性心动过速和额外收缩及心房阵发性心动过速几种可能性，就可以断定是心房纤维性颤动了，因而也就可采用此种治疗方案了。

第二种淘汰法是根据选言推理的规则来进行的：在全部支判断中，如果除一个外其他所有的支判断都是假的，那么，这个支判断就是真的。

所以，采用淘汰法，必须把论题以外的其他所有可能的情况一一排除掉，不能有所遗漏。否则，就可能使结论发生错误。还以上面的例子来说明。假如医生只排除了窦性心动过速一种可能性，或者排除了实性心动过速和心房性阵发性心动过速两种可能，就不能断然确诊为心房纤维性颤动，以为还有可能是额外收缩呢。

第三种方法是归纳论证。

前提是一组陈述具体事例的单称判断，而且只是该经济假说所涉及的部分具体事例被陈述出来，而结论却是全称判撕。这是因为一个对经济有普遍指导意义的假说，必须在其相关的经济范围内的一切事例都确有效应。这样，假说方案一所涉及的具体事例就是很多的。而人们对它所涉及的具体事件，不可能都一一加以验证。人们只能以它所涉及的部分具体事例来验证该假说方案。

例如，内蒙古草原兴发有限公司公司通过市场调查，预测绿鸟鸡的潜在消费趋势，这一假设方案就使用了归纳论证：

当前影响绿鸟鸡在国内大范围销售的主要问题是现行销售价格过高（每只零售价为七十元），不能适应国内的购买力水平。据市场调查反映，以集体消费来说，目前各城市的宾馆、大饭店这类单位消费水平较高，按现行价格已经供不应求。但在普遍讲求经济效益的条件下，因为现行价格过高，其潜在的购买力也大受抑制。以个人消费而言，在全国消费水平较高的地区，当前最主要的购买者是有一定知识和购买力的消费者，对其他消费者，尽管他们具有购买的欲望，但由于商品价格相当高，常常望而止步……因此，如果价格适当，潜在消费力必可大量实现。

这里前提陈述的只是部分的具体事例，即部分集体消费者因价格过高而大受抑制，个人消费者望而止步，却得出了全局性的全称判断结论：当前影响绿鸟鸡在国内大范围销售的主要问题是现行销售价格过高，只有调整价格，才能挖掘消费潜力，发展绿鸟鸡的生产。

这里，前提并不蕴含结论，结论不是由前提必然地得出的。即使前提真，结论却不一定真。就是说，这种归纳论证的方式并不能完全证实一个假说方案的合理性，而只是给予部分的或者说某种程度的支持，它起了辩护的作用。我们把这种只具有某种程度的证实和只具有某种程度的支持叫作确证，并把前提中所陈述的支持某个假说方案（包括理论、方针、政策、经济部署等）和为之辩护的那些事实做确证事例（即证据）。

实际经济是主观条件和客观条件综合起作用的复杂过程，一件事情的成败是由多种因素促成的。我们要全面地看问题，绝不能以一次成败定是非，作结论。从逻辑上来看，它要求我们既不可以简单地只从确证事例（证据）的数量方面探求确证的合理性标准，又不可以简单地只从确证事例（证据）的质量方面探求确证的合理性标准。研究确证的合理性问题，比较切实有效的途径和方向，应当是对证据的定量分析和定性分析两者的结合，静态考察和动态考察的统一。

确证的反面就是证伪，即否证。

证伪和确证一样，也是一个历史过程，在这过程中，应当注意把定量分析与定性分析结合起来，把静态分析和动态分析结合起来。

实际的经济总不是一帆风顺的，总要遇到多多少少、大大小小的波折，造成经济上的失误、波折、失败的因素是非常复杂的，所以一次性伪证是无效的，不足以定论。但是，一次性证伪或多或少起了拒斥的作用。在经济中，一旦遇到了失败和挫折，既不能气馁，又要正视错误，认真总结，吸取教训,以转败为胜。如果屡遭失败,就要考虑检查经济方案是否正确,去找问题的症结所在。

第三节　经济预测的逻辑方法

经济预测的逻辑方法很多,下面介绍几种主要的逻辑方法。

一、历史类比法

这是一种定性预测的方法。它是用过去生产的同类产品和现在新投产的产品进行类比,推测新产品的未来销售的可能性。例如企业要投入市场一种新的家用电器产品收音机。过去未销售过这样的产品,可以根据过去同类产品的情况和新产品的情况逐一地进行类比和对比。从新老两种产品的相同情况进行类比,推测新产品未来销售情况与过去生产的老产品的销售情况可能相同;从新老两种产品的不同情况进行对比,推测新产品的未来销售情况正好与老产品的销售情况相反。这就是人们所说的长线中可能有短线产品,短线中可能有长线产品。由此可见,历史类比法的逻辑思维基础是类比推理和对比推理,即是从个别到个别的推理。

实际经济中常常是把类比推理和对比推理结合起来运用,根据两个对象,如新老产品在某些属性上相同或相矛盾,并且其中的一个对象,如老产品还有另外的某个属性(如畅销或滞销的销售情况),推出另一个对象(如新产品)也有与之相同或相矛盾的某个属性(滞销或畅销的销售情况)。

如果用A、B分别表示两个不同的对象,用a、b、c、d分别表示它所具有的属性,即各种相同情况,那么类比推理的形式可表示如下:

A:a、b、c、d

B:a、b、c

————————

∴ B:d

而如果用$\bar{a}$、$\bar{b}$、$\bar{c}$、$\bar{d}$表示不具有的属性,那么对比推理可用如下形式表示：

A：a、b、c、d

B：$\bar{a}$、、$\bar{b}$ 、$\bar{c}$

———————

∴ B：$\bar{d}$

在实际经济中，类比推理和对比推理，既可以像上例那样联合运用，又可以只单独使用其中的一个。

例如，某教授到新疆讲学时，把新疆与美国加利福尼亚州的历史发展情况进行了类比，预测了新疆经济发展的光辉灿烂的前景。他说，十九世纪初，加利福尼亚州是美国最穷最落后的地方，后来他们利用淘金和工业积累了资金、建设了大型的水利工程，开辟了农业区，使加利福尼亚成了美国最富裕的地区之一。新疆也有金矿还有铂铱族金属矿和宝石矿，也可以用这个办法积累资金。资金积累多了，再大规模地建设水利、电力事业，开辟戈壁荒原，发展农牧业。这样，新疆就可以建设得比加利福尼亚州更美。

这位教授运用的是类比推理，他是根据二者的相同属性（都穷、落后、有金矿、有发展农业的条件等），并且加利福尼亚改变面貌变富了，从而推出新疆采用这个办法也可能改变面貌变富。

在经济中，运用类比推理，提出了经济假说，这种经济假说还要经过逻辑论证、事实验证等几个逻辑步骤，才能证实它的正确与否。

由于类比推理的结论是或然的，在运用历史类比法建立假设时可能有误差。但只要深入调查了解，尽量多掌握一些情况，进行比较分析时就可以提高经济中的假说的概率（可靠性）。

二、模型法

模型法就是利用统计资料，凭借数学工具，建立数学模型来建立经济中的假说并进而拟订方案的方法。如利用时间数列进行延伸预测等。从根本上来说，用数学模型模拟现象的逻辑基础还是类比推理。

三、因果分析法

因果法也称相关分析法。这就是通过确定现象的变量之间的相关关系，来寻求事物变化的原因。任何社会经济现象作为事物变化的结果，都会有其产生的原因。这是一切事物运动的规律。例如，空调的销售量与购买力的大小有关，与住房条件有关。又如新建住宅大量增加，家具、门锁、灯泡等的需要量也随之增加。它们之间都有一定的因果关系。根据事物的因来预测事物的果，就是因果预测。这种方法的逻辑基础是探求事物因果联系方法中的共变法。

因果分析法可用如下形式来表示：

A_1——a_1，

A_2——a_2，

.

.

.

An（A_1，A_2，……A_n 具有相似性）

$\therefore a_n$

这种方法从数学的角度进行定量分析叫回归分析法。例如，电视机的销量与家庭纯收入有关。纯收入增加，电视机销量增加；反之则减少。数学上用回归方程式表达它们之间的逻辑关系。设销量为 Y（因变量），X 为家庭纯收入这个自变量，a、b 分别为回归系数，那么回归方程式的标准式为：

$Y=a+bx$

四、综合分析法

所谓综合分析法，就是通过对某一复合社会经济现象的各种因素及其相互联系作综合性的分析判断，从而推出该复合现象的整体状况的完全归纳推理。可用下面的公式表示：

S_1 是 P_1，

S_2 是 P_2，

S_3 是 P_3，

……

S_n 是 P_n。

S_1、S_2、S_3、……S_n 是复合现象 s 的各指标，P_1、P_2、P_3、……P_n 是各指标的数值，

所以，S 是由指标 S_1、S_2、S_3……S_n 及其数值 P_1、P_2、Ps、……P_n 所组成的一个指标体系。

综合分析法的一个突出特点是在前提中不仅有正面事例，也有反面事例，不仅有正值，也有负值。一般归纳推理是不容许出现反例的。但是，综合分析法恰恰是通过对经济中正反事例的研究，来探求其发展规律。因而，反例的出现，负值的存在，即问题的存在，正好为分析矛盾，进行预测，建立假设，提供了依据。

这种方法要求看问题全面，不仅要看到正面，还要看到反面，不仅要看到这一方面，还要看到另一方面。例如，利用这种方法来建立市场假说，就要看到主要决定因素不能单纯建立在消费者一方的基础上，还要考虑供给的因素。应从供求双方全面综合性的分析考虑来进行预测，才符合综合评价社会主义市场的实际。这种预测法比较复杂，它要全面了解市场供求状况、价格水平和消费者的接受能力、购买水平以及产品的寿命周期、性能、经济效果、销售体制和方法，还有资源、动力、交通运输条件，技术水平等各项经济指标，在此基础上做出预测，建立假说。

【参考文献】

[1]《京华时报》2010 年 1 月 2 日。

[2]《马克思恩格斯选集》第 3 卷，人民出版社，第 561 页。

[3]《列宁全集》第 1 卷，人民出版社，第 119、122 页。

第十一章　经济决策的逻辑——博弈决策逻辑

第一节　经济决策的概念分析

自从人类有意识地进行活动以来，人们的各种行动就无时不伴随着决策。随着科学技术的飞速发展，人们的决策能力、决策水平也在不断提高。单纯依靠经验决策已经远远不能满足人们的发展需要，人们迫切需要一套具有完整体系的、能有助于他人学习和掌握并能运用的科学决策理论和方法。那么什么是决策呢?

“决策”一词的英语表述为 Decision Making，意思是作出决定或选择。时至今日，对决策概念的界定不下上百种，但仍未形成统一的看法。黄孟藩先生认为，所谓决策是指人们为了达到某一目的，从若干种备选的行动方案中选择一个最优方案的思维过程。它是人们在行动之前对行动目标与手段的探索与决策的过程①。其基本要素包括决策主体、候选行为、可能的状态和结果。决策主体可以是个人，也可以是集体。候选行为，也叫候选的行动方案，它要求至少要有两个，也可以是多个，但是这些方案必须是互斥且穷举的。这里所说的互斥，是指决策者最多只能实行一个行动方案，没有两个

① 黄孟藩:《现代决策学》，浙江教育出版社 1998 年版，第 2 页。

方案可以同时实行。而穷举是指这些方案中至少有一个方案被实行。也就是说，这些行动方案中有且只有一个被决策主体实行。根据决策主体的多少来看，决策分个人决策和群体决策。所谓个人决策指某一个决策者根据他自己的目标从他备选的策略中选择最优策略的一个过程；而群体决策指一个至少由两个人组成的群体，在一定的规则下，根据群体各成员的决策而形成一个总的决策的过程①

什么是经济决策呢？所谓经济决策是指经济管理部门和企业为了达到某种特定的目标，在经济调查、经济预测和对经济发展、管理活动等规律认识的基础上，运用科学的方法，根据对效果的评价，从几种可行的行动方案中，选出一个令人满意的方案，作为行动的指南。从该定义可看出，经济决策实际上包括三个过程，明确问题和目标、提出各种可行方案、从方案中选取最优方案。由此我们可以看出，经济决策具有以下特征：(1)具有明确的目标。没有目标，就不存在决策；没有明确的目标，就没有准确的决策。(2)行动方案的选择性。要进行决策，就要有可供选择的多个方案，各个方案可以比较，否则决策就没有存在的必要。(3)决策的主观性和科学性。经济决策既是人们的主观思维过程，又遵循一定的规律，任何决策都是在一定的条件和信息下进行的，信息越完全，决策越准确。

经济决策是经济管理工作的主要内容，它涉及经济管理的各种方面，贯穿于经济管理的全过程。经济决策是否科学，小至影响到经济发展的速度和效益，大到决定经济发展的成败，它对于宏观和微观经济的健康、持续发展具有重要的作用。

第二节　经济决策、博弈决策与逻辑

前面我们讲到，经济决策包括明确问题和目标、提出各种可行方案、从方案中选取最优方案三个过程。对于某个决策者而言，其决策主要取决于

① 朱志方：《社会决策论》，武汉大学出版社 1998 年版，第 300—312 页。

其他决策者。因为决策者的利益与其他决策者的行为选择有关联,其他决策者的利益与该决策者的利益存在关联。此时,决策者的策略选择要考虑他人的策略选择,他人的决策也要考虑该决策者的策略选择。① 而博弈决策是系统研究决策主体如何在相互作用(interaction)之中作出自己的行为决策以及谋求这种决策均衡问题的方法论②。也就是说,博弈决策包括两个方面的内容:(1)决策主体之间的决策行为是相互影响的。当一个决策主体(自然人、法人或其他组织)的选择受到其他决策主体选择的影响,并且反过来的影响也存在时的合理选择问题。(2)存在一个均衡。决策主体所要作的实际上就是求解这个均衡。博弈论的核心是研究一个人在决策时,要充分考虑对手的反应。博弈分析的目标就是寻求一种战略均衡,在这种均衡中每一个参与博弈的人都没有兴趣选择其他的战略。

由此可以看出:经济决策与博弈决策具有很大的相似之处:首先,经济决策和博弈决策都是研究在一定信息下的特定目标的方案选择问题,研究的都是目标的实现问题。这里的目标在经济领域一般理解为效用最大化。也就是说,经济决策和博弈决策都是围绕效用最大化这个核心问题展开的。其次,它们的问题研究都要求在一定条件下进行的。没有已知信息作为条件,任何研究都是徒劳无益的。还有一点就是,它们都要求在给定目标和信息条件下,决策主体具有多个行动方案(即至少多于两个)可供选择。③

博弈论的主要特征是博弈局势中各参与方所实施的行为方案(策略)是相互依存的,各方在冲突或合作后所实现的损益得失结果不仅取决于自己所采用的行为方案,同时也依赖于其他参与方所实施的行为方案,是各参与方行为方案组合的函数,称为支付函数。所以,博弈论在我国也被称作"对策论"。由于博弈决策大多数情况是应用于经济活动,故很多学者将博弈决策等同于经济决策,或者看作是经济决策的一部分。比如戚译、朱秀君撰写的《经济博弈论》和谢识予撰写的《经济博弈论》主要是介绍博弈论的概念、原理和分析方法,他们实际上就是将经济决策等同于博弈论。笔者也

① 潘天群:《博弈思维——逻辑使你决策制胜》,北京大学出版社 2005 年版,第 5 页。

② 姚海鑫:《经济政策的博弈论分析》, 经济管理出版社 2001 年版,第 1 页。

③ 张登兵:《传统决策与博弈论的比较》,《统计与决策》2006 年第 13 期,第 146 页。

拟将博弈决策等同于经济决策，因为笔者认为，人们的很多活动，特别是经济活动都是相互依存的决策过程。每个对弈者在决定采取何种行动时都是有策略地、有目的地行事，他考虑到他的决策行为对其他人的可能影响，以及其他人的行为对他的可能影响，通过选择最佳行动计划，来寻求收益或效用的最大化。这种由多于一方组成且相互依存的决策过程就是博弈，它并不仅仅指竞争，也包括合作。所以在下文所探讨的经济决策的逻辑主要是对博弈决策进行逻辑分析。

博弈决策是研究理性人的互动行为，这意味着两个前提：其一，博弈的结果是由所有人的行动共同决定的；其二，既然每个人都是理性的，会运用他所掌握的所有知识和信息选择效用最大化的行为，那么他选择行动时必须考虑别人同样是理性的。那么，什么是理性呢？按照阿罗的说法，"理性(rationality)是关于选择的。在任何给定的场景下，总有一个备选对象的机会集合，选择必须从中作出。理性的主要意思就是，从不同的备选对象集合作出的选择之间应该满足的一致性(consistency)条件。"①而每一次选择都可以理解为，决策者对自己的各种可能的选择所导致的各种结果都有一个偏好排序(preference ordering)，这种偏好排序体现了决策者的效用(utility)，在数学上可以表达为决策者对他的效用函数最大化。原则上讲，结果的任何要素都可以进入决策者的效用函数。在博弈论中，参与者一方面猜测其他参与者的策略，同时计算各种策略可能性下的支付(得益)。然而在实际中，一般情况下，人们是很难计算得益的。此时人们往往准备了各种备选策略，当其他参与者采取一种确定策略时，自己将决定采取某种策略。我们经常用逻辑推理的方法来确定自己的行动。在博弈论中，博弈参与人的推理表现在他对策略的选取上，决定参与人的策略选取一方面是博弈结构，另一方面是其他参与人的策略。博弈结构是不同策略组合下的支付函数或者得益函数。②

在我国古代就有博弈的思想，《论语·阳货》云："饱食终日，无所用心，

① ［美］肯尼斯·阿罗：《社会选择与个人价值》，丁建锋译，上海人民出版社2010年版，第2页。

② 戚译、朱秀君：《经济博弈论》，浙江大学出版社2000年版，第14—20页。

难矣哉！不有博弈乎？为之，犹贤乎已。”这里的“博弈”指六博①和围棋。春秋时期孙武在《孙子兵法》中论述的军事思想和治国策略，就蕴含丰富而深刻的博弈论思想；战国时期孙武的后代孙膑，演绎孙子兵法，用于田忌赛马，可以说是我国最早的博弈论案例，然而直到20世纪初，博弈论才被系统地引入经济学研究中来。1944年由冯·诺依曼（Von Neumann）和摩根斯坦恩（Oskar Morgenstern）合作的《博弈论和经济行为》（*The Theory of Games and Economic* Behaviour）一书，成为现代经济博弈论研究的开端。20世纪50年代以来，纳什（Nash）发表一系列论文提出了著名的“纳什均衡”的概念，奠定了现代博弈论的基石；泽尔腾（Selten）改善了纳什均衡的概念，引入了动态分析；海萨尼（Harsanyi）把不完全信息引入博弈论的研究；从而使博弈论最终成熟并进入实用。博弈论在政治学、经济学等许多领域都有着广泛的应用。在经济学中博弈论作为一种重要的分析方法已渗透到几乎所有的领域，每一领域的最新进展都应用了博弈论，博弈论已经成为主流经济学的一部分，对经济学理论与方法正产生越来越重要的影响②。

在充满竞争的商界里，经验、竞争战略和博弈论就好比是企业运营管理的术、法、道，掌握博弈之道的企业管理者往往比不懂博弈之道的更加理性和显得高明。从20世纪20年代匈牙利大数学家冯·诺伊曼创立博弈理论至今，博弈论已经从早期的静态博弈发展到动态博弈，并在商业、法律、心理学等诸多领域得到广泛的应用。香港浸会大学、圣彼得堡大学的杨荣基教授和圣彼得堡国立大学的彼得罗相教授则是动态博弈论的知名专家。他们的著作《动态博弈》一度在学界引起轰动，被誉为“比获得诺贝尔奖的博弈理论更复杂的理论”，其研究成果使博弈论更加接近现实社会的动态环境，对企业管理者而言，在不断变化的商业环境里也更有应用价值。

---

① 六博又称“六”或“陆博”，是一种带有一定赌博性质的棋类游戏。六博所用的棋子双方各为6枚，六黑六红，又有骰子6枚，故称为“六博”。参见于光远、马惠娣：《休闲.游戏.麻将》，文化艺术出版社2006年版，第107—108页。

② 李雪松：《博弈论与经济转型——兼论中国铁路改革》，社会科学出版社1999年版，第2页。

第三节　博弈决策的逻辑分析

博弈决策一般包括四个要素:(1)博弈的参与人(Players)。又称局中人,是博弈中涉及的进行选择决策并承担决策结果的利益主体。他的目的是通过选择行动(或者策略)以最大化自己的效用水平。参与人可能是自然人,也可能是法人或其他组织。在博弈的规则确定之后,各参与人都是平等的,大家都必须严格按照规则办事。(2)各博弈方各自可选择的全部策略(Strategies)或行为(Actions)的集合。即规定每个博弈方在进行决策时,可以选择的方法、做法或经济活动的水平、量值等。在不同博弈中可供博弈方选择的策略或行为的数量很不相同,在同一个博弈中,不同博弈方的可选策略或行为的内容或数量也常不同,有时只有有限的几种,甚至只有一种,而有时又可能有许多种,甚至无限多种可选策略或行为。(3)进行博弈的次序(Order)。在现实的各种决策活动中,当存在多个独立决策方进行决策时,有时候需要这些博弈方的决策又有先后之分,并且有时一个博弈方还要作不止一次的决策选择。这就免不了有一个次序问题。因此规定一个博弈必须规定其中的次序,次序不同一般就是不同的博弈,即使博弈的其他方面都相同。(4)博弈方的得益(Payoffs)。又称支付,是指参与人从博弈中获得的利益水平,它是所有参与人策略或行为的函数,是每个参与人真正关心的东西。对应于各博弈方的每一组可能的决策选择,都应有一个结果表示该策略组合下各博弈方的所得或所失。由于我们对博弈的分析主要是通过数量关系的比较进行的,因此我们研究的绝大多数博弈,本身都有数量的结果或可以量化为数量的结果,例如收入、利润、损失、个人效用和社会效用,经济福利等。博弈中的这些可能结果的量化数值,称为各博弈方在相应情况下"得益"。规定一个博弈必须对得益作出规定,得益可以是正值,也可以是负值,它们是分析博弈模型的标准和基础。

博弈决策的分类可以从三个角度进行。

第一个角度是按照参与人的先后顺序进行分类。从这个角度,博弈决策可以划分为静态博弈(static game)和动态博弈(dynamic game)。静态博弈是指在博弈中,参与人同时选择或虽非同时选择但后行动者并不知道先行动者采取了什么具体行动。动态博弈是指在博弈中,参与人的行动有先后顺序,且后行动者能够观察到先行动者所选择的行动。

第二个角度是按照参与人对其他参与人的了解程度进行分类。从这个角度,博弈决策可以划分为完全信息博弈和不完全信息博弈。完全信息博弈是指在博弈过程中,每一位参与人对其他参与人的特征、策略空间及收益函数有准确的信息。如果参与人对其他参与人的特征、策略空间及收益函数信息了解得不够准确,或者不是对所有参与人的特征、策略空间及收益函数都有准确的准确信息,在这种情况下进行的博弈就是不完全信息博弈。

第三个角度是按照参与人之间是否合作进行分类。从这个角度,博弈决策可以划分为合作博弈和非合作博弈。合作博弈是指参与人之间有着一个对各方具有约束力的协议,参与人在协议范围内进行的博弈。反之,就是非合作博弈。典型的合作博弈是寡头企业之间的串谋(collusion)。串谋是指企业之间通过公开或暗地里签订协议,对各自的价格或产量进行限制,以达到获取更多垄断利润的行为。

根据博弈决策在现代经济学中的地位和应用的普遍性,本章拟打算从第二个角度讨论博弈决策,即只对完全信息博弈和不完全信息博弈进行逻辑分析。

一、完全信息博弈的逻辑分析

根据参与人的先后顺序和参与人对其他参与人的了解程度,完全信息博弈可分为完全信息静态博弈和完全信息动态博弈。所谓“完全信息静态博弈”,是指由于双方对对方的策略空间和策略组合下的支付函数有完全的了解,并且参与人同时采取行动,或者尽管参与者行动的采取有先后顺序,但后行动的人不知道先采取行动的人采取的是什么行动。也就是说行动者的行为是完全确定的,参与人常常运用演绎推理方法来推测对方的行为。而完全信息动态博弈,博弈中信息是完全的,但行动是有先后顺序的,后动者可以观察到前者的行动，了解前者行动的所有信息。① 参与者常常运用逆向归纳法来推测对方的行为。动态博弈区别于静态博弈的最大特点是博弈行动是一个动态过程，前一阶段中的行动能被后一阶段行动的主体所观察，成为后一阶段行动者进行决策推理的前提。动态博弈中行动的特点决定了主体在进行策略选择时不仅要考虑博弈的支付函数等事前信息，而且要考虑这种策略所带来的特定后果。② 在完全信息动态博弈中，决策推理往往采用逆向归纳法。逆向归纳法是完全归纳推理，其推理是演绎的，结论是必然的。所以，完全信息博弈所运用的逻辑推理实质上都是演绎推理，其结论都是必然的。我们这里主要分析逆向归纳法在博弈中的逻辑基础与有效性。

逆向归纳法，又称"逆推归纳法"（backward induction），就是从动态博弈的最后一个阶段博弈方的行为开始分析，逐步倒推回前一个阶段相应博弈方的行为选择，一直到第一个阶段的分析方法。它是由策墨罗（Zermelo，1913）首先使用的，他用逆向归纳法的思路讨论国际象棋博弈问题。又由塞尔顿（Selten，1965、1975）加以完善和推广。逆向归纳法是一种求解完全且完美信息下的动态博弈（dynamic game with perfect and complete information）的方法。逆向归纳法有两个基本假设：一是理性人假设，即每个决策者都是理性的；二是一致预期，即每个人对别人行为的预期都是正确的。③ 通过逆向归纳法求出的纳什均衡是一个策略组合的序列，其中每一个策略组合对应着一个具体的博弈阶段，即对应博弈阶段的纳什均衡。实际上，逆向归纳法并不适合于所有的动态博弈求解，只适用于完全且完美信息动态博弈的求解方法。完全且完美信息（perfect and complete information）指博弈方对博弈进程的信息及博弈方得益的情况有完全的了解。它的主要特点是：（1）参与人选择的行动是按照一定的顺序发生的；（2）每一步行动选择之前，所有"之前"发生的行动都可被观察到；每一可能的行动组合下参与

① 潘天群：《博弈行为中的演绎与归纳推理及其问题》，《自然辩证法研究》2003 年第 3 期，第 39—42 页。

② 张晓云：《博弈逻辑及其应用研究》，南京大学 2008 年版，第 41 页。

③ 张峰：《逆推归纳法悖论探析》，《福建论坛》2004 年第 12 期，第 78 页。

人的支付函数都是共同知识。在完全且完美信息动态博弈中，后行为的参与人能观测到先行参与人所选择的行动，并据此作出自己的最合理选择，而先行为的参与人虽然无法观测到后行为参与人的行为，但他在选择自己的行为时却也不能不把自己行为对后行为参与人的选择所产生的影响考虑在内。只有在这类博弈模型中，逆向归纳法正常运行所需的基本假定才是成立的。

考虑一个最简单的由两个参与人各行动一次构成的动态博弈，记为 A_1，A_2(分别为先行为参与人 1 和后行为参与人 2 的行动集)；参与人 1 从 A_1 中选择行动 a_1，参与人 2 观察到 a_1，然后从 A_2 中选择行动 a_2；两人的支付分别是 $U_1(a_1,a_2)$ 和 $U_2(a_1,a_2)$。对此，我们用逆向归纳法求解，方法如下：

当博弈进行到第二阶段由参与人 2 行动时，由于参与人 1 在此之前已选择行动 a_1，他的决策问题便可表示为 $\max\limits_{a_2 \in A_2} U_2(a_1,a_2)$ 。

假定对 A_1 中每一个 a_1，参与人 2 的最优化问题只有唯一解 $R_2*(a_1)$。由于参与人 1 能够和参与人 2 一样解出 $R_2*(a_1)$，即参与人 1 能够预测到参与人 2 对其每一个可能行动 a_1 所作出的反应，参与人 1 在第一阶段要作的决策便可归结为 $\max\limits_{a_1 \in A_1} U_1(a_1,R_2{}^*(a_1))$ 。①

以市场进入博弈为例，来看如何运用逆向归纳法。假定有甲、乙两个企业，甲企业一直独占某城市的市场，每年的垄断利润是 10 亿。乙企业为了进入这个市场，需要 4 亿元的投资。当乙企业准备进入的时候，甲企业必须决策：或者“容忍”进入，就是收缩产量维持高价，利润降为 5 亿元，这时乙企业的利润也是 5 亿元，减去投资费用，实得 1 亿元；或者展开商战“对抗”，就是加大产量，降低价格，力图把进入者挤出去，这时甲企业的利润降到 2 亿元，乙企业得到 2 亿元还抵不过投资的 4 亿元，亏损 2 亿元。对于甲而言，一旦乙进入，利润会受损很多，乙最好不要进入。因此，甲向乙发出威胁：如果你进入，我将打击。这个博弈扩展式可用博弈树来表示：②

这个博弈的结果是，乙选择“进入”，甲选择“容忍”。在这个博弈中甲

① 戚译、朱秀君：《经济博弈论》，浙江大学出版社 2000 年版，第 79—80 页。

② 贺寿南：《博弈视野中的逻辑推理问题》，《科学技术与辩证法》2004 年第 5 期，第 53 页。

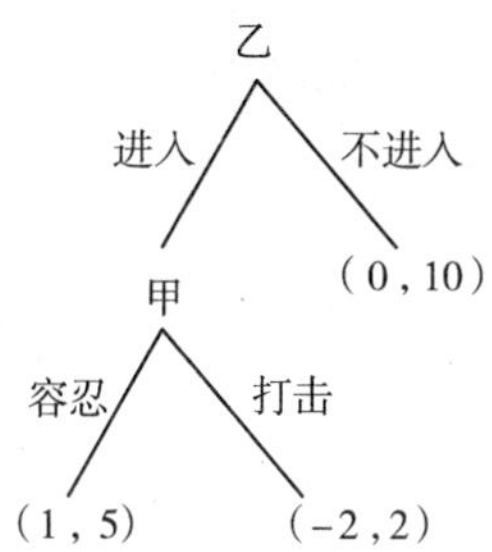

的威胁是不可信的。乙是这样推理的:假定我(乙)进入,甲如果“打击”,它的得益为2;“容忍”的得益为5。甲是理性人,它将选“容忍”的策略。既然我预测到甲将“容忍”,我在“进入”和“不进入”间进行选择时,“进入”的得益为1,“不进入”的得益为0,作为理性人我将选择“进入”。当乙选择“进入”策略时,甲的推理是:如果采取“打击”,我的得益为2;“容忍”的得益为5,选择“容忍”是理性的策略选择。

通过以上分析,可以看出逆向归纳法的逻辑基础是这样的:动态博弈中先行为的理性博弈方,在前面阶段选择行为时必然会先考虑后行为博弈方在后面阶段中将如何选择行为,只有在博弈的最后一个阶段选择的,不再有后续阶段牵制的博弈方,才能直接作出明智的选择。当后面阶段博弈方的选择确定以后,前一阶段博弈方的行为也就确定了。由于逆推归纳法确定的各个博弈方在各阶段的选择,都是建立在后续阶段各个博弈方理性选择的基础上的,因此排除了包含不可信的威胁或承诺的可能性,因此它得出的结论是比较可靠的,确定的各个博弈方的策略组合是有稳定性的。①

不同的学者对逆向归纳法的有效性提出了不同的观点。代表性的两种观点是以 Aumann 为代表的支持逆向归纳法的观点和以 Binmore 等为代表的否定逆向归纳法的观点。② Aumann 等学者认为逆向归纳法有较可靠的逻辑基础,能够保证逆向归纳法在理论上成立。以 Binmore 等为代表的学者用“进化法”(The evolutionary approach)否定逆向归纳法。他们认为 Au-

① 谢识予:《经济博弈论》,复旦大学出版社 2002 年版,第 68 页。

② John W.Carroll.The Backward Induction Argument .Theory and Decision,2000.

mann 等逆向归纳法支持者使用的“公理—定义—定理—证明”的方法论或理论模式，片面注重数学或逻辑方面的合理性，忽视放入这些数学模型和逻辑框架的内容本身是否成立或是否有前提，忽视其结果是否有现实意义，采用的不是学术研究中正确的思想方法。也就是说找不到可能得出与逆向归纳法相同的预测的进化方法或机制。Bernard Walliser(1996)认为，在对完美形的扩展形博弈应用逆推归纳程序时，会引起三种突出的矛盾或悖论：在逻辑方面，当逆向归纳法靠“理性的公共知识”支持时，是自我否定或者至少是“误证”(Mis-justified)；在理论方面，如果在进化博弈论中寻找逆向归纳法的近似方式，很少会有什么收获；在实证方面，当我们用实验的方法对逆向归纳法加以检验的时候，在一些博弈中不会被博弈方采用。① 本文认为，逆向归纳法只是在一定的条件下和一定的范围内有效。忽略了这一点笼统去谈论逆向归纳法的有效性不是科学的研究思路。

从逻辑角度看，逆向归纳法的有效性，可作如下分析：

从逆向归纳法的适用范围来看，逆推归纳法仅适合有限的动态博弈，不适合无限的动态博弈中使用。也就是说，逆向归纳法不能分析比较复杂的动态博弈。因为逆向归纳法的推理方法是从动态博弈的最后阶段开始对每种可能路径进行比较，这对博弈者的理性提出了很高的要求，博弈者不能有哪怕是丝毫的对理性偏离的行为，博弈者必须有能力比较判断的选择路径数量，包括数量不很大的离散策略，或者有连续得益函数的连续分布策略。如果博弈链条越长，参与人进行条件推理的前提假设也就越复杂，逆向归纳法的运行对参与人的运算和记忆能力提出更高要求，逆向归纳法就越难实现。

以前面所讲的市场进入博弈为例说明这个问题。如果进入的企业增加，甲企业选择“容忍”可能性会更大，因为这样，甲企业的得益将更多。根据前面逆向归纳法的分析，不管想进入的企业有多少，都会选择“进入”的策略。但实际情况并非如此，因为，如果进入的企业太多，竞争力越大，盈利的可能性越小；反之，如果进入者不多，竞争力越小，盈利的可能性越大。所

① Binmore, K.Fair: Game Theory and Social Contract. MIT Press, 1993.

以如果进入者越多，进入者可能会选择“不进入”。所以，逆推归纳法仅适合有限的动态博弈，并不适合无限的复杂的动态博弈。①

逆向归纳法的有效性与博弈方的利益密切相关。博弈方是否根据逆向归纳法来预测行为，取决于逆向归纳法的路径是否符合博弈方的真正利益（即长远利益、整体利益），如果符合，博弈方就会依逆向归纳法进行策略选择；那么逆向归纳法就会成立。如果遇到不同的路径有相同利益的情况时，逆向归纳法可能会发生选择困难。因为此时博弈方遇到了无差异行为，无法确定唯一的最优路径，逆向归纳法适用性会在这里失效。

比如在有限重复的囚徒困境中，根据逆向归纳法，博弈方在一开始就应该选择“坦白”来结束博弈，即博弈双方的得益均为判刑八年。这是不符合双方的长远利益。逆向归纳法的路径与博弈方的长远利益相悖，因而博弈方不会按逆向归纳法的逻辑推理去决策。在该博弈中，如果博弈的双方彼此信任、默契，彼此相信对方是理性的，彼此相信对方会追求自身的长远利益与整体利益，那么双方选择抵赖策略的可能性会更大。而且在现实生活中，如果博弈双方相互信任、从长远利益与整体利益出发去进行策略选择，结果往往是双赢。

逆向归纳法要求博弈的结构，包括次序，规则和得益情况等都是博弈方的共同知识，各个博弈方了解博弈结构，相互知道对方了解博弈结构，模糊或互相不信任都会使这种方法的运用失去基础，这就使得博弈设定的精确性的问题更加突出。因此，逆向归纳法只能分析明确设定的博弈问题，要求且各个博弈方了解博弈结构，相互知道对方了解博弈结构。也就是说逆向归纳法适用于完全且完美信息的动态博弈。

因此，逆向归纳法的成立是有条件的，它只是在一定的条件下和一定的范围内有效，仅适合有限的动态博弈，并不适合无限的复杂的动态博弈。如恰当地运用了逆向归纳法，就会在一些博弈问题中造成矛盾和悖论。当然不能因为逆向归纳法存在的局限性就完全否定逆向归纳法的作用。只要分

---

①　张峰：《蜈蚣悖论引发的思考》，《湖南科技大学学报》（社会科学版）2005 年第 1 期，第 30—33 页。

析的问题符合它能够成立的条件和要求，它仍然是一种分析动态博弈的有效方法。正确把握逆向归纳法在动态博弈中的运行特征，可帮助我们分析悖论或有效地避免悖论。

二、不完全信息博弈的逻辑分析

经典的博弈是建立在完全信息的基础之上的，但是在现实中，决策者往往很难做到对自己及竞争对手信息的完全掌握。不完全信息博弈指参与者的策略空间及策略组合下的支付没有完全的了解，至少有一个参与者不能确切知道其他参与者的支付函数，也就是说参与者的得益函数不是公共知识。① 它是博弈主体在缺乏关于博弈结构或博弈进程的充分信息，运用概然性的知识信息，通过不确定性推理进行决策而形成的博弈。比如说，当你想买（或卖）一件古董或名画时，你并不知道卖主愿意脱手的最低价格是多少（或买主愿意出的最高价格是多少）；当一个企业想进入某个市场时，它并不清楚一个市场上的企业的成本函数。这样的决策过程就是一种不完全信息博弈。不完全信息博弈中的“不完全信息”，指博弈的策略空间及支付函数不是参与人的公共知识。作为不完全博息博弈的分析工具，不完全信息博弈论的主要任务是刻画博弈主体知识信念的概然性，推理的不确定性和博弈均衡的随机性。

不完全信息博弈论不仅是完全信息博弈论在理论上的推广，也是博弈论面向实际和应用的发展。在人类社会和自然界出现的博弈现象中，主体只拥有不完全的相关信息是普遍的情形，知识信念的概然性，理智有限性和推理不确定性是主体认知状况的常态。正是由于认识到这种普遍性，博弈论的重心才发生了从完全信息分析向不完全信息分析的转移。不完全信息博弈论在处理信息不完全性，知识信念概论性和推理不确定性时，不是把它们当作完全性和确定性的偏离，并是当作分析的基本预设。在不完全信息博弈论中博弈主体是有限理性的“贝叶斯型主体”，知识信念是状态空间上

---

① 贺寿南：《博弈视野中的逻辑推理问题》，《科学技术与辩证法》2004 年第 5 期，第 52 页。

的概率分配，推理形式主要是归纳概率推理和缺省推理。通过这种处理，不完全信息博弈论中形成了以贝叶斯均衡为核心的分析框架，其分析能力和应用范围都大大增强和拓宽。不完全信息博弈论的发展，不仅催生了信息经济学等新的经济学分支，而且使博弈论超越经济学范围进入政治学、法学、社会学、伦理学、生物学等领域，对这些学科的分析方法研究范式产生了深刻的影响。

不完全信息动态博弈中的参与人的行动有先后顺序，后行动者能观察到先行动者的行动，但不能观察到先行动者的类型。因为参与人的类型是相互依存的，每个参与人的行动传递着有关自己类型的某些信息。后行动者可以通过观察先行动者所选择的行动来推断其类型或修正对其类型的先验信念，然后再选择自己的最优行动；而且先行动者预测到自己的行动将会被后行动者所利用，这时他会设法通过适当选择以传递对自己最有利的信息，而避免传递对自己不利的信息。因此，这个博弈过程是参与人不断修正信念从而持续选择行动的过程。

不完全信息博弈论同归纳概率逻辑有着密切的联系。在其发展初期就借用了决策论中以概率逻辑为基础的期望效用论和贝叶斯方法；在其“公理化”刻画知识信念的概然性和不确定性的过程中，利用了归纳逻辑语义分析中的状态空间和信息结构。如在不完全信息静态博弈中，我们通过“海萨尼转换”①，即通过假定其他参与人知道某一参与人的所属类型的概率分布，计算博弈的贝叶斯纳什均衡解。而在不完全信息动态博弈一开始，某一参与人根据其他参与人的不同类型及其所属类型的概率分布，建立自己的初步判断。我们以企业市场进入为例来说明。

假定某市场原来为完全垄断市场，只有一家企业 A 提供产品和服务。现在企业 B 考虑是否进入。当然，A 企业不会坐视 B 企业进入而无动于衷。B 企业也清楚地知道，是否能够进入，完全取决于 A 企业为阻止其进入而所花费的成本大小。对企业 A 而言，他所花费的成本高低与其收益大小

① 所有参与人的真实类型是给定的，其他参与人仍然不知道某一参与人的真实类型，但是知道可能出现的类型的概率分布。只要知道某一参与人的不同类型的概率分布，就可将不确定条件下的选择转换为风险条件下的选择。这种转换称之为“海萨尼转换”。

有关。假定该市场进入博弈的收益矩阵见表11－1。

表11－1 市场进入博弈的收益矩阵

B \ A	高成本		低成本	
	默许	阻止	默许	阻止
进入	30,60	-10,0	20,80	-10,150
不进入	0,200	0,200	0,300	0,300

如该博弈为不完全信息静态博弈，即B不知道A究竟选择阻止成本低还是阻止成本高，但他知道A只能有这两种选择以及相应选择的概率分布。若A属于高阻止成本的概率为P，则A属于低阻止成本的概率就为(1-P)。如果A的阻止成本高，A将默许B进入市场；如果A的阻止成本低，A将阻止B进入。在以上两种情况下，B的收益分别为30、-10。所以，B选择进入的期望收益为30P+(-10)(1-P)；选择不进入的期望收益为0。显然，只要B选择进入的期望收益大于不进入的期望收益，B就应该选择进入，否则B选择不进入。也就是说，B的选择取决于30P+(-10)(1-P)是否大于0，即只要A高阻止成本的概率大于25%时，B选择进入是其最优策略。而这时的贝叶斯纳什均衡为：B企业选择进入，高成本原垄断者B企业选择默许，而低成本原垄断B企业选择阻止。

如该博弈为不完全信息动态博弈，即B不知道A属于高阻止成本类型，还是低阻止成本。但是B知道，如果A属于高阻止成本类型，B选择进入时，A选择阻止的概率为30%；如果A属于低阻止成本类型，B选择进入时，A选择阻止的概率为100%。

一开始，B假定A属于高阻止成本企业的概率为70%，属于低阻止成本企业的概率为30%。则，B进入时，受到A阻止的先验概率为：0.7×0.3+0.3×1=0.51。0.51是给定A所属类型的先验概率下，A可能选择阻止的概率。当B实际进入市场时，如果A确实进行了阻止。根据贝叶斯方法，结合A阻止这一实际观察到的行为，B认为A属于高阻止成本企业的概率变为：0.7×0.3÷0.51≈0.41。

依据这一新的概率，B 预测自己选择进入时，受到 A 的阻止的概率变为：$0.41\times0.3+(1-0.41)\times1\approx0.71$。

如果 B 再一次进入又受到 A 的阻止，运用贝叶斯方法，B 认为 A 属于高成本企业的概率变为：$0.41\times0.3\div0.71\approx0.17$。

如果如此循环，B 企业一次次进入，都遭到 A 企业一次次的阻止，B 对 A 所属类型的判断不断得到修正，越来越倾向于判断 A 属于低阻止成本企业。因此，B 企业选择停止进入市场是其最优策略。

通过以上分析，可以看出不完全信息博弈的逻辑基础是这样的：在不完全信息静态博弈中，参与人的行动同时发生，没有先后顺序，因此，没有任何参与人能够有机会观察其他参与人的选择。在给定其他参与人的策略条件下，每个参与人的最优策略依赖于自己的类型。如果每个参与人虽然不知道其他参与人实际选择什么策略，但是，只要知道其他参与人有关类型的概率分布，他就能够正确地预测其他参与人的选择与其各自的有关类型之间的关系。因此，该参与人选择的依据就是在给定自己的类型，以及其他参与人的类型与策略选择之间关系的条件下，使得自己的期望收益最大化。而在不完全信息动态博弈中，某一参与人根据其他参与人的不同类型及其所属类型的概率分布，建立自己的初步判断。当博弈开始后，该参与人就可以根据他所观察到的其他参与人的实际行动，来修正自己的初步判断。并根据这种不断变化的判断，选择自己的策略。

不完全信息博弈论的归纳概率逻辑基础问题是博弈论专家首先提出来的。Aumann（1976）在对不完全信息博弈的主体认知推理的“公理化”刻画中构造了信息结构，提出了共同知识和信念概念。Halpern（1985、1992）提出了知识和信念逻辑的形式系统和语义模型，并且针对“共同知识”“共同信念”进行了语形和语义两方面的刻画。在当今博弈论的研究前沿，逻辑的基础地位和作用日益突出，在 20 世纪 80 年代和 90 年代，关于共同知识，动态博弈的逆向归纳法，逻辑全知悖论，贝叶斯均衡的形式化，概率分配的可加性等问题的讨论成为博弈论的热门话题，相关的论文不断出现在博弈论、逻辑学、经济学、人工智能等学科的刊物上。但是，不完全信息博弈论作为一门发展中的学科领域，其理论体系远未成熟，其逻辑基础更有待于充实。因此，系统地研究不完全信息博弈的归纳概率逻辑基础，形式化公理化地刻画知识，信念和认知推理，用逻辑有效性恰当性分析“均衡”“解”等概念，是博弈论理论发展的内在要求，也是逻辑学所应当应对的一个课题。[①]

第四节　博弈决策的经济逻辑应用分析

博弈决策中的逻辑推理同传统逻辑中的逻辑推理一样，对演绎推理来说，只要前提是真的，推理形式正确，结论肯定是真的。而对归纳推理来说，前提是真的，推理形式正确，结论不一定是真的。所以说，在博弈决策过程中，演绎推理也是一种必然性推理，而归纳推理则是一种或然性推理。博弈决策中的逻辑推理同传统逻辑中的逻辑推理不同之处在于：在传统逻辑中，人们进行逻辑推理时，所运用的前提假设是静止的、不变的；而在博弈决策中，所运用的前提假设既有静态的，也有动态的。

对一个博弈来说，肯定存在着某些公共知识，均衡的产生依赖于这些公共知识的条件，不同的博弈存在不同的公共知识。所谓公共知识是指一群体人们之间的对某个事实“知道”的关系。例如：假定一群体由 A、B 构成，A、B 均知道一件事实 C，C 是 A、B 的知识，但此时 C 还不是他们的公共知识。当 A、B 双方均知道对方知道 C，并且他们各自都知道对方知道自己知道 C……此时我们说，C 是 A、B 间的公共知识。

在一个博弈中，如果公共知识是所有参与者知道的唯一知识，并且是参与者行动的最佳策略。行动者根据这个公共知识能推出其他行动者的最佳行为和自己的最佳行动，那么，这个公共知识是一个精确的纳什均衡点，每个参与者利用这个公共知识进行推理所得到的结论必然是真的，其推理方法是演绎推理。这种对公共知识进行演绎推理所形成的策略是完全信息博弈。所以说，演绎推理是一个利用逻辑规则和所有都知道的信息（假定的

① 任晓明：《新编归纳逻辑导论——机遇决策与博弈的逻辑》，河南人民出版社 2009 年版，第 216 页。

前提)进行推理而得出结论的过程。如果逻辑规则合理和假定的前提正确,那么,通过演绎推理所得到的结论就一定正确。在这种意义上说,演绎推理的结论是包含在前提里。纳什均衡点包含在假定的理性的公共知识里。因为如果所有行动者都选择 C,所有行动者知道所有行动者选择 C,如此等等,那么,他们都知道其他的行动者都选择最好的策略 C 进行行动,因此他们都选择最好的策略 C 进行行动,这个最好的策略 C 就是精确的纳什均衡。

然而在一个博弈中,公共知识不是参与者知道的唯一知识,也就是说,对参与者来说,存在着非公共知识,即:有些知识不是公共知识。有两种情况,一是有些知识,博弈双方都知道,但不知道对方是否知道,当然也不知道对方是否知道自己知道不知道;二是有些知识,只有博弈一方知道,而另一方不知道,即知识是非对称的,一方拥有的知识多些,而另外一方拥有的知识少些。在这种情况下,就不能使用演绎推理,而要用归纳推理。在进行归纳推理时,每个理性人都保留自己许多的信念模型。当他需要进行选择时,他选择当前最可信的那种作为行动方案,其他的仍然保留。他也可能综合几种策略作为行动方案。但每个理性人所选择的模型并不一定是该博弈的纳什均衡,除非所有行动者所选择的信念模型都相同。然而,在不完全信息博弈中,归纳推理能导致更一般的信念模型作为纳什均衡。

在博弈论中,归纳推理产生的结论不包含在前提中,并且比前提更一般,所得出的结论不一定正确,主要适用于不完全信息博弈,参与者对所有参与者的策略空间及策略组合下的支付不完全的了解;而演绎推理中前提蕴含结论,结论包含在前提中,主要适用于完全信息博弈,参与者对所有参与者的策略空间及策略组合下的支付有完全的了解。演绎推理和归纳推理既有区别,又有联系的。例如数学中的数学归纳法实际上包含了演绎和归纳两种推理。先假设 P(n)成立,然后推出 P(n+1)也成立,也就是说,前提 P(n)蕴含结论 P(n+1),这是演绎推理。而根据 P(1),…,P(n),P(n+1)成立,得出对所有 n ∈ N,P(n)都成立,这是归纳推理。

在重复博弈中,归纳推理占主要地位,因为它能产生稳定的解决办法,也就是说行动者利用归纳推理能学习任何行为。例如,如果一方以前是理性的,但现在突然变疯了,然后其他行动者根据他们观察学习的情况修正他们的信念。这也就是说,归纳推理更能产生可靠性高的纳什均衡。

一、酒吧问题中的归纳推理

酒吧问题(bar problem)是美国人阿瑟(W.B.Arthur)1994 年在《美国经济评论》发表的题为《归纳论证和有界理性》一文中提出的,后来他在 1999 年的著名的《科学》杂志上发表的《复杂性和经济学》一文中阐述了这个博弈。阿瑟是斯坦福大学经济学系教授,同时是美国著名的圣塔菲研究所研究人员。他不满意经济学中认为的,经济主体或行动者的行动是建立在演绎推理的基础之上的,而认为是基于归纳的基础之上的。酒吧问题就是他为了说明这个问题提出的。

该博弈是说:假设有 n 个人每个星期都在决定他这个星期天晚上是去能提供娱乐的酒吧活动还是待在家里看电视。为了更好地说明这个问题,我们假设总共有 100 个人,而酒吧的容量是有限的,比如空间是有限的或者座位是有限的,我们假定酒吧容量是 60 人,或者说座位是 60 个,如果 100 人中少于 60 个人去,则酒吧不会显得太挤,人们晚上也将会玩得很舒服;反之,如果超过 60 个人去,去酒吧的人则会感到不舒服,此时,他们留在家里比去酒吧更舒服。但没有办法预先确定去酒吧的人数,因此人们或理性人在进行预测:如果预测去酒吧的人数少于 60 人,那么他就决定去;反之,如果超过 60 人,则他就决定不去而待在家里。每个参与者或决策者所拥有的唯一的信息是以前去酒吧的人数。而每个星期去的人数是不断变化的,所作出的选择不受以前去过的人数的影响,如果理性人之间没有任何勾结或预先联系,那么每个参与者只能根据以前去的人数的信息归纳出策略来。

这是一个典型的动态博弈问题,即决策或行动有先后次序,而且是一群人之间的博弈。我们发现这个酒吧问题有两个有趣的特点。首先,如果所有理性人都能通过以他们得到的结论为基础建立一个显而易见的模型,然后运用这个模型来预测去酒吧的人数的话,那么就有可能存在推理的方法。但是事实上并不是如此,假如给定近几个星期去的人数,那么,许多预测模型可能是合理的和有说服力的。因此,其他理性人可能不知道选择哪一种模型较好,这样理性人就无法用一种明确的方法选出一种好的预测模型,也就不存在任何合理的推理方法,即没有任何正确的预测模型。从理性人的观点看,问题是不明确的,因此他们被推向了归纳推理境界中。其次,任何理性人的预测模型都会被结束:如果所有人都认为很少人去,那么所有人都会去。但是这种想法是不合情的。同样的,如果所有人都认为大多数将去,那么没有人会去,这种想法也是错误的。所以说,不同的行动者有不同的预测模型。

参与人在不同的时间里所得出的预测结果究竟会有怎样的变化,这种变化是有一个固定的规律还是杂乱无章的? 我们怎样才有可能得出这些预测结果?

为了回答这些问题,让我们对以上所说的酒吧问题建立一个曲线模型。假如 100 个理性人中,每个人各自有几个预测或假设,根据过去 n 个星期去酒吧的人数形成数学函数,从而来预测下周可能会去的人数。例如,假设最近几个星期去的人数是:

…44　78　56　15　23　67　84　34　45　76　40…

特殊的假设或预测可能是预测下星期去的人数是:与上星期相同(35);两点的周期环(22);前四周的平均数(38);与前面隔一周相同(22);与前第五周相同(76),等等。

假如每个理性人拥有和记录 K 个预测结果。他根据当前最精确的预测来决定是去还是留,一旦作出决定后,每个理性人学会一种新的参与人模型,从而更新他的预测模型。

我们再来看看这个酒吧问题,当前那种假设是否最可信取决于理性人,而假设的作用决定了参与人,但是过去参与人的数量对积极的假设起决定作用。我们能把这些积极的假设认为是形成一种生物规律。问题在于这种生态究竟是怎样进化的。

对于大多数假设,我们分析起来似乎是一个很难的问题。所以下面我将通过一些计算实验来说明假设的形成过程。在这些实验里,为了产生假设,我首先产生预测的初步,在形成地重复了许多次的几十种预测模型里,我随意选出 K 种(比方说 6 或 12 或 23)给 100 个理性人中的每一个,那么每个理性人将获得 K 种预测或假设或想法。我们不必担心那些无用的预测将损坏理性人的行为，因为如果这些预测不发挥作用，那么理性人将不能使用它们；相反，如果这些预测发挥作用，则理性人将首先考虑使用这些预测。给定起始条件和固定的可利用的假设给每个理性人，所有预测的未来精确度都被预先决定了，这种现象叫决定论。

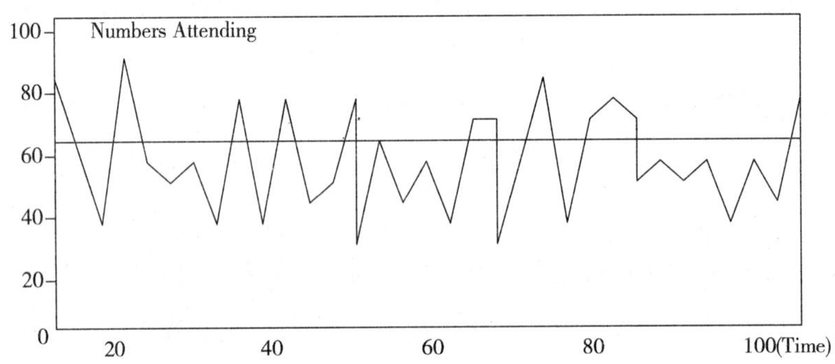

这些实验结果是有趣的(图 11－1)①。在那些认为参与人具有周期性的理性人出现的地方，预测者会很快陷入根据以前出现的周期性来预测未来将出现的情况，这样就不会有持久的周期性。(例如：因为前三周许多人去了酒吧，一些人就预测下周肯定也会有许多人去，因此他们留在家里。)更有趣的是，去酒吧的人总是趋向于 60 人。事实上，预测者所建立的理性模型形成了一种均衡模式或在积极的预测者中形成了一种心态。一般来说，最精确的预测是：100 个理性人中有 40 人预测有 60 人以上去酒吧，有 60 人预测 60 人以下去。也就是说，预测者自组织到一个均衡系统中，去和不去的人群形成一个生态稳定系统。即经过一段时间，这个系统中的人群去与不去的人数之比是 60∶40，尽管每个人不会固定地属于去或不去的人群，但此系统的这个比例是不变的。这就好像一片森林，其占地面积没有变化，但森林里个别树木的数目在不断变化。这些结果出现在整个实验中，会直接影响预测者种类和指定人数的变化。

也许读者会问：预测者究竟应怎样去预测这种去者一般为 60 人、预测

① W. B. Arthur: Inductive Reasoning and Bounded Rationlity. Published in Amer. Econ. Review, 1994.

速率为 60/40 呢？一种解释可能是 60 在酒吧问题里是一个有吸引力的数字。事实上，如果我们把这一现象看做一种纯粹的博弈的话，我们将得到一种混沌的预测策略，即 100 人中可能有 40 人预测 60 人以上去酒吧，而 60 人预测 60 人以下去，这种现象就是纳什均衡。纳什均衡策略是这样的策略组合：为了极大化自己的盈利（或效用），每一个局中人所采取的策略一定应该是关于其他局中人所取策略的最佳反应。因此没有一个局中人会轻率地偏离这个策略组合而使自己蒙受损失。但纳什均衡一直不能解释：理性人是如何通过他们真实的主观性推理来得到这些结果？为了大家便于理解这一现象是如何产生的，我们假定在一段长时间里 100 个理性人中有 70 人预测有 60 人以上去酒吧，因此他们都不去而留在家里，因此结果只有 30 人去酒吧，但是这种靠近 30 的预测结果通过预测者的生态平衡，最终会达到 40/60，重要的是，我们必须清楚，我们建立的预测模型不必存在 40/60 预测平衡。许多人趋向于预测高速率，但那些胆大的人所作出的预测首先能引起预测速率均衡。当然，如果所有人都预测只有 60 人以下去酒吧，那么 100 个理性人都去，这一特殊情况例外。预测者必须在一定程度上涉及可利用的预测空间。但是，如果所有理性人都这样去预测，将会出现什么样的情况呢？

对于这个酒吧问题，对于下次去酒吧的确定的人数，我们是无法作出肯定的预测，这是一个混沌现象。混沌系统的行为首先是不可预测的。对于酒吧问题来说，由于人们根据以往的历史来预测以后去酒吧的人数——我们假定这个过程是这样进行的，过去的人数历史就很重要，然而过去的历史可以说是任意的，那么未来就不可能得到一个确定的值。其次，这是一个非线性过程。所谓非线性的过程是说，系统未来对初始值有强烈的敏感性。这就是人们常常说的“蝴蝶效应”：在北京的一只蝴蝶动了一下翅膀，英国的伦敦下了一场大暴雨。

在酒吧问题中，同样有这样的情况。假如其中一个人对未来的人数作出了一个预测而决定第 n 天去还是不去，他的行为反映在下次去酒吧的人数上，这个数目对其他人的预测及第 n+1 天去和不去的决策造成影响，即第 n+1 天中去酒吧的人数中含有他第 n 天的决策的影响。而他对第 n+2

天人数的预测要根据第 n+1 天的人数，这样，他第 n 天的预测及行为给其他人造成的影响反过来又对他第 n+2 天的行为造成影响。随着时间的推移，他的第 n 天的决策的效应会越积越多，从而使得整个过程变得不可预测。

我们从以上对酒吧问题的分析可以看出，参与者是根据在过去时间 t_1、t_2、t_3、…t_n 去酒吧的人数，然后归纳出在未来的任何时间 $t_n+i(i\geq1)$ 将去酒吧的人数。它主要是按照一定的程序或模式去猜，使用这种方法有可能猜对，也可能猜错，因为我们除了能知道以往去酒吧的人数外，我们是无法知道其他人的预测方法。即使我们知道了其他人的预测方法，但当他们知道我们是根据他们的预测方法进行预测时，他们便会改变他们的预测方法。也就是说以往的历史并不一定是未来结果的充分条件，所以得出的结果并不一定正确。从这一事例反映了归纳推理具有如下特点：(1)归纳推理的是一种扩展性推理，结论所断定的东西超出了前提所断定的范围，不具有保真性：当归纳前提真时，归纳结论却可以为假，换句话说，归纳前提的合取与归纳结论的否定并不矛盾。例如酒吧问题中，参与者根据以往去酒吧的人数，这些数据可能是真实、准确的，但是依据这些真实而准确的数据归纳得出的结论却并不一定正确。(2)事实的可能性、必然性、不可能性与逻辑的可能性、必然性、不可能性之间的关系十分复杂，不能随便地进行推理。从事实可能可推出逻辑可能，从逻辑不可能可推出事实不可能，但在这两种情形中都不能从后者推出前者；在事实必然与逻辑必然之间不能建立推理关系，但从逻辑必然可推出事实可能，如此等等。例如我们可从过去去酒吧的人数归纳出未来可能去酒吧的人数，但不必然真。(3)归纳推理所运用的前提既可能是静态的，也可能是动态的。例如酒吧问题就是一个动态博弈。正因为如此，使得整个过程变得不可预测。

二、互动中的人的归纳学习机制与群体的可预测性

(一)归纳学习理论

如果参与者必须重复进行相同或者相关的博弈，学习就会发生，以便参与者能够从中学到一些东西。产生对社会行为模式的个人选择过程应当理

解为一种从经验中学习的过程。也就是说,个人通过学习来采用那些能满足个人成功的行为方式。尽管这种行为方式可能会受到其他的进化机制的阻碍。当理性人使用那些复制模型来描述社会进化时,从经验中学习而得到的那种思想与原来在头脑中已形成的博弈进化理论有密切联系。例如,假设在一群司机开车的速度具有某些规律,但是一直没有人意识到。设想在人们对汽车的颜色的偏好与司机开车的速度之间有一定的关系,在同一环境中,开红色汽车的司机比开其他颜色车的司机很少有减速的可能。如果某一个司机后来意识到这种关系并且相应地调整了他的行为:碰到红色的车,他主动减速;碰到其他颜色的车,他不减速。因此,他比其他司机能更快通过城市。这种节省时间的成功方法并不会在那些急于想节省时间的司机中自动产生,但是这种方法一定会遗传给他的后代。为了让这种方法流传,其他人必须向那些已知晓的人学习,或者像那位司机一样发挥想象力,或者通过他自己的成功事例和使用不同方式取得成功来归纳总结出这种方法。当然,如果这种方法成了公共知识,所有人都这样做,所有人为了节省时间都去买某一颜色的车,那么这一方法就会失效。

研究学习的自然起始点,在于想象两个参与者重复进行两人博弈,并试图通过对过去博弈结果的观察学习,预测彼此的未来行动。Fudenberg 等称之为固定参与者模型(fixed player model)。然而,在此环境中,参与者不仅应该考虑其对手在未来将如何行动,而且应该考虑他们当前的行动影响其对手未来行动的可能性。例如,参与者可能认为,如果他们是细心的,他们将在未来从细心的博弈对手那里获得"回报",或者他们能够通过一次又一次的重复行动"教会"其对手对特定行动作出最优反应。①

归纳学习是从具体实例出发,通过归纳推理,得到新的概念或知识。归纳学习的基本操作是泛化和特化。泛化使规则能匹配应用于更多的情形或实例。特化操作则相反,减少规则适用的范围或事例。归纳学习是目前研究得最广泛的一种符号学习方法。

归纳学习在我们生活中随处可见。例如少数者博弈就是一个典型的归

① Fudenberg,D.And D.K.Levine(1998),Theory of Learning in Games,p.30.

纳学习实例,它是由一位定居瑞士的名叫张翼成的中国人在1997年提出的。这个模型是这样的:

有一群人,假定为n人,且n为奇数,每一个人在每一次要么选择A,要么选择B。当这n个人都独自作出选择后,却发现,少数人选择的那方赢了,这是一个模拟市场内部动态变化情况的简单模型,在这个模型里,博弈者是根据过去A或B赢或输的历史记录来作出决定。因此少数者博弈是一种个人为取得稀少的资源而竞争的系统。假设这个系统中,1表示选A,0表示选B,1表示A赢的一方,0表示B赢的一方,我们假定参与者的分析能力是有限的,他们只能记住最近m个结果的历史记录,并对它们进行分析来作出决策。参与者总共有2^m种0或1的历史记录,由于每种历史记录有0或1两种不同的决策,因此总共有2^{2^m}种不同的策略。每个理性人从这些选出其中的一种,有一些理性人可能有相同的策略,每个人所选策略是一个动态变化的过程,但这些策略总数在整个博弈过程中保持不变。

尽管这种模型非常简单,不能提供任何准确的分析方法,主要难处在于行动者通过选择他们的积极策略的动态过程。而策略的得出完全是根据他们以往的经验归纳出来的。这是一种归纳学习过程,也就是说,行动者根据以往的经验,对过去的自己的策略和别人的策略不断进行学习和选择,如果所选择的策略成功率低,他们就调整现有的策略,制定出一种成功率高的策略。行动者通过不断学习别人的经验,修正自己的错误,从而归纳出一种更好的策略,以此作为现在或未来的行动。

再如交通拥挤问题。随着社会的发展及人们生活水平的不断提高,购车的浪潮越来越高,由此带来的问题是:城市的交通越来越拥挤,司机选择行车路线也是不断的博弈过程。在交通高峰期间,司机面临两条路的选择时,往往要选择没有太多车的路线行走,此时他宁愿多开一段路程而不愿意在塞车的地段焦急地等待。司机只能根据以往的经验来判断哪条路更好走,而所有司机都不愿意在塞车的道路上行走,因此一个司机的选择必须考虑其他司机的选择,这就要经过多次的选择和学习,从以往成功和失败的经验教训得到启发,找到规律性,但这不是必然有效的规律性。在这个学习过程中,司机的经验和司机个人的性格起了重要的作用。有的司机因有更多的经验而更能躲开塞车的路段；有的司机经验不足而往往不能有效避开高峰路段；有的司机喜欢冒险，而宁愿选择短距离的路线；有的司机因为保守起见而宁愿选择路线远但少堵车的路线，等等。最终，路线的拥挤程度就由不同特点和不同经验的司机的选择所构成，司机的选择同少数者博弈一样，也是一个学习机制问题。

在经济活动中，如果一个行业被多个寡头所垄断，寡头要确定自己最优的生产产量，但无法知道其他企业的产量，它只能根据过去其他博弈方的历史来推测他们的生产产量。他们之间的竞争也是一个归纳学习的过程。

归纳学习的例子在市场经济中经常出现。例如垄断市场的寡头 A、B，他们可以协议指定一个产量（如海湾国家的石油产量），来维持自己的最大利润。但是在许多情况下总有为了维护自己的局部利润而提高产量的情况（如沙特常擅自提高产量），结果导致价格下降，利润流失。竞争信息往往在这种情况下起重要作用，如果 A 掌握了 B 的实际生产能力这类竞争信息，就可以调整自己的产量甚至突破协议，从而形成新的均衡。“竞相杀价”，在某种产品市场容量一定的前提下，A、B 企业本可以订一个协议价格来维护共同的长期利润，但 A 会为自己的近期利益而采取“低价倾销”策略，B 也会效仿降价，不遵守事先达成的价格协定，结果使市场过早枯竭，A、B 都没有出路了。但是如果 A 事先获知 B 的产量和价格这类竞争信息，就可以采取保护措施（如动用反倾销法案，甚至可以“威胁”用更低的价格“报复”），这样就能避免“两败俱伤”，形成新的协定。再如，房地产市场有公司 A 和 B 考虑进入，但是 A 对市场需求清楚，对自己的成本函数清楚，而 B 只知道自己的成本函数。A、B 之间的公共信息是提供的价格。如果 A 不愿意 B 进入该市场，它可以提供比成本价格更低的报价，这样 B 就会认为无利可图而放弃进入，A 虽然短时间会损失部分利益，但会享受垄断市场带来的长期利润。这时的均衡结果是 A 低价，B 不进入。如果 B 能够通过各种途径获得 A 的成本函数和市场信息，如：(1)通过了解 A 在公众媒体上发布的各种报告和广告活动获取 A 公司的实力信息；(2)通过 A 的客户和供货商了解；(3)通过 A 的员工等渠道探听成本消息。从信息的分类来说，这些信息既有一次信息，二次信息，也有零次信息和灰色信息，但无论如何，一旦 B 获得 A 的成本函数或有较大的把握,A 就不能再用低的报价来阻止 B 的进入,这时均衡结果就成为 A 高价,B 进入。这种取得竞争信息的做法实质上也是一个归纳学习的过程。

我们能否构造一个静态博弈,使得该博弈的均衡满足一定特殊的性质?也就是说,我们能否通过观察过去的行动和学习别人的行为,从而形成一个新的最似然预测规则?每个参与者在对即将到来的行动(包括他自己的行动)的预测基础上选择其行动。在一些情况下,预测被认为仅和其他参与者对即将到来的行动的反应机制有关。在此情况下,给定参与者 N 对于其他参与者反应机制的预测,他制订即将到来的行动计划。该行动计划指导他采取当前行动,此行动是当前时期作出的有效选择。在每个参与者必须行动的时期,他会对即将到来的时期指定行动计划,从而产生当前行动的选择。在此过程中,尽管参与者正确预测了其他参与者的反应机制,他在下一期的有效行动选择有可能与先前所制订的行动计划不一致。换句话说,该过程导致时间不一致的问题。从长期看,如果参与者 N 学习其他参与者的反应机制,他必须意识到其行动计划与其下期实际选择的行动不一致。对于他而言,避免时间不一致的唯一方法是把他当期行动选择变为他的当期行动。

建立归纳推理基本模型,从某种程度上来说是关于推理方式的公共知识。例如,我们假设每个人都知道其他人的报酬,并且每个人都能通过归纳推理得知其他人的情况。那么,A 在选择他的行动方式时,他可以利用 B 的行动方式。如果 B 通常选择 S,那么 A 选择-S。如:在"市场进入障碍"中,一个行为人可能知道他的对手预期他会"不进入",所以他的对手会采用"进入",该行为人因此可以通过采用"进入"来使对手吃惊。这种利用模型的互补性可能影响纳什均衡的形成,但是均衡的基本趋势不会改变。

在理性人的互动中,归纳学习机制问题是一个重要又必要的研究领域,我们运用这种方法能有效地制订出未来的设计方案。

(二)群体行为的可预测性

对社会的预测,就是对集体行动结果的预知。从原则上讲,在一般意义上人类的历史是不可预测的,也就是说,人类的集体行动是不可能预知的。

例如股市是个变幻不定的系统,我们不仅无法确定未来将要涨或跌,而且也无法确定涨跌的准确概率,因为,这个概率既不能通过系统本身的性质而确定也不能简单地根据过去的统计来确定,所以只能相当粗略的估计涨的可能性大或跌的可能性大。

但是,在某些假定的条件下,某种集体行动是可预测的。博弈论中对行动者的假定是,行动者是理性的。理性的人不可能作出非理性的事情,在这个假定下,许多结果就能预测出来。博弈中的纳什均衡实际上就是一种理性预期均衡。因为它要求每一方关于其他人行为选择的信念符合其他人将要作出的真实选择,即符合"一致性"。根据纳什均衡的定义我们认识到,纳什均衡是行动和信念的均衡,在均衡中,每一方都能正确预见其他人如何去作出选择,双方的信念是相互一致的。例如,在一个实际市场中人们有可能在"错误价格"下进行交易:对于任何给定的商品单位,如果价格不是在一个理想且无摩擦的市场机制下所建立的理论均衡价格,那么一个购买者有可能多付或少付钱,而相应地一个售卖者有可能多收或少收钱。我们要想避免这种情况发生,就需要市场中的每一个交易者都对均衡价格作出一个猜测,这种猜测是以交易者对自己所掌握的私人信息进行归纳,再加之他对诸如供给和需求规律的经济关系的一般知识得出。再如,前面所说的司机对汽车颜色的偏好与开车速度的快慢之间的关系。司机通过他自己的成功事例和使用不同方式取得成功来归纳总结出:开红色车的司机开车速度快,而开其他颜色车的司机开车速度慢。这种通过归纳学习得出的结论也是可预测的。

对于复杂的不确定事件,如政府对未来全球经济及本国经济的预测,对股票市场的预测等,该如何进行群体预测?可通过综合该领域专家个体的预测意见,归纳学习专家的历史经验,对参与预测的专家建立历史数据库,将个体专家的预测看做是依据一定预测资料和专家本人经验,对不确定的事件作出的判断而形成的一个证据。领域专家由于学习经历、知识结构、工作经历的差异,预测问题的准确性存在差异。对专家的历史预测数据进行分析可掌握参与预测专家的对特定问题的预测准确性与专家的预测特点。一般可采用归纳统计的方法分析计算专家对特定问题的预测准确率、对预测问题的特定属性的预测准确率以及专家的预测特点。对参与预测的专家,利用历史数据还可进行聚类分析,将专家分为若干个类别以利于在对专家预测意见进行合成时选择有代表性的预测准确率高的专家。领域专家的预测水平存在差异,但是领域专家对特定问题的分析,站在不同的立场得到的结论往往具有互补性。选择具有互补性的专家参与预测,可使合成专家预测意见的预测结果的准确率高于任何一位专家的预测准确率。这种将归纳学习专家的历史预测经验与专家的预测意见合成相结合的方法也是归纳推理的过程。

在博弈论中有这样的结论:在静态的博弈中,如果有一个纳什均衡解,那么这个解就是该博弈的必然结果,它是可预测的;而当有几个纳什均衡时,这几个纳什均衡都是可能的结果,此时,结果也是可预测的。

三、博弈决策中归纳合理性问题

在传统逻辑中,"有效性"与"合理性"是两个不同的概念,只有前提真实并且形式正确的推理,才是"有效的";而"合理性"是运用概率论的定量分析和公理化、形式化的手段探索有限的经验事实对于适应于一定范围的普遍原理的归纳支持和确证程度。所谓"真实性与正确性的关系"是指演绎推理来说的,归纳推理由于没有严格的形式,自然无从讨论这类问题。所以,"有效性"是针对演绎推理而言,归纳推理只能讨论它的"合理性"。任何演绎推理都满足从其前提能够必然地得出其结论,即假定其前提都为真时,其结论也一定为真。也就是说,演绎推理的有效性在于它是保真性的。所以对演绎推理的有效性的逻辑辩护广为人知,鲜有人提出异议。而归纳推理所得到的结论有可能被某一个别的事例所否证,这意味着当归纳推理的前提有一个为假时,其结论一定为假。如果归纳推理的前提都为假时,其结论也必为假。换句话说,所有的归纳推理都是"保假性"的。正因为如此,人们对归纳推理的合理性一直争论不休。比如,18 世纪英国经验论哲学家休谟从不可知论、怀疑论的立场出发对归纳推理提出质疑,怀疑由已观察到的事件过渡到尚未观察事件的推理的合理性。休谟认为:由于归纳推理是从实际观察到的有限事例跳到了涉及潜无穷对象的全称结论,是从过去、现在的经验跳到了对未来的预测。而这两者都不能得到演绎逻辑的保证,因此归纳推理不能得到演绎主义的辩护。其次,归纳推理要以不具有客观真理性的自然齐一律和普遍因果律为基础,因而归纳推理的合理性也不能归纳地证明。① 而我国逻辑学者陈波认为:归纳是人类必须采取也只能采取的认知策略,具有实践的必然性。人类有理由从经验的重复中建立某种确实性和规律性,因为人们确信宇宙中存在某种类似于自然齐一律和客观因果律之类的东西。人类实践的成功在一定程度上证明了相应的经验知识的真理性,人类有可能建立起局部合理的归纳逻辑和归纳方法论。②

另外,由于归纳推理是在仔细观察的基础上得出结论的过程。但它本身也不是取得证据的有效方法,它只不过是因为人们观察到某一事物在许多情况下都出现过,但并不意味着这一事物在所有情况下都为真。例如:某人看到许多人喜欢带他们的狗出去散步,他们所带的狗都是长卷毛狗,并且都由老年人带着散步,然后这个人通过归纳推理得出:长卷毛狗只为老年人拥有,其他人都没有。这样的猜测绝不是一种取得证据的有效方法。实际上它是通过固定的人和物而得出结论的一种方法。然而,通过归纳推理得到的假设能引起对某一情况更仔细的研究。例如上例,观察者通过归纳推理得出长卷毛狗为老年人独有的假设,然后以此假设为基础对这一情况作更深入的研究,从而推断出他的假设是真还是假,或者只是部分假。

在几何学里,人们经常使用类似方法进行归纳推理。人们可能因已知的许多全等的长方形,其对角线相等,于是他们通过归纳推理得出:在所有全等的长方形中,其对角线相等。尽管我们都知道,一般来说这是正确的,但是观察者只是通过有限的观察并不能证明它,然而我们能通过其他方法和定理进行证明。在这种情况下,归纳推理导致猜测或者假设,但事实上是正确的。③

---

① ［英］休谟:《人类理解研究》,关文运译,商务印书馆 1981 年版,第 27—29 页。转引自陈波:《逻辑哲学导论》,中国人民大学出版社 2000 年版,第 279—282 页。

② 陈波:《逻辑哲学导论》,中国人民大学出版社 2000 年版,第 279—282 页。

③ Amy Greenwald: Modern Game Theory: *Deduction vs.Inductiv.Published in Amer.Econ.*Review,1997.

归纳推理并不能证明数学公式，也不能提供证据，但它却是有价值的，因为它能使我们在现实中通过许多已知事物形成某些思想、方法。在几何学里，归纳推理有助于我们把观察到的东西形成某种假设，并且这些假设能用其他更可靠的方法得到证明。不管我们是否认识它，归纳推理的过程有助于我们通过已知事物形成新的思想和方法。一旦这种思想形成，我们能有规则地判断最初的思想是真还是假，或者在两者之间。

在由互动的人群构成的博弈中，人们怎样运用归纳法进行推理呢？归纳法何时合理？

在博弈逻辑中，所谓归纳推理的合理性，主要指我们运用归纳法求出该博弈的纳什均衡点的过程是否合理、正确。也就是说，在博弈中，归纳法的合理性体现在参与人对博弈均衡的认识。即通过归纳法的学习，博弈参与人对该博弈均衡获得了认识，对其他参与人的均衡策略也获得了认识。所以，只要当一个博弈存在着策略均衡时，归纳推理便是合理的。例如在“酒吧问题”中，当某人进行预测时，只有当他知道其他人预测的方法，他才能根据以往的人数和其他人的方法来预测下次去酒吧的人数，这样的预测才是合理的。但我们除了能知道以往去酒吧的人数外，我们是无法知道其他人的预测方法。即使我们知道了其他人的预测方法，但当他们知道我们是根据他们的预测方法进行预测时，他们便会改变他们的预测方法。这样一来，人们构成的博弈没有一个“纯策略纳什均衡”点。对于下次去酒吧的确定的人数，我们是无法作出肯定的预测，这是一个混沌现象。混沌系统的行为是不可预测的。但是，经过多次博弈，参与人通过归纳法认识到一种混沌的纳什均衡策略，即 100 人中可能有 40 人预测 60 人以上去酒吧，而 60 人预测 60 人以下去，所以说，在酒吧问题上，归纳推理也是合理的。①

当一个博弈存在着唯一一个纯策略纳什均衡点时，并且该博弈是完全信息博弈，即参与者对所有参与者的策略空间及策略组合下的支付有完全的了解，参与人在一次博弈中就可达到均衡点。例如“囚徒困境”。俩囚徒

① 潘天群：《博弈行为中的演绎与归纳推理及其问题》，《自然辩证法研究》2003 年第 3 期，第 39—42 页。

都知道双方各自策略下的支付,他们从各自的利益出发,肯定选择招认,因此“招认”成了他们的公共知识,也是他们的均衡点,且这个均衡点只需通过一次博弈就可达到。

当博弈是不完全信息博弈时,参与人通过多次博弈,了解其他参与人不同策略组合下的得益,努力使自己的期望支付或期望效用最大化,一旦策略组合达到了纳什均衡,博弈方均无意改变策略,也就是说,该均衡点是博弈各方都能接受的点。由于存在着某个策略组合下的得益不是公共知识,即使一个博弈存在唯一的纳什均衡,这个也不是公共知识,这样的均衡不能够在一次博弈中达到。例如,在卖主甲和买主乙之间的“买—卖”博弈中,卖方尽量想以高的价格将东西卖出去,但价格太高,买者不接受,因此卖者通过了解市场需求情况和其他卖者的策略,不断调整自己的策略,在与买方进行交易时,可以讨价还价,如果通过双方讨价还价,最后确定下来的价格就是这桩交易的均衡点。其均衡对双方来说都是最优选择。但这个均衡点并不是他们的“公共知识”,也并非是在一次博弈中完成。在这样的博弈中,归纳法也是合理的。

当一个博弈中不存在着纯策略的纳什均衡,但存在混合策略的纳什均衡,情况又会如何？也就是说,在这样的博弈中,归纳推理是不是合理？我们还是先看一个例子。

有 A、B 两国进行一场经贸合作的谈判,每个国家可以选择贸易合作或不进行贸易合作两种策略。其目的都是尽可能地让自己国家的收益最大,这场谈判的收益矩阵类似如下:

B \ A	合　作	不合作
合作	(5,5)	(8,2)
不合作	(9,1)	(2,8)
(B 国收益在左,A 国收益在右)		

要计算出上面收益列表中的混合策略均衡点,我们可以假设 A 国使用合作策略的概率为 p,那么使用不合作策略的概率是 1-p。相对应地,B 国

使用合作策略的概率为 q,使用不合作策略的概率是 1-q。根据上面的收益矩阵,我们可以计算出 B 国选用这两种不同策略时的收益:B 国采取合作策略的收益:5×p+8×(1-p);B 国采取不合作的收益;9×p+2×(1-p)。

根据求解混合策略的纳什均衡原则,我们要保证 B 国选择每种策略的收益都相等,即:5p+8(1-p)= 9p+2(1-p),求解得:p=0.6,反之 1-p=0.4。即 A 国采取合作策略的概率为 0.6,采取不合作策略的概率为 0.4。

我们再来通过 A 国的收益计算下 B 国的策略概率情况:

A 国采取合作策略的收益:5×q+1×(1-q);A 国采取不合作策略的收益:2×q+8×(1-q)。

同理,要使 A 国选择每种策略的收益都相等,即:5q+(1-q)= 2q+8(1-q),求解得:q=0.7 反之 1-q=0.3。即 B 国采取合作策略的概率为 0.7,采取不合作策略的概率是 0.3。

假设 A 国修改了自己的某项经济政策,提高了双方合作时自己的收益,使得上面的收益矩阵变为:

B \ A	合　作	不合作
合作	(3,7)	(8,2)
不合作	(9,1)	(2,8)

下面我们讨论一下 A 国采取合作的概率是增加还是减少?如果仅从 A 国自己的利益出发,新政策的实施能让自己合作策略的收益提高,那么为了提高自己的收益,应该加大合作的概率。但从 B 国的角度来看,和 A 国合作后 A 国的收益增加,对应导致自己的收益减少,那么 B 国应该减少合作策略的概率。那么这两种角度究竟哪种正确或影响更大一些呢?我们可以通过计算上面混合策略的纳什均衡点来得出结论。

B 国采取合作策略的收益:3×p+8×(1-p);B 国采取不合作的收益;9×p+2×(1-p)。

根据求解混合策略的纳什均衡原则,我们要保证 B 国选择每种策略的收益都相等,即:3p+8(1-p)= 9p+2(1-p),求解得:p=0.5,反之 1-p=0.5。

即 A 国采取合作策略的概率为 0.5，和之前的 0.6 相比，其采取合作策略的概率有所下降。

我们再来通过 A 国的收益计算下 B 国的策略概率情况：

A 国采取合作策略的收益：$7\times q+1\times(1-q)$；A 国采取不合作策略的收益：$2\times q+8\times(1-q)$。

同理，要使 A 国选择每种策略的收益都相等，即：$7q+(1-q)=2q+8(1-q)$，求解得：$q=7/12=0.583$，反之 $1-q=0.417$。即 B 国采取合作策略的概率为 0.583，和之前的 0.7 相比，其采取合作策略的概率也有所下降。

由此可见，当合作后 A 国的收益增加，必然会使得 B 国减少合作的可能性，A 国为了应对对手策略概率的变化，因此会调低了自己采取合作策略的概率。

在使用混合策略的博弈过程中，当其中的某一项策略收益发生变动时，也需要根据对手的变化调整自己的策略概率。所以这个均衡一直是动态的，当某一方出招时，均衡就会被打破，从而导致预期的结果产生偏差，博弈参与者应因此修改自己的策略概率，达到一个新的纳什均衡。如果某一方没有注意到这一点，一直采用最初的策略概率来进行博弈，则对方可能会根据这一点修改自己的策略概率来提高自己的收益。例如上面的外贸合作中，假如 A 国在修改某项经济政策提高自己合作后的收益后，还是维持之前 0.6 的合作概率，那么 B 国可能采取不合作策略，减少 A 国的收益来使自己的收益增加。

使用混合策略的博弈一般都是多次重复的无限博弈，参与者可以通过概率归纳来达到纳什均衡，因此，在存在混合策略的纳什均衡的博弈中，归纳推理也是合理的。①

由此可见：在一个博弈中，由于总是存在某些公共知识，通过若干次博弈，总是有可能达到纳什均衡。当一个博弈存在纯策略纳什均衡时，博弈各参与人通过对以往的博弈历史的归纳，制订出下次的策略均衡点，从而摸索

---

① 潘天群：《博弈生存——社会现象的博弈论解读》，中央编译出版社 2002 年版，第 23—40 页。

着接近该均衡,最终达到一个纯策略。而当博弈存在混合策略均衡时,博弈参与人所能够做的只是逐渐认识对方的混合策略,从而相应地制订自己的混合策略,最终达到混合策略均衡。所以说,在互动人群的博弈中,参与人运用的归纳推理总是合理的,这种合理性是针对博弈均衡的认识而言的。

【参考文献】

[1] Amy Greenwald: Modern Game Theory: Deduction vs. Inductiv. Published in Amer.Econ.Review, 1997(5).

[2] Binmore, K.Fair: Game Theory and Social Contract.MIT Press, 1993.

[3] Fudenberg, D.And D.K.Levine(1998), Theory of Learning in Games.

[4] John W.Carroll: The Backward Induction Argument .Theory and Decision, 2000, 48.

[5] W.B.Arthur: Inductive Reasoning and Bounded Rationlity.Published in Amer.Econ.Review, 1994.

[6][美]肯尼斯·阿罗:《社会选择与个人价值》,丁建锋译,上海人民出版社2010年版。

[7][英]休谟:《人类理解研究》,关文运译,商务印书馆1981年版。

[8]陈波:《逻辑哲学导论》,中国人民大学出版社2000年版。

[9]黄孟藩:《现代决策学》,浙江教育出版社1998年版。

[10]李雪松:《博弈论与经济转型——兼论中国铁路改革》,社会科学出版社1999年版。

[11]潘天群:《博弈思维——逻辑使你决策制胜》,北京大学出版社2005年版。

[12]潘天群:《博弈生存——社会现象的博弈论解读》,中央编译出版社2002年版。

[13]戚译、朱秀君:《经济博弈论》,浙江大学出版社2000年版。

[14]任晓明:《新编归纳逻辑导论——机遇决策与博弈的逻辑》,河南人民出版社2009年版。

[15]谢识予:《经济博弈论》,复旦大学出版社 2002 年版。

[16]姚海鑫:《经济政策的博弈论分析》,经济管理出版社 2001 年版。

[17]于光远、马惠娣:《休闲.游戏.麻将》,文化艺术出版社 2006 年版。

[18]张登兵:《传统决策与博弈论的比较》,《统计与决策》2006 年第 13 期。

[19]朱志方:《社会决策论》,武汉大学出版社 1998 年版。

[20]张晓云:《博弈逻辑及其应用研究》,南京大学出版社 2008 年版。

[21]贺寿南:《博弈视野中的逻辑推理问题》,《科学技术与辩证法》2004 年第 5 期。

[22]潘天群:《博弈行为中的演绎与归纳推理及其问题》,《自然辩证法研究》2003 年第 3 期。

[23]张峰:《逆推归纳法悖论探析》,《福建论坛》2004 年第 12 期。

[24]张峰:《蜈蚣悖论引发的思考》,《湖南科技大学学报》(社会科学版)2005 年第 1 期。

第十二章　经济决策的逻辑——模糊决策逻辑

第一节　信息经济时代的模糊经济

只要社会存在,就会有经济活动,就一定存在经济。辞典中对"经济"一词有多种解释:经济就是生产或生活上的节约、节俭,前者包括节约资金、物质资料和劳动等,归根结底是劳动时间的节约,即用尽可能少的劳动消耗生产出尽可能多的社会所需求的成果。总之,经济就是用较少的人力、物力、财力、时间、空间获取较大的成果或收益。

一、经济发展经历的几个阶段

农业经济(劳动经济):即经济发展主要取决于劳动力资源的占有和配置。农业经济一直持续了几千年。在这一经济阶段中,人们采用的是原始技术,使用的是犁、锄、刀、斧等手工生产工具和马车、木船等交通运输工具,主要从事第一生产——农业,辅以手工业。同样,土地也是农业发展的重要基础,所以它也成为争夺的对象。从最初来看,水美田肥的地方就成为经济发达的地方,所以就有了经济发达之后的诸多文明之地:如印度河、恒河流域、尼罗河流域、底格里斯河、幼发拉底河的两河流域、黄河流域等。就整个世界而言,生产的分配主要是按劳动力资源的占有或通过体地占有的劳动力资源来进行的。在农业经济阶段，广大人民的生活十分贫苦，缺衣少食比较普遍，不能抵御自然灾害造成的经济危机。教育很不普及，文盲占大多数，人才难以流动和发挥作用。

工业经济（资源经济）：即经济发展主要取决于自然资源的占有和配置。19世纪以来，世界发达国家陆续完成了工业革命，科学技术取得了巨大发展，拖拉机、机床等代替了手工生产工具，汽车、货车、轮船和飞机代替了落后的交通工具，生产效率有了很大的提高。但是在这一时期，知识对于经济的作用尚未起到决定性作用。铁矿石、煤、石油等发展机器生产的主要资源很快成为短缺资源，并开始制约经济发展，因此，这一阶段的经济发展主要取决于自然资源的占有。

信息经济（咨询经济）：在信息经济中，居重要地位的则是芯片、集成电路、电脑的硬件和软件、光纤光缆、卫星通信和移动通信、数据传输、信息网络与信息服务、新材料、新能源、生物工程、环境保护、航天与海洋等新兴产业部门，同时，科技、教育、文化、艺术等部门通过产业化而变得越来越重要。这种信息经济的发展，不仅不会否定农业经济、工业经济的存在，相反会促进这两种经济的素质通过信息化后大为提升，并导致不可触摸的信息型经济取代可以触摸的物质型经济而在整个经济中居于主导地位。

二、信息经济时代的模糊经济

我们首先来研究一下经济学家感兴趣的通货膨胀、失业、衰退、货币、国民生产总值、投资等这些概念。比如“失业”这个概念，它的定义应该是很明确的，但是在它的论域中的对象有些只在一定程度上满足这个定义的概念。例如：有些工作时数不足的临时工，他们既不属于失业者也不属于非失业者——他们在一定程度上属于失业者。所以“失业”其实是一个模糊概念。再比如“衰退”这个概念，有些人认为GNP（国民生产总值）持续下降6个月之久可称为衰退；有些人却认为简单这样计算是不够的，还必须计入国民所得的增长和投资及失业指数。从而可见“衰退”这个概念本身就是模糊的。在经济领域中这样的概念很多，这也是造成研究经济困难的一个主要原因。

经济学中的模糊概念是无处不在的,造成这些模糊概念主要有如下几个主要原因:(1)测量产生的模糊性。比如GNP、人口总数,等等,统计国民生产总值是20亿,并不意味着GNP恰好是这个数值。(2)时间产生的模糊性。比如通货膨胀等,某年的通货膨胀率为5.3%,这是一个平均数,可能在一年之内没有任何一个月或一天的通货膨胀率恰好是这个数。(3)空间产生的模糊性。比如某物品的价格,我们只有采用一个模糊的数值,因为不同的地区它的价格是不同的。

而模糊数学恰好能够很好地表达这些概念,以“失业”为例:假设 x 是一个人每周工作的时数,我们可以用模糊集合来定义“失业”这个模糊概念。比如:当一个人的每周的工作时数是10小时时,我们可以说此人属于“失业”这个概念的隶属度为0.5。这样可以根据不同人的不同的工作时数来确定他属于“失业”的隶属度,从而达到表达模糊信息的效果。这一定义比起简单地画一条明确的界限来区分失业与否在反映实际情况上要准确得多。断言一点工作也没有做的人才算失业,才可以拿到失业补偿金,一定会使偶尔打一点零工的人愤愤不平;断言每周25小时的工作失业与否的分界线同样也有根据不足之感。

由此可以看出,在经济领域中的测量、时间、空间都能带来很大的模糊性,同时人们认为自然语言同样与经济现象都是模糊的。比如,“大、小、快、慢”,等等。由此可以看出经济现象本身就是模糊的,而如果采用比事实更精确的方法来描述本来就不精确的事实,显然在某些方面是有一定的缺陷的。那随着模糊数学和模糊逻辑的诞生、发展,模糊逻辑在经济领域的研究势必占有一席之地。

模糊概念和命题不仅在人们的日常思维中大量出现,而且在经济学家们分析和预测经济形势时,也不可缺少。如“经济过热”、“宏观调控”、“股市低迷”“适度增长”、“可持续发展”等。

现代经济已进入新的信息经济时代,而驱动信息经济时代的变化的三大动力——互联、速度和无形资产的增长,同时也是这三大动力带来了模糊经济。

互联:每一事物都通过电子通信技术和别的事物联系在一起——产品、

人、公司、国家和所有的一切。由于经济这个大游戏的各位玩家被链接得如此密切,他们之间的边界变得模糊不清了,这就是互联带来的模糊。现在我们已进入信息经济的新阶段,计算机的一个重要作用是进行互联:把人与人、机器与机器、产品与服务、网络与网络、组织与组织以及所有的组合体连在一起。

速度:商业经济的每一方面都是即时运营和改变的。由于商业经济正处于飞速变化中,很难看清你周围的情况,这就是速度带来的模糊。速度把产品的生命周期从年缩短到月甚至星期。速度源自于全世界的电子网络,金融机构能通过它以每分钟千亿美元的速度传送货币。错过一天世界就会离你远去。产品生命周期的加速已经成为企业的重要组成部分。

无形资产:每一种供应品都同时具有有形的和无形的经济价值,无形的部分增长得更快。现在商品的价值越来越多的体现在信息和关系上,这都是你根本看不到,也是不能测量的,这就是无形资产带来的模糊。无形资产包括三类:服务、信息、情感。梦工厂(SKG)堪称是无形价值的一个典范。当公司成立时的总投资才 2.5 亿美元,但公司上市时,投资者把它的市场资本抬高到了 20 亿。它的诱人之处在于它的无形资产。无形资产的价值比有形资产的价值增长得更快。对于实体经济而言,把铁矿石加工成钢材可能赚取一倍的利润。但是对于软件来说,第二份拷贝则是完全免费的。对于钢材来说,需要一定的铁矿石原材料,铁矿石已经不能是再生的了。但对于软件来讲可以一次次的复制而无须额外的开销。

互联使每种事物都以某种方式直接联系——造成“空间的收缩”,几乎瞬间的通信与计算机操作——造成“时间的收缩”;各种无形价值,比如服务、信息等正在爆炸式的增长——造成“实体经济的收缩”。互联、速度和无形资产——空间、时间和质量的派生物——正在使规则模糊化并重新定义我们的商业活动,万事万物本来就是这样,不过是现在模糊更加贴近你的生活,你更加的离不开模糊,如果不注意这些力量,模糊的力量足以使你感到无法把握、头晕目眩。控制和利用它你就可以进入这模糊的世界、把握它的节奏、重新看清这个世界。

信息经济时代的各个领域都开始模糊化,主要包括以下三个方面:经济需求、满足的模糊和资源的模糊。

信息经济时代产品与服务彼此融合为一体，卖方与买方也融合为一个整体。没有不带服务的产品，没有不带产品的服务；每个买者都是卖者，每个卖者都是买者。卖者和买者都处于同一张经济、信息和情感交流的大网中，他们之间的差别已经完全消融——这就是需求、满足的模糊。产品和服务的区别在信息经济时代不是截然分开的，已经模糊到你中有我、我中有你的地步，同时也只有既是产品又是服务的供应才能成功。海尔家电在"2009年度平板电视、空调、热水器、洗衣机服务客户满意度行业测评结果新闻发布会"上，海尔集团的四种品牌的满意度均位列第一，并同时成为客户服务满意品牌。海尔服务聚焦于"速度"和"精准"两大用户关注点。海尔在各大小城市社区以半小时到达为半径，建立了1200多家社区星级服务中心，快速发展并满足用户需求，真正实现与用户的零距离。这也应该是海尔品牌之所以这么成功的主要因素之一。

过去的商业很简单，不外乎买者和卖者。卖者带来产品和服务，买者带来现金，交易直截了当：明码实价。现在，我们很难判断谁是买者谁是卖者，在许多情况下，卖者即买者，买者即卖者。即使买卖关系明了，付款的形式也变得复杂，交易双方不是只交换金钱，还交换信息和情感。这都要归功于模糊的力量，尤其是无形价值作为一种价值资源的出现已经互联的影响。我们来看一个典型的行业：杂志出版。《读者》这样的杂志有一个明确的购买者——它的爱好者，同时还有一个明确的销售商——出版商。但是细想一想，是购买者在购买销售者销售的东西吗？实际上不是。因为出版商把精力集中于卖广告，读者支付的只是其中成本的一小部分而已。所以读者正在读的杂志的真实买主是做广告宣传的商家，当然他们也是杂志的真正的销售商。当然杂志出版的链条上还有其他的链接，比如：广告商制作广告，向商家收取一定的佣金，而同时他们也可能成为本杂志的购买者。再如：某服装网络——纺织品制造者、成衣制造商、运输商和零售商的组合，他们构成了一个快速反应系统，从传统的供应链中减少了几个月的时间，减少了成品库存。公司可以根据零售行为来确定生产，保证嘴热销的商品留有库存。速度就是推动力，无形价值（时尚的变换、设计的思想、库存、销售记录等）是关键，相互之间良好的联系则成为这个网络大功率运行的根本。

这种模糊化背后的驱动力是速度、互联和无形资产，它们驱使产品与服务在各个方面彼此融合。产品的迅速过时意味着需要不断升级和替换，你今天的客户几个月后又将是你的顾客，所以现在不会再出现把产品卖给客户后就置之不理的事情了。比如：在任何时候银行开户人都可以访问他所需要的信息，查看某一笔交易是否结清，资金是否转移，以及存款和提款。在经济中有了充分的互联，在一次交换中有了多个购买者和销售者，卖者和买者的界限从逻辑上变得模糊，人员不再分为劳动者和消费者，资本也不完全是有形资本——这就是资源的模糊。经济学家一直认为土地、劳动力和资本是经济的投入。信息经济时代，劳动力和资本正在变得越来越模糊，以至于让人们认不出来。劳动力不再是许多小时毫无变化的拧螺丝钉的活动，而是人的才智，人的才智才是最有价值的资源；同时资本也从有形的资产向无形的资产转变。

严格来说，资本指的是生产力的积累，即为了持续生产用以消费的商品和服务所必须建立、获取、融合、维护的基础设施。它主要包括两个方面的内容：工厂、机械、仓库等生产工具的要素以及获得这些要素的财力——资金。资本最原始的形式是纯物质的，如石器时代的石斧，这种经济形态存在简单的物物交换，不产生剩余产品，也就不存在资本积累。到了封建经济，剩余产品开始从劳动中提取出来并进行积累，如庞大的建筑即是剩余产品的价值积累。再进一步发展，金融资本（货币）作为经济体系的重要特征出现了，经济从而发展到一个新的阶段。在信息经济时代，传统意义上的资本已不再是企业价值的基础，仅仅依靠巨额资产并不能增加竞争优势，企业更需要智力、人力、结构资本，尽管这些都是难以衡量的无形资本，但是不能否认它们是当今经济的真正驱动力。

许多机构致力于智力资本的获取、管理和供应。如提供专业服务的法律机构的经营活动就是建立在智力资本的基础上。再如咨询公司销售的也是专业知识。人力资本是指员工的人际关系（比如与客户和专家的关系）及知识的价值体现。许多社交场所都体现了人力资本，如在高级商务会议中，明星级人物和一般人的影响力大不相同。这样的商务会议云集了科技、娱乐和各界众多的成功人士,知名度极高,大家来到这里相互交流,然后满载而归,虽然这里没有发生任何的交易,但是人力资本在无形中产生,这难道不是我们向往的宴会吗?结构资本是指组织进程、政策和系统中内在的经验和专业知识。海尔有一条重要的经验:存在比工厂、机器设备甚至资金更为重要、更有价值的资本形式。无形资本在越来越多的商务中成为主体,它由品牌、良好的客户关系、职员的才能、业务流程与系统的内在经验等组成,这些因素对企业的价值的累积起着举足轻重的作用。在将来的生产力投资中,我们应该减少实物成分,无形资本必须逐步的取代有形资本。

作为信息经济时代的我们应该怎样应付模糊经济所带来的问题呢?

首先,要认识到自己最有价值的东西就是自己的知识,这包括你所有的天赋和随着职业生涯而不断增加的那部分无形资产。这对其他人也是有价值的,你可以卖掉它,还可以第二次卖掉它,也可以同时在一千个不同的地方卖掉它。而在这个交易过程中,你依然拥有它。

其次,加速自己的思维。为了加速你的思维,首先将你所做的事情制定一个时间表,然后将预计时间减少一半,接着继续减少预计时间,直到你马上开始做这件事。例如:如果你通常一年引入一种新产品,那么试着六个月引入下个产品。想想这样,你的顾客不再等待你的服务,你的供货商也不用期待你的供货信息,效率将大大提高,利润将成倍增长。

再次,将所有的事情联系起来,同时大力发展无形资产。如果你是企业的经营者,那就必须把公司以外的所有有联系的都联系起来:顾客的需求与技术人员联系起来;未来的老板与潜在的员工联系起来;所有的竞争对手联系起来,因为在模糊的世界里你必须将他们视为合作伙伴。无形资产包括所有的服务、软件、信息和所有的情感(品牌、顾客关系、雇员积极性等),有形的资产包括实际产品以及机器厂房等。你的员工是有形的,但是他们的价值——经验、智慧、思维是无形的。模糊的秘诀是将有形的转化为无形的。

最后,模糊工作与业余生活的界限。你为生活而工作还是为工作而生活?在模糊的世界里,工作与生活的界限已经模糊不清了。客户的电话可能在深夜给你打来,度假的时间里不得不去面对客户。用模糊的思维去管理你的工作与生活,将不会看到不和谐的一幕。

信息经济时代的最大特点是模糊性,在对许多经济问题的分析和经济预测、决策中,精确的二值逻辑是无法解决的。而模糊逻辑无疑提供了一种新的解决现实问题的方法。正如美国经济学家谢拉·C.道所说:这种逻辑结构在经济学方法的运用富有潜力,在一定程度上,运用这种逻辑结构,理论解释更容易理解。因为,理论解释定位在一定范围,而不再是“要么正确,要么错误”的分析框架。如果真实世界真正是一个开放体系,其中包含着制度不稳定性、结构变化性和人类的创造性,那么,古典逻辑就不能完成对真实世界的说明任务,这是凯恩斯得出的结论性观点。由此可见,模糊思维与逻辑对于经济生活和工作来说,是一笔宝贵财富。

第二节　模糊经济中的模糊思维与模糊逻辑

人们对某个事物的认识,一般要经过一个由感性到理性、由个别到一般、由现象到本质、由局部到整体的不断深化过程。在这个过程当中往往需要运用比较、分析、综合、抽象、概括等逻辑方法,逐步舍去具体的、表象的、感性的东西,最后剩下一个一般的、本质的、理性的东西,从而通过认识事物的本质去认识事物,并借助语言给予这个事物一定的名称,于是形成概念。概念的内涵是指反映在概念中的客观事物的本质属性;概念的外延是指概念所反映的对象的范围。人的认识过程主要有两种思维方式:精确思维、模糊思维。所谓模糊思维是:以隶属率为基本规律运用模糊的概念和推理去把握和认识对象的一种思维。

一、模糊思维与精确思维的区别

模糊思维和精确思维是两种截然不同的思维方式,模糊思维是关于模糊事物的理性认识,精确思维是关于清晰事物的理性认识,它们的主要区别在于:首先,思维的对象不同,精确思维是通过对象的精确信息进行精确加工揭露事物本质;模糊思维是通过对象的模糊信息以模糊方式进行加工揭露事物本质。两者相辅相成、相得益彰,从而构成了人们认识的两扇窗户,缺一不可。其次,思维的逻辑基础不同。精确思维是建立在二值逻辑的基础上,使用精确的概念、判断和推理进行思维,非此即彼、非是即非,无选择的余地。模糊思维是建立在模糊逻辑的基础上,正如英国学者盖因斯(Gains)所说的,具有以下三个特点:模糊逻辑是关于使用含混的或不精确的命题进行推理的基础;模糊逻辑是按集合论将逻辑结构模糊化,作为使用不精确命题进行推理的基础;模糊逻辑是一种真值域为[0,1]区间,析取和含取分别按最大值和最小值定义的多值逻辑。

我们通过下面的实例来具体分析一下模糊思维的主要特点。以下为2006年中科院对于我国经济发展的大趋势和国家的宏观调控政策取向问题的报告中我国经济发展趋势存在三种可能性:

(1)继续压缩物价上涨率,控制经济过快增长,2006年经济增长率应有较为明显的下降。为此宏观调控的方向不变,但在力度上应"更紧一点"。

(2)经过两年多经济增长率连续回落,2006年经济增长率应有较为明显的上升,为此宏观调控的方向不变,即由"从紧"转为"放松",以启动经济重新加升。

(3)明年经济增值率应继续平稳回落,物价上涨率进一步下降,为此,明年宏观调控应继续坚持"适度从紧"的政策,基本保持现有的方向和力度,同时把控制需求面与改善供给面两方面有机结合起来。

这种关于我国经济发展的大趋势和国家宏观调控政策取向的预测明显的具有模糊思维的特征:首先,三种可能性预测中:"宏观调控方向不变,力度应'更紧一点'","宏观调控方向应改变,由'从紧'转为'放松'","明年宏观调控应继续坚持适度从紧政策",等等,无一不是使用含混的或不精确的命题进行推理的,但这并非坏事,而是非常客观的反应宏观调控中本身所存在的、由错综复杂条件所决定的、必然无法明确界定、无法判别的客观实在。

其次,无论三种可能性种任何一种,也都是按模糊逻辑的真值区间,分别按最大值与最小值定义的多值逻辑完成的。

两种思维的物质外壳——语言也有很大不同。精确思维使用的是精确语言,包括数理语言、形式化语言等,不允许有歧义性、模糊性一类词语出现。模糊思维所使用的是具有强烈模糊性的自然语言,即种种模糊的语言原子、短语、句式甚至包括模糊修辞等,如前例中:“适度从紧”、“放松”、“平稳回落”等一些既无准确内涵又无明确外延的模糊词语。读者可以根据自己的经验储备和想象功能活动多重不定的歧义性的理解。可见模糊思维正是借助模糊语言而绚丽多彩、捉摸不定;而模糊语言一旦与模糊思维结合,更加产生妙不可言的神韵。

两种思维的方式不同。模糊思维是以定性分析为其所长,即以定性的语言和方法,简明、规范、扼要地表达经济调控和运作中的规律;而定量分析是精确思维之所长,可以用绝对数、相对数甚至可以规定一定的幅度来表述经济调控和运作中的实际情况,以求规律性认识。如:“实际增值率将基本上与国民经济增长速度同步,商品供求大致平衡,整个消费市场仍将是繁荣和稳定的。”显然这是以模糊思维为特征的关于定性分析的方法。有如:“据测算,生猪社会总存栏 20400 万头,同比增长 3%……”无疑这是以精确思维为特征的定量分析的方法。两者可以相辅相成达到珠联璧合的目的。

模糊逻辑与精确逻辑的就像人脑与计算机的区别一样。计算机是 20 世纪最伟大的科技成就之一,其基本功能有算术计算和逻辑判断能力及记忆能力。与人脑相比,其数值计算的速度已可达到每秒十数亿次,这是人脑望尘莫及的;其计算精度高则是它的另一个特点;它的记忆能力几乎是无限的。尽管计算机可以发挥速度快、精度高等优势,完成在时间上人不可能完成的事情,然而其功能再强、性能再好,计算机也不能代替人脑。究竟计算机与人脑在工作方式和特点上有什么不同呢?首先,计算机使用的是精确形式化的语言,而人脑则可以使用具有模糊性的自然语言。其次,计算机具有高精度的特点,但是它对事物整体把握的可靠性却很低。人脑既可以进行精度不高的精确思维,更善于模糊思维,它可以用定性的、模糊的术语进行亦此亦彼的模糊思维活动,对模糊事件进行推理处理,在低精度条件下完成非常复杂的任务,而且可以达到相当高的可靠性。

计算机有其无可比拟的精确性和速度,计算机不能代替人脑,但是计算机可以模仿人脑、延伸人脑。而其中的关键就是模糊逻辑。自计算机问世以来,关于机器能否像人脑一样思维的争论一直没有停止过。到目前为止,计算机可以模拟人脑思维的部分功能和结果,并随着科学技术的发展,可以模拟人脑思维的属性将越来越多。从这个角度看,计算机无疑是具有思维功能的,并且还在不断地进化。人脑有一种思维方式是模糊的直觉的全盘模式,它与模式识别和音乐能力有关。这种模式允许人用不精确、模糊的自然语言对复杂多变的食物、现象进行思维,而现在的计算机不具备这种能力。所以要能让计算机进一步模拟人思维的特点,就必须引进模糊逻辑,用来对普遍存在的模糊事物和现象从整体特征上把握事物,勾勒事物的轮廓,作出灵活而有意义的结论。模糊逻辑的发展与计算机的发展密不可分,模糊逻辑的计算机应用促进了模糊逻辑的发展,模糊逻辑的发展又促进了计算机应用的进一步发展。

综上所述,模糊思维从不追求条分缕析地刻画事物,而着眼于事物地整体特征和主要方面、用近似地方式勾勒事物轮廓,估测事件进程,作出近似的、灵活的结论来;而精确思维则不同,它立足于对事物进行条分缕丝的分析,在弄起一切细节之后,才进行综合性判断。得出非此即彼的结论。两者各有多长,如果将两种思维方式相互配合,取长补短,就可取得不可孤狼的认识效果,它不仅在经济领域,而且在一切领域,都能大显身手,产生认识上的根本变革。

二、模糊逻辑的起源、现状与发展

绝大多数人都会有这样的体验:我们日常生活中每天都会遇到大量模糊概念和模糊现象,比如,“那窗帘的颜色太鲜艳”、“你电视的对比度小了一点”、“这个小孩真漂亮”、“他哥哥的个子很高”、“我姑妈是个心地善良的妇女”等,这里的“太鲜艳”、“小了一点”、“真漂亮”、“很高”以及“善良”都是模糊概念。这些都无法用我们所学过的传统数学方法来度量。尽管如此,在特定的环境中,大家用这些模糊概念来描述对象却能心领神会,明白对方说的是什么意思,一般不会引起误会和歧义。

随着科学技术的进步,由于模糊现象到处大量存在,人们无法回避这个问题,历史上有不少科学家都探索过解决这个矛盾的途径:从 20 世纪 20 年代开始,就有学者思考和研究如何描述客观世界中普遍存在的模糊现象。著名的哲学家和数学家罗素(Bertranel Russell)在1923年写出了有关“含糊性”的论文,他在论文中说,含糊和精确都是语言的属性,而不是现实存在:他认为“所有的语言都是模糊的”。

正如罗素所说:“传统逻辑都习惯于假定使用的是精确符号,所以他并不适用于现实生活,而只适合于想象中的理想情况。”他认为世界上不存在绝对的精确性,二值逻辑只是理想逻辑世界的模型,而不是现实世界的模型,或者可以看成现实世界的近似和简化。第一个跨出二值逻辑限制的是波兰的逻辑学家和哲学家J.卢卡瑟维兹(Jan Lukasiewicz),他在1920年创立了多值逻辑,为建立正式的模糊模型走出了第一步。直到1964年夏末秋初,出生于苏联阿塞拜疆巴库的美国伯克莱加利福尼亚大学电气工程系教授L.A.扎德(Lotfi Asker Zadeh)博士把经典集合于J.卢卡瑟维兹的多值逻辑融为一体,创立模糊集合理论时,才真正开辟了解决这个问题的科学途径。

在经典的二值逻辑体系中,假定所有的分类都是明确有边界的,任一被讨论的对象要么属于这一类,要么不属于这一类;一个命题不是真就是伪,不存在亦真亦伪或非真非伪的情况。而模糊逻辑是对二值逻辑的扩充,它是为解决现实世界中存在的模糊现象而发展起来的,其关键概念是渐变的隶属关系。一个集合可以有部分属于他的元素,它要考虑被讨论对象属于某一类的程度,一个命题可以亦此亦彼,存在着部分真和部分伪。

所以模糊逻辑是通过模仿人的思维方式来表示和分析不确定、不精确信息的方法和工具。尽管“模糊”这个词在这儿用得不太好,已经引起很多莫名其妙的误解和猜疑,但模糊逻辑本身并不模糊,模糊逻辑并不是“模糊的”逻辑,而是用来对“模糊”进行处理以达到消除模糊的逻辑。事实上模糊逻辑是一种精确解决不精确不完全信息的方法,其最大特点就是用它可以比较自然地处理人的概念。

从1960年开始,柏克莱加州大学电气工程系的扎德教授致力于复杂系统理论的研究,把这些问题的解决一直是想依赖于精确的传统数学理论上,但当他对复杂系统了解得越多时,发现对系统需要了解的东西就越多。这时,他开始意识到许多复杂系统是不可能用它们真正的属性来精确的描述的。1952 年年初,他曾写过,为了处理生物系统"我们需要一种根本不同的数学,这是一种模糊量的数学,而这模糊量是不能用概率分布来描述的"。这是他第一次提出模糊的概念。1964 年 7 月他在纽约的父母家度假的时候,考虑要去著名的兰德公司作短期的访问研究,需要确定一个研究课题,当他把注意力又集中的复杂系统上时,突然冒出了模糊集合的念头,并且立即意识到这简单念头的重要性,据说在半个小时以后,他已经完成了模糊集合的基本轮廓;三小时以后,他已经有了"应该如何看待这整个事情的合理的好主意"。一个月以后,他已经形成比较完整的思想,就去找他在兰德公司的好朋友、才华横溢但并非传统的数学家理查德·贝尔曼,此人曾发明计算机中重要的动态编程方法;扎德把这些想法告诉他,并与他进行讨论;在贝尔曼的鼓励下,扎德写了一篇关于描述模糊集合理论轮廓的论文。这就是创立这个数学新学科的最著名杰作,这篇论文已经成了这个领域的经典参考文献。

模糊理论起源于美国,但是它在美国却因为传统的习惯力量,发展并不顺利,同样在欧洲也受到一定程度的抵制。然而现在模糊逻辑控制技术已被越来越多的美国人和欧洲人所接受,甚至还带有一点狂热。1993 年 IEEE TRANSACTIONS ON FUZZY SYSTEM 作为 IEEE 神经网络协会的刊物在美国创刊,这是模糊系统理论已作为一个独立学科发展的标志。

所不同的是,模糊性在东方天生就受到欢迎。大部分东方人一接触到模糊理论,就感到很自然,好像本来就是如此,早该这样处理。1990 年时,日本的模糊技术专家已经超过 1000 人,而中国的有关模糊理论和应用研究的科技人员估计有 1 万人左右,比较一下,美国的模糊理论和技术专家大约只有几百人,并且其中还有不小的一部分是华裔、日裔和印度裔。

东方人为何对模糊性有如此偏好,特别是日本人为什么要如此热情地拥抱模糊逻辑呢?这个问题并没有简单的答案,但是像苏库人一样,他们是把注意力集中在他们的环境特点上;最善用"模糊"的应该首推日本人,因为他们无论是语言还是处世都具有模糊性。即使本来精确的东西到了日本人那里就会模糊化。日本人总是避免正面的作出"行"与"不行"这样态度明确的表态，他们常用“考虑考虑”和“再研究一下”代替这些判断。正因为模糊性更能集中反映他们的生活，所以他们能够更快地注意到它，并且能够更巧妙地把握它。在这里，虽然中国人与日本人都对模糊性有特别的好感，但他们对这个领域的研究态度、重点和途径却不同。中国人一贯有崇尚“君子动口不动手”的风范，学术界有重理不重工的传统，故在中国从事模糊研究的主要是一批数学工作者，这与欧美和日本主要是以工程技术人员为主大不相同，因此，在中国所取得的这个领域的成就也是以模糊数学理论为主。日本人采用的则是实用主义的态度，他们只开发那些与直接应用有关的概念，而对那些与更广泛理论有关的概念至少先放在一边。所以他们优先抓住可以直接用于控制的模糊逻辑，并在工程应用特别是在靠近产品设计和生产上下工夫。他们对把这项技术迅速变成钱特别有兴趣，由此他们已经通过这项技术从全世界获得了丰厚的利润。

在美国，因为过去一度对模糊逻辑技术未引起足够的重视，并有众多的反对者和怀疑者，研究经费短缺，很长一段时间在模糊技术方面的研究仅限于某些大学。直到20世纪80年代末，美国国家基金会（NSF）才把模糊理论和技术研究列入预算，研究环境才有好转；然而又由于近几年美国经济不景气，受到美国政府缩减基金会预算和产业界不能提供较多研究赞助的影响，研究经费仍然有限。美国在研究模糊理论和应用较有影响的大学主要有如下十所。

当然还有另一面，美国也不全是泼冷水的。美国的模糊工程是从美国宇航管理局（NASA）开始的。NASA早在1966年就给扎德提供经费，这是有意义的合作开始。到1983年为止，NASA一直在给他作为模糊逻辑专项研究用的资助。

1985年在NASA的约翰逊航天中心的航天工程师Bob Lea正在调研在月球和火星表面控制月球车的方法。这些地形经常是崎岖不平的。而来自地球的无线电信号要传送到月球需要较长的时间，地球上的控制就不那么的可靠。月球车应该在不需要休斯敦宇航控制中心帮助的情况下以某种方法越过岩石和裂缝。Lea并不知道模糊理论，但在他读了几篇这方面的论文后，认为这可能是有帮助的。他感到意外的是，他的上级长官对所谓“模糊”感到烦恼。一开始他的主管就对他说,“当你准备采用这个时,不要叫它“模糊逻辑”,你应该重新起一个名字。”所以他们实验时常常用另外的说法,比如“非确定性推理”,这样听起来就容易接受。但不论怎样,回去或者背地里还是叫“模糊推理”,因为大家都是这么叫的。接着,他用几个不同的模糊系统工作,去导航月球车越过月球和火星表面;他还创建了一个模拟的基于模糊控制的空间船坞系统,它既可伺服于空间航天飞机,也可以用于自由号空间站。这样就不需要宇航员去处理对接,而用模糊逻辑去自动地进行控制。

中国在模糊理论和应用方面的研究起步较晚,但是发展较快。最早的研究始于 1976 年,1981 年我国的模糊理论和应用研究的学者和工程技术人员成立了中国模糊系统和模糊数学学会,并创办了世界上第二份模糊专业学术杂志《模糊数学》,从出版刊物的名字就可看出我国在这方面研究的特点,主要侧重于模糊数学理论的研究,并在这方面已经形成优势,实力极强,硕果累累。从研究人员的组成来看,早期很自然是以数学工作者为主,这一点与欧美、日本是以工程技术人员为主大不相同。随着时间的推移和模糊理论及其技术的发展,我国也不断有工程技术人员加入到这个研究队伍中来。为了适应这种需要,在 1987 年学会的杂志改名为《模糊系统与数学》。我国从事模糊理论和应用的学者和工程技术人员遍及全国各地,总人数已超过一万人,比世界其他各国研究人员总数和还要多。全国至少有 40 多所高等院校在开设模糊数学课程,并招收这方面的硕士生和博士生百余人。已出版的有关模糊系统方面的著作约有 30 本左右,但绝大多数是有关模糊数学理论方面的专著,直至最近一两年出了几本有关工程应用的书籍。这一点与日本和台湾地区出版的书是以工程应用为主形成对比。我国正式发表的论文和研究报告的数量是世界上最多的,已多达数千篇。在模糊数学理论方面的研究成果确实另世界瞩目,以引起国际模糊界的特别关注和重视。例如 1987 年在日本召开的第二届国际模糊系统会议上,一共发表论文 210 篇,其中中国学者的论文就有 50 篇,模糊技术的应用研究也在稳步发展,应用领域则遍及气象、农业、地质、采矿、冶金、水电、交通、材料、建筑、地震、机械、电子、电力、化工、航空、医学、经济、管理决策、教育、心理学、语言学甚至历史等方面,面广量大;取得了令人鼓舞的成就,推动了世界模糊理论和应用的发展。尽管如此,其应用成果的数量和质量与我国研究人员如此大的数量还远不相称,特别是应用的深度和水平还不够高;另外模糊逻辑技术的开发工具明显落后,很多新技术、新器件都未引进,绝大部分系统的开发方法仍然停留在原始的手工编程开发阶段。

为什么在经济大潮中要把握模糊思维规律呢?原因在于:首先,从客观上讲,现实世界、特别是以宏观经济调控与运作为代表的市场经济,在本质上是复杂的、不精确的,甚至是瞬息万变的,面对这一客观现实,如果以简单而确定的方式对变化的、复杂的市场经济作精确的描述,已显然十分困难,有时甚至是难以完成的。比如:纵观股票市场,几乎所有国家的股票指数都在上涨,但仍然有投资者亏得倾家荡产,在 2005 年 7 月启动的行情中,上证指数从 998 点一直到 2007 年 10 月的 6000 点,仍然有投资者用 5 万元到最后只剩下几千元。在股票市场上有一个比例是 1∶2∶7,十个人中只有一个人赚钱,2 个人平手,7 个人亏损。亏损的原因主要是因为他们非理性操作,行情的实时波动给投资者带来了巨大的心理压力,从而驱使他们非理性地买卖股票,再加上频繁交易,最后造成股票价格上涨但投资者亏损的后果。情绪和情感跟随行情波动是造成投资者投资失败的主要原因,投资者如果能在操作中克服情绪和情感的影响,就可以立于不败之地。在股票买卖中的理性是什么?很简单的一句话:低价买进高价卖出。如果在低价卖出,在高价买进,就会亏损。股民们很容易犯这个错误,原因是在股票买卖的操作中受到一些非理性的因素的干扰,典型的心理作用:恐惧和贪婪等。而在股票市场上选出一只股票,它的价格是低还是高不是一个精确的问题,而是一个模糊的问题。其次,从主观上讲,人们的认识能力存在着这样或那样的模糊性,致使人的认识活动呈现为一个具有大量模糊性的机理过程,当我们的感觉器官从外界获得大量模糊信息猴,经过人脑模糊思维的加工改造,形成模糊概念和判断,进行模糊推理,对环境作出模糊的识别和决策,然后指导实践活动。这是人的认识活动的基本情形。

由此可见,模糊思维并不是可有可无,而是从客观到主观都必然要产生的一种思维方式。正如恩格斯所说:"每一时代的理论思维,都是一种历史的产物,在不同的时代具有非常不同的形式,并因而具有非常不同的内容。”所以,我们可以毫不夸张地说,模糊思维正是应时代的要求应运而生的一种崭新的思维方式,它将给我们今后科学思维的发展带来无法估量的巨大影响。

第三节 模糊逻辑的数学基础

模糊逻辑入门的第一件事是学习有关模糊数学的理论。模糊数学不是让数学变得模模糊糊,而是让数学进入模糊现象这个客观存在的世界,用数学的方法去描述模糊现象,揭示模糊现象的本质和规律。模糊数学在经典数学和充满模糊性的现实世界之间架起了一座桥梁。

一、模糊集合

集合是指具有某种特定属性的全体事物的总和。经典集合所描述的是确切的概念,论域中的元素要么属于,要么不属于某集合。非此即彼,经纬分明,对应的特征函数取值要么为1,要么为0,二者必居其一。经典集合的表示法有三种:

(1)列举法:一一列出集合的全体元素,适用于元素数目有限的集合。

(2)定义法:适用于有很多元素而不能一一列举的集合,它是用集合中元素的共性来描述集合的方法。

(3)特征函数表示方法:它是利用经典集合非此即彼的明晰性来表示集合的。

例如:小于10的数x,属于偶数集合A,集合A就可以通过特征函数 $\chi_A(x)$ 来表示:即 $\chi_A(x)=\begin{cases}0, x \geq 10\\1, x < 10\end{cases}$

经典集合对事物只用“1”和“0”作简单的表示“属于”和“不属于”的分类;而模糊集合则把它扩展成可用从0到1之间连续变化的值,来描述元素属于该集合的程度。模糊逻辑认为事物分类并不是黑白分明,而是在两者之间有无限多中介过渡。

每个概念都有它的内涵和外延,从集合论的观点,一个概念的外延就是一个集合。有些概念有明确的外延,比如"人"这个概念的外延就是世界上所有的人组成的集合。而有些概念就不具有明确的外延,如"年轻人"这个概念,谁都无法给出明确的划分。有如:"高个子"、"价格合理"、"通货膨胀"、"市场萧条"、"多云"、"教学优质",等等,这些概念都没有明确的外延,这种外延不明确的不确定性,我们称之为模糊性,通俗地讲,具有模糊外延的集合,我们称为模糊集合。

A.Zadeh 教授于 1965 年提出模糊集合这一重要概念,其基本思想是:把经典集合中的隶属关系加以扩充,把元素对于集合的隶属程度由 0 和 1 推广到可以取[0,1]中的任何一个数值,从而实现定量地刻画模糊性。具体定义如下:

定义 3.1 设 X 为论域,则 X 上的一个模糊集合 A 为一个 X 上的实值函数 $\mu_A: x \to \mu_A(x)$,其中 $x \in X$, $\mu_A(x) \in [0,1]$ 。$\mu_A(x)$ 为 x 对于 X 的隶属度,μ_A 为 A 的隶属函数。

模糊集合的表示方法:

(1)当论域为有限时,即 $X = \{x_1, x_2, \cdots, x_n\}$ 时,模糊集合 A 可表示为

$A = (\mu_A(x_1), \mu_A(x_2), \wedge, \mu_A(x_n))$

(2)当论域为无限时,模糊集合 A 可表示为

$$A = \int \frac{\mu_A(x)}{x},$$

其中 $\int$ 不是普通的积分符号,而是表示元素与隶属度的对应关系。

例如:设某油田有 5 个不同的采油厂,采油厂构成的论域为 $X = \{x_1, x_2, x_3, x_4, x_5\}$ 。模糊集合 A"产量高"为:A = {0.9,0.5,0.6,0.8,0.8};表示 5 个油田隶属于"产量高"的隶属度分别为:0.9,0.5,0.6,0.8,0.8。模糊集合 B"油质好"为:B = {0.7,0.8,0.3,0.7,0.85}表示 5 个油田隶属于"油质好"的隶属度分别为:0.7,0.8,0.3,0.7,0.85。

定义 3.2 若有两个模糊集合 A 和 B,对于所有的 $x \in X$,关系 $\mu_A(x) =$

$\mu_A(x)$ 成立,则称模糊集合 A 和模糊集合 B 相等,记作 A=B。

定义 3.3 若有两个模糊集合 A 和 B,对于所有的 $x \in X$,关系 $\mu_A(x) \leq \mu_A(x)$ 成立,则称 A 包含于 B 或 A 是 B 的子集,记作:$A \subseteq B$;或称 B 包含 A,记作:$B \supseteq A$ 。

定义 3.4 若对所有 $x \in X$,均有 $\mu_A(x) = 0$,则称 A 为论域 X 上的模糊空集,记作 $A = \varphi$,即 $\mu_\Phi(x) = 0$。

定义 3.5 若有三个模糊集合 A,B 和 C,对于 $\forall x \in X$,均有

$$\mu_C(x) = \mu_A(x) \vee \mu_B(x) = \max[\mu_A(x), \mu_B(x)]$$

则称 C 为 A 和 B 的并集,记作 $C = A \cup B$ 。其中"$\vee$"表示"取大"运算。

定义 3.6 若有三个模糊集合 A,B 和 C, $\forall x \in X$,均有

$$\mu_C(x) = \mu_A(x) \wedge \mu_B(x) = \min[\mu_A(x), \mu_B(x)]$$

则称 C 为 A 与 B 的交集。记为 $C = A \cap B$ 。其中算子"$\wedge$"表示"取小"运算。

定义 3.7 若有两个模糊集合 A 与 B, $\forall x \in X$,均有 $\mu_B(x) = 1 - \mu_A(x)$,则称 B 为 A 的补集,记为 $B = \bar{A}$ 。

模糊集合运算的基本性质:

(1)分配律

$A \cap (B \cup C) = (A \cap B) \cup (A \cap C)$, $A \cup (B \cap C) = (A \cup B) \cap (A \cup C)$

(2)结合律

$(A \cap B) \cap C = A \cap (B \cap C)$, $(A \cup B) \cup C = A \cup (B \cup C)$

(3)交换律

$A \cup B = B \cup A$, $A \cap B = B \cap A$

(4)吸收律

$(A \cap B) \cup A = A$, $(A \cup B) \cap A = A$

(5)幂等律

$A \cup A = A$, $A \cap A = A$

(6)同一律

$A \cup X = X$，$A \cap X = A$，$A \cup \Phi = A$，$A \cap \Phi = \Phi$。其中 X 表示论域全集，Φ 表示空集。

(7)达·摩根律

$\overline{A \cup B} = \bar{A} \cap \bar{B}$，$\overline{A \cap B} = \bar{A} \cup \bar{B}$

(8)双重否定律

$\bar{\bar{A}} = A$

以上运算性质与普通集合的运算性质完全相同，但是在普通集合中成立的排中律和矛盾律对于模糊集合不再成立，即 $A \cup \bar{A} \neq XA \cap \bar{A} \neq \Phi$。

二、模糊关系

在现实生活中，事物之间存在着各种各样的关系，有些关系界限是明确的，如："同学关系"、"师生关系"、"兄弟关系"等，而大多数关系则是不明确的，如："朋友关系"、"相貌相似关系"、"经济发展与产业结构的协调关系"等。我们把界限明确的关系称为普通关系，把界限不明确的关系称为模糊关系。

定义 3.8 设有两个论域 X、Y，它们的直积 $X \times Y = \{(x,y) \mid x \in X, y \in Y\}$，若 $R \in X \times Y$，则称 R 为 X 到 Y 的一个普通关系。例如：父子关系，弟兄关系，大于、小于关系等都是普通关系。

例如：设 X 为全校学生的集合，Y 为所开课程的集合，令 R = {(x,y)：y 为 x 所选的课程}，则 R 表示从 X 到 Y 的"选课"关系。

世界上存在着另一类关系，论域中的元素很难用完全肯定的属于或完全否定的不属于来回答。例如："大得多"、"长得像"……这类关系就是模糊关系，它是普通关系的拓宽。描述事物之间对于某一模糊概念上关联的程度，就称为模糊关系。

定义 3.9$X \times Y = \{(x,y) \mid x \in X, y \in Y\}$ 的模糊关系是 $X \times Y$ 上的一个模糊集合 R，R 的隶属函数 $R(x,y)$ 表示了 X 中的元素 x 与 Y 中的元素 y 具有这种关系的程度，即：$R_{X \times Y} = [(x,y), \mu_R(x,y)]$ 被称为 X 到 Y 上的模糊

关系,又称二元模糊关系。其特性可以由隶属度函数 μ_R 来描述。

设 $X=\{x_1,x_2,\cdots,x_n\}$,$Y=\{y_1,y_2,\wedge,y_m\}$,则 X 与 Y 之间的模糊关系 R 可由如下的 $n\times m$ 阶矩阵来表示:

$$R=\begin{bmatrix}\mu_R(x_1,y_1) & \mu_R(x_1,y_2) & \wedge & \mu_R(x_1,y_m)\\ \mu_R(x_2,y_m) & \mu_R(x_2,y_2) & \wedge & \mu_R(x_2,y_m)\\ M & M & M & M\\ \mu_R(x_n,y_1) & \mu_R(x_n,y_2) & \wedge & \mu_R(x_n,y_m)\end{bmatrix}$$

这样的矩阵称为模糊矩阵,由于其元素均为隶属度函数,因此他们均在[0,1]中取值。

例如:设某灯具厂有四个车间集合 $X=\{$一车间,二车间,三车间,四车间$\}$,质量等级检测集合 $Y=\{$优质品,合格品,不合格品$\}$,用模糊矩阵

$$R=\begin{bmatrix}0.8 & 0.19 & 0.01\\ 0.7 & 0.25 & 0.05\\ 0.75 & 0.20 & 0.05\\ 0.85 & 0.15 & 0\end{bmatrix}$$

可以表示车间集合到质量检测集合的一个模糊关系。模糊矩阵的第一行表示:一车间属于优质品、合格品、不合格品的隶属度分别为 0.8、0.19、0.01,它表示了一车间与质量等级 Y 的关系。

三、模糊逻辑

研究思维形式和规律的学科叫逻辑学。形式逻辑的创始人亚里士多德,提出两个公理:矛盾律和排中律。矛盾律简言之就是:"A 不可能即是 B 又不是 B";排中律是更严格的定律:"A 肯定要么是 B,要么就不是 B"。矛盾律不允许同时即为真又为假,排中律只允许是真或者是假。因此,一只羊不仅不可能即是白的又不是白的,而且它应该要么是白的要么不是白的。后来德斯卡特斯(Descartes)、洛克(Locke)、莱布尼兹(Leibniz)都对逻辑进行过研究,特别是布尔(Boolean)和罗素把数学引入逻辑,形成一门数学与逻辑相结合的学科——数理逻辑。20 世纪 30 年代末,数理逻辑开始用为电路开关设计,40 年代后期逐渐成为数字电子计算机科学的基础理论。数

理逻辑也称为二值逻辑，它在计算机技术上的成功应用以及它的简洁明了性，在任何命题判断中都可以得到明确的结论，没有一点含糊，让人感觉似乎二值逻辑就是天经地义的逻辑。

事实上，二值逻辑也在不断地遇到麻烦，最有名的古希腊的垛堆佯缪是众所周知的：从一堆中取走一粒沙仍然是一堆沙子，再取一粒还是一堆子，一直这样取下去，最后剩下一粒沙子，它还是一堆吗？如果这不能算是一堆子，那么什么时候停止取时留下的算是一堆子呢？这个问题在经典集合和二值逻辑中都是进退两难的问题，因为无法确定一个明确的界限。然而用模糊逻辑就能解决这类矛盾。

在模糊逻辑的发展历程中，首先突破二值逻辑的先行者是波兰的逻辑学家和哲学家卢卡斯维兹（Jan Lukasewicz）（1978—1955），1920 年他在二值逻辑的基础上，扩展成一个三值逻辑世界。他用 1 表示真，0 表示假，但另外用 1/2 表示可能性。经典逻辑这样表达命题："明天股市大盘上涨是真"，其反面则是："明天股市大盘上涨是假"。卢卡斯维兹加上了另外一种表述："明天股市大盘上涨是可能的"，这种表述的逻辑值是 1/2；其反面是："明天股市大盘不上涨是可能的"，这种表述的逻辑值也是 1/2。大部分人对此不感到奇怪，相反的觉得这是很自然的事情。如果一个杯子是半满的，那么它肯定也是半空的，这种情况的表述并不影响二值逻辑的判断，只是扩展了二值逻辑，这种在二值逻辑中插入第三个逻辑值的逻辑我们称作三值逻辑，如果我们插入任意多的值就构成了多值逻辑。

二值逻辑是非此即彼的逻辑，它不承认有任何的中间过渡。多值逻辑否定了逻辑真值的绝对两极性，认为逻辑真值具有离散的中间过渡，似乎在某种程度上具有亦此亦彼性，但是多值逻辑是通过穷举中介的方式表现这种过渡性的，把中介看成是若干完全离散、界限分明的对象，而不承认相邻中介是相互渗透、交叉重叠的。因此多值逻辑仍属于精确逻辑，不是真正的亦此亦彼逻辑。

模糊逻辑是在多值逻辑的基础上发展起来的，模糊逻辑承认从 0 到 1 之间有多个相互渗透的中介，或者说没有任何明确的中介，具有典型的亦此亦彼性，从这点讲模糊逻辑与多值逻辑是有本质区别的。

定义 3.10 一个可以辨别真假的陈述句称为命题。

例如:“张三今年 35 岁”,“6 大于 3”,等等。二值逻辑规定:命题非真即假,非假即真,不允许模棱两可。我们用“1”表示“真”用“0”表示“假”,那么“0”、“1”称为命题的真值。通常我们用 P 表示命题,T(P)表示命题 P 的真值。

设 P、Q 为两个命题,则

(1)逻辑“补”运算,用来表示对一个命题的否定。记作: $\bar{P}$, $T(\bar{P}) = 1 - T(P)$ 。

例如,命题 P:张三月收入大于 1500 元。则 $\bar{P}$:张三收入小于等于 1500 元。

(2)逻辑“与”运算:表示只有所连接的命题都为真时,复合命题才为真。记作: $P \wedge Q$,

$T(P \wedge Q) = \min\{T(P), T(Q)\}$

例如,命题 P:张三月收入大于 1500 元。命题 Q:张三月消费小于 1000 元。则 $P \wedge Q$:张三月收入大于 1500 元而月消费小于 1000 元。

(3)逻辑“或”运算:表示所连接的命题中只要有一个为真,复合命题就为真。记作: $P \vee Q$,

$T(P \vee Q) = \max\{T(P), T(Q)\}$

例如,命题 P:张三月收入大于 1500 元。命题 Q:张三月消费小于 1000 元。

则 $P \vee Q$:张三月收入大于 1500 元或者月消费小于 1000 元。

(4)逻辑“蕴含”:表示命题之间有“若……则……”关系。记作: $P \to Q$, $T(P \to Q) = \max(T(\bar{P}), T(Q))$

例如,命题 P:张三出生在保定。命题 Q:张三出生在河北省。

则 $P \to Q$:若张三出生在保定,则张三出生在河北省。

(5)逻辑“等价”:表示两个命题的真假相同。记作 $P \leftrightarrow Q$, $T(P \leftrightarrow Q) = \min\{T(P \to Q), T(Q \to P)\}$

例如,命题 P:m 是偶数。命题 Q: m^2 是偶数。

则：$P \leftrightarrow Q$:m 是偶数当且仅当 m^2 是偶数。

5 个连接词的真值表

T(P)	**T(Q)**	$T(P \vee Q)$	$T(P \wedge Q)$	$T(\bar{P})$	$T(P \rightarrow Q)$	$T(P \leftrightarrow Q)$
1	1	1	1	0	1	1
1	0	1	0	0	0	0
0	1	1	0	1	1	0
0	0	0	0	1	1	1

认为逻辑真值具有离散的中间过渡，通过穷举中介的方法表示过渡性，其真值可以是 $0 \rightarrow 1$ 的任何值，为多值逻辑。多值逻辑本质上是一种精确的逻辑。多值逻辑中“补”、“或”、“与”、“蕴含”、“等价”真值运算，与二值逻辑中是相同的。

在现实生活中，人们用来描述客观事物时所用的陈述句并非都能用“真”或“假”来明确判断，例如：“他很年轻”、“他很聪明”、“质量很好”，等等。这些陈述句就无法用“真”“假”二字来衡量，因为“年轻”、“聪明”、“质量好”都是模糊概念，我们把描述模糊概念的陈述句称为模糊命题。一般的我们把研究模糊命题的逻辑称为模糊逻辑。

通常我们用 P 表示模糊命题，μ_P 表示模糊命题 P 的隶属函数，则 $\mu_P = e$，　$e \in [0,1]$ 用[0,1]中的数值 e 的大小来表明模糊命题 P 的真伪程度。

例子：设 P 表示模糊命题“张三是年轻人”，若张三对“年轻人”的隶属度是 0.8，则 P 的真值 $\mu_P = 0.8$。

当 e－1，说明模糊命题 P 为完全真命题，当 e=0，说明模糊命题 P 为完全假命题。当 e 仅取 0,1 时，说明 P 为经典命题。因此模糊命题是经典命题的拓展，经典命题是模糊命题的特例。

在日常生活中，人们经常用真、有点真、偏向真、很真、完全真、假、有点假、偏向假、很真、完全假等之类的语言值来表示一个模糊命题的真假程度，这说明语言真值更能体现人类思维判断的特点，这样真值的集合可以写成{真、有点真、偏向真、很真、完全真、假、有点假、偏向假、很真、完全假、……}实际应用中，可以根据所研究问题的特点，上述语言真值的隶属函数可以根据具体情况具体确定。

模糊逻辑的基本运算是通过连接词:“补、取小、取大、蕴含、等价”将原子命题组成复合模糊命题。原子命题指含有模糊概念或模糊成分的模糊命题。

例如:设 E 为某工厂某年利润论域,为了方便起见我们把论域离散化:

E={140,150,160,170,180,190}

在论域上定义:

模糊命题 P=“利润高”,设 $\mu_P=\frac{0.4}{150},\frac{0.6}{160},\frac{0.8}{170},\frac{1}{180},\frac{1}{190}$;

模糊命题 Q=“利润低”,设 $\mu_Q=\frac{1}{140},\frac{0.8}{150},\frac{0.7}{160},\frac{0.5}{170},\frac{0.2}{180}$。

(1)模糊逻辑“补”运算,用来表示对一个命题的否定。记作:$\bar{P}$,$\mu_{\bar{P}}=1-\mu_P$

$\bar{P}$=“利润不高”,则 $\mu_{\bar{P}}=\frac{1}{140},\frac{0.6}{150},\frac{0.4}{160},\frac{0.2}{170}$。

(2)模糊逻辑“取小”运算,对应于二值逻辑中“与”运算:表示对两个命题的真值取小。

记作:$P\wedge Q$,$\mu_{P\wedge Q}=\min\{T(P),T(Q)\}$,简记为 $P\wedge Q$

$P\wedge Q$=“利润高且低”,$\mu_{P\wedge Q}=\frac{0.4}{150},\frac{0.6}{160},\frac{0.5}{170},\frac{0.2}{180}$。

(3)模糊逻辑“取大”运算,对应于二值逻辑中“或”运算:表示对两个命题的真值取大。

记作:$P\vee Q$,$\mu_{P\vee Q}=\max\{T(P),T(Q)\}$,简记为 $P\vee Q$

$P\vee Q$=“利润高或低”:$\mu_{P\vee Q}=\frac{1}{140},\frac{0.8}{150},\frac{0.7}{160},\frac{0.8}{170},\frac{1}{180},\frac{1}{190}$。

(4)模糊逻辑“蕴含”:表示命题之间有“若……则……”关系。

记作:$P\rightarrow Q$,$\mu_{P\rightarrow Q}=\min\{T(\bar{P})+T(Q),1\}$,简记为$(1-P+Q)\wedge 1$

$$\mu_{P\rightarrow Q}=\frac{2\wedge 1}{140},\frac{1.4\wedge 1}{150},\frac{1.1\wedge 1}{160},\frac{0.7\wedge 1}{170},\frac{1.2\wedge 1}{180},\frac{1\wedge 1}{190}$$

$= \frac{1}{140}, \frac{1}{150}, \frac{1}{160}, \frac{0.7}{170}, \frac{1}{180}, \frac{1}{190}$。

这里需要指出的是，模糊逻辑“蕴含”的隶属函数有很多种定义方法，不同定义方法给出的结果也不同，具体使用哪种方法，要根据实际情况合理运用。

(5)模糊逻辑“等价”：表示两个命题的真假相同。记 $P \leftrightarrow Q$，

$\mu_{P \leftrightarrow Q} = \min\{T(P \rightarrow Q), T(Q \rightarrow P)\}$，简记为 $[(1 - P + Q) \wedge 1] \wedge [(1 - Q + P) \wedge 1]$

$\mu_{P \leftrightarrow Q} = \frac{1}{140}, \frac{0.6}{150}, \frac{0.9}{160}, \frac{0.7}{170}, \frac{1}{180}, \frac{1}{190}$。

四、模糊逻辑推理

在科学研究中，我们常用基于二值逻辑的演绎推理和归纳推理，过去我们只承认这种推理方法是严格的和合理的。用传统的二值逻辑思维，只要大前提是正确的，小前提是肯定的，那么就能得到确定的结论。然而在现实生活中，我们获得的信息往往是不精确的、不完全的，或者我们说是模糊的，但是我们又必须对这些信息进行判断和决策。显然传统的二值逻辑推理方法在这里就无法应用。

模糊逻辑推理是不确定性推理方法的一种，其基础是模糊逻辑，它是在二值逻辑三段论的基础上发展起来的。其生长点是应用领域，这种推理方法得到的结论与人的思维是一致的或相近的。它是一种以模糊判断为前提，运用模糊语言规则推出一个新的近似的模糊判断结论的方法。这种推理是近似的、非确定性的，其前提和结论都具有模糊性。

例如：

(1)大前提：漂亮就是美丽。小前提：李小姐漂亮。结论：李小姐美丽。这里“漂亮”、“美丽”虽然都是模糊概念，但是大前提中前件和后件是明确等价的，所以可以直接替换，是直接推理。这种推理过程没有模糊性，是精确推理。

(2)大前提：健康则长寿。小前提：老人很健康。结论：老人似乎会很

长寿。这里小前提中的模糊判断和大前提中的前件不是严格相同,而是相近,有程度上的差异,其结论也应该是与大前提中的后件相近的模糊判断。这种结论不是从前提中严格的推理出来而是近似逻辑推理出结论的方法,通常称为假言推理或似然推理。

通过上述两个例子分析,决定是不是模糊逻辑推理并不是看前提和结论中有无模糊概念,而是看推理过程是否具有模糊性,具体表现在模糊推理规则是否模糊。

人们平常如果遇到像"如果 X 小,那么 Y 就大"这样的前提,要问"如果 X 很小,Y 将怎样呢",我们会很自然地想到"如果 X 很小,那么 Y 就很大"。人们所使用的这种方法就被称作模糊假言推理或似然推理。这是一种近似推理方法。它可以这样来表达:

大前提:若 X 为 A,则 Y 为 B,

小前提:X 为 A' ,

结论:Y 为 B' 。

即:结论 B' 可用 A' 与由 A 到 B 的推理关系合成而得到。

推理公式:$B' = A'^{o}(A \to B) = A'^{o}R$,

其中"$A \to B$"是蕴含运算,$R = (A \to B)$,"^{o}"是合成运算符。

一般情况下 A 和 A' ,B 和 B' 并不一致,如果一致的话,就退化成确定性推理。下面是一个模糊推理的例子。

例如:大前提:当西红柿变成红色时,西红柿就熟了。

小前提:现在西红柿有点红了。

结论:那么西红柿有点熟了。

具体运算规则:

(1) $R = (A \to B)$ 的隶属函数由上节知为:$\mu_{A \to B} = (1 - A + B) \wedge 1$

(2) $B' = A'^{o}(A \to B) = A' \circ R$ 的隶属函数为:

$\mu_B{}' = \bigvee_x \{\mu_A{}'(x) \wedge \mu_{A \to B}(x,y)\}$

根据蕴含关系的定义:$\mu_B{}' = \bigvee_x \{\mu_A{}'(x) \wedge \mu_{A \to B}(x,y)\} = \bigvee_x \{\mu_A{}'(x) \wedge (1 - \mu_A(x) + \mu_B(y)) \wedge 1\}$

这种模糊推理方法是否与人通过思维得到的结论相一致呢?我们可以

用一个简单的例子验证一下。

设在论域 T(温度)= {0,20,40,60,80,100} 和 P(压力)= {1,2,3,4,5,6,7} 上定义模糊子集的隶属函数：

$$\mu_A(\text{温度高}) = (\frac{0}{0},\frac{0.1}{20},\frac{0.3}{40},\frac{0.6}{60},\frac{0.85}{80},\frac{1}{100})$$

$$\mu_B(\text{压力大}) = (\frac{0}{1},\frac{0.1}{2},\frac{0.3}{3},\frac{0.5}{4},\frac{0.7}{5},\frac{0.85}{6},\frac{1}{7})$$

现在的条件是“如果温度高，那么压力就大”，我们通过玛达尼模糊逻辑推理方法在“温度较高”的情况下分析，会得到什么推理结论呢？

若根据经验可把“温度较高”的隶属函数定义为：

$$\mu_A{}'(\text{温度较高}) = (\frac{0.1}{0},\frac{0.15}{20},\frac{0.4}{40},\frac{0.75}{60},\frac{1}{80},\frac{0.8}{100})$$

下面我们试用以上推理方法来计算一下结果：

先求 $\alpha = \bigvee_x \{\mu_A{}'(x) \wedge \mu_A(x)\}$

$$\alpha = \bigvee_x \{\mu_A{}'(x) \wedge \mu_A(x)\}$$

$$= \bigvee_x (\frac{0.1 \wedge 0}{0}, \frac{0.15 \wedge 0.1}{20}, \frac{0.4 \wedge 0.3}{40}, \frac{0.75 \wedge 0.6}{60}, \frac{1 \wedge 0.85}{80}, \frac{0.8 \wedge 1}{100}) = 0.85$$

再求 $\mu_B{}'(\text{压力}) = \alpha \wedge \mu_B(\text{压力大}) = 0.85 \wedge (\frac{0}{1},\frac{0.1}{2},\frac{0.3}{3},\frac{0.5}{4},\frac{0.7}{5},\frac{0.85}{6},\frac{1}{7}) = (\frac{0}{1},\frac{0.1}{2},\frac{0.3}{3},\frac{0.5}{4},\frac{0.7}{5},\frac{0.85}{6},\frac{0.85}{7})$

对比“压力大”的隶属函数，可以认为此式相当于是“压力较大”的隶属函数，用模糊语言来表达，推理结论就是“压力较大”。这与我们平常的推理结果相一致，说明这种模糊推理方法是一种适用的近似推理方法。

在模糊逻辑中，经常用到模糊条件推理。

其形式是：如果什么是什么，那么怎么怎么，否则怎么怎么。

用语言规则表示：大前提：即如果 X 是 A，那么 Y 是 B，否则 Y 是 C。

小前提：如果 X 是 A' 。

结论：Y 是 B' 。

其逻辑表达式是 $(A \to B) \vee (\bar{A} \vee C)$，其中模糊关系 R 可以表示为 $R = (A \to B) \vee (\bar{A} \vee C)$，其隶属函数为：$\mu_R(x,y) = [\mu_A(x) \wedge \mu_B(y)] \vee [(1 - \mu_A(x)) \wedge \mu_B(y)]$ 。

有了这个模糊关系，就可根据推理合成规则，将输入 A' 与该关系 R 进行合成得到模糊推理结论 B'，即 $B' = A' \circ R = A' \circ [(A \to B) \vee (\bar{A} \vee C)]$ 。

这个模糊推理合成计算式在模糊逻辑中得到广泛应用。

第四节　模糊逻辑在经济中的应用——模糊综合评判

经济生活的最大特点是模糊性，在对许多经济问题的分析和经济预测、决策中，精确的二值逻辑是无法解决的。而模糊逻辑无疑提供了一种新的解决现实问题的方法。正如美国经济学家谢拉 · C.道所说：这种逻辑结构在经济学方法的运用富有潜力，在一定程度上，运用这种逻辑结构，理论解释更容易理解。因为，理论解释定位在一定范围，而不再是“要么正确，要么错误”的分析框架。如果真实世界真正是一个开放体系，其中包含着制度不稳定性、结构变化性和人类的创造性，那么，古典逻辑就不能完成对真实世界的说明任务，这是凯恩斯得出的结论性观点。由此可见，模糊逻辑对于经济生活和工作来说，是一笔宝贵财富。

经济领域是一个真正的“大千世界”，部门林立、行业丛生、生产与流通的网点星罗棋布，分工与协作的关系纵横交错。在国民经济这个大系统中有许多子系统，子系统中又有很多小系统。这些社会经济系统都是有人参与的能动系统，由于关系的错综复杂，其相当数量的评审目标是很难甚至不可能得到精确的信息的。这是因为，人们判断这些指标时，其概念的内涵有一定弹性，其外延又不很明晰，因而是属于模糊系统，而且这种系统越是具有客观真实性，答案就越是有模糊性。因此，在经济研究和管理中越来越需要采取模糊方法，以描述和把握经济过程变化发展的中间环节和过渡阶段。

如果片面强调和追求对经济过程和经济现象进行精确定量描述,反而会失去对真实情况的贴切性。例如,经济中有些量,并不是某个真实量的具体观测值,如国民收入这个数字,并不是真的把每一国民的收入统计起来再累加得到的,而是在某些约定下用具体资料计算出来的。这些约定即实际的计算方法,在经济学家中看法并不一致,因此有的经济学家也认为,上述数字所反映的充其量不过是某一时期内的一种倾向罢了。另外,在经济分析中所运用的许多概念从外延上并不是清晰的,而是模糊的。例如,为分析中小企业问题,就要对大、中、小企业作出区别,而具体进行划分时,其界限并不是很清楚的。再如,国民经济的"中速度"、"高效益"也是两个模糊概念,很难用精确数据去描述;我国提出的由温饱型社会过渡到小康社会以及 21 世纪中叶达到中等发达国家的目标,在这个目标中,"温饱"、"小康"、"中等发达"等都属于模糊概念,不可能建立一个数学模型计算的一清二楚,而是粗线条的和有弹性的。由此可见,用模糊方法来研究经济现象,特别是宏观经济规律,是符合实际的。

模糊方法对于经济工作中定性分析与定量分析的有机结合,也有重要作用。过去在经济研究和管理中片面强调用精确方法进行定量分析,忽略了经济生活中的不确定性和现实世界的复杂性,使得经济学无法回答经济生活中提出的一系列问题。例如,在经济管理中,传统的运筹学方法如库存管理、全面质量管理、线性规划等已成为常规的管理手段,但这些方法强调用定量的数据说话,在处理不确定现象时重视数理统计方法,而相对地忽视了对企业整体的认识。比如各部门之间由于协作、制约等关系而出现的问题以及其他不易计算的因素,包括企业的应变能力、职工队伍的士气等。实际上,经济生活中的数量问题不仅包括精确计算问题,而更多的是模糊数量问题。就拿预测来说,就不可能搞得十分精确。在实际预测中较为有用的还是预测对象的变动趋势及其范围,而不是某个确定的预测值。可见,将模糊方法运用于经济研究和管理,是经济学本身的特点所决定的。

文科经济学家与数理经济学家的争论已久。历史上经济学开始是文科性质的,当时的文科经济学家采取的一般是解析学和现象学的方法,语言是他们处理问题的主要工具,推理也是叙述性的。也许是受到数学在物理学中成功的影响，一些经济学家开始采用归纳推理的方法，开始广泛的利用标准的数学——微积分、拓扑、运筹学等来解决问题。这种一方面偏重语言描述和推理，另一方面偏重数学的方法成为他们争论的焦点。当然数学在经济中的作用是显而易见的，但是为什么还有这么多的争论的存在呢？主要原因可能是数学所采用的精确性与实际情况有时相差太远。他们所建立的模型也是在高度理想化的状态下产生的，但是往往由于过于理想化使理想远远脱离实际情况而无法与实际结合；而文科经济学家的理论对于细节的描述是相当透彻的，但有时推理的过程比较简单，逻辑不够让人满意。那能否找到一种方法把这两个极端联系起来，把各自的优势结合在一起呢？模糊逻辑的诞生、发展给这种可能提供了一个机会。

模糊逻辑能在一定程度上满足上述两个学派的共同要求，消除他们的分歧。模糊逻辑是这样一个领域，在这个领域中对活动与观察的描述是模糊的。模糊逻辑是我们能够描述含混的活动和观察，描述再不静谧、非量化和含混的情况下进行推理的过程，把他们公式化，得出相应的模型，并用这个模型去解决实际问题。也就是说，模糊逻辑是我们能描述那些不为古典数学等所包括、但早就为经济学家所掌握的处理经济问题的方法。例如：模糊语言方法就是模糊逻辑最重要的一个发展之一。模糊语言方法包括语言变量的概念及其运算方法，立足于可能性理论之上的自然语言表达方法，采用语言真假变量的模糊逻辑为基础的近似推理方法。这些方法运用到经济领域中能够适应经济问题的复杂性、模糊性与不精确性，并汲取自然语言在解决经济问题上的优点。模糊语言方法的使用显然将增加系统的灵活性、适应性、学习能力，并具有更大的应变性。

一、模糊综合评判

模糊综合评判是对由许多因素所影响的事物和现象作出评价，即对评价的对象根据已知信息给出每一个对象一个非负评价指标，从而使人们对事物有全面的认识。在模糊数学诞生之前，人们对模糊性问题的评判只能依靠实际经验，而没有合适的数学方法将模糊概念数值化，进而转化为数学运算，得出一个综合评价指标。模糊数学理论提诞生后，模糊综合评判法作为解决这类型问题的有力工具，得到广泛研究。根据实际情况，目前人们已经在许多领域建立了不同的模型，并与模糊数学的其他应用分支交叉应用。模糊综合评判法能够解决在自然和日常生活中普遍存在的具有模糊性的评判问题，为决策者作出合理的决策提供科学的依据。模糊综合评判法现已广泛应用于经济、教育、生产、环境等社会生活的各个领域。

客观世界中包含的事物往往有多种属性，我们评价一个事物要兼顾各个方面。例如在评判企业股票的盈利能，应考虑每股收益、每股的收益率、净资产收益率、主营业务利润率、股东权益比例这几方面因素作综合考虑，这就是综合评判问题。同时，我们看出，对各种各样的问题进行评判时，涉及很多模糊性概念。例如，某一个人是否为年轻人，不同的人对“年轻”有不同的定义。这时，用经典的评价方法得不出合理的结果，甚至会产生悖论。因此我们应用模糊数学的方法来进行评判，即模糊的综合评判。

模糊综合评判方法主要包括因素集与评语集的确定、单因素评价与建立综合评判矩阵、确定因素重要程度模糊子集、确定综合评判模型和求出模糊评价集、综合评判五个阶段。

（一）因素集和评语集的确定

因素即对象的各种属性或性能，也称参数指标或质量指标，它能综合地反映对象的质量。现实具体评价问题因其因素的模糊性和涉及因素众多而具有一定的复杂性，例如想对某企业股票盈利能力进行评价可能涉及每股收益、每股的收益率、净资产收益率、主营业务利润率、股东权益比例等因素。我们可以通过收集资料和专家咨询确定评价因素集。设得出与被评价事物相关的因素有 m 个，记作 $U=\{u_1,u_2,\cdots,u_m\}$ ，称之为因素集。

评语集的确定相对简单，通俗地讲，评语集的维数表示我们把被评价的对象看做几个等级，这样我们可以根据实际情况给定评语集。例如：上例中对企业股票盈利能力进行评价，我们可以把评语集设为优秀、良好、一般和不好 4 个等级。又如，在评价产品质量时，我们把评语集设定为一等品、二等品、三等品和等外品（即不合格品）。假定我们有 n 个等级的评语，记作 $V=\{v_1,v_2,\cdots,v_n\}$ ，称之为评语集。

（二）单因素评价与建立综合评判矩阵

单因素评价就是分别给出因素集 U 中各因素 u_i 到评语集 V 的模糊值映射。首先，对因素集 U 中的单因素 u_i $(i=1,2,\cdots,m)$ 作单因素评价，从因素 u_i 确定该事物对评语 v_j $(j=1,2,\wedge,n)$ 的隶属度 r_{ij} 从而得出第 i 个单因素评价集 $r_i=(r_{i1},r_{i2},\wedge,r_{in})$，它是评语集 V 上的模糊子集。其中 $r_i=(r_{i1},r_{i2},\wedge,r_{in})$ 为关于因素 u_i 的评语集向量，r_{ij} 为关于因素 u_i 具有评语 v_j 的程度。从上可知单因素评价集的确定，实际上是给出与被评价事物相关因素 u_i $(i=1,2,\wedge,m)$ 对评语 v_j $(j=1,2,\wedge,n)$ 的隶属度 r_{ij}。

（三）确定因素重要程度模糊集

由于各因素对事物的影响程度不尽相同，有些因素在总评价中影响程度可能大些，而有些因素则可能小些。因此，在综合评判中，必须给出各个因素在总评判中的重要程度，即在论域 U 上给出一个模糊子集 $A=(a_1,a_2,\wedge,a_m)$，其中 a_i 为因素 $u_i(i=1,2,\wedge,m)$ 在总评价中的影响程度大小的度量，在一定程度上也代表单因素 u_i 评定等级的能力，我们称 A 为 U 上因素重要程度模糊子集，a_i 为因素 u_i 的重要程度系数。确定因素重要程度方法主要是专家调查法，专家调查法是把在评判中所涉及的各因素，由调查人员事先制定表格，然后根据研究问题的具体内容，在本专业内聘请阅历高，专业知识丰富并且有实际工作经验的专家就各因素的重要程度发表意见，填入调查表。最后，由调查人员汇总，计算出各因素的重要程度系数。该方法简单易行，广泛应用于科技成果鉴定，经济预测等各个领域。

（四）确定综合评判模型和求出模糊综合评价集

当因素重要程度集 A 和综合评判矩阵 R 已知时，选取合适的具体模型，通过 R 做模糊线性变换，把 A 变为评语集 V 上的模糊子集 $B=A^{o}R=(b_1,b_2,\wedge,b_n)$，其中 $b_i=\bigvee_{i=1}^{m}(a_i\wedge r_{ij})$，其中“ ^{o} ”表示广义模糊合成运算。

（五）综合评判

根据最大隶属原则，选择模糊综合评价集 $B=(b_1,b_2,\wedge,b_n)$ 中最大的 b_j 所对应的等级（评语）v_j 作为综合评价的结果。

综合评判的意义在于，当单独考虑因素 u_i 时，u_i 的评价对评语 v_j 的隶

属程度为 $r_{ij}(j=1,2,\Lambda,n)$ 。而在考虑因素 u_i 在总评价中的影响程度 a_i 时，通过广义模糊“与”运算所得的结果，对 r_{ij} 所进行全面的修改。最后通过广义模糊“或”运算对各个调整后的隶属度进行综合处理，得出合理的综合评价结果。

例如：考虑对企业股票盈利能力的评估。

设与教学质量有关的因素（因素集）：每股收益、每股的收益率、净资产收益率、主营业务利润率、股东权益比例 5 种，而评语（评语集）分为：优秀、良好、一般和不好 4 种，试用模糊综合评判对企业股票盈利能力进行评估。

解：(1)因素集 U 为{每股收益（u_1），每股收益率（u_2），净资产收益率（u_3），主营业务率（u_4），股东权益比例（u_5）}；

(2)评语集 V 为{优秀（v_1），良好（v_2），一般（v_3），不好（v_4）}；

(3)设专家通过听课打分，对某企业的各个因素进行评价，结果如下（评判集）：

$f(u_1)=(0.45,0.25,0.20,0.10)$；$f(u_2)=(0.50,0.40,0.10,0.00)$；$f(u_3)=(0.30,0.40,0.20,0.10)$；$f(u_4)=(0.40,0.40,0.10,0.10)$；$f(u_5)=(0.30,0.50,0.10,0.10)$。

如对 u_3 的因素评价，专家认为净资产收益率优秀的占 30%，良好的占 40%，一般的占 20%，不好的占 10%。因此对于净资产收益率的评价集为 $f(u_3)=(0.30,0.40,0.20,0.10)$。

(4)构造综合评判矩阵 $R=\begin{pmatrix} 0.45 & 0.25 & 0.20 & 0.10 \\ 0.50 & 0.40 & 0.10 & 0 \\ 0.30 & 0.40 & 0.20 & 0.10 \\ 0.40 & 0.40 & 0.10 & 0.10 \\ 0.30 & 0.50 & 0.10 & 0.10 \end{pmatrix}$

(5)确定因素重要程度模糊集

设每股收益（u_1），每股收益率（u_2），净资产收益率（u_3），主营业务率（u_4），股东权益比例（u_5），这 5 个因素在企业股票盈利能力评估中所占的比重分别为：30%，20%，20%，20%，10%，从而得到因素重要程度模糊集为 $A=(0.30,0.20,0.20,0.20,0.10)$。

(6)求模糊综合评价集

$$B = A^{o}R = (0.30, 0.20, 0.20, 0.20, 0.10)^{o}\begin{pmatrix} 0.45 & 0.25 & 0.20 & 0.10 \\ 0.50 & 0.40 & 0.10 & 0 \\ 0.30 & 0.40 & 0.20 & 0.10 \\ 0.40 & 0.40 & 0.10 & 0.10 \\ 0.30 & 0.50 & 0.10 & 0.10 \end{pmatrix} = (0.30, 0.25, 0.20, 0.10)$$

(7)综合评判

$0.30 = \max(0.30, 0.25, 0.20, 0.10)$,所以由最大隶属度原则,认为该企业股票盈利能力为“优秀”。

第十三章　经济决策的逻辑——风险决策逻辑

风险决策逻辑就是研究决策主体如何在复杂多变的风险情境下，巧妙进行推理，成功规避风险，获取最佳策略的科学，它以策略推理为具体的研究对象。根据风险决策逻辑所结合及应用的领域，本章认为风险决策逻辑尽有形式与非形式的结合，是语用性质逻辑。

在知识经济时代，特别是我国加入WTO以后，市场调节作用加大，尤其是在高风险的经济领域，决策者加强了对管理和决策的预见性、前瞻性、主体性、应变性和创变性理论的需求，这不仅推动了决策科学的发展，还激发了博弈论概念、规则的修改，而且还促进了博弈逻辑的出场，这在客观上推动了风险决策逻辑的产生和发展。

无论是运用预期效用值理论、算法规则理论，还是满意度理论、前景理论，目的都是为了在复杂多变的风险经济情境下，决策主体选用最佳策略，获取最大的收益。风险决策逻辑，就是研究决策主体在复杂多变的风险情境下，巧妙地进行推理、成功地规避风险、获取最佳策略的科学，即关于策略推理的科学。

第一节　风险决策逻辑的研究对象

一般认为,逻辑是研究推理及有效性的学科。那么,风险决策逻辑研究的也就是风险决策过程中存在的各种推理,其中有演绎、归纳及类推等,可以把这些概括成为决策推理。风险决策逻辑就是以这些推理作为自己的研究对象而独立存在的逻辑。

按照哈沃德的划分,根据每一种决策任务在决策情景空间中的位置,将决策任务分为两大类:封闭型决策任务和开放型决策任务。在不同的决策任务中所使用的推理类型是不同的。

一、封闭型决策任务中的推理

在封闭型决策任务中,按照哈沃德的说法,这种任务是在决策的情景空间中,在由复杂性与动态性构成的决策情景的平面上的决策任务,此时的不确定因素或者说风险指数区域最小值为零的时候,哈沃德也称之为无风险决策任务(此说法是有待商榷的)。在这类决策任务中,备择方案以及决策后果都由决策任务本身提供好了,即每一种备择方案对应着一种决策的结果。这种情况,在逻辑推理的层面上可视为演绎推理(备择方案、决策结果)。一旦决策任务确定,就有相应的备择方案和可预见的决策结果。决策的低风险损失、高收益获得的原则(精简原则),意味着将出现某种决策的结果,而这种决策的结果对应着达到这种后果概率最大的那种备择方案。用逻辑联结词表示为:

(相应的备择方案(P)→(完成决策任务)相应的决策结果(Q))∧相应的备择方案→出现相应的决策结果,

用公式则可表示为:$(P\to Q)\land P\to Q$。

当然在现实世界中,真正封闭型决策任务(即确定性任务或无风险性任务)是很少的,甚至是不存在的,或者是理想的状态下才有的。

二、开放型决策任务中的推理

在第二类风险决策任务——开放型决策任务中，哈沃德称之为风险决策任务。此任务的风险情景具有高度的不确定性、动态性和复杂性的特征，正由于开放型风险型决策任务的这一特征，其中的逻辑关系变得相当复杂，仅仅依托演绎推理并不能有效地完成这一任务，达到收益的最大化。在这样的风险决策过程中要选择恰当的备择方案，必须综合考虑到尽可能全面的情况，以及可能导致的结果。那么在这一过程中就必不可少地要用到归纳推理、类比推理和演绎推理，最终达到此风险决策任务的完成，即实现收益的最大化。当然这种收益的最大限度是达到了决策主体的满意度的。

总之，风险决策的过程实际是演绎推理、归纳推理以及类比推理综合作用的过程。并且通过对封闭型决策任务中演绎推理结构的分析，我们不难看出这种决策推理的结论是先行出现的，呈现出“向前展望，到后推理”的特征，这样的推理不再是线性的或直线性的推进，它甚至是逆向性的、回溯性的，当然也可以是从已知推向未知的“向前推理”，这正是决策推理不同于其他逻辑推理的特征。张斌峰教授在《经济逻辑研究的新维度——语用学与语用逻辑的维度》中把这一特征的决策推理称为“策略推理”[1]的风险决策逻辑就是以这种策略推理为研究对象的。

三、策略推理

将策略推理回归到现实的“生活世界”中，一般就是指决策者面对风险决策任务时，选择相应策略的思维过程，亦称为策略思维。面对风险情景，如何选择合适的策略去有效地规避风险，从而达到理想的“收益最大化”。也就是说，只有灵活而成功地运用策略推理才能使决策者减少冒险几率，否则将出现这样的尴尬：美国耶鲁大学奈尔波夫教授在大学毕业时的正式舞会上参加轮盘赌积分游戏，并且以 700∶300 的大比分领先，大奖在望呀。但是，鬼使神差的他却无视已经具有的后动优势，在最后一轮大意先行，结果功败垂成。事后他回忆那天酒喝多了，忘了“博弈论”之“行动准则”的教导：领先的时候要采取让对手先行的策略。这位大学博弈论的高材生，就这样输在原来处于第二位并且曾经提出过求和并建议分享奖金的女士手下[2]。上述事例与其说是一种尴尬的结局，不如说是策略推理运用失当，以至将风险留到了最后。的确如此，一个人的行为过程中，不仅仅在高风险的经济领域，而且在其他的任何领域中都是要用到策略思维。从逻辑意义上讲，决策的过程就是要进行策略的推理，从而达到决策的理想结果。本文将日常生活中以及高风险的经济领域所用的制定策略的思维过程引入到逻辑（特别是语用逻辑）的视野内，对这样的策略思维进行了提升，从而将决策学所研究的决策思维转换成逻辑所研究的策略推理以及有效性的问题，因此这项研究属于“风险决策逻辑”的研究范围。

张斌峰教授说：“我们研究博弈逻辑（多主体风险决策逻辑①）的唯一之道，就是研究策略推理问题……所谓策略推理便是博弈者通过理性地推导与取舍的方案而进行的实践推理。”[3]策略推理实际是决策者面向其“生存世界”而进行的推理过程，其中凸显出了决策者的实践理性，换句话说，也就是凸显了决策者在具体的决策过程中所加入的理想或愿望的因素。这样，结合我们前面对风险决策中推理的概括，从广义的风险决策逻辑的角度看，策略推理也可定义为在决策行为活动过程及情境中的各种推理的总称。这一推理主要解决的是如何平衡决策行为中风险的问题。进一步讲，策略推理主要关注的是如何用知识的收益去抵消因错误和无知而引发的种种风险，用可能取得的成功去抵消可能失去的收益。总的来说，策略推理的目的是在它处理认识风险时，要尽量地实现（最小）成本与（最大）收益的平衡。因此人们进行精确地计算，恰当地使用策略推理进行理性的风险评估，寻找避免冒险的最佳方案，才有可能取得最大的收益。我们是否为取得更高价值的潜在收益，作了冒更大风险的准备呢？高明的“风险决策逻辑”使用者和实践者，肯定是进行这类推理的高手，亦肯定能在复杂多变的风险情境中，完成各项决策任务。

再者，所有的决策方案都是与决策情境有着内在关联的，情境的不断变动，决定着策略推理是一个不断发展、反复“博弈”而演进的过程，从而也决

① 博弈本身是风险决策中群体决策。因此，我们就可以将博弈逻辑另称作“群体风险决策逻辑”或“多主体风险决策逻辑”。

定了策略推理是情景化的语用推理。“决策可能是理性的，审慎的，相机抉择的，有目的的；或者可能是非理性的，习惯的，被迫的，随机的；或者是以上的任意组合。”[4] 因此，风险决策并不是线形发展的，还可能是迂回的；决策过程中任何一个风险情境没有被注意到，都将直接或间接地影响到决策的执行。另外，我们说策略推理是具有“回溯性”的推理，有学者认为这种推理是“从已知事实出发，结合推论者的背景知识，借助充分条件假言推理的肯定后件式，由后件出发过渡到前件的一种非归纳的或然性推理。”[5] 由充分条件假言推理的性质决定的其肯定后件式的推理是可错的，可错性决定了推理的可改性，从而直接关系到推理的可靠性，表现到具体的风险决策过程中，决策任务的情境因素以及决策主体因素对提高这一推理的可靠性，作出正确而有效的推理起着关键性作用。基于以上两点，决策逻辑所研究的策略推理应充分反映决策行为的交互性、关联性、情景性以及实效性（经济性）。所以我们可以说，从逻辑学的角度特别是语用逻辑学角度看，策略推理是发生在决策情境以及行为中的推理，是实践的推理、语用的推理。

第二节　风险决策逻辑的性质分析

一、形式与非形式的结合

决策过程的核心环节是对各种备择方案可能结果（收益—损失）及其风险水平进行主观的评价。在这一过程中，大部分的决策学家采用了形式化的方法进行研究。1944 年，规范效用理论①问世，认为：面对一项决策任务时，每项备择方案都被赋予决策的主观价值，即主观效用。它意味着当决策者权衡各种备择方案收益、损失、利弊、得失之后，将采用其中主观效用值最高的备择方案。决策者是以线性组合的方式（建立线性代数和概率微积分的数学模型）对主观概率和主观效用值进行整合并选择主观期望效用值

① 来自数学家冯·诺依曼和经济学家莫根斯坦 1944 年的名作《对策论与经济行为》。

最大的行动方案，并且这一规则系统在相当长的时期内占据着主导地位。但是作为“传统经济学”意义上的决策理论，存在着极大的局限性：这种理论首先假设了“经济人”的存在，亦“完全理性人”。这种人在行为过程中既具有“经济”特征，同时也具有“完全理性”。也就是说，这种人具备了关于所处环境各方面的知识，而且这些知识即使不是绝对完备的，至少也是相当丰富的、相当透彻的。此外，还被设想为具备一个很有条理的稳定的偏好体系，并拥有很强的思考和计算能力，他们靠着这类技能就可以在备选的行动方案中计算出哪个方案可达到其偏好尺度的最高点。然而，事实并不是像这一理论假设的那样，决策者的理性程度实际上是有限的。因此，针对这一局限性，西蒙提出了有限理性的满意度理论，这一理论认为传统经济理论对人的智力作了极其苛刻的假设，以便“产生那些非常动人的数学模型，用来表示简化的世界”[6]。而实际上，这种理论是在原有的期望效用值理论基础上，附加上了一个主体的满意原则，因此，它只是期望效用值理论的变化延伸。我们看下面这个例子：

假设某人要卖一所房屋。他每天（或者其他时间单位）定一个接受价，比如第 k 天房价为 d(k)。如果他在那天收到一个或几个高于该价格的报价，他就接受其中的最高项，低于报价，他就不卖那所房子，等到次日再决定一个新的报价 d(k+1)。

他如果对于每天报价情况的概率分布有一些了解，那么，他就可以在下述意义上，决定一个最优的接受价，是出卖价的期望值 V[d(k)]最大。

为讲清楚这一点，我们作如下解释。设 Pk(y)是 y 成为第 k 日最高出价的概率，那么，房子将在第 k 天卖出（若此前尚未卖出）的概率就是

$$P_k(d) = \int_{d(k)}^{\infty} p_k(y)\,dy \tag{1}$$

卖主在第 k 日出卖房子所得收入的期望值是

$$\varepsilon_k(d) = \int_{d(k)}^{\infty} y p(y,k)\,dy \tag{2}$$

考虑到房子在第 k 日之前卖出的概率，卖主在第 k 日出卖房子所得收入的无条件期望值为

$$E_k(d)=\varepsilon_k(d)\prod_{j=1}^{k-1}(1-P_j(d)) \tag{3}$$

出卖价的期望值为

$$V[d(k)]=\sum_{k=1}^{\infty}E_k(d) \tag{4}$$

下面我们要决定所有的 d(k)，要求它们使(4)式取得极大值。函数 d(k)的 k 个分量是彼此独立的。对每一分量，求 V 的偏导数，可得

$$\frac{\partial V}{\partial d(i)}=\sum_{k=1}^{\infty}\frac{\partial E_k(d)}{\partial d(i)}(i=1,\cdots,n) \tag{5}$$

但我们还有以下三式：

$$\frac{\partial E_k(d)}{\partial d(i)}=\frac{\partial \varepsilon_k(d)}{\partial d(i)}\prod_{j=1}^{k-1}(1-P_j(d)) \tag{6}$$

$$\frac{\partial E_k(d)}{\partial d(i)}=0 \qquad 当\ i<k\ 时 \tag{7}$$

$$当\ i>k\ 时 \tag{8}$$

因此，对于极大点来说，有

$$\frac{\partial V}{\partial d(i)}=-d(i)p_i(d)\prod_{j=1}^{k-1}(1-P_j(d))+$$

$$\sum_{k=i+1}^{\infty}\varepsilon_k(d)\prod_{j\neq 1}^{k-1}(1-P_j(d))P_j(d)=0 \tag{9}$$

消去 $P_i(d)$，我们最终得到

$$d(i)=\frac{\sum_{k=i+1}^{\infty}\varepsilon_k(d)\prod_{j\neq 1}^{k-1}(1-P_j(d))}{\prod_{j\neq 1}^{k-1}(1-P_j(d))}=$$

$$\sum_{k=i+1}^{\infty}\varepsilon_k(d)\prod_{j=j+1}^{k-1}(1-P_j(d)) \tag{10}$$

这表明，第 i 天的接受价 d(i)，等于第 i 天房子尚未卖掉情况下的卖价期望值，加上后续日子里最佳决定的接受价。因此，政治求和①至第 n 日终止期倒推的办法算出最优的 d(i)。西蒙认为，“这就是人类寻找‘足够好’方案的那种理性适应，也是能在广泛实践领域里实际进行的理性适应。”[7]

① 政治求和的意思是指卖房者在一定的利益底限上的让步行为。

通过上面的例子，我们并不能说这种形式化的计算，建立数学模型的方式对我们的风险决策行为没有益处，或是必不可少的。通过这样的运算我们能够清楚在某个特定的决策情境下，决策结果的收益值与风险水平。然而，在实际的决策过程中，特别是在知识经济时代的今天，越来越多的决策行为的风险系数加大，仅仅依靠以上理论——形式化的计算评估，恐怕难以应对当今决策任务的复杂性和变动不居性。特别是在这个 e 时代的社会里，信息的共享度大大提高，以致大量的决策者拥有共同的信息，当他们面对共同的决策任务时，就大大提高了决策的难度，客观上要求决策者不仅要用形式的方法进行风险的评估及对备择方案的选择，更需要以决策任务的"存在空间"为背景，以面对同一项决策任务的多个主体之间的"主体间性"、"交往理性"为依托，合理地运用非形式的语言及方法进行规范风险决策的行为指导。

风险决策并不是独立在某个领域中的行为活动，而是一种建立在具有"交往理性"的社会性活动。决策行为过程中，按照维特格斯坦的观点，风险决策活动就是"我们用言语和行动所完成的交流活动，即语言游戏(1anguage game)"[8]，它具备以下几个特征：(1)无限多样性。(2)主体参与性。(3)语词和语句的工具性。也就是说，只有考虑到各种具体的"语言游戏"(即各种具体情境)，我们的决策才能实现"最合理"的目标。

非形式逻辑乃是有关批判性思维的逻辑，或者说，它是有关论辩思维的逻辑。它是运用自然语言进行论述的，目的不在于建立形式化的逻辑系统，而是要提高人们在日常生活和工作中的论辩能力[9]。由此初衷，非形式逻辑或批判性思维能够融入现实生活世界，并且能培养和提高人们的实际论证能力，以及接受和回应外界信息的思维技巧，所以，它对信息获取、理性决策、言语沟通、有效交际、参与竞争等现代人生活的诸多方面都有实在的效用。因此，非形式逻辑的这些特征恰恰适应了有效决策的需要。再上升到逻辑的研究层面，决策逻辑的研究也应该采用这种形式化与非形式化相结合的研究方法，所以，我们不能笼统地给决策逻辑定性为形式的或者非形式的。而由于决策逻辑依据决策方法的特征，既要使用形式化的方法，又要使用非形式化的方法，因此我们可以说决策逻辑是形式与非形式的结合。

但是,由于要使用形式化的方法,必须要结合决策任务所处的决策情景,情景的不同或变化,所采用的计算方式和所建立的数学模型也要相应的改变,可以说,情景在决策行为过程中起着关键性作用。将决策行为过程上升到逻辑的研究层面,须结合高情景性的语用逻辑,因此,本文认为风险决策逻辑是具有语用性质的语用逻辑。

二、决策逻辑的语用性

风险决策是在风险的情境中进行决策的一个行为过程。情境因素是语用学与语用逻辑的出发点。

语用学研究符形、对象及符号情境之间的关系。符号情境是指符号使用者即人与人之间应用符号表达和传递思想感情的具体环境。在语用学看来,符号的意义是依赖于符号情境而获得的释义。离开符号情境中的语境因素,任何语句的意义都不可能是完全的。而当语用学研究语用推理时,它就是语用逻辑了。这表明,语用学包含着语用逻辑,而且语用学与语用逻辑之间也并不存在泾渭分明的界限。语用学与语用逻辑的兴起,改变了像形式逻辑和现代符号逻辑那样无语境(或无情境)的、无时空的、无变动的、无主体的情况,而是以语境为中心,以语境为出发点,弥补了现代形式逻辑的人文空场,凸显了语用逻辑的实践理性。

语用学与语用逻辑关注决策主体——包括人在内的所有语境因素,所以本文认为,语用学与语用通辑特别适用决策情境的逻辑研究。生活总是发生在与他人的相互联系和相互作用的情境世界中,风险决策的行为过程亦是如此。无论是个人决策,还是群体决策,人们的心理及行为都不可避免地要受到其所处的语境的影响,因此人们在风险情境下作出任何策略(或进行任何策略推理)都是决策者与凋策情境交互作用的结果。

风险决策逻辑的语用性质,一方面体现在它是有情境的逻辑。决策总是与变化着的决策情境相关联,决策又是一个不断发展的过程。从决策的每一个情境因素(包括决策的主体、客体以及周围的环境等)出发,来研究策略推理,可以说,成功而有效的风险决策,是全面认知和调配决策情境的结果。对于情境的认识有多种说法:情境可以是涉及基因遗传,文化传统、先期经验和外部环境的相互作用,也可以是已有的制度安排,认知框架、执行者带来的想象和惯例组成的集合。“决策情境”就是围绕决策所要达到的目标,并利用与之相关的信息去解释和实现目标的所有动态或静态的因素。任何决策的行为过程都要以决策情境为出发点,情境因素影响甚至决定着决策的生命力。张斌峰教授对当下社会决策者所面临的情境进行了高度的概括:“我们当下却生活在一个如此复杂、如此不成体系的时空社会里,我们每个人的‘生活世界’都好像是一堆碎片,相互之间缺乏必然的联系,各种生活准则和价值信仰相互冲突,本来是如此强烈地‘不确定’,以至于我们无法相信我们曾经体验过的任何东西是否会再度出现,这正如吉登斯所概括的(《现代性与自我认同》,北京:三联书店出版):现代性的认识论特征就是‘时空断裂’。在如此变动不居的现象界内生存着的‘研究者’,是无法确信任何‘科学理论’的,因为现代的一切‘科学’都以统计规律为导引,以解释‘统计现象’为理论的目的,而这样的规律和理论在上述的不确定世界里,无异于康德的‘先验理性’,我们个性化的经验几乎不允许被这些先于我们个人经验的理性规则‘套牢’,这种套牢了的理性行为,既不是我们每个人真切的生活,又违反了个人的个性。唯一的出路就是搁置这样的理论,‘直面现象’。”[1] 为出发点的语用逻辑,以“实践理性”、“过程理性”代替了“实质理性”作为建构自己的理论前提,“直面现象”本身。语用逻辑的这一特征恰恰是适应了决策逻辑研究发展的要求,从而使决策逻辑从情境出发,随着情境时空的变动,作综合性、整体性的考察,各种构成情境要素对于达成理想决策方案产生影响,因此我们说风险决策逻辑是语用性质的逻辑。

【参考文献】

[1]张斌峰:《经济逻辑学研究的新维度——语用学与语用逻辑的维度》;见瞿麦生:《寻求超越点击经济逻辑》,香港东西文化事业公司 2004 年版,第 16—34 页。

[2]迪克希特、奈尔波夫:《策略思维:商界、政界及日常生活中的策略

竞争》,王尔山译,中国人民大学出版社 2002 年版,第 75—83 页。

[3]张斌峰:《博弈逻辑与知识创新——语用学与语用逻辑的维度》;见瞿麦生:《寻求超越点击经济逻辑》,香港东西文化事业公司 2004 年版,第 58—73 页。

[4]拉比尔 S.巴塞:《情境管理》,石晓军等译,机械工业出版社 2000 年版。

[5]张学立:《回溯推理及其可靠性程度》;见瞿麦生:《寻求超越点击经济逻辑》,香港东西文化事业公司 2004 年版。

[6]西蒙:《现代决策理论的基石》,北京经济学院出版社 1989 年版。

[7]西蒙:《现代决策理论的基石》,北京经济学院出版社 1991 年版。

[8]刘放桐:《现代西方哲学》,人民出版社 2000 年版。

[9]马佩:《谈谈非形式逻辑问题》,《河南大学学报》(社会科学版) 2004 年第 1 期,第 14—17 页。

第十四章　经济决策偏好逻辑

偏好逻辑是经济逻辑学的重要组成部分。偏好逻辑亦称优先逻辑，是继归纳逻辑、哲学逻辑、道义逻辑之后的又一逻辑体系，是研究存在于价值判断之间的优先关系的形式理论。首先回顾了偏好（尤其是外在偏好）逻辑研究，重新审视了偏好逻辑诸元素研究，如"概念符号"、"优先选择"、"偏好动因"和"值"等，其次是对偏好逻辑的批评性研究，指出偏好逻辑研究需解决的问题及发展动态。

第一节　偏好逻辑研究回顾

"偏好逻辑"一词最早见于路德维格的继承人、芬兰著名哲学家、逻辑学家冯·赖特（Von Wright）所著的《偏好逻辑》一书[1]。作者以"优先"概念作为未经定义的初始概念，并用 Pq 表示"p 优先于 q"，规定了有关优先关系的五个基本原则以及合取、分配、扩张三种基本运算，建立了第一个优先逻辑的形式演算系统。他将偏好作为基本认知现象，提出三个基本假设。第一，偏好是内在固有的和主观存在的，无须探求其发生的外部原因，所以，偏好逻辑只要描述偏好（集），并基于此提出推理新信息的过程；第二，偏好是建立在事件发生状态（states of affairs）上的，也就意味着在偏好逻辑中，偏好是基于现实事件的一阶描述，其他关于行为和方法（actions and instruments)上的偏好都可以采用基于事件的偏好推出;第三,偏好是在“其他条件均同”(ceteris paribus)基础上的评价[2]。1972年,冯·赖特在《优先逻辑再探》(*The Logic of Preference Reconsidered*)一文中,改进和发展了自己早年的工作[3]。他采纳了与优先逻辑基本相同的假设,但也有若干重要变化,引入了像境况、状态空间、优先视野和全视野优先等新概念,并把讨论的重点放在哲学方面而不是形式演算方面。

继冯·赖特之后,一些国外学者,如A.Tversky和R.Lee研究了偏好与传递性(transitivity)视角下的偏好逻辑,N.Rescher研究了偏好与效用、费用(utility and cost)视角下的偏好逻辑[4,5]。A.Sen研究了偏好的行为和概念,R.W.Trapp研究了效用理论和偏好逻辑,J.van Benthem,J.van Eijck和A.Frolova三位学者研究了动态偏好,J.van Benthem,S.van Otterloo和O.Roy研究了博弈学中偏好逻辑的条件和方法[6—9]。P.C.Fishburn分析了偏好的结构和表现,B.Hansson探微了偏好关系的基本公理和发展演进,D.Houser和R.Kurzban探讨了“显性”(revealed)偏好[10—12]。R.E.Jennings重新审视了逻辑关联的偏好和选择,G.Schumm对偏好逻辑研究全景进行了哲学思考[13—14]。

偏好逻辑研究在中国处于起步阶段,能够检索到的国内学者有瞿麦生、刘奋荣、冯昊清、李建华、陈波、胡泽洪、张志政、熊立文等,他们分别从行为逻辑、偏好推理、归纳推理和诠释学等方面对偏好逻辑进行了尝试性研究。

第二节　偏好逻辑特质研究

中西方学者对偏好逻辑进行了多视角研究。研究的基本元素包括偏好的“概念符号”(concept and notation),偏好的“动因”(reasons),偏好与“优先选择”(priority and choice)、偏好与“值”(value)的关系等[15]。

一、偏好概念符号研究

偏好逻辑是研究存在于价值判断之间的优先关系的形式理论,广泛应用于博弈论、决策论等很多研究领域。霍尔登提出偏好的两个“值”的对比概念:“更佳”(better)(严格偏好)和“同值”(非偏好 indifference)[16]。偏好和非偏好分别用符号标记>和~表示,或用 P 和 I 表示。和传统哲学符号一致,$A>B$ 表示“A 比 B 强”或“B 比 A 差”。偏好目标通常用偏好关系阶次表示(A 和 B,$A>B$)。偏好关系包含特定的阶次集,阶次之间互不包含,被称为排他偏好(exclusive P),如果二者皆可选择,则为组合偏好(combinative P,Hansson 2001)。

在经济学中,偏好逻辑具有穷尽性(completeness)或连通性(connectedness),表达公式为:$A \geqslant B \vee B \geqslant A$。贝叶斯决策论(Bayesian decision theory)就是穷尽性偏好的最佳例证。穷尽性偏好并不意味着必然选择,例如某人有 ABCD 四种选择,如果他知道 A 是最好的,他就没必要再对 BCD 进行比较。这种偏好非穷尽性(incompleteness)又包括三种情况:唯一选择、多种选择和无法选择(uniquely resolvable, multiply resolvable, irresolvable)。唯一选择或多种同样选择都表示无法偏好任何一方,而无法选择则意味着无法偏好。例如,选择“你的母亲死还是父亲死”,谁都不愿意自己的父母死,无法选择。再比如环境经济学中,选择偏好“环境保护”,还是偏好“经济效益”也很困难。

偏好还具有传递性,即 AB 比较关系和 BC 比较关系可以传递到 AC 之间产生比较,其逻辑模型为:

弱偏好传递性:$A \geqslant B \wedge B \geqslant C \rightarrow A \geqslant C$

非偏好传递性:$A \sim B \wedge B \sim C \rightarrow A \sim C$

严格偏好传递性:$A>B \wedge B>C \rightarrow AC$

IP 传递性:$A \sim B \wedge B>C \rightarrow A>C$

PI 传递性:$A>B \wedge B \sim C \rightarrow A>C$

非循环性:$A_1 > \cdots > An > A_1$

其中,严格偏好是传递的,弱偏好是准传递的(quasi-transitive)。Quinn 和 Schumm 等学者对传递性提出反证,证明传递性并非总是合理的,人类作为选择主体(agent)对事物的偏好并不总是理性的[17]。例如,三个盒子各自分别装有红、绿、蓝三球。盒 1 较之于盒 2,红球 1 比红球 2 更漂亮,绿蓝相当；盒 2 较之于盒 3，绿球 2 比绿球 3 更漂亮，红蓝相当；盒 3 较之于盒 1，蓝球 3 比蓝球 1 更漂亮，红绿相当。逻辑推理结果：红 1>红 2~红 3~红 1；绿 1~绿 2>绿 3~绿 1；蓝 1~蓝 2~蓝 3>蓝 1。同时推出：（红 1，绿 1，蓝 1）>（红 2，绿 2，蓝 2）>（红 3，绿 3，蓝 3）>（红 1，绿 1，蓝 1），这样的结果显然不合理。再比如，“杠子、老虎、鸡、虫”游戏，根据偏好的传递性可以推导：杠子>老虎>鸡>虫>杠子。以上例证显示出偏好的循环性及其与传递性的矛盾。可见，偏好对于理性选择具有指导意义，但并不总是合理的。

偏好还具反对称性（antisymmetric），如 $A \geqslant B \wedge B \geqslant A \rightarrow A = B$，弱连接性（weakly connected），如所有 $A \neq B$，$A>B \vee B>A$。Chisholm and Sosa 还研究了基于偏好的单值判断（monadic value predicates），即非此即彼[18]。

二、偏好与“值”的研究

偏好可用“值”来表示。$A>B$ 表示赋予 A 的值大于 B，$A \sim B$ 表示赋予 AB 同值。值通常被认为是具有充分表达力的数值项。用明度函数 u 表示赋予每个选项的值，可以构成逻辑模型：$A>B$ 当且仅当 $u(A)>u(B)$（准确值表示）。偏好关系只有在同时满足穷尽性和传递性时才有准确值。表示准确值的明度函数只承载序列信息，即赋予 A 值高于 B，只表示 AB 之间，更偏好 A，但无法表示偏好程度，西方学者因此设定一些“中间值”（interval），使用两个真值函数 u_{max} 和 u_{min}，则对于所有集合 A，$u_{max}(A) \geqslant u_{min}(A)$。$u_{max}(A)$ 为 A 集中间值上限，$u_{min}(A)$ 为下限。当且仅当（iff）A 集所有值都高于 B 集时，才有 $A>B$，即 $A>B$ 当且仅当 $u_{min}(A)>u_{max}(B)$。此外，Aumann 还研究了非穷尽性偏好序列（选择顺序）（ordcring），值的逻辑模型为：

如果 $A>B$，那么 $u(A)>u(B)$

三、偏好与“选择”研究

学者（尤其在经济学界）习惯将偏好和选择等同起来研究。事实上，偏好是假想（hypothetical）的选择，选择是显性的偏好。研究内容主要包括：

第一，选择的功能和特征。给定集合 A 中，B 为 A 的任一子集，函数 C 表示（假想）选择，C 可表示 B 中没有被选择主体排除的选择项。那么，C

成为 A 的选择函数的条件如下:

当且仅当所有 $B\subseteq A$:(1)$C(B)\subseteq B$;(2)如果 $B\neq\emptyset$,那么 $C(B)\neq\emptyset$。

很多学者对选择函数的特质进行了研究,常见于以下五种模型:

(1)如果 $B\subseteq A$,那么 $B\cap C(A)\subseteq C(B)$

(2)如果 $B\subseteq A$ 和 $X,Y\in C(B)$,那么 $X\in C(A)$ 当且仅当 $Y\in C(A)$

(3)如果 $X,Y\in A$ 和 $X\in C(A)$,那么对于所有 B,如果 $X\in B$ 和 $Y\in C(B)$,那么 $X\in C(B)$

(4)$C(B1)\cap\cdots\cap C(Bn)\subseteq C(B1\cup\cdots\cup Bn)$

(5)如果 $Xi\in C(B)$,$i\in\{1,\cdots,n\}$,那么 $X1,X2,\cdots,Xi-1\in C(B)$

(限于篇幅,不再详述此五种模型。)

第二,从偏好构建选择。建立在偏好关系之上的选择函数被称为关联(relational)或二元(binary)函数。从偏好关系"$\geqslant$"构建选择函数的最佳途径是选择和"$\geqslant$"最一致的选择项。最佳选择关联:

$C_B(B)=\{X\in B\mid\forall Y\in B:(X\geqslant Y)\}$

Sen(1970a)指出,当且仅当"$\geqslant$"具有穷尽性和非循环性时,C_B 才是选择函数。当潜在的偏好关系非穷尽时,不存在首选项,构建的函数 C 是空的,不存在选择函数。为避免此种情况,构建选择函数时集合里应该有首选项:

$C_L(B)=\{X\in B\mid\forall Y\in B:\neg\ (Y>X)\}$

当且仅当"$\geqslant$"非循环时,C_L 才是选择函数。当集合 A 的选择关系循环时,C_B 和 C_L 皆不是 A 的关联选择函数。鉴于此,Schwarz(1972)提出第三种关联选择函数,将 A 集归类为集合群 B,使 B 的内外选项不进行选择比较,所有这些集合统称为 S,模型为:

$C_0(A)=\cup S$(最佳选择关联)

第三,从选择构建偏好。偏好公理(axioms)和选择公理的密切关联有助于从选择函数来构建偏好序列。Grune-Yanoff 认为,经济学通常以显性偏好方法来定义选择偏好,以经济理论的行动主义(behaviorism)为基础,验证偏好经验主义的效度,强调主体的观察选择。[15]从选择构建偏好的途径很多,通常讨论以下三种。第一种途径把选项 X 定义为"至少和选项 Y 一样好”，当且仅当 X 从包含 Y 的选项集合中被选中，模型为：

$X \geqslant^{S} Y$ 当且仅当 $B, X \in C(B)$ 和 $Y \in B$

$X >^{S} Y$ 当且仅当 $X \geqslant^{S} Y$ 和非 $Y \geqslant^{S} X$

$X \sim^{S} Y$ 当且仅当 $X \geqslant^{S} Y$ 和 $Y \geqslant^{S} X$

第二种途径把选项 X 定义为“至少和选项 Y 一样好”，当且仅当 X 从包含 Y 的二元集合中被选中，模型为：

$X \geqslant^{B} Y$ 当且仅当 $X \in C(\{X, Y\})$

$X >^{B} Y$ 当且仅当 $X \geqslant^{B} Y$ 和非 $Y \geqslant^{B} X$

$X \sim^{B} Y$ 当且仅当 $X \geqslant^{B} Y$ 和 $Y \geqslant^{B} X$

第三种途径把选项 X 定义为“严格优选于”选项 Y，当且仅当 X 从包含 Y 的选项集中被选中，且 Y 不可以被选中。模型为：

$X >^{R} Y$ 当且仅当 $B, X \in C(B)$ 和 $Y \in [B \backslash C(B)]$

$X \geqslant^{R} Y$ 当且仅当非 $X >^{R} Y$

$X \sim^{R} Y$ 当且仅当 $X \geqslant^{R} Y$ 和 $Y \geqslant^{R} X$

通过以上途径，国外学者从（非）穷尽性、（非）传递性等方面研究了偏好与选择的密切关系，同时对二者也进行了甄别，指出偏好是思想状态（states of mind），而选择是行动（actions）。他们进一步研究了诸如，有“思想”的人类或高级动物，无“思想”的计算机或植物，二者皆可作出理性选择，但前者是偏好，后者仅为重构（reconstructed）偏好等有关偏好与选择关系问题。

四、偏好的“动因”研究

“理性选择理论”构建了理想的选择模式：穷尽的、传递的偏好序列。但在现实生活中，主体并不总是“理性地”选择，有时其动因仅仅是“因为我就喜欢这样决策”，从而引发出偏好的动因研究，主要包括两个方面：

第一，“实质”（property）偏好。决策论（decision theory）认为选择的公正性要求主体经过逻辑推理产生偏好，并考虑选择和行动的动因，但这只是表层的动因，是建立在情势和期望上的偏好。Pettit 提出了反驳意见，认为深层动因承认偏好具有两个目标——“期望”和“实质”，建立在期望基础上的偏好是由实质决定的[19]。例如，某人喜欢将卧室刷成粉色而不是灰色，他表达了固定选项集中特定情势下的偏好；如果某人说自己喜欢粉色而不是灰色，他表达的实质偏好可以在无数的情势下实现。如果选择主体相信实质和期望的事情相关联时，那么期望偏好和实质偏好是一致的，构成了偏好的一个动因。

第二，角度(aspect)偏好。研究偏好动因的另一方法是保持选择项的个性化，为每个主体增加选择项数量，以便每个主体从各个角度(心理、政治、经济和美学等)作出偏好判断。Steedman and Krause 讨论了选择主体偏好于某一选项，该选项从每一个角度考虑，至少和另一选项一样好；或者该选项在某一角度考虑，至少和另一选项一样好，构成了偏好的又一动因。

第三节　偏好逻辑批评性研究

偏好逻辑研究取得了一定进展，但是它迄今并未得到普遍的认可，关于它的许多基本原则还存在着争论。作为博弈论、决策论等研究领域中经常使用的概念，偏好逻辑不仅得到许多学者的积极性(positive)研究，也有一些学者对它进行了批评性(critical)研究，主要包括：偏好集合违背了理性偏好公理；将推理过程全部交给选择主体，导致结果(resulting)偏好集合相互不一致。

Broome 研究了内在(intrinsic)偏好(不依赖于别的偏好)和外在(extrinsic)偏好(由别的偏好衍生)，提出外在偏好批评就其本质而言，是对错误信念(beliefs)的批评，并非真正意义上的偏好批评[20]。针对一些激进学者否认精神(mental)二元性，认为偏好批评仅仅是信念的批评，Smith 和 Collins 等对此提出反驳意见，认为代表动机的愿望不同于代表认识(epistemic)状态的信念，不能像批评信念那样批评偏好[21]。针对一些学者提出的选择主体作为次级(second-order)偏好和初级(first-order)偏好不相一致的问题，Brandt 进行了反驳，认为主体可以根据信念不断修正自己的偏好，批评的应该是信念，而根本不是偏好。此外，Millgram 也曾就间接偏好修正策略(indirect preference-modifying strategies)的怀疑进行过反驳[22]。

无论是积极性的，还是批评性的，经济逻辑学的偏好逻辑研究正在缓慢而艰难地发展着。国内外学者，尤其在经济学界，逐渐开始关注偏好逻辑研究诸要素，并开始对偏好逻辑与心理学、政治学、经济学和美学等进行多视角研究、跨学科研究，并取得了一定的进展[23]。但是研究的深度和广度还远远不够，有些领域，如偏好的演进研究，包括信念（Doxastic）偏好演进，评价偏好演进，还需要进一步研究。

【参考文献】

[1]von Wright H. The Logic of Preference . Edinburgh: Edinburgh University Press, 1963.

[2]张志政、翟玉庆、邢汉承:《偏好推理的逻辑链实现》,《软件学报》2006 年第 17 期。

[3]von Wright H. The logic of preference reconsidered . Theory and Decision, 1972.3:140 - 169.

[4]Tversky A. Intransitivity of Preferences . Psychological Review, 1969 (76): 31 - 48.

[5] Rescher N. Topics in Philosophical Logic. Dordrecht: Kluwer Academic Publishers, 1968.

[6]Sen A. Behaviour and the concept of preference . Economica, 1973 (40):241 - 259.

[7]Trapp R.W. Utility theory and preference logic . Erkenntnis, 1985 (22):301 - 339.

[8]van Benthem J, van Eijck J, Frolova A. Changing preferences. Technical Report, 1993(10):35 - 41.

[9]van Benthem J, van Otterloo S, O. Roy. Preference logic, conditionals and solution concepts in games// Lagerlund H, Lindstrom S, R. Sliwinski. Modality Matters: Twenty Five Essays in Honor of Krister Segerberg, 2006(53): 61 - 77.

[10]Fishburn P.C. The Theory of Social Choice. Princeton: Princeton University Press, 1973.

[11]Hansson B. Fundamental axioms for preference relations. Synthese, 1968(18):423-442.

[12]Houser D, Kurzban R. Revealed preference, belief, and game theory. Economics and Philosophy, 2002(16):99-115.

[13]Jennings R.E. Preference and choice as logical correlates. Mind, 1967(6):556-567.

[14]Schumm G. Remark on a logic of preference. Notre Dame Journal of Formal Logic, 1975(16):509-510.

[15]Hansson S O, Grune-Yanoff T. Preferences// Stanford Encyclopedia of Philosophy. Stanford,2006. http://plato.stanford.edu/entries/ preferences/.

[16] Halldén S. On the Logic of "better". Lund: Lund University Press, 1957.

[17]Quinn, Warren S.The Puzzle of the Self-Torturer. Philosophical Studies, 1990, 59: 79-90.

[18]Chisholm R, Sosa E. On the Logic of Intrinsically Better. American Philosophical Quarterly, 1966(3): 244-249.

[19]Pettit P. Decision Theory and Folk Psychology// Rules, Reasons, and Norms: Selected Essays. Oxford: Oxford University Press, 2002.

[20]Broome J. Can a Humean be moderate? // R. G. Frey, Christopher Morris. Value, Welfare and Morality. Cambridge: Cambridge University Press, 1993.

[21]Smith M. The Humean Theory of Motivation. Mind, 1987(6): 36-61.

[22]Millgram E. Deciding to Desire. Fehige, Christoph , Ulla Wessels. Preferences. Berlin and New York: de Gruyter, 1998.

[23]瞿麦生:《关于经济逻辑学及其研究的基本构想》,《天津商学院学报》2007 年第 1 期。

第四编　经济思维方法论

第十五章　经济学方法论的逻辑要义

逻辑方法是科学研究的工具，这种工具作用在经济学研究中发挥到极致，以致经济学方法与逻辑方法密切程度有时难解难分，甚至是合二为一的。在经济学方法论史上，大多数的争论都集中在演绎方法和归纳方法孰优孰劣的问题上。随着科学哲学和现代逻辑的发展，经济学方法论中发生的证实与证伪、形式化与非形式化等争论，都源自于演绎方法与非演绎方法各自的作用及二者的关系这一根本问题。

第一节　经济学方法论是应用逻辑的一个分支

经济活动是人类社会最基本的活动，在社会生活中，没有什么比经济生活与人的关系更加密切。正因为如此，对经济活动和经济理论的研究越来越受到重视。虽然比起其他学科来经济学作为一门科学被认可较晚，但它现在已成为一门显学，其影响波及社会的各个方面和各门学科，以致被人称为“社会科学的皇后”、“经济学帝国主义”。近几十年来，经济学与哲学、伦理学、数学、语言学、历史学、心理学、社会学等学科的互动研究有很多，但经济与逻辑的互动研究在我国却很少。本文试图从经济学方法论为切入点，探讨经济与逻辑的密切关系。

经济学作为一门科学，首先是在确立了科学的研究方法（主要是逻辑方法)之后。“方法”是指用于完成一个既定目标的具体技术、手段或程序,而“方法论”并不等同于“方法”,它是“关于方法的科学或方法的有序安排,特别是对与科学探索和哲学探索的推理原理应用的有关逻辑分支”[1]。

对于方法和方法论的研究,一直是西方经济学研究的一个重要领域,一些经济学家把它看作开启经济学大门的钥匙,是“建构经济知识体系的方式以及关于经济理论地位的理论”[2]。著名的经济学方法论大师马克·布劳格指出:“方法论能够做到的是,提供接受或反对某种研究框架的准绳,制订帮助我们区分鱼目和珍珠的标准。”[3]国外十分重视经济学方法论的研究,经济学在近现代的发展,都受到了方法论发展的重大影响。一百多年前,就曾有过经济学方法论的大论战,之后,关于经济学方法论的讨论始终是现代经济学研究的一个重要方面,这种讨论给现代经济学的发展不断注入了科学精神。

谈到方法论,必然要涉及逻辑学,因为逻辑方法相对于具体科学的方法来说,是更加基本、更加普遍的一般方法。逻辑方法是科学研究的工具,这种工具作用在经济学研究中发挥到极致,以致经济学方法与逻辑方法密切程度有时难解难分,甚至合二为一。19 世纪时,经济学曾经被当作逻辑研究和自然规律研究的一部分。经济学家 J.N.凯恩斯认为,经济学方法论是“应用逻辑的一个分支”,他的《政治经济学的范围与方法》是西方经济学说史上第一本系统地研究经济学方法论的专著。约翰·梅纳德·凯恩斯也说过:“对我来说经济学好像是逻辑的一个分支,是一种思维方式……经济学的进步几乎完全包括在方法选择中累进的改善[3]。奥地利学派经济学家门格尔认为经济学是基于逻辑与法律之上的理论科学。经济学家凯尔恩斯(Cairnes,John Elli-ot,1823—1875)的《政治经济学的逻辑与实质》详尽地讨论了方法论的问题,这本书因其对逻辑问题的讨论而成为英国政治经济学的权威教科书,逻辑在经济学中的地位和作用由此可见一斑。在这些经济学家们看来,经济学方法论就是应用逻辑的一个分支。

近几十年来,经济学家在方法论方面的研究有许多新的成果,但仍然与逻辑方法直接相关,如科学逻辑和现代数理逻辑的引入。1980 年剑桥大学出版社出版了马克·布劳格的《经济学方法论》,被称为“里程碑式的西方经济学方法论杰作”，它全面概述了西方经济学方法论的历史演变与发展，在全新的角度和层次上剖析了当代西方经济学方法论的新特征。1994 年，马克·布劳格等 16 位杰出的经济学方法论学者又撰写了《经济学方法论的新趋势》，内容几乎涵盖了当前西方世界对经济学方法论研究的所有重要话题，其中涉及大量逻辑和哲学问题。我国的一些经济学家也很重视逻辑方法的运用和研究。经济学家茅于轼认为，由于经济规律很难用实验验证，所以经济规律基本上用推理的方法去探讨。这就决定了学习经济学要大量运用逻辑方法。“思维的逻辑和条理化，对司空见惯的现象的深入再思考，用最平凡的常识来检验熟知的理论，这是我经常用的研究方法[4]。经济学家林毅夫指出，经济学的理论是一套逻辑体系，建构经济学理论就要严格遵守逻辑的要求，要进行逻辑的分析和推导。他特别强调方法论的研究：“作为一个经济学的研究者，在读经典文献时，如果只关心观点而不从方法论上去揣摩，则只能说看热闹。”[5]综观经济学发展的历史，可以看出，从经济理论创立至今，无时不在伴随着各种逻辑方法的运用，并且和逻辑学界一样进行着各种类似的争论，这些争论不断地推动着经济学的发展。

逻辑方法本身是人们日常思维和各门科学中总结概括出的方法，它不能脱离具体思维和具体科学而孤立地存在，它的发展也要随着各门科学的发展而发展，否则它就没有生命力，就发挥不出方法的工具作用。在科学交叉、融合的当今时代，在经济学已成为一门重要的显学的时代，经济和逻辑的交叉和融合也是必然的趋势。揭示经济学方法与逻辑方法二者的密切关系，不仅有助于经济学研究中有效地、自觉地运用各种逻辑方法，同时也使逻辑学汲取了经济学研究的“营养”，丰富、补充了逻辑方法和逻辑理论的内容。

第二节　焦点问题——演绎法与归纳法及其关系

经济学方法论是个充满着争论话题的鲜活领域，两百多年来，正是在这种不断的、与时俱进的激烈争论中，推动着经济学向前发展。在经济学方法论史上,大多数的争论都集中在演绎方法和归纳方法孰优孰劣的问题上。其他争论,如科学与非科学、证实与证伪、形式化与非形式化、确定与非确定等问题,都源自于演绎与归纳各自的作用和二者的关系这一古老的逻辑问题。

虽然逻辑学产生的历史已有两千多年,但演绎与归纳关系问题的争论却是在英国实验科学家弗兰西斯·培根创立他的"真正归纳法"之后。培根是归纳逻辑的奠基人,他认为亚里士多德的三段论式的推理空洞抽象,不能给人新知识,无助于科学的发明创造,而科学的任务是发现和发明新的东西,逻辑应该成为科学发现和发明的工具。培根第一次把逻辑和科学方法结合起来,创立了归纳逻辑,对于当时及后人研究方法论开放了新的视角,同时也引发了演绎与归纳各自作用和地位的争论,甚至产生了两个极端的派别——归纳主义和演绎主义。前者认为,只有经验知识才是初始的真正知识,科学知识和科学理论都是靠归纳法从观察和实验的结果中得出的;后者则否认经验知识是科学知识的基础,因而也否认归纳方法和归纳逻辑,主张通过逻辑演绎从已有的知识推断出新的知识,把演绎推理作为获取知识、建立理论的唯一手段。这种争论也必然波及经济学领域,并一直伴随着它的产生和发展。

早在古典经济学产生之时,受英国的经验主义和法国的理性主义的影响,就已出现了两种倾向:英国古典经济学的创始人威廉·配第把培根的归纳逻辑引进经济学,作为自己研究经济学方法论的基础;而法国以魁奈为代表的重农学派则注重理性分析,吸取了笛卡尔的演绎法。他们的研究在经济学领域都取得了巨大成就,但也显露出一定的局限性和片面性。配第用归纳法规定了一些概念,使他的学说有了一定的体系,但由于他立足于完全的归纳而排斥演绎,只能概括可以经验的事实,从特殊归纳到一般,而不能再从一般叙述到特殊,对经验事实作进一步的分析。而魁奈的经济学研究是采用一般推论到特殊的演绎方法,使他的理论有比较清晰的体系,但由于他过分重视演绎推理,忽视了对经济材料的收集、归纳,因而使他的一些观点不能反映发展变化的经济状况。亚当·斯密曾被认为是归纳主义者,其实他只是倾向于归纳,但他克服了威廉·配第的片面性,采用了抽象推理和历史归纳相结合的方法，将归纳和演绎统一起来，“演绎推理和归纳推理”之间的转换，在亚当·斯密那里总是天衣无缝[6]。

亚当·斯密之后，在经济学方法论的研究中关于归纳和演绎的争论始终不断，曾出现过几次激烈的论战：一次是发生在18世纪的马尔萨斯与李嘉图之间的争论；另一次是发生在19世纪的德国历史学派与奥地利学派之间的争论；到20世纪，又产生了主张用计量方法构建理论与主张纯理论构建的争论。在这绵延不断的论战中，极端的归纳主义和演绎主义在经济学家中其实只是少数，有些人或派别只不过是倚重归纳或是倚重演绎而已。许多经济学家在争论中越来越认识到两种极端观点的错误，体会到在经济学研究中纯粹的归纳法和纯粹的演绎法都是不可能的。比如，德国历史学派的代表人物施穆勒本来是个激烈的归纳主义者，但后来他也承认归纳和演绎好比人的左右腿，在行走中缺一不可，这两种方法在获取资料和分析资料时必须互相配合。德国学派的另一个温和代表瓦格纳也认为：“关于方法争论的真正解决，不是在演绎或归纳之间作出选择，而是承认演绎和归纳。……如果可能，两种方法应该结合起来应用。”[6]18著名的经济学家穆勒继承培根开创的归纳逻辑，创立了探求因果联系的“穆勒五法”，他在《逻辑体系》一书中把演绎逻辑贬低为“一部有智力的香肠机器”，把归纳逻辑颂扬为通向新知识的唯一道路，以致许多人把他看做归纳主义者。但出乎意料的是，在经济分析中，穆勒更重视演绎方法，认为经济学基本是一种抽象的科学，采用的主要是演绎方法。

19世纪的争论之后，有不少西方经济学家企图把归纳和演绎统一起来，其中最著名的是马歇尔和J.N.凯恩斯。马歇尔认为，对于经济学来说，归纳和演绎是互相渗透、互为条件、不可分割的。“归纳法借助分析和演绎，汇集有关各类材料，整理它们，并从中推出一般原理和规律。然后演绎法一时又起着主要作用，它把这些原理彼此联系起来，从中暂时求出新的更广泛的原理和规律，然后再让归纳法主要分担搜集、选择和整理这些材料工作，以便检验和证实这个新规律。”[3] J.N.凯恩斯认为，一切经济研究都是与经验观察相终始的。演绎法所包含的三个步骤，只有一个（从前提推演结论）是真正的演绎，其余两个，即前提的决定和结论的检验，都须借助归纳法。他就19世纪归纳派和演绎派的争论进行了精辟的总结：片言只语不能充分地描述政治经济学的方法。没有哪一种方法能说自己不需要其他方法的配合。合理的方法既是抽象的，也是现实的；既是演绎的，又是归纳的；既是数学的，又是统计的；既是假说的，又是历史的[6]。

第三节　归纳与演绎问题在现代经济学方法论中的衍生与演变

如前所述，有关归纳和演绎的地位及二者的关系问题，在经济学家们经过几个回合的激烈论战之后，由J.N.凯恩斯作出了经典的总结，似乎应该画上句号了。但随着现代逻辑和科学哲学的发展，又衍生出一些新的方法、新的术语，产生了新的争论。深入探究就会发现，这些新方法、新术语、新争论仍然离不开归纳和演绎的关系这个根本问题。本文仅以围绕证伪方法和形式化方法引起的争论予以说明。

一、证实方法与证伪方法

证伪方法是著名科学哲学家卡尔·波普尔提出的，他反对实证主义的证实方法而把证伪方法作为划分科学和非科学的标准。实证主义的划界标准是可证实性。他们认为，凡是科学的命题都是可能用观察陈述证实的，每一门科学都是一个真的经验命题的体系。显然，这种证实方法主要是归纳性的。波普尔却发现，这种划界标准并不能区分科学和非科学，可证实性的标准既太宽又太窄：太宽，是因为任何一种理论都可以从经验中找到随便多少证实材料；太窄，是因为现代科学理论，如爱因斯坦的相对论，是高度抽象的，往往缺乏实证主义者要求的直接“可观察事件”。波普尔认为，上述由证实性所导致的困难是由于信赖归纳法而造成的。波普尔是个激烈的反归纳主义者，在他看来，归纳法是不合理的，而演绎法是合理的，是绝对可靠的。他的证伪方法就是一种演绎形式，具有逻辑的必然性。例如，用观察到的一只黑天鹅就可以证明“所有的天鹅都是白的”这一陈述的错误；牛顿的理论可以用许多观察和实验证实，但只要有一个微小的实际歧义就可以驳倒这个理论。因此，科学之所以是科学，不在于它能为某些经验事实证实，而在于它本身就包含着可以检验、可以反驳的东西。

波普尔的证伪主义方法给经济学方法论带来巨大的冲击，极大地影响了经济学家们的思维方式。在波普尔提出证伪方法之后，英国经济学家特仑斯·哈奇森就将其引入经济学，在经济领域引起了强烈反响和争论，使主流经济学贴上了证伪主义的标签。著名经济学方法论专家马克·布劳格认为，在20世纪五六十年代，经济学家是从波普尔那里学习方法论的，“就大多数情况而言，证伪主义在现代经济学的战斗中已经取胜。现在的问题是说服经济学家们严肃地运用证伪主义。”[3]不过，对于马克·布劳格的论断，有人认为是过于乐观和武断了。他们认为，主流经济学家们虽然常常鼓吹证伪主义，实践中却依旧偏好证实主义方法论原则。究其原因，一是因为经济学与自然科学不同，经济学是一门现实性很强的经验科学，严格地说只有“趋势”而没有“规律”，经济学的研究离不开归纳方法；二是因为证伪主义是一剂“太强的药”，一旦把它严格地应用，经济学就很少有生存的余地。演绎证伪的推理格式就是：“如果P则q，非q，所以非P”这种方法从抽象角度看来无疑是可靠的，但在具体科学研究中却不是这样简单：在一个科学理论的确立或被否定的过程中，有多种逻辑方法的综合运用。在其中，归纳证实和演绎证伪是互相配合、互相补充、交替使用的，既不能单靠归纳证实，又不能单靠演绎证伪。波普尔的证伪主义之所以不能在经济学中贯彻下去，就是因为他把演绎看作是唯一的、占统治地位的思维方法，而这种极端的反归纳立场在经济学领域中难以立足[7]。

二、形式化方法与非形式化方法

在经济学方法论中，与证实和证伪问题相伴的还有形式化和非形式化的争论。所谓形式化，就是指用一套表意符号，去表达事物的结构和规律。在研究时，暂时撇开符号的意义而仅仅着眼于形式，把对具体内容的研究转换为对符号的研究。这种形式化方法用于公理系统，就得到形式系统，它的特点是高度的严格性、一致性和抽象性。近代由莱布尼兹开创，由罗素、怀特海莫基的数理逻辑在形式化方面可以说达到了极致，它的优势及成就必然对推崇理性主义的经济学家产生极大的影响。

凯恩斯之后，“经济学帝国主义”隆起的表现之一是理论体系的形式化、公理化、数学化。在20世纪30年代后开始的这一历程，后来成为经济学发展的主流趋势。波普尔把数理经济学的兴起看做经济学进入牛顿革命的前夜。诺贝尔经济学奖的获得者保罗·萨缪尔森的《经济分析基础》和阿罗、德布鲁的《竞争经济中均衡的存在性》被认为是“数学形式主义革命”的标志性著作。特别是阿罗用数理逻辑的方法成功地证明了“不可能性定理”，用严密的逻辑论证建构了与物理学相媲美的“精密科学”体系，这使得崇尚精确严密的公理化、形式化之风愈演愈烈。有学者认为：在西方经济学中，经济学已成为一门由数学形式主义支配的“数学科学”，成为一门无视现实的社会数学，经济学以牺牲对现实经济运行的理解为代价追求数学意义上的严格和精确，数学意义的严格成为最重要的，而现实相关性被视为无足轻重[8]。

事实上，对经济学的形式化倾向在学界始终存在不同看法。凯恩斯就曾经质疑罗素的数理逻辑方法（他称为“标准逻辑”），他反对罗素试图建立一个理性主义的知识体系，认为罗素的标准逻辑不能解释真实的经济行为。演绎主义推崇数理分析是因为它可以使经济分析不受真实世界中相关因素的影响，具有精确性、确定性、内在一致性，这是把经济体看做一个封闭体系。但凯恩斯把经济体看做开放的体系，其中包含着制度不稳定性、结构变化性和人类创造性，因而形式化的逻辑不能完成对真实世界的说明任务，他要寻找一种不确定性条件下构建知识的推理基础。马歇尔等经济学家也倡导多元方法，认为形式化方法只是经济学可以运用的多种方法之一。近些年来，关于形式化方面的争论又在加剧，许多经济学者认识到，尽管经济学的数学化和形式化可以为经济理论的逻辑一致性提供可靠的保证，进而有助于我们更深入、更精确地了解经济运行的内在规律和本质，但不能因此将数学化和形式化拔高到取代经济理论本身的高度，以致喧宾夺主。有人把阿罗、德布鲁用数理逻辑方法进行的分析称作“逻辑练习”、“逻辑精品”，认为他们关于一般均衡的逻辑证明是较为有力的，但关于如何发生均衡的论述则是极不充分和模糊的。严格的逻辑形式并不表明它与研究的问题之间存在着严格的一致性。诺贝尔经济学奖的获得者西蒙指出，一般均衡的证明虽然在数学上精巧漂亮，但它“是否与现实有什么关系，我们可以而且已经提出了疑问”[9]。马克·布劳格也认为，阿罗、德布鲁的证明更多的是关于数学逻辑问题的处理而非经济学。他对于经济学家过于追求形式化、数理化的倾向表示忧虑：“现代经济学生病了！经济学已经变成她自身的游戏，而无关于实践结果，经济学家们逐渐将其领域转变为一种社会数理学”[10]。

经济学中的形式化和非形式化之争，归根结底还是演绎和非演绎之争。将形式化、数学化看做唯一科学方法的学者或派别无疑是要归到演绎主义的行列，他们由于过度崇拜和迷恋形式化带来的必然的、精确的、一致性的东西而无视经济领域中或然的、非精确的、不一致的东西，无视经济学的现实性和社会性。这种方法对于以人类行为和社会现象为研究对象的经济学来说显然是难以贯彻的。

鉴于上述各种方法的优点和不足，人们发现，没有一种逻辑框架能够被宣称是最具优势的框架，也没有一种方法可以称为最优的方法。在实际思维和经济研究中，这些方法都不可或缺，孤立使用任何一种方法都是不可取的。因此，一些经济学家主张摒弃单一的或二元论的思维模式而采取开放、包容的态度，提倡兼容并蓄的多元方法论，将归纳和演绎、证实和证伪、形式化和非形式化等方法有机地结合起来，相互补充、相互作用，取其所长、补其所短。这一结论看似简单，但它的确是经历了几百年的论战和经济学家们的实践得出的，它不仅为经济学方法论的研究开拓了新的思路，对解决逻辑学界的争论也同样具有借鉴意义。

【参考文献】

[1]唐·埃思里奇：《应用经济学方法论》，上海社会科学院出版社2001年版。

[2]谢拉·C.道：《经济学方法论》，上海财经大学出版社2005年版。

[3]马克·布劳格:《经济学方法论》,北京大学出版社 1990 年版。

[4]茅于轼:《经济自话》,福建人民出版社 2003 年版。

[5]林毅夫:《论经济学方法》,北京大学出版社 2005 年版。

[6]J.N.凯恩斯:《政治经济学的范围与方法》,华夏出版社 2001 年版。

[7]廖士祥:《经济学方法论》,上海科学出版社 1991 年版。

[8]贾根良、徐尚:《经济学怎样成了一门"数学科学"》,《南开学报》2005 年第 5 期。

[9]西蒙:《现代决策理论的基石》,北京经济学院出版社 1991 年版。

[10]乌斯卡里·迈凯:《经济学中的事实与虚构》,上海人民出版社 2006 年版。

第十六章　经济纲领比较方法论

从科学哲学和科学逻辑观点看经济学方法论，可认为科学研究纲领方法论是评价经济学理论的一种通用的概念框架。

纲领的硬核=核心原理，辅助假说群=可以调整变形的保护带，因而纲领是有弹性和韧性的，核心原理不是轻易可摧毁的。面对反常情况，启发力来自核心原理，一套套锦囊妙计由此产生出来。

本章具体分析了马克思经济学纲领与西方主流经济学纲领，分析了这两个典型纲领极为不同的硬核及其对建构经济理论的启发力与调节作用，认为它们分别适用于不同层次的经济规律性研究。

西方主流经济学纲领总结了可操作层面的市场经济规律；马克思经济学纲领考虑了社会历史维度的更深层次的问题。

在上海经济哲学高级研讨会上（1998年5月），经济学与哲学（以及经济学家与哲学家）结成联盟的呼声很高。有人提出，问题在于什么样的经济学能与什么样的哲学结成联盟？马克思的经济学无疑能与马克思主义哲学结成联盟，西方主流经济学也是能与西方科学哲学结成联盟的。然而，马克思主义哲学怎能与西方主流经济学结成联盟呢？西方科学哲学又怎能与马克思经济学结成联盟呢？这些话听起来似乎有理，其实不然。因为它并不是问题的正确提法。您恐怕不会忘记列宁说的一句话吧："马克思主义之所以万能，是因为它正确。"您得相信马克思主义者完全有能力消解西方科学哲学和主流经济学。事实上，自20世纪80年代以来我国科学哲学工作者在这方面的工作做得很好，我们已经有了自己的科学哲学，它与马克思主义协调得很好。我相信，社会主义市场经济也需要自己的微观与宏观经济学，只要我们善于批判地学习，也就能从西方主流经济学中汲取对自己有用的东西。

本章选取在科学哲学中享有盛名的科学研究纲领方法论原理（我们只把注意力放在它的合理成分上）作为代表，看看它是否能成为分析经济学理论的有效的方法论工具。

第一节　科学哲学中享有盛名的科学研究纲领方法论原理

马克·布劳格说过，经济学方法论无非是科学哲学对经济学理论的应用。从科学哲学观点看，经济学哲学（常称作经济学方法论）是科学哲学的一个专门化的分支，正像物理学哲学、化学哲学、生物学哲学、心理学哲学与系统科学哲学等一样，都是科学哲学普遍原理在某一特殊领域的具体化。翻阅一下《英国科学哲学杂志》和美国《科学哲学》杂志就可以知道，最近十几年来，经济学哲学即经济学方法论已日益受到多方面的关注，看来它在科学哲学诸分支中的地位仅次于物理学哲学，几乎与生物学哲学不相上下。

目前科学哲学已发展成现代哲学中的很有影响的一个学科。早些时候，西方科学哲学在初创阶段流派很多、众说纷纭，后来经过批判性分析，经过沉淀与清理，各派中的合理成分，也即对科学的性质与方法所作研究中的有价值成果，已被综合吸收到科学哲学的学科体系的内容中去，成为其有机整体中不可或缺的组成部分。近年来这方面已有不少值得推荐的论著出版，例如文献[1—3]。

科学研究纲领方法论（简称 MSRP），是由拉卡托斯所首创，它备受现代经济学家的青睐。这种关于科学理论的结构模型的特点在于：一是研究纲领不是单一的理论，而是由某种坚定的信念所支撑的整个理论系列所组成，它是开放的、可变动的，因而具有很大的弹性与韧性，不是轻易可证伪的；二是纲领具有精致的结构，分为“硬核”与“保护带”两层。硬核是不可触动的深层的核心假说与根本信念，一切纲领可以说都以它们的硬核为特征；硬核周围有一层必须经受检验压力的由众多辅助假设所组成的保护带。面对反常情况，保护带可以通过自身结构的调整变形来消解反常，用以维护硬核不受侵犯，并促进整个纲领通过内部的理论交替而不断取得发展；三是研究纲领具有两个主要的方法论规则。反面启发法规则——指示不该做的事，即不得将矛头指向硬核，纲领的根本信念不容放弃；正面启发法规则——指示该做的事，也就是主动地调整保护带、处理可预期的反常的一系列策略性的提示或程序性的指令，包括如何增加辅助假说和改进分析技巧，如何积极解释和预言新事实等；四是保护带的调整可以朝两个不同方向进行，从而研究纲领就有进步与退化之分。一个纲领如果能产生更多可能得到确证的新预言，并能产生更有启发力的新理论，那么它就是进步的，反之则是退化的[4]。

在作具体分析之前，有必要先对研究纲领的硬核的非常特殊的哲学性质作一番解释。硬核通常总是由这样一组陈述所组成，它对所研究对象的根本性质作出断言。它往往是一种思辨性的猜测，一种未经检验的总体的世界图景。硬核就其本性而言，它只是“形而上”的假定、是无形象的抽象本质和规律，而不是直接面对形而下的、有形象的具体事物的，因此靠经验直接检验几乎是不可能的。请注意，在经济学方法论学者那里，“形而上学”这个词是指探讨终极实在的抽象本性和第一原理的学问，完全没有“反辩证法”的意思。

第二节　新古典经济学纲领与马克思经济学纲领的核心原理

当我们着手寻找经济学中的主要研究纲领，试图说明发达资本主义的各个经济侧面时，两大最具代表性的研究纲领立即闪现在我们的脑海中：一是新古典综合经济学研究纲领（或称为后凯恩斯主流经济学研究纲领），二是马克思主义经济学研究纲领。对此格拉斯(J.C.Glass)和约翰逊(W.Johnson)率先作过研究[5]。前一种纲领无论在西方和我国在大专院校都广泛被传授,它包含宏观与微观经济学的许多具体理论;后一种纲领包括马克思本人的经济学说及其后人对它的发展。这两种研究纲领不仅历史悠久,而且都有具有各自的核心原理(硬核)和独特的正面启发法。

按照格拉斯与约翰逊的意见,新古典纲领由以下四个基本假定或核心原理所组成:

(1)个体主义。假定经济分析必须以经济主体的个人行为为基础,它可以从社会历史背景中抽象出来。

(2)理性。假定每个经济主体的行为都有是合乎理性的,也就是能按逻辑上前后一贯的方式作出经济决策。假如,理性的消费者在对商品的选择上有稳定的偏好排序,不会采取前后互相矛盾的决策。

(3)私人产权。假定单个经济主体拥有两种类型的产权,其一与个人的智力、体力及劳动时间相关,其二与所生产的一定数量的商品和劳务或所占有的一定数量的自然资源相关。

(4)市场经济。假定理性经济人的行为发生于市场经济之中,也就是他们能就商品、劳务、自然资源和劳动时间的等价交换作出独立决策。

有人可能会提出疑问说,也许只有微观经济学才以个体经济单位为研究对象,而宏观经济学则以研究经济总量为目标。然而,在更高级的宏观经济分析中,宏观经济理论可以划归到微观经济学(尤其是理性经济人假定)的基础上,正像宏观的热力学的定律和公式可以划归为微观的统计物理学的相应定律和公式一样。这在科学哲学中称之为“理论还原”。这就合理地解释了为什么理性与个体主义同样也是宏观经济分析的硬核。

相反,马克思经济学纲领的核心原理则有很大的不同。它可以概括为以下五个基本假定:

(1)单个经济主体的社会本质。马克思从来不脱离社会历史背景来讨论单个经济主体的行为。他强调社会的整体性以及在变动中考察个人与社会环境的相互作用关系。

(2)带有社会维(dimension)的理性。众所周知,现实空间是三维的,而抽象的状态空间则是多维的。尽管马克思纲领也像新古典纲领一样包含经济决策者是理性人的假定，然而马克思比新古典派经济学家多长一个“心眼”，他在自己的概念框架中多加了一个新的坐标轴，即社会历史因子。换句话说，在对理性经济人按逻辑上前后一贯的方式作出经济决策进行评论时，按马克思的分析，必须把他放在一个具体的社会历史背景中加以考察，必须假定一个特殊的问题情境。这就是所谓的社会（历史）维。

（3）作为社会关系的财产所有制。在这一点上，马克思纲领与新古典纲领有根本的区别。新古典纲领只是把财产所有制看做具体的物品的所有，并不企图分析其背后的特殊社会关系。相反，在马克思的分析中产权带有社会历史特征。他指明，资本主义所有制的结构使资本家能统治工人，剥削剩余价值并导致阶级对抗。

（4）处在商品的市场交换中的人间社会关系。两种纲领都有假定了市场经济。然而，在新古典纲领中，商品交换只是简单的物品交换关系。但在马克思的分析中，生产的社会性质正是通过商品来表达的。马克思的重点在于，必须透过市场中商品（物品）交换的现象去把握人与人之间社会关系的实质，即在其背后的生产的社会形式与阶级关系。

（5）唯物主义。这是大家所熟悉的。简括地说，生产力与生产关系的辩证矛盾推动着社会在一定历史阶段的发展与进步。

总的来说，格拉斯与约翰逊大体上客观地概括了新古典纲领和马克思纲领的硬核的主要之点。这些对我们是很有启发的。当然，他们不是马克思主义者，并没有承担认真接受马克思的纲领的义务。

第三节　马克思经济学纲领仍然具有强大的启发力

科学哲学认为，研究纲领的正面启发法与硬核之间存在深刻的联系。正面启发法作为策略性的示向原则能提供一系列的建议或暗示来充实研究纲领，为的是使纲领能对所研究现象作出合理说明和预言。例如在物理学哲学中，古希腊的原子论纲领的硬核只是一种关于宇宙本体的纯思辨的抽象的形而上猜想，然而，由于笛卡尔在其方法论著作中引进了诸如广义的惯性原理、宇宙的运动量守恒原理和粒子相互作用原理等辅助假设的保护带，使原子论纲领逐步生长成羽毛丰满的在科学上富有启发力的研究纲领。正如科学哲学家库恩所注意到的，在笛卡尔之后，大多数科学家都掌握了一种思考的启发式程序，即认为基本的物理和化学定律都必须具体阐明微观粒子的运动及其相互作用。原子论纲领的硬核的强大启发力，从道尔顿的化学原子论一直延续到现代粒子物理学，影响极其深远[6]。

正是这样，正面启发法能引导研究纲领内部特殊理论的产生，每一特殊理论不仅围绕硬核（或思辨性的本体论假定）来建构，而且也可以进入硬核内部来建构。换句话说，处在研究纲领底层的有特色的本体论假定（如原子论那样的总体世界图景），能不断激发出理解新事态的策略性提示，具体影响在纲领内部的理论的建构。

在经济学哲学中，使我们特别感兴趣的问题之一是，马克思纲领的硬核仍然极有启发力。甚至连非马克思主义者格拉斯和约翰逊都有已经注意到，在马克思对资本主义所作的经济分析中，马克思纲领的硬核与正面启发法之间存在深刻的内在联系。

马克思纲领的主要特色是强调社会历史维度，强调在历史发展的特定阶段上生产力与生产关系的辩证关系对经济分析的解释力。与马克思纲领的硬核相适应的正面启发法原则是：要立足于社会发展史着力说明每个具体阶段生产力与生产关系（如资本主义生产方式）的历史特殊性。马克思的正面启发法要求每一个马克思主义的经济概念都能与特殊的社会关系或阶级关系相适应，这一策略性提示能保证产生一种独特的经济分析技巧、经济范畴和理论，使得硬核（关于社会总体图景的本体论假设）的基本特征得到体现，也就是使得特殊的社会和历史维度具体化。

例如在马克思对资本主义生产方式的经济分析中虽也采用新古典纲领的均衡分析和静态比较方法，然而却强调经济主体处在历史上特殊的社会关系之中。在这种分析技巧的马克思用法中，社会关系的独特结构具有特殊重要性。新古典纲领显然缺乏这种社会学的参照坐标。新古典纲领更多考虑的是现象学的静态平衡，而马克思的辩证分析则更强调在静态平衡背后所隐藏的深层趋势或驱动力(它常采取阶级矛盾的形式)。在马克思对资本主义经济的分析中,也常假定自由竞争,然而他的竞争分析却加进了新古典纲领所没有的社会历史维度,更强调资本家之间及其与工人之间的社会关系。

众所周知,“文化大革命”时期我国国民经济已经濒临崩溃的边缘,这是不争的事实。邓小平独具慧眼、高瞻远瞩。他以深刻的洞察力发现,原来的封闭经济与计划经济模式是问题的症结所在,因为它严重束缚了社会主义生产力的可持续发展。这种不适应和对抗的强化实际上已成为改造现存生产模式的内在驱动力,至此,“总设计师”的革新模式已经呼之欲出了。由此可见,改革开放势在必行,并且随其内在逻辑的展开,“社会主义市场经济”势在必行!(这一新概念可是在经典著作中查不到的,是有的同志连做梦也不敢想象的)

改革开放以来,特别是邓小平关于社会主义市场经济的创造性思想明朗化以来,生产的社会关系变得更为适应生产力飞速发展的实际需要,极大地促进了我国社会生产力的解放,证明了作为马克思经济纲领硬核之一的历史唯物主义原理至今仍有强大的启发力。

第四节　在新古典经济学总纲领指导下子纲领和辅助假说的建构

近年来,随着改革开放的深化,我国经济学者越来越多地注意到社会主义市场经济与资本主义市场经济存在共性方面,这是以前所忽视的。从某种意义上说,新古典经济学纲领是西方经济学家对西方几百年市场经济的实践经验的一种概括和总结,其中包含着市场经济的可操作层面的许多规律性的东西。尽管当代西方经济学流派繁多并且各有偏颇,然而只要我们善于鉴别,就仍能从中学到某些对理解市场经济普遍规律十分有益的知识。

现在我们再次把注意力引向当代西方主流派经济学,引向对新古典经济学纲领的评价。从科学哲学观点看,新古典纲领的核心原理即硬核与正面启发法可以用作在微观与宏观经济学范围内的研究活动的指导方针。换句话说,它指导研究者在微观与宏观经济学的子纲领中,以同一种新古典式的分析技巧或解决问题的方法举一反三、变通使用。因此,不仅在微观和宏观经济学中,一般和局部的均衡分析、静态比较分析和动态分析(包括相关经济变量从初态到终态的运动轨迹的研究)等方法都有广泛的用途[5]。

新古典经济学纲领拥有一连串具体理论,如消费者行为理论(即效用论)、厂商行为理论(即生产论)、一般均衡理论、边际生产率理论以及人力投资理论等。其中每一实例都可以看做较大核心纲领即新古典纲领的一个子纲领。在总纲领与子纲领之间、不同子纲领之间都存在相互启发、相互影响,各自从对方汲取智慧和力量。

在经济学哲学中,拉特西斯(S.J.Latsis)有关传统厂商理论的案例分析,被认为是在经济学文献中自觉运用科学研究纲领方法论的首次尝试。拉特西斯认为,厂商行为理论只是新古典经济学总纲领在微观经济学领域的一个子纲领,具体包括完全竞争、不完全竞争和垄断理论等不同理论变体在内。首先,根据总纲领硬核的要求厂商必定被假定为理性经济人。其次,厂商子纲领的硬核还作了进一步的要求:(1)厂商追求利润极大化;(2)掌握完全的信息;(3)决策有独立性;(4)暂且先假定以完全竞争的市场为背景。当然,鉴于硬核的性质是关于终极实在的形而上猜想,对它既不可能又无必要作直接检验。为了把总纲领的核心原理转换为关于厂商的子纲领的具体理论,对核心命题还必须补充一些辅助假说,诸如(1)产品是无差别的;(2)厂商数目对给定市场来说足够大(以致他们中没有一个人对市场价格能单独产生可观的影响);(3)允许厂商自由进入或退出市场。这样,就可以避免垄断而确保自由竞争。所有这些辅助假说按其性质而言原则上是可能独立受检验的。新古典纲领在厂商问题上的正面启发法,其总方针是推究出种种理论的比较静态的特性,而更具体的程序性指令则是:(1)把市场分解为买方和卖方;(2)具体规定市场的结构;(3)给出产生行为假定的理想化定义;(4)确定其他情况不变的条件;(5)把这种情境转换为数学上的极值问题,并考察其一阶导数和二阶导数等[6]。可见,拉特西斯的突出优点就在于,他在运用纲领方法论评价厂商理论时,能够密切联系实际情况将硬核、辅助假说、正面启发法等基本概念表述得一清二楚，并做到一一对号入座。不过他将新古典厂商理论评判为“退化”的研究纲领却并不合适，因为他没有根据可独检验的预测，而只是抽象地考察理论假定。拉特西斯把探讨厂商行为的新古典子纲领命名为“情况决定论”。他作了一个可称之为“单行道”的简化假说——假定在完全竞争条件下，理性的厂商只能作两种选择或决策，或者追求利润极大化或者退出该行业。这个假设是过分理想化的。

自从古诺于 1838 年创立厂商理论以来，“理性厂商追求货币利润极大化”这一核心假说屡遭非议。换句科学哲学的行话来说，它从一开始就被淹没在反常事实的海洋之中。不过任何一个纲领的硬核绝不会轻易被摧毁，厂商理论也是这样。它在自己的正面启发法指引下，不断主动引进辅助假说，让“极大化”假说的外层保护带一再进行调整与变形，从而消解了一度令人困惑的“反常”情况。人们辩解说，“极大化”的含义必须澄清。比如说，在“薄利多销”情况下厂商甚至通过有意降低利润水平的手法来换取销售量的极大化。再一般地说，厂商实际所追求的是效用函数的极大化，而不是单纯的货币利润。效用函数是多义性的，它包括利润、舒适程度、声誉、控制权、心理满足感等。现代决策理论为此提供了更好的理论说明。因为在多因素情况下，某一个因素的最优化往往可能妨碍其他因素的最优化。这样，若是统筹全局的话，结果至多就只能得到“满意”（即达到诸多因素的相对优化）而绝不可能达到绝对的“最优”。在此例中，“反常”事实对研究纲领“硬核”的内涵的冲击和澄清作用是明显的。所冲洗的只是硬核表面的“尘土”，所保留的却是实质性内容。

说起“反常”，在新古典经济学纲领中，尤其是在消费者行为理论中最引人注目的反常事实莫过于“吉芬物品”了。著名的经济学规律需求律断言，一种物品的价格上升随之而来的是其需求量的下跌。可是，吉芬物品或炫耀性物品却除外。吉芬爵士发现，在 1845 年的爱尔兰灾荒中，土豆价格上涨，但土豆的需求量却反而增加。“吉芬物品”曾被经济学家看做威胁需求律通用性的一个伤脑筋的反例。然而，新古典派经济学家通过引进辅助概念与辅助假说，使需求律外层的保护带发生变形，既成功地解释了吉芬反论,消化吸收了反常事实,又维护了需求律。这里所引进的辅助概念是收入效应与替代效应。收入效应——某商品价格下降时,现有货币收入下购买力将提高;替代效应——商品 A 降价而 B 不变,将会导致消费者多买商品 A 少买 B。相应的辅助假说是,吉芬物品作为低档物品,其替代效应与价格呈反方向变动,收入效应却与价格呈同方向变动,而且整个地说收入效应作用大大超过替代效应[7]。

更一般地说,消费者行动理论从内省性基数论到内省性序数论,乃至行为主义序数论和行为主义基数论等等的演变,也都是在新古典纲领的硬核和正面启发法的引导下,面对反常情况的压力,不断调整保护带进行理论交替所带来的积极成果。

【参考文献】

[1]张华夏、叶乔健:《现代自然哲学与科学哲学》,中山大学出版社1996 年版。

[2]殷正坤、邱仁宗:《科学哲学引论》,华中理工大学出版社 1996年版。

[3][日]竹尾治一郎编:《科学哲学》,桂起权、王建新译,上海译文出版社 1994 年版。

[4][英]伊·拉卡托斯著:《科学研究纲领方法论》,上海译文出版社1986 年版。

[5]J.C.Glass, W.Johnson: *Metaphysics, MSRP and Economics. The British Journal for the Philosophy of Science*. 39. 1988.

[6][英]马克·布劳格:《经济学方法论》,商务印书馆 1992 年版。

[7]高鸿业主编:《西方经济学》,中国经济出版社 1996 年版。

[8][美]托马斯·库恩:《科学革命的结构》,金吾伦、胡新和译,北京出版社 2003 年版。

第十七章　对“货币哲学”的辩证逻辑解读法

本章所讨论的对象是货币，然而这里需要用到的理解模式却是关系实在论、整体论、互补性的逻辑构架、价值相对性的世界图景以及解释学的辩证法与辩证逻辑。

货币是一种“关系性的实在”，“关系”成了“性质”乃至“实在本身”（即货币）生成的必要条件，关系=货币本身的基础。罗嘉昌的“关系实在论”可以发挥作用。

货币的价值两重性/互补性：质料价值与功能价值这两个方面既互斥又互补。

货币价值的确定要依赖于总量与整体，商品总量=有效货币总量，货币价值有相对性。

货币价值的相对性是以“相对性世界图景”为背景。在相对性之中可以包含真实性、客观性，它并不必然意味着怀疑主义。

西美尔（G.Simmel，1858—1918）其实是一位社会学家，但是他的《货币哲学》即使在经济学界也是不同凡响的。初读西美尔的《货币哲学》[1]就使人觉得犯难，因为它与西方经济学方法论的论著的风格截然不同，它的基本套路完全不同于亚里士多德逻辑，不同于弗雷格-罗素的逻辑，缺乏分析哲学那种清晰明快之感，倒是有点儿黑格尔辩证逻辑的味道，让人感到好像一头栽进德国式思辨哲学的云雾之中。直觉告诉我们，这里需要关系实在论、整体论、互补性的逻辑构架、相对性世界图景、解释学的辩证法与辩证逻辑。西美尔《货币哲学》涉及面太广，从货币经济引申开来，又是社会学，又是文化哲学，乃至生命本质的形上学。本章限于货币经济的逻辑，即从辩证逻辑的观点，围绕着西美尔有关价值与货币的关系、货币的本性与意义的观点进行评论。

第一节 货币的两重性，有效货币总量与商品总量的对当关系

关于货币的本性，西美尔说："货币的双重本性——它是一种具体的、被衡量的物质实体，同时，它拥有自身的意义取决于把物质性彻底消解于运动与功能之中这一过程——源自于这样一个事实：货币是人与人之间交换活动的物化，是一种纯粹功能的具体化。"[1] 质料方面，又有交换功能方面，而重点在于交换功能的价值。货币是交换关系的物化，这是它的价值所在。从根本上说，货币是一种"关系性实在"，而不是简单的"实体性实在"。这里，需要关系实在论的理解模式。正如罗嘉昌在《整体论、本体论相对性和关系实在论》一文中所说："在传统形而上学中，环境、场所外在于实体，属性、关系依附于实体。然而，在关系实在论中，这一切都颠倒过来了。'关系'成了'性质'乃至'对象'生成的必要条件，成了定义任何事物的基础。"[2] 西美尔用作为"关系性实在"的货币概念取代了原有概念。货币之所以有价值，主要不是由于它的物质实体性，不在于它是金币还是银币，而是由于它的交换功能以及交换关系的存在，即使采取纸币或是电子货币的形式都没有太大的关系。

为了讨论货币的度量价值的功能，关系实在论与整体论的理念是必不可少的。老百姓都习惯于把货币与商品简单地对应起来，因为每一件商品都标有一个价格，而价格无非是价值的货币表现。西美尔提醒我们，"必须时刻牢记于心的是度量的彻底相对性。"[1]68 因为在度量过程中，实质上涉及商品总量、商品单量、货币总量与货币单量的四角关系的整体，数值本身

并无绝对意义，只有相对意义。为了叙述的方便，笔者把西美尔所涉及的四角关系，用“货币的价值方阵”的形象说法来概括，并采用关系整体论进行分析。

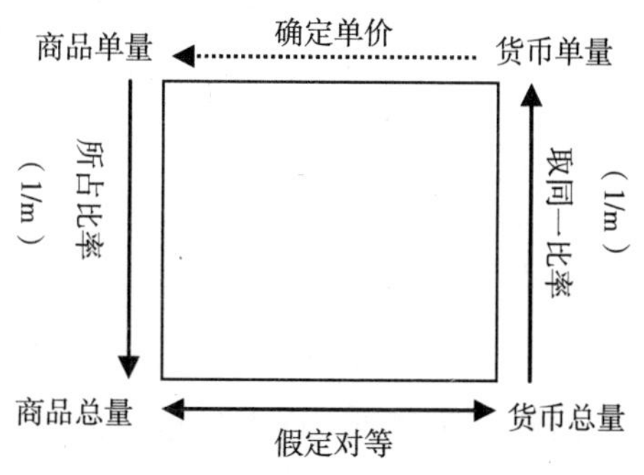

图解：货币的价值方阵

整个度量过程是这样进行的：(1)首先可以合理地假定（在特定的限度下）货币的总量与待售商品的对等（价值相当）；(2)在高度理想化情况下，假定所有单件商品之间是无差别的，然后计算单件商品所占商品总量中的比率（如 1/m）；(3)可以取同一数值 1/m，作为货币单量所占货币总量的比率；(4)最后，借助于在货币总量中所占的比率，可以确定商品单量的价值。西美尔认为，“在商品价值与一定数量的货币价值之间的对等关系”，是一种依赖于“关系的整体性”的对等，而并不是商品与货币在性质上的简单等同。这是“一种比例性的对等，即在两个比率分数之间的对等；在一定的经济区域之内，它们的分母一个是商品总量，一个是货币总量”。[1] 在这里，商品总量与货币总量就是“关系的整体性”的表征。

商品总量与货币总量价值对等的这一预设（可以看做核心假说），事实上也碰到了困难。有一个明显的反常情况，这就是，人们在经济活动中实际上所感觉到的货币总量，要比它本来应有的数量少得多。然而，人们都知道，货币价值的度量具有彻底的相对性，那么货币总量的绝对量是没有意义的。既然如此，人们如何能有意义地讨论货币总量的偏少还是偏多呢？实际上，人们是根据商品单量与货币单量现行的实际联系，加上两个比率分数之间应有的对等，由上述货币价值方阵推出“货币总量”实际数偏少的结论来的。对于总量对等预设来说,这当然是一个反常。不过,只要引进“有效货币总量”的辅助假说,这一反常是容易消解的。考虑到货币的使用价值具有可重复性,同样数量的货币可以进行无数次交易,考虑到货币总供应量较商品的总供应量周转速度要快得多,就不难得出结论,在特定时期内,处在流通中的货币总量(即有效货币总量)与此一时期可售出商品总量是相对应的。正如西美尔所说:“货币分数的分母不是作为实体的可用货币的量,而是一定时期内由货币流通所决定的可变动的量。”[1]这样,比例失调的反常就被消解了。这里,笔者采取了经济学方法论中享有盛名的“拉卡托斯的纲领方法论”的解释模式。为了维护核心假说(货币总量与商品总量的价值对等),为了消解反常情况(货币总量与商品总量实际上并不对等),可以引进辅助假说(用“有效货币总量”取代“实际货币总量”),于是又恢复了平衡,解除了矛盾。

有人批评价值方阵采取了“循环论证”手法。面对“循环论证”的批评,西美尔如何进行答辩?这里的具体问题是,一定数量的货币去度量某个商品的价值的功能,要依赖于货币与商品总体的对等,是否已经预设了以其中一个来衡量另一个的可度量性?[1]西美尔的回答是,测量原理立足于两个变量之间的互依的共变关系,测其一,则知其二,不需要假定二者之间有质的同一性[1]。笔者的进一步回答是,这种依赖于“关系的整体性”的度量价值之法,纵然包含某种“循环”因子,但这不是亚里士多德的逻辑所不允许的“循环论证”,而是著名的“解释学循环”。所谓“解释学循环”是指,为了解读一个文本的意义,首先必须了解其中每一个句子的意思,为此又必须先弄懂其中每一个词的含义。然而,如果没有对整个文本的总体性把握,就无法真正掌握每一个词的确切含义。这里,人们所遭遇正是整体与部分相互作用的辩证法,这种实际的辩证法反映到思维上来,从逻辑结构上来看,就是本来意义上的辩证逻辑。

由于西美尔强调货币的交换价值、功能价值远胜过其质料价值。有人再次提出关于“循环论证”的逻辑难题。这就是:“两个事物要有相等的价值的话,必须每一个都有自己的价值。”这一次,西美尔通过类比作出合理解释,他用几何学上长度的相对性,来说明经济价值的相对性和关系性质。

在几何学上，两条直线必须先有有限长度才可能长度相等，但长度却是一种关系性质，它的确定（测定）有赖于与其他线段的比较。[1]26转换成我们术语来表述，这又是一种合理的“解释学循环”。仍然需要用到辩证逻辑的理解模式。

第二节　质料价值与交换价值之间的互补又互斥关系

在西美尔的《货币哲学》中还明显地包含着互斥又互补的互补性辩证法思想。笔者曾在物理学哲学[3]与生物学哲学[4]范畴中分析过互补性的构架之真谛。按照雅默的说法，互补性的逻辑构架的主要特征是：(1)理论T包含着同一客体S的至少两种描述D1和D2（现在笔者可以举例说，T=货币哲学，S=货币，D1=质料价值的描述，D2=功能价值的描述）；(2)两种描述D1和D2属于同一论域U（在西美尔情况下U=货币经济论域）；(3)单取一种描述D1或D2都不能完备地说明U中的一切现象；(4)两种描述D1与D2互斥，即当它们结合成单一描述时，必将导致逻辑矛盾[5]。以上(3)+(4)蕴含如下结论：如果分别地使用两种描述D1和D2，则就能完备地阐明U中所有现象。也就是说，分别地使用质料价值的描述或功能价值的描述这样两种描述，则就能完备地阐明货币经济论域中所有现象。

在西美尔的《货币哲学》中，货币的双重本性即质料价值与功能价值，确实是互斥又互补的。西美尔是这样说的：“对于一件东西，它可以具有数个功能，但是却只有其中一个与其他所有功能都相排斥的功能才可以发挥出来，以及这个发挥出来的功能是否因功能的隐退而在其意义和价值上都有所修正。”[1]

西美尔还指出，一旦当货币的价值功能发挥作用，“货币质料的各种用途就都必须放弃。而一旦这些货币质料恢复其实用和装饰作用时，它们就必须撤出流通领域不再是货币了。”[1]

劳动价值论者倾向于强调货币的质料价值、内在价值，相反效用价值论者则倾向于强调货币的交换功能、效用价值。西美尔既反对只看到质料价值的纯粹的内在价值论者,又反对完全忽视质料价值的纯粹符号论或货币无价值论者,认为这是两个过分极端的观点。[1]我们也是主观效用与客观价值的统一论者,主张两者不可偏废。

西美尔承认,从货币经济发展史来看,总体上质料价值逐渐淡化,功能价值变得越来越重要。他说:“货币从它最早所具有的直接性及物质性的形式最终演变成为一种理想化的形式,即现在它只行使其体现在某种符号性表达形式之中的作为理念的有效功能。”[1]在理想化形式中,货币作为高级符号体系,具有浓缩、精简、高效地表达价值的功能。然而,西美尔同时又清醒地看到,任何理想化都有限度,“货币也不能完全抛弃掉其残余的质料价值”。[1]因为在价值方阵中,两个价值总量相关比率的估算总是难以精确地做到,所以质料对价值仍具有弥补作用。[1]他以柏拉图的高度理想化的理念世界作类比,说明理念世界与经验世界的关系,同货币符号所示的经济价值的世界与具体经济事物(如商品,等等)的世界的关系相似。在现实中彻底的符号化是做不到的[1]。

西美尔以自己特有的方式表明了,货币的功能价值与质料价值之间互斥又互补的关系。他指出,体现价值功能的货币世界与有质料价值的具体世界的关联,“与斯宾诺莎体系中思想与广延实体(按:原译延展)之间的关系相似:任何一个都不可能干涉另一个,因为它们中的任何一个,其自身以自己的语言表现了整个世界。”[1]或者货币功能,或者实物都表现了整个价值,表现了同一个价值(但两者相互排斥,绝不能叠加成双倍的价值)。

西美尔更由货币的功能与质料之间的互补关系,引出了更一般的辩证结论。他指出,“正如物质世界适应了运动”,运动只有作为对立要素或力量联合作用的结果,“才造就出自然事件的有序世界。”[1]“如果这种要素彻底地唯我独尊,把对立的要素彻底排除出去,则不会取得全部的成功。相反,这将使最初的要素丧失其独特之处。”[1]

为了更形象生动地说明有关货币的既互斥又互补的辩证法,西美尔采取精神恋爱/肉体性爱的类比。他说:“虽然说最深沉、最崇高的爱可能是两个灵魂之间的爱,排除了一切肉体的欲望,但只要这样的爱是不可企及的,那么爱的感情就只有在一种精神关系由一种亲密的感性纽带予以补充和调停的时候才会完满地实现。”[1]123

第三节　货币价值的相对性是以人类知识的相对性图景为基础

如果追寻西格尔《货币哲学》的核心原理背后更深层的哲学预设，那么我们就可以发现，西格尔在认识论上所勾勒的是一幅强调“人类知识相对性的世界图景”，同时又坚决与怀疑论划清界限。

西美尔非常明确地肯定了真理的相对性、条件性和历史性，肯定了人类知识的相对性，肯定了“绝对知识”和“终极真理”是不存在的。西美尔是这样说的：“我们将永远不会知晓这绝对知识究竟是什么。它的真正的知识永远也不会建立得如同它的普遍形式一样确定，如同说，形式的存在，因为在一个更高层次的规律的结合过程，试图发现一个终极规律的先行者的努力是无穷的。”[1]“关于完美知识的终极假设也不能仅仅被看做是有条件的，且仅仅是主观真实的或相对真实的。”[1]

西美尔还竭力将他的有关人类认识的相对性的理念与怀疑主义划清界限。他强调，认识进展过程中“知识的内容仍然是不断流动的，这并不是怀疑主义”，“知识的整体并没有因此而被怀疑主义污染。”[1]

在西美尔看来，绝对与相对的矛盾是可以通过如下辩证方式加以解决，“即承认绝对指出了一条通向无限的路，无论我们走了多远，其方向仍然被标明着，每一个片断的运动，只要它持续着，都有了一段看来朝向一个终点的路程，即使在一个点假定了另一个支持同一标准的方向，这个方向的标准也会保持不变。”[1]关于无限与有限的关系，西美尔说；“知识沿着一条无限退缩、无限连续、无边无际的线路而行，但在任何一个特别的时刻这仍是有限的——鉴于此其内容展示了别的无限的形式、循环的形式，在这里每一个都是开始与终结，并且所有的部分都彼此互为条件。”[1]这里，西美尔是采用自己特有的方式阐述了绝对真理与相对真理、无限与有限之间的辩证法。众所周知，现代马克思主义者则是通过恩格斯的《反杜林论》和列宁的

《唯物论与经验批判论》，来熟悉绝对真理与相对真理、认识的无限性与有限性之间的辩证法。

西美尔之所以欣赏认识论的相对性原理，是有一个很好的理由。这可以拿怀疑主义、教条主义这两个反面教员来做反衬。怀疑主义宣称一切知识都不可靠，一切真理都不可能，因此它自身也就不可靠、不可能。教条主义将知识的确定性建立在某个标准上，而这个标准本身的确定性又从何而来呢？“唯有相对主义认识论不要求从它自己的原理之中排除自身，它不被那样的事实伤害是因为其有效性仅仅是相对的。”[1]

西美尔将他的相对性理念运用于货币问题，得到了货币价值的相对性。借助于这一概念，他驳斥了交换过程必须立足于客观价值对等的教条，顺利地解释了“在双赢的贸易中每一方都得到了价值的增值”这一佯谬。假定交易双方 A 与 B，分别拥有 α 与 β。只有对于旁观者 C 而言，才使 α 与 β 价值相当，A 与 B 双方所进行的才是等价交换。“如果对于 A 而言 β 比 α 更有价值，对于 B 而言 α 比 β 更有价值”，那么这种不等价交换的结果是 A、B 双方都赚了。如果用教条、僵化的方式来看待“客观价值”（把它看做绝对不变的东西），那么感到不可理解的是，究竟谁赔了？增值价值从何而来？然而，从效用价值的观点，这一切都是很自然的，因为效用价值的大小是相对的，是相对于观察者和参照系而变的。（其实，即使在劳动价值论的总体框架下，为了维护核心假说，仍然可以通过引进“国际分工论”的辅助假说，仍然可能在一定程度上做到“价值相对化”）通常按照普通逻辑，使用固定范畴来评判价值，赚就是赚，赔就是赔，输的对方是赢，赢的对方是输。然而，这里却需要辩证逻辑，需要流动范畴，输的对方未必是赢，赢的对方未必是输。失败的交易可以双方都赔，成功的生意可以是双赢。

2003 年冬天，笔者参加过在上海财经大学召开的“全国货币哲学讨论会”，以本文内容作专题报告。笔者讲到西美尔的《货币哲学》（第二版）出版于 1908 年，他显然是知道爱因斯坦 1905 年所提出的相对论的。笔者用相对论的长度相对性（长度的度量随着参照系的不同而发生变化）来说明“货币价值的相对性”。俞吾金教授在提问中对于这种类比的合理性提出异议，他指出对于爱因斯坦的相对论中的相对性是不能够理解为主观的，它应当具有客观性。我的答复是,俄罗斯物理学家有一个解释相对性的客观性的很好的通俗化例子。假定有 A、B 两个人并肩而立,其中一个 A(如报告人)面向听众,另一个 B 背向听众(如报告人 A 走到第一排,他右手边有一个听众 B)。在这种情况下,A 可以对 B 说:“你在我右边”。反过来,B 也可以对 A 说:“你也在我右边”。乍一听可能有点奇怪,但是在客观上,两个“你在我右边”居然都是真的!不信的话,可以请旁观者来评判一下。可是,常识告诉我们,在通常情况下只能是,A 说“B 在 A 右边”,B 就只能说“A 在 B 左边”!这就像“如果我是你哥哥,那么你就不能也是我哥哥一样”。过后,深谙康德哲学的赵修义教授向我表示,他非常欣赏这个比喻,认为这样就能够把相对性与客观性的辩证关系表达清楚了。他说,此前他觉得在相对论中这一层关系很难体会。

在考虑“货币价值的相对性”乃至“人类知识的相对性”的时候,我们仍然不能忘记客观性、绝对性隐含于相对性之中,我们并不走向怀疑主义。列宁说得好:辩证法包含相对主义的要素,但不能归结为相对主义。

【参考文献】

[1][德]西美尔(G.Simmel):《货币哲学》,华夏出版社 2002 年版。

[2]载毛怡红等主编:《场与有》(三),中国社会科学出版社 1996 年版。参见罗嘉昌:《从物质实体到关系实体》,中国社会科学出版社 1996 年版。

[3]桂起权:《析量子力学的辩证法思想——玻尔互补性构架之真谛》,载《哲学研究》1994 年第 10 期。

[4]傅静、桂起权:《尼耳斯·玻尔的生物学哲学思想》,载《自然辩证法研究》2001 年第 6 期。

[5][以色列]雅默:《量子力学的哲学》,商务印书馆 1989 年版。

第十八章 经济学假设的方法论意义

第一节 经济学假设前提研究

经济学假说的前提是经济学方法论中研究较早的问题之一。首先明确经济学前提的是西尼尔,他在《政治经济学大纲》一书中把经济学家的职责比喻为"陪审员",即必须如实地根据证据发表意见,不允许掺杂任何个人的主张。因此,政治经济学所讨论的主题不是福利,而是财富,"构成它的前提的是很少的几个一般命题,这是观测的或意识的结果,简直不需要证明,甚至不需要详细表述,差不多每个人一听到就会觉得在他思想上久已存在,或者至少是在他的知识范围之内;作为一个经济学家,他的推断如果是正确的,推断就会和他的前提具有几乎一样的普遍意义,一样地确定。"[1]这四个基本命题分别为:对财富的共同欲求;人口受到限制的原因;劳动的力量和生产财富的其他手段的力量可以无定限地增加;增益劳动[1]。

另一位早期对经济学前提研究作出较大贡献的是约翰·斯图亚特·穆勒(John Stuart Mill),他沿着西尼尔的思路往下分析,认为所有的科学都有假说的性质,科学都是从假定的前提进行的推理。政治经济学所研究的只是所有本性中有关渴望获得财富的本性。穆勒认为"经济人"的假说是以某种经验为基础的,但是这个假说并不是从特定的观察或者从具体的经验中得出的,这种经验是通过同胞们进行内省或观察得到的。他认为由于假说只是一种假定，它也许完全“没有事实的基础”，从这个意义上可以说，“政治经济学的结论就像几何学的结论一样，按普通的说法就是只在抽象的意义上是真的，这就是说它们的结论只是在特定的假设下才是真的。”[2]凯尔恩斯(Cairnes)在《政治经济学的特征和逻辑方法》一书中表达了与穆勒不同的观点，认为政治经济学不应被视为假说的科学，而应是一种以真实的前提为基础的科学，在政治经济学的前提中没有假说的东西，因为这些前提的基础是“人的本质和世界的可以归纳的事实”[3]。

被当代著名经济学家马克·布劳格评价为“经济学方法论的里程碑”式著作的约翰·内维尔·凯恩斯(John Neviller Kenynes)的《政治经济学的范围与方法》一书序[4]较为全面地总结了经济学方法论自研究以来的两大传统：作为一门实证的、抽象的和演绎的科学；作为一门伦理的、现实的和归纳的科学。众所周知，凯恩斯总结这些学派的用意实际上是想协调二者之间的关系，但是从整个著作中我们可以看出他明显的演绎主义倾向[5]。他指出：“在那些构成经济理论最主要部分的抽象推理中，引导经济学家用于选择其前提的原则是普遍性(generality)和简明性(simplicity)：前者，是为了尽可能扩大作为解决具体问题工具的理论应用的范围；后者，是为了让演绎推理过程不会太难。”例如，最小代价获得满足度的原则、随商品数量增加最终效用递减的规律、土地收益递减规律、自由竞争的假设等，都是具有所需普遍性的前提。可见凯恩斯已经隐约意识到方法论前提与假定的区别，接着他对上面的普遍性和简明性又作了进一步修正，并概括为两个条件[5]。但遗憾的是他没有明确地加以区分并一直贯彻下去，而是仍旧将二者相混淆。

罗宾斯则认为不是事物本身决定其经济意义，而是对稀缺的相对估价。既然经济学涉及相对估计，就需要有一个相对估计的尺度，那么假设就是不可避免的。同时他认同穆勒和凯恩斯的观点：经济学家需要精细推理，但进一步指出：“经济学家的工作是解释现实，从事发现的工作，不仅仅是要说明已知的前提，而且还要发觉这些前提所依据的事实。”[6]罗宾斯认为合理行为是应该的假设，但这些合理行为是对经验的一般概括。比如报酬递减规律得自于这样一个假设，即稀缺的生产要素相对而言不只有一种，所以要增加辅助性假设。“其中的主要公设都在某种程度上涉及无可争辩的简单经验事实，这些经验事实告诉人们货物的稀缺性（这是经济学的研究对象）是如何在现实世界中表现出来的”[6]，“高级分析中的复杂定律最终依赖的正是这种公设。正是由于存在着这种公设所假定的那些条件，经济科学中的主要命题才具有普遍的适用性”[6]。罗宾斯 1932 年出版的《经济科学的性质和意义》一书表达了上述思想。在 1932—1960 年间，此著作得到了广泛的引用，它极大地影响了经济学家对经济学学科性质的看法。

米塞斯的观点主要集中在《经济学的认识论》中，本书不论在深度上还是在广度上都把经济学前提的研究向前推进了一大步，在当时颇有影响。他认为：“研究历史总要以普遍正确的知识的衡量为前提。”[7]即使是历史学派也不例外，他们不是在特殊事件的变动中寻找普遍正确的东西，而是开始寻求事件的客观含义。但这种具有客观含义的普遍正确知识不是以自己的经验为基础，“而是来自推理。我们对行动的基本范畴———行动、经济化、偏好、手段与目的的关系，以及与这些一起构成人类行动体系的其他每一件事———的了解都不是来自经验。我们从内心领悟所有这一切，正如我们不根据任何经验先验地领悟逻辑学与数学真理一样。如果任何一个人不从自己本身内心理解这些，经验就不能使他得到有关这些事情的知识。”[7]经济学“正如逻辑学和数学一样，它不是得自经验，它先于经验。它现在就像过去一样，是行动和事实的逻辑。”[7]

所以，进入 20 世纪以后，对前提的研究更加清晰。哈奇森（Hutchison）《论政治经济学的意义和基本前提》一书认为仅依靠稀缺性作为一个基本前提是不够的，合理行动也必须作为纯理论的一个基本前提。不过，经济学家们提出的合理行动的定义，只有在同时假定存在完全预期条件下才有意义[8]。同时哈奇森对经济命题提出可验证性要求，但引来了奈特的强烈攻击。奈特反驳他的主要理由是：经济真理与自然科学真理不同，经济活动是有目的的。“经济行为的各种命题同人类行为的目的性有关，它们的含义取决于从事有目的经济活动的人的知识……很显然，从观察行为本身进行推论，我们不会知道人类行为的目的或动机，却可以从中推论实证经验法则或行为题材的命题。”[9]奈特认为用任何经验性方法都不可能变更经济学的任何命题。

弗里德曼在《实证经济学方法论》论文中指出:“实证科学的最终目标在于,发展出一种‘理论’或‘假设’,它们可以对尚未观察到的各种现象提出确定而有意义(即不是老生常谈)的预测。”他对经济学的假设的复杂性进行分析:一种理论通常包含着不同的假设,这意味着,当检验该理论的预测时,很难确定被检验的是与哪一个假设相对应,不成立的具体是哪一条或哪几条假设。他并不想因此否认理论中“假设”的重要性与作用,但与哈奇森不同,弗里德曼认为下述观念是一种根本的谬误从而予以反对:各种假定的检验可以对某种假设的价值作出验证,这种验证“不同于”或“附加于”通过暗含的东西所作的验证。假定假说不仅具有“含义”,而且还具有“假设”;这些“假设”与“现实”之间的一致性是检验该假说的合理性的标准——这一标准或者不同于通过含义所进行的检验,或者是对通过含义所进行的检验的一种补充[10]。弗里德曼的论文引起了巨大反响和广泛讨论,特别是他的关于理论假定之现实性与其真确性无关的论点被萨缪尔森称为“弗里德曼扭曲”,即著名的“F—扭曲”。

在哈奇森、萨缪尔森和弗里德曼的方法论引起广泛讨论的同时,马克卢普的观点值得关注,他承认观察不到的理论条件在科学理论中的作用。理论条件构成假设—演绎体系的一部分。尽管某些理论条件可能是观察不到的,因而对其表述也可能无法验证,但该体系整个来说可以是能够验证的经验性表述。理论条件通过作为被验证的体系的组成部分而获得意义(它们被“间接地验证”)。他称哈奇森是“极端经验主义者”,因为哈奇森要求一种理论的每个假设都要直接被验证。马克卢普认为,间接验证证明一种理论已经足够,因为经济学的基本前提是演绎体系的组成部分,而且受到“假定其他条件均不变”这一条件的保护,因此它们是不可证伪的,并且缺乏任何经验内容。至此,马克卢普把“不可验证”与“证明为错”区分开,在理论整体的高度上分析了前提与检验的关系。

经济学方法论方面的文章、书籍的数量在 20 世纪 80 年代迅速增长。豪斯曼(D.M.Hausman)曾列举了 1984—1993 年间出版的 50 本书,相比之下,1975—1983 年只有 19 本书问世。到 80 年代末,经济学方法论显然已成为经济学的一个分支学科。其中直接研究经济学的前提问题并具代表性的包括格拉斯(J.C.G1ass)和约翰逊(W.Johnson)、豪斯曼、内尔·马奇(Nell DeMarchi)、巴克豪斯(R.E.Backhouse)、克特格(Ko-ertge)等。他们多是运用科学哲学的理论来分析经济学的结构、功能等问题。其中格拉斯和约翰逊在"形而上学、科学研究纲领方法论及经济学"一文中,针对克特格(Ko-ertge)关于"形而上学的启发作用被高估了"的观点,运用拉卡托斯的科学研究纲领方法论(简称 MSRP),对正统经济学和马克思政治经济学的硬核进行了总结与比较,讨论了这些形而上学对理论和经济学产生如何巨大的影响[11]。他们认为正统经济学和马克思政治经济学都是从四个前提出发组成了各自的理论体系,并分别有各自的正面启示法[12]。豪斯曼则相信现代微观经济学中用到的命题包括了一般的经验性公设,这些公设是很真实的(因此也是不准确的),相应的条件性假设也是不准确的,因为他们包含或多或少的含混不清的"假设其他条件不变"的句子[13]。梅基(U.M.aki)是从假设的实在主义角度给予了全面的分析,他指出假设是否是现实已不是一个有意义的问题:所有的假设总这样或那样地不现实,重要的是假设在一个理论中所起的真正作用是什么[14]。

20 世纪 90 年代以来,经济学方法论研究更趋向于多元化,并注入了多学科的研究成果和运用了许多新的研究方法。可以将其趋势简单地概括为两个方向:一个方向仍是沿着原来的传统,研究经济学的方法论前提,包括传统的归纳与演绎方法;另一个是"复兴实践"的趋势,包括:话语系统分析,科学知识的社会学,认识论地位的研究,实践论的关注等[15]。这两个方向的发展使经济学的方法论的多维性被充分揭示出来,在经济学前提中一些混乱的概念与层面在研究中也适当地得到了澄清,并挖掘出了实践的价值,关注到了经济学语境、语用层面,及其对经济学前提的影响。比如皮尔士认为"真理包含着内在一致的信念,其内涵与一个给定的共同体的预设有关"[15]。皮尔士要做的就是说明真理,这样的真理依赖于信念,但不会是个体的和主观的,因为知识是社会的,知识的增长是由科学的方法来加以保证的。尽管这里他们并未提及经济学前提的字样,但实际上应该是前提的一个层面,即预设。

结合上面分析，我们认为经济学的前提至少应包含四个层面：

（1）经济学这门学科研究的主题，即经济学的大前提，比如西尼尔认为的经济学应该研究财富，而非福利。

（2）经济理论中假设条件，即已经在理论中表述出来，比如定理的条件。哈奇森在《论政治经济学的意义和基本前提》的开篇即指出："该书目的在于说明'纯理论'的意义，经济学因有这部分理论而同其他社会科学相区分。因此，本书将明确地划分出专属于'纯理论'的各种命题，研究这些命题有效性之原因，明确它们同它们所依据的假定和前提的关系，包括它们同'假定其他条件不变'的关系，最后，通过分析它们所包含的……主要概念来说明这些假定本身。"[8]

（3）经济理论的预设，是科学共同体都共同遵守的，但并未明确地在理论中表述出来。内维尔·凯恩斯、罗宾斯、米塞斯、弗里德曼的讨论等都或多或少地涉及了这个层面。罗宾斯把公设与假设作了区分，这个公设就是稀缺性，并建议合理行为也应视为公设，这里的公设就是预设。米塞斯认为行动的知识与合理的行动是依靠自己的"内省"。如上所述，他与凯恩斯一样承认经验起到一定的作用，但对于经验具体起到作用的内容持不同意见。在米塞斯那里经验只是一个表面层面，在用来检验我们的概念与实践是否相符时，只是作为一个依据存在。米塞斯认为在我们认识的起点上存在一个先验的框架，这个框架左右着我们的思考，尤其是作为人类行为的科学。弗里德曼提到了含义与假设在经济学理论中的特征时说："在任一假说的表述中通常存在着这样一种情况：用来阐述该假说的那些论段中，哪一些与假设有关，哪一些与含义有关似乎是泾渭分明的。然而，这二者之间的区别却难以准确定义。"[10]弗里德曼认为，这不是由这类假说本身的特点所决定的，而是由该类假说将被用于的对象的特征所决定的。为了更进一步阐述这一观点，弗里德曼认为可以通过那些被称作假说的假设的东西，来取得一些间接证据。这些间接证据是关于假说的可接受性的。

（4）经济学研究的方法论前提，经济学上旷日持久的方法论之争充分体现了这一前提的影响。穆勒强调政治经济学领域仅仅是对这个领域内的人的活动进行抽象。从这个程度上说经济人在穆勒那里经过两次抽象：第一次是对真正受到货币收入推动的行为所作的抽象，第二次是对与“其他方面的冲动”有关的行为所做的抽象[4]。穆勒比西尼尔更为明确地指出经济学是以假定的前提为基础，这种假定是依靠同胞的内省得到，并且从逻辑上分析了经济学的演绎系统，尽管人们对与他的逻辑系统的一致性颇多争议，但并不妨碍我们理解穆勒在经济学方法论上明显的演绎观点，即他所持有的方法论前提。如前所述，凯恩斯在分析与总结中对方法论前提进行了梳理，同时，把经济学的方法论前提与经济学的假定区分开，但并未把认知主体的预设与方法论前提和假设明确区分开。

从上面的探讨中，可以看出经济学前提研究对这四个层面都有所涉及，但并未对这四个层面加以澄清，进而就无法明确自己是在哪个层面上展开论述的。于是，概念的混淆，层面的纷乱，导致了激烈的争论。我们可以给经济学的前提研究按以上四个层面进行分类，当然这四个层面并非完全分离，他们存在相互联结与沟通的地带，在那儿不能明确区分开（这部分需要进一步研究），但除去这部分，其余的地带应该可以对号入座。在分清这四个层面的同时，我们实际上也区分了假设、假定、假说、预设：假设和假定是指理论、假说、定理、原理的条件，出现在理论或假说之中；假说是在科学研究中整理和总结得到的，但尚未经受科学的检验，是科学理论的前阶段；预设是隐含在语句中，但并未被明确表述出来的部分，一般说来，是认知共同体所共有的或公认的，或提出语句者以为对方已知。从以上论述中可以看出他们在使用这几个词尤其是假设、假说、假定时存在着严重的混用。因此，澄清概念、分清层面是我们必须一以贯之的工作，我们对于经济学前提的确切所指澄清到什么程度，对它的认识就可以深入到什么程度。一定意义上这种澄清决定了我们对经济学理论与方法把握的深度。

第二节　“经济人”假设及其演变

正确地运用假设是科学理论形成和发展的重要方法。经济学的基本假设是与经济学基本方法论密切联系的。经济学理论的形成和发展离不开一些基本的假设前提,其中包括最基本的假设,就是“经济人”假设。“经济人”假设是西方经济学理论的逻辑基础。这个假设是西方古典经济学的鼻祖亚当·斯密首先提出来的。这个假设的提出和进一步完善,标志着经济学作为一门科学的诞生。西方经济学说发展史告诉我们:亚当·斯密的“经济人”假设,使得经济学理论研究的公理化、逻辑化成为可能,使经济学开始成为一门独立的学科。

然而,这一假设并不是一成不变的,也不是所有的经济学家都能接受的。实际上,这一假设自其产生之日起就遭到来自各方面的质疑和批评。长期以来,许多经济学家努力克服“经济人”假设的缺陷,在不同的经济学范式之间展开竞争,探索不同的克服路径。西方经济学家围绕“经济人”假设,展开了旷日持久的论争。这些质疑、批评和论争,无疑都推动了经济学的发展和完善。因此,我们有必要回顾“经济人”假设产生和演变的历史,并试图从经济学方法论的角度来重新认识“经济人”假设的理论思维价值,以澄清人们对“经济人”假设的认识。

一、“经济人”假设的理论来源

究竟谁最早使用“经济人”这一名称,尚无确证。严格说来,亚当·斯密并不是最先提出来“经济人”假设和“经济人”概念的人,但他的确是第一个比较系统地阐述“经济人”假设思想的人。在西方经济学说史上,一般公认亚当·斯密是“经济人”假设的最初设计者,虽然他没有明确使用这一名称和概念。1776 年亚当·斯密出版了《国民财富的性质和原因的研究》(即《国富论》),在此书中,他把个人谋求自身利益的动机与行为纳入经济学分析范畴中,使“经济人”假设思想得以提出,并以追求自身利益的经济人为出发点,建立起古典经济学的整个体系。

在《国富论》一书中,我们可以明确地看到“经济人”假设的雏形。在此书中,他明确指出:“由于他管理产业的方式目的在于使其生产物的价值能达到最大程度,他所盘算的也只是他自己的利益。在这种场合,像在其他许多场合一样,他受着一只看不见的手的指导,去尽力达到一个并非他本意想要达到的目的。也并不因为事非出于本意,就对社会有害。他追求自己的利益，往往使他能比他真正出于本意的情况下更有效地促进社会的利益。”(《国富论》下，商务印书馆 1974 年中译本，第 27 页)亚当·斯密认为，正是有了为自身利益打算的人类本性，才有了交换的倾向，而交换导致了分工，分工促进了劳动生产率的提高，从而增加了国民财富。亚当·斯密运用“经济人”假设，系统地分析了分工、交换、价值和自由竞争，进而以“经济人”和“看不见的手”确立了市场经济的自然秩序理念。

“经济人”思想的萌芽可以追溯到从 1776 年《国富论》发表向前推至中世纪末期之间约 300 年的历史。弄清亚当·斯密“经济人”假设思想的来龙去脉，我们必须从理论上简要阐明他的“经济人”假设思想产生的时代文化背景和理论来源。

首先，亚当·斯密的“经济人”假设思想有深刻的社会历史文化背景。亚当·斯密生活在英国工业革命的准备和开始阶段。亚当·斯密所处的那个时代，是资本主义社会的内在矛盾还没有充分暴露的时代，他所看到的是他故乡格拉斯科的景象。当时的格拉斯科是经济发达地区，物产丰裕。所以，他就把物产普遍丰裕的现象假设为资本主义社会的一般现象，并进而把它当成了经济学的一般理论前提。他所处的时代，也是鄙视权威、关注个体、注重个人自由、权力和利益、个人主义盛行的时代。当时的主流哲学思想，正是“理性之光普照大地”的“唯理”时代。这不能不对亚当·斯密的经济思想的形成产生深刻的影响。正如梯利所说：“新时代的历史可以说是反省精神觉醒，批评活跃，反抗权威和传统，反对专制主义和集权主义，要求思想、感情和行动自由。”(梯利：《西方哲学史》下册，商务印书馆 1979 年版，第 12 页)亚当·斯密作为资产阶级的思想家，他的“经济人”假设思想既是当时社会历史的产物，又是资产阶级迅速发展生产愿望的反映。正如经济学家康芒斯所说，亚当·斯密的理论是“神赐恩惠、普遍丰裕、理性的时代和明辨是非的意识等理性主义”的产物。

其次，亚当·斯密的“经济人”假设思想的产生还有理论来源。自古希腊以来的西方“个人主义”的传统，是亚当·斯密的思想最深刻的理论背景。亚当·斯密的“经济人”假设是在西方个人主义思想基础上形成的。从古希腊时期起，西方个人主义就强调对个人概念的确认，到中世纪的经济个人主义，经启蒙时代的经济个人主义的自主性原则，十七八世纪个人主义的自利原则，到经济人思想的确立，它已经是一个以个人主义为中心的成熟的典型形式。如果在更加广阔的西方传统思想的背景下考察亚当·斯密的“经济人”假设思想，我们就可以发现，18 世纪的理性主义思潮、启蒙思想家及其早期学者的人性论思想，为亚当·斯密的“经济人”假设思想奠定了方法论和思想基础，并成为其“经济人”假设思想的重要理论来源。

一是理性主义是亚当·斯密“经济人”假设思想的方法论来源。18 世纪，自然哲学家所倡导的实证科学的理性方法，对亚当·斯密产生了较大影响。受理性主义的影响，亚当·斯密既重视自然科学中的归纳法，又重视通过演绎的方法建立理论体系；他十分重视实证科学的抽象法，并试图把这种方法转变为经济理性的抽象分析方法。亚当·斯密那个时代经典物理学世界的“和谐完美”的图景也深深地影响着他。就像牛顿力学解释物质运动的规律一样，亚当·斯密也希望能仿效牛顿的实证科学的方法来解释经济运动的规律。在亚当·斯密看来，与自然科学一样，经济学家应该把社会经济现象和人们的经济行为，看做是逻辑上协调一致的整体，经济发展也严格服从于一种内在的逻辑和秩序，也就是说，人们的经济活动都是由一只看不见的手所支配的。他试图把一切经济现象和人们的经济活动归结为人的本性，并把“经济人”假设运用于对整个社会经济问题的分析之中。

二是休谟的人性论是亚当·斯密“经济人”假设思想的重要理论来源。“经济人”是利己的，这是“经济人”假设中的最基本的规定。而这一假定的人性依据可以追溯到启蒙思想家的利己主义人性论。对人的研究是 18 世纪英国哲学的主要内容，这一研究成果集中表现在休谟的人性论思想之中。我们可以从休谟的这些观点中找到亚当·斯密古典经济学的“经济人”的功利主义哲学基础。因此，可以说休谟的人性论是亚当·斯密“经济人”假设思想的重要理论来源。休谟认为，同情是人性中一个很强有力的原则，人所具有的仁善与慈善的性格都出自于同情，前者由慷慨、仁爱、怜悯、感恩、友谊、忠贞、热忱、无私、好施等构成。由于人的“仁爱”这种倾向，使得人性中有害于社会的所有其他性质得到了纠正。但是“仁爱”永远不能超过或克服自私的本性。“没有一种情感能够控制利己的感情”。休谟的人性论还认为,人类在很大程度上是被利益所支配的,自私是人的最强有力的冲动,人天生是自私的,对他人的爱只不过是自爱的延伸,人们结成社会的目的并不是为了“公益”,而是为了更好地保护“私利”,人们总是通过尊重他人和社会的利益来达到自身利益的追求。为了避免人们之间的利益冲突,满足人们的共同利益,社会成员之间必须达成协议。在休谟的哲学中,体现了历史上人性研究的两种方法(经验概括和理性推论)的结合。在《人性论》中,休谟把“实验推理方法”作为自己哲学的基本方法,并称运用这种方法是其哲学研究的一种尝试。

最后,在谈到“经济人”假设思想的理论来源时,我们还必须提到另外一位重要思想家——荷兰的曼德维尔博士。1723 年,曼德维尔在他的《蜜蜂的寓言》一书中讲过一个有趣的故事:一群蜜蜂为了追求豪华的生活,大肆挥霍,结果这个蜂群很快兴旺发达起来。而后来,由于这群蜜蜂改变了习惯,放弃了奢侈的生活,崇尚节俭,结果却导致了整个蜜蜂社会的衰败。他在书中描述了一群蜜蜂的兴衰史:在它们自私地追求豪华、虚荣的时候,整个社会兴盛繁荣,人人有工作;在它们不再那么邪恶,放弃奢侈生活时,反而导致了商业萧条,民生凋敝。其核心论点是:正是野心、贪婪和骄傲这样的社会最大罪恶促进了社会的进步与繁荣。这就是著名的曼德维尔悖论——“个人劣行即公共利益”。曼德维尔通过蜜蜂与蜂巢的关系揭示了人与社会的关系。他认为,随着欲望的种类及其重要性的增加,人们为满足对方的欲望而进行的劳动就增加,这样就能互相协同而成为一体,就能促进社会经济发展,因而不应非难欲望。对于欲望,人们区别必要的和奢侈的唯一标准,就是以是否为维持我们生命所必需为界限。如果是这样,差不多所有的东西都是奢侈品了。这样,消费奢侈品纵使是劣行,却能使社会经济发展,这就是公共利益。亚当·斯密的“经济人”假设思想与曼德维尔的上述思想是一致的。不过,孟德维尔关于个人利益是经济发展的动力的思想,由亚当·斯密进一步发展了。亚当·斯密运用理性主义的方法,把人性引入到经济领域,在《国富论》中第一个比较系统地阐述“经济人”假设思想。

二、“经济人”假设的基本内涵

亚当·斯密的“经济人”假设思想，是由一系列的命题组成的。在《国富论》中，他明确阐述了“经济人”假设的基本思想。第一，他认为人是自私自利的。追求自身利益是经济人从事一切经济活动的根本出发点。而这种动机和由此而产生的行为有其内在于人本身的生物学和心理学的根据，它根源于人作为一种动物的本能。他说：“我们每天所需要的食物和饮料，不是出自屠户、酿酒师或烙面师的恩惠，而是出自于他们自利的打算。”第二，人是有理性的。这种理性就在于以最小的牺牲来满足自己最大的需求，从而实现个人利益的最大化。在追求自身利益的过程中，他能根据市场的情况、自身的处境、自己利益之所在作出综合的判断，使之尽可能地最大化。第三，在经济活动中，经济人追求的是个人利益，通常并没有促进社会利益的动机。但是，当经济人在追求“自利”时，又可以给社会带来“公利”。经济人在追求个人利益最大化的活动中，会无意识地、但却是卓有成效地增进社会福利，虽然这并不是经济人活动的初衷。这就是说，在“看不见的手”的指引下，往往使他能比在真正出于本意的情况下更有效地促进社会的利益，人类的整个福利也就有所提高。他们认为：人人都理性地谋求自己的利益，在市场这只“看不见的手”的引导下，自然会带来社会普遍的利益。这是不争的事实。经济学应把它作为不证自明的公理或假设，以之为立论的基础和前提。

然而，亚当·斯密对人的认识并非只是人的“自利性”一面，他还在其《道德情操论》中认识到了人的“同情心”或人的“利他性”。在《道德情操论》中，亚当·斯密又提出了“道德人”的概念。他认为，作为经济人，当然具有自私自利的一面，但这种自私自利又不是纯粹的，人还富有同情心的一面。也就是说，人除了自利的一面外，还有利他的一面。他认为，无论人们会认为某人怎样自私，这个人的天赋中总是明显地存在这样一些本性，这些本性使他关心别人的命运，把别人的幸福看成自己的事情，虽然他除了看到别人的幸福而感到高兴外，一无所得。在斯密的思想体系中，他不认为自利心是人们行为的唯一动机，其他如作为利他精神表现的同情心也同样存在于人们的内心世界，并共同支配着人类的行为。但是，在经济分析中他抽象掉了人的其他属性,以人的自利性为前提。自利性原则的提出,标志着古典经济学第一块基石的确立。

从表面上看,亚当·斯密的“经济人”与“道德人”的思想是相互矛盾的。对此,西方经济学家的看法是不一致的。有的经济学家认为,《国富论》中的“经济人”与《道德情操论》中的“道德人”思想之间是矛盾的,这就是所谓的“斯密问题”或“斯密悖论”。其实,在亚当·斯密的视野中,人是一个具有自利性和同情心的矛盾体。亚当·斯密理论的这种矛盾作为一个似是而非的悖论,在各自的领域中并不存在问题。然而,这种理论矛盾正是其所处时代的社会矛盾集中反映,在其思想理论不断扩张的进程中,亚当·斯密悖论恰恰成为西方经济学理论发展的内在动力。

三、“经济人”假设的论争及其演变

亚当·斯密的“经济人”假设是西方经济理论得以建立的重要基石,在西方经济学发展过程中产生了广泛而深刻的影响。但自从“经济人”假设产生以来,它就受到来自各个方面的激烈批评,西方经济学展开了长期的争论。西方经济学家,对于亚当·斯密的“经济人”假设褒贬不一,对“经济人”假设有过许多不同的诠释、修正、补充,甚至不断的争论,其中有些批评造成了对“经济人”概念理解的混乱,而另一些批评则对经济学的发展和经济分析方法的成熟起到了十分重要的促进作用。西方经济学正是在对亚当·斯密的“经济人”假设的批评与论争中发展和演变的。

在亚当·斯密之后,西尼尔、穆勒等古典经济学家在亚当·斯密“经济人”假设思想的基础上,进一步修缮了“经济人”假设。这是对“经济人”假设的一次重要提炼。西尼尔借鉴科学逻辑的一般原则,首次明确提出了作为经济学一般理论前提的几个公理。他将这些理论前提归纳为四类,其中第一类认为,每个人都企图用尽可能少的牺牲求得最大限度的财富。关于个人利益最大化原则,即人的欲望是以尽可能少的牺牲获取更多的财富。后来,穆勒发挥了西尼尔的第一个理论前提所包含的思想,充分阐述了“经济人”内涵是从人类行为的各种动机中抽象出经济动机,其中最主要的是财富最大化的动机。穆勒在亚当·斯密“经济人”假设的基础上,把“经济

人”假设从生产领域扩展到消费领域,并创立边际效用理论,提出了“效用最大化原则”。穆勒1844年发表了《经济学上若干未解决问题》的经济学论文集,提出应当把人的各种活动的解决方面抽象出来,在此基础上对“经济人”作出界定,使它与政治经济学的研究对象联系起来。至此,古典“经济人”假说基本完善,概要地说,“经济人”就是使市场得以运行的人,即能够计划、追求自身经济利益最大化的人。事实上,经济人假说建立之后,古典经济学家才将追求财富的人类行为从人类的其他社会行为中分离出来,并确立为经济学和研究对象,这样,经济学才成为一门独立性的人类社会知识。

在19世纪最后的十几年里,边际革命浪潮席卷欧美理论经济学界,经济学的研究内容得到深化与扩展。西方经济学爆发的“边际主义革命”,无论是经济学结构还是方法论,都与古典经济学截然不同。以边际方法为分析工具,沿着利润最大化思想,整个经济学开始了数学化处理,由此进入新古典经济学的时期,“经济人假设”发展到一个新的历程。新古典经济学家面临的问题是:要使“经济人”成为“科学的经济学”的基石,就必须抽去“经济人”所包含的功利主义和伦理因素。但是抽去这些内容后,用什么来巩固和加强这一基石呢?经济学家找到了“偏好”这一范畴,切断了“自利”与“自私”在理论上的任何联系,抛弃了主观因素,转向了理性选择,完成了对“古典经济人”缺陷的完善。罗宾斯抛弃“经济人”概念的主观心理因素,转向理性选择的主张,得到了后来经济学家的发挥。新古典综合派的集大成者萨缪尔森就是最典型的代表,他以数理化形式论述了“经济人”假定的具体内涵,从而影响了现代主流经济学。

在西方经济学界,“经济人”假设还遭到了来自不完全信息、有限理性、社会人、人类行为实验及“X效率”等理论多方面的尖锐批评。传统的“经济人”由此演变成了“新经济人”,“经济人”假设在非经济领域也得到了拓展。比如,理性预期学派、新古典厂商理论、新制度经济学派、公共选择学派、经济博弈论、信息经济学、行为经济学和实验经济学等,也从不同方面、不同角度、用不同方式修正、充实和完善了亚当·斯密的“经济人”假设思想。应当说,在亚当·斯密之后,“经济人”假设经历了来自各方面的批评与质疑，但这些批评与质疑主要是针对“经济人”中的自利行为、完全理性和利益最大化的假设。如“利他行为”对“利己行为”的诘难、“有限理性”对“完全理性”的批评、“满意利益”对“最大利益”的挑战，实际上，这些诘难、批评和挑战都进一步丰富和完善了传统经济学中“经济人”假设思想的内容。

第三节 “经济人”假设的方法论思考

通过上一节对西方“经济人”假设思想的理论来源与理论发展脉络的梳理，我们可以看出西方经济学界对“经济人”假设持有不同的态度，“经济人”假设在自身的演进中也经历着不断的修正、丰富和完善。在西方经济学发展史上，“经济人”假设经历了由“古典经济人”到“新古典经济人”再到“新经济人”漫长的发展历程。与此同时，“经济人”假设在西方古典经济学、特别是新古典主义经济学中得到了发展和完善。分析“经济人”假设及其演变的历程，不仅有助于我们把握“经济人”假设的实质，而且有助于我们从方法论角度探讨经济学理论假设的必要性，以及“经济人”假设的合理性与局限性。

一、经济学假设的必要性

众所周知，任何一门科学都是建立在一定的假设基础之上的，经济学也不例外。在经济学研究中，假设是一种基本方法。经济学假设是研究人与人的经济关系，必须以一定的假设为前提，但不同的经济学理论是以不同的经济假设为前提的。经济假设是经济学研究的必要的理论前提，但它总是以特定的社会历史条件下的经济事实为依据的，并且具有一定的真实性和确实的可靠性。科学的经济理论假说，是以现有的经济事实和经济科学知识为依据的，但包含确实可靠与真实性尚未判定的两部分内容，因而具有推测成分，是经济思维接近客观真理的有效方式。经济学假设的验证则是一个历史过程，并且具有实践的相对性。

经济学中最基本的假设，就是“经济人”假设。亚当·斯密的“经济人”假设就是这样一种理论抽象，它舍弃了现实生活中人的个性差异，揭示了在经济活动中人对自身行为选择的最大可能性。“经济人”假设不仅是一种理论的前提预设，同时还贯串着一种研究方法，正是这种研究方法导致了已有的研究结果。因此，我们不仅要了解亚当·斯密的“经济人”假设所引发的许多争论，而且还有必要从方法论角度来讨论和评价其“经济人”假设的合理性与局限性。

二、“经济人”假设的合理性与局限性

不管“经济人”假设的具体内容如何变化，其基本核心，即人的自利偏好是不变的。以亚当·斯密为代表的古典经济学“经济人”假设，应当说，其基本内核是合理的，具有一定的合理性。应该肯定，“经济人”假设是在对现实生活中的人进行高度抽象的基础上形成的，因而，它部分地反映了人的活动与关系的某些直观方面。任何一个社会首先是由许多个体构成的。分析社会与社会关系，就应当以分析个体行为为基本的出发点。因此，自亚当·斯密以来，西方经济学家就以“经济人”假设为前提，在制度不变的前提下研究经济问题。在一定情况下，这种假定有利于经济学家对经济问题作深入分析。但在许多情况下，经济行为远比传统经济理论中的“经济人”假设复杂得多，经济生活中的人在很多时候往往表现出的是非理性的行为。因此，在看到“经济人”假设有合理性的同时，我们要认识到也它也存在着很大的局限性。

（一）“经济人”假设的合理性

尽管“经济人”假设受到一些经济学家的批判，但大多数经济学家仍然肯定“经济人”假设的合理性，并在这个假设的基础上不断开拓出新的研究领域，从而推动着经济科学的发展。应该承认，“经济人”假设作为经济学得以建立和发展的基石是具有一定的合理性的，“经济人”假设与现实的偏差不足以阻碍“经济人”成为经济学的基本假定。第一，“经济人”是在市场经济条件下的历史范畴，没有永恒不变的“经济人”范畴。我们应当看到“经济人”假设确实反映了人的物质需要，这种需要既源于人的本能，又超

出了人的本能。而且人对物的追求在性质上超出了人自身的个人需要。人性是与人的需要联系在一起的，人不仅仅在于满足个人需要的本能的满足，而且是一种超越本能的，对物质利益的自觉的追求。人不仅追求物质利益，而且能意识到他对物质利益的追求，所以，人对物质利益的追求，起源于人的本能，又超出了人的本能。第二，“经济人”假设表明，人对利益的追求在数量上具有最大化倾向是理性的表现。人是具有理性的，他能在各项利益的比较中选择自己的最大利益，并以最小的牺牲来满足自己最大的需要。市场经济正是适应人的这种从有限物质的需要到无限财富的需要的转变，而产生和不断发展的。而人对利益的追求，对利益最大化的欲望，是人的理性的一种表现。因此，人在经济活动中，不是满足于个人需要的一定数量的利益，而是不断追求最大化的利益。第三，“经济人”假设中的对个人利益的追求的结果导致了他人的利益。这在一定程度上反映了人的经济行为的社会性，反映了个人与他人之间的关系。在斯密看来，人都是自利的，但唯有互利才能实现自利。经济人由于对个人利益的追逐，其结果是促进了社会利益，国民财富增长的原动力就在于经济人对自身利益的追求。但亚当·斯密并不赞成极端的利己主义。

（二）“经济人”假设的局限性

承认“经济人”假设有其客观依据和积极作用，并不是说“经济人”假设具有绝对性，也不是说“经济人”假设不存在方法论方面的问题。相反，从马克思主义的立场来看，“经济人”假设存在着严重的方法论缺陷。也就是说，即使“经济人”假设是经济学分析人类行为的必要模式，但我们也必须要看到，“经济人是自利和理性的”这只是经济学分析的一个视角，不能囊括现实人的所有特征。现实人是利己与利他、理性与非理性的统一体。显然，仅用自利和理性来解释经济行为的经济人假说远不是完全令人满意的。实际上，“经济人”假设对于人性的理解，在一定程度上，存在着自然主义的倾向，把人性的理解仅仅局限于物质利益的追逐，严重缺乏人文精神；把理性人归结为追求物质利益的最大化，必然陷入技术理性而偏离价值理性；把人性看做是与生俱来的，没有看到人性的历史变化，从而使对人性的理解陷入片面性、抽象性和非历史性。但是，摆在我们面前的任务不是要彻底抛弃从现实人中抽象出来的“经济人”假设，而是要根据现实人的特征来完善和发展“经济人”假设，夯实经济理论的根基。实际上，这就要求我们从每个人的现实存在和他与环境的关系上去理解人，去解释人的经济行为。

三、“经济人”假设的方法论思考

在经济学研究中，假设是一种分析工具。不同范式的经济学在假设运用上不相同。“经济人”假说是西方主流经济学理论分析的必要模式，它可以排除次要因素和次要变量的干扰，使人们在纯粹的环境中分析主要因素及其变量，然后再逐一加入次要因素和次要变量进行分析，说明各变量之间的相互关系并最终得出确定的结论，从而使理论更接近真实的实际。

亚当·斯密的“经济人”是西方经济学的第一个“范式”。经济人思想是亚当·斯密最早运用到经济学分析中的，他所说的“经济人”代表的是新兴资产者形象，所以，这个抽象在当时具有一定的合理性。正因为它有合理性，才使得古典经济学的研究能够触及人们之间的物质利益关系问题，但由于古典政治经济学家历史观的局限性，他们不可能揭示资本主义生产关系的实质。西方经济学把“经济人”作为它的方法论硬核。西方经济学把人假设为“经济人”，其整个理论大厦都是以此为基础建立的，如果“经济人”这个硬核被推翻，西方经济学的整个理论体系就要重新构建。值得指出的是，西方经济学是以唯心史观为基础，所以它的研究方法是从假设出发，而不是从对客观事物的科学抽象出发，“经济人”假设作为它的理论硬核就是集中表现。而马克思主义经济学则不同，它是以唯物史观为出发点，所以它的研究方法是遵循从科学抽象到具体假设的研究思路。在深入推进马克思主义经济学发展与创新的今天，对“经济人”假设进行方法论思考，就必须从方法论体系上把握两种范式的经济学关于假设运用的本质区别，这不仅有助于我们避免“把马克思主义经济学西方经济学化”，而且有助于我们按照科学发展逻辑，把“经济人”假说作为一个不断发展的开放性的体系来看待。

【参考文献】

[1]西尼尔:《政治经济学大纲》,商务印书馆 1977 年版。

[2]Mill J S. Essays on economy and society. Tornoto:UniversityofTornoto Press,1967.

[3]Cairnes JE. The characterand logicalmethod ofpolitical economy. London: Frank Cass,1965.

[4]马克·布劳格:《经济学方法论》,北京大学出版社 1990 年版。

[5]约翰·内维尔·凯恩斯:《政治经济学的范围与方法》,华夏出版社 2001 年版。

[6]莱昂内尔·罗宾斯:《经济科学的性质和意义》,商务印书馆 2000 年版。

[7]路德维希·冯·米塞斯:《经济学的认识论问题》,经济科学出版社 2000 年版。

[8]Hutchison T.W. The significance and basic postulate of economictheory [M]. New York:AugustusM, Kelley, 1938.

[9]R.E.巴克豪斯:《现代经济分析史》,四川人民出版社 1992 年版。

[10]米尔顿·弗里德曼:《实证经济学方法论》,见米尔顿·弗里德曼:《弗里德曼文萃》,北京经济学院出版社 1991 年版。

[11]Glass J C, JohnsonW.Metaphysics, MSRP and Economics.The British Journal for the Philosophy of Science. 1988(39): 316-325.

[12]杨渝玲:《试论科学哲学介入经济学哲学》,《自然辩证法通讯》1999 年第 5 期。

[13]Hausman D.M. The inexact and separate science of economics .Cambridge: CambridgeUnversity Press, 1991.

[14]M¨akiU. Reorienting the assumption //BackhouseR E.NewDi-rections in Economics Methodology.London: Routledge, 1994 :236.

[15]马克·布劳格:《经济学方法论的新趋势》,经济科学出版社 2000 年版。

第十九章　演绎主义方法论传统的新解读

经济学方法论的演绎主义传统由约翰·穆勒所开创；然而穆勒的思想具有归纳/演绎、先验/后验的两重性。经济学定律被定性为趋势律。

在19世纪，这种演绎主义的方法论传统在穆勒之后得到继承和发扬，先是由凯尔恩斯后来特别是由老凯恩斯推向极致。这种关于归纳/演绎、先验/后验的两重性现象可以用辩证逻辑进行合理辩护。

在20世纪后期演绎主义方法论传统有了新的进展，对经济学定律又有了新的解读。豪斯曼和卡特赖特可以说是穆勒传统在这一时期最重要的继承者和诠释者。

豪斯曼最有影响力的观点是将经济学解释为一门"不精确的独立的科学"，并且提出了判别经济学定律为趋势律的四条标准，即近似真理性、概率的可靠性、虚拟模态特性、宽容性即"其他条件都相同"的条款。

卡特赖特的"潜能"（因果趋势）正是穆勒的趋势律在现代的特殊版本。卡特赖特的最著名的观点是"潜能实在论"，她再次将本性、必然性和潜能等本质主义概念引进到经济学方法论，她主张经济对象背后有潜在的因果控制能力，经济学定律="趋势律"的根源就在于此。

经济学方法论的演绎主义传统的确立。追溯历史，约翰·穆勒可以说是在经济学家中演绎主义方法论的倡导者、早期代表和核心人物，尽管穆勒在归纳逻辑史和科学哲学史上，是以"古典归纳主义的奠基者"和"穆勒（归纳）五法"而闻名的。经济学方法论的演绎主义传统这一提法，则是首先由

L.罗宾斯在专著《经济科学的性质与意义》(1932)中才明确概括出来的。由穆勒所提倡,又为西尼尔与凯尔恩斯等人所共有的有关经济学的方法论理念可以归结为:[1][2]

(1)演绎主义。这是认为,政治经济学的复杂性要求所进行的科学研究只能通过先验—演绎的方法才能达到。因为经济现象中必定存在多因素复杂相互作用,而且实验方法一般不可行,归纳法无法直接运用。穆勒明确表示过,在政治经济学等学科中,先验—演绎方法是唯一确定或科学的研究方法,而后验—归纳方法或具体经验方法,作为一种达到真理的手段,对这些学科来说是不适用的[3]。

(2)"趋势律"论题。这是认为,经济学基本法则(相当于公理)在原则上是明显正确的和毋庸置疑的,但在实际应用时却显得并非放之四海而皆准的,原因在于存在诸多因素混杂的情况以及无法消除的干扰。穆勒确信,已经构建的经济学法则虽然为特定因果关系如何运行提供了一个准确地说明,但所展示的只能是一种趋势或倾向。

(3)经验性检验没有特定科学实验那样的"判决性作用",而仅仅具有辅助性作用。这种辅助性作用的具体表现是:正如穆勒所断言的,经济学基本法则的内在含义在限定条件下(包括界定了的背景及相关环境的特定参数)可以得到演绎和展开。然而,经验性的证实或认证,对于确定已建立的经济学理论的可应用边界或范围(绝不是用于检验其真假),对于在事后去发现"干扰因素"何在,对于寻找或判定所遗漏的重大因素等都有相当的作用。

(4)在表述经济学基本法则时,经常使用"在其他情况都相同的条件下"的条款,至少可以从理论上(在意念中)排除"干扰因素"。穆勒所采用的这种理想化方法,在"趋势律"的构成中起关键作用。

第一节　穆勒方法论:归纳/演绎、先验/后验的两重性

本章选择约翰·斯图亚特·穆勒(J.S.Mill,1806—1873),是因为由他

的著作所表明的思想代表了主流的经济学方法论传统的最为清晰的出发点。穆勒是19世纪最重要的经济学家和逻辑学家之一,他对许多在他之后的经济学方法论讨论中反复出现的关键哲学问题明确表达了意见。本章打算从辩证逻辑的视角,对穆勒的方法论传思想进行重新解读。

让我们来讨论穆勒的先验—演绎方法,看看它与经验—归纳方法怎么会难分难舍地相互联系,又究竟如何纠缠在一起。在经济学方法论范畴之内,穆勒对此有非常真切的体会。辩证逻辑学者历来重视归纳与演绎的辩证关系的研究。经济学方法论则在经济学范围内为我们提供了"归纳与演绎的辩证关系"的生动案例和具体表现形式。

穆勒在其自传(Mill,1961)中表明,他综合了多种思想成分:启蒙理性思想+市场自由竞争思想+空想社会主义思想。在逻辑史上,培根和穆勒被认为是古典归纳主义最优秀的代表,并且穆勒是古典归纳主义的完成者。可是,在经济学方法论史上,穆勒却被定位于演绎主义的最早代表。何以解决看来如此明显而深刻的矛盾?如何协调他逻辑上的归纳主义和他所信奉的李嘉图经济理论的演绎结构?这也是穆勒所面临的最大的挑战。因为,李嘉图的经济理论具有比较严谨的演绎结构,以少数理性地导出的假设(=公理)为基础,得出大量的经验结论;而穆勒却是大力提倡归纳法的。于是问题就来了:经济学是怎样才成为科学的,它究竟是以严格的演绎主义还是归纳主义为特征?这既是穆勒方法论的疑难问题,又是当今的经济学方法论著作的核心问题之一。

穆勒的名著《演绎和归纳的逻辑体系》(初版1843年,完美的修订版1884年),该书的副标题是"证据的原理和科学研究方法的系统叙述。"这是他关于逻辑和科学哲学的最重要的著作。穆勒兼有双重身份:他是19世纪最重要的经济学家兼逻辑学家。从某种意义上说,穆勒是为经济学研究又为社会和政治建立坚实的基础而写逻辑的,他在论述逻辑和科学知识的一般情况时从未忽略经济学这一具体情况。

穆勒的《逻辑体系》(1884)对逻辑作了定位:逻辑=推理的学问;逻辑规律=推理的机制=从信念推出信念的规律;逻辑研究只是关心如何推理,即如何从直接感知的出发,通过推理得出仅仅是间接知道的。按照穆勒的说法，逻辑的目标是为非自明的事物确定某种标准，“可以区分它们是业已证明的还是尚未证明的，区分什么是值得相信的和什么是不足为信的”[4]。对穆勒来说，感觉是一切认识的基础。

辩证逻辑家罗森塔尔曾经评论说，在康德的“二律背反”的观念中，“已经可以感到有辩证逻辑的气息”，它成为黑格尔辩证逻辑的先声[5]。同样的道理，当我们带着逻辑学和经济学方法论的双重眼光来看问题时，当我们看到作为古典归纳主义的奠基者的穆勒和作为经济学方法论上演绎主义传统的奠基者的穆勒，在“二律背反”中产生许多有趣的矛盾，并且擦出不少有价值的思想火花时，在穆勒那里我们同样也“可以感到有辩证逻辑的气息”。

穆勒虽然也花了大量的时间研究三段论，但他确信，所有的真正的推理总是扩展性的，因此从根本上说必定是归纳推理。然而，演绎推理却是非扩展性的，结论不能超出前提中所包含的。他注意到，人们并不通过从“凡人皆有死”和“苏格拉底是人”演绎出“苏格拉底必有死”而获得知识；这一个三段论中所包含的大前提只能是由归纳过程而获得。谁都会有体会：人们正是通过对一个个特殊的人的生老病死的观察，才认识到“凡人必死”。对穆勒来说，所有的知识来自于观察，并且没有人能够直接观察到普遍性；人只能观察到特殊性。因此，穆勒就说：

所有的推理都是从特殊到特殊：普遍命题仅仅是对已经完成了的这种推理的记录，……一个三段论的大前提，……真正的逻辑前件或前提，是特殊的事实，通过归纳从这些特殊事实中而得到普遍命题。提供归纳的那些事实和个别事件，可能会被忘掉了：但是记录还在，它们不是描述这些事实本身，而是展示这些情况可以如何区别，是关于已知事实被考虑用来保证特定的推理。……从忘掉的事实中得出结论[4]。

请看，原来作为演绎推理前提的普遍命题，其实只是归纳结果的纪录而已。演绎依赖于归纳，演绎之中包含着几乎被遗忘、已经被扬弃的归纳！饮水思源，演绎绝不应该忘本！三段论绝不应该忘本！可见，这里正包含着辩证逻辑研究者所需要的“关于归纳和演绎之间真实的辩证关系”珍贵的第一手资料。

记住穆勒这一观点,将有助于理解穆勒为什么会声称“经济学是一门演绎科学”。在穆勒所理解的意义上,经济学这门按照欧几里得公理化方式建立起来的演绎科学,恰恰以归纳为基础。在这里,可以很自然地从穆勒思想中闻到“辩证逻辑的气息”。但它并不限于逻辑上的“归纳与演绎”的关系。其实进一步说,在穆勒思想中还涉及认识论上的先验方法/后验方法;以及按照科学方法的不同选择所作的科学分类,如演绎科学/实验科学、加和性科学/非加和性科学、同质科学/异质科学等一系列具有辩证意味的相互关系。

穆勒率先认识到经济学定律特有的趋势律性质,而现在趋势律已经成为经济学方法论学者的共识。穆勒在他的《逻辑体系》中主张,趋势律的特征保证所有科学定律具有确定的真理性,不因互相抵消的力量是否起作用而有时真有时假。所有重物都有下落的趋势,这个规律本身决没有例外。即使氢气球能够飞上天,自由落体定律仍然是真理。

穆勒从两个方面着手为经济学中的先验—演绎方法进行辩护。第一个理由是,经济学没有自然科学那样的“受控试验”和“判决性实验”来判定谁是谁非。穆勒举例说,为了知晓贸易限制政策对国民财富的影响,为了进行对比试验,就必须找到两个一模一样的国家,唯独贸易政策相反,但这是不可能的。穆勒指出,正因为实验(后验的)方法在社会领域行不通,所以除了先验—演绎方法,亦即“抽象思辨法”之外,别无他法[3]。先验—演绎方法恰恰是各门科学中最有可能获得真理的唯一方法[3]。

第二个理由是,与欧氏几何是的理想化的原始概念和公理化方法十分相似,政治经济学是从“追求财富”的假设或原始公理出发,经过正确推导而得出结论的。因此,具有数学真理一样的真确性,并且作为抽象真理,它是具体真理的一个最为合理的近似[3]。穆勒将“理性经济人”假说概括为这样形式的公理:“人是在现有知识水平上以最少的劳动和最小的生理克制来取得最多的生活必需品、为生活提供便利的商品和奢侈品的存在”[3]。

穆勒确信,尽管经济现象包含了多因素的复合相互作用,然而最终结果是“人对财富的渴望”却变成单一的主导因素。于是,经济学几乎成为一门单一原因科学;整个研究领域只是源自于“追求财富”的现象并由相关的规律所规定。当然,“理性经济人”(“追求财富”只是其通俗说法)只是一种科学抽象,一种理想化,但是定义经济科学必须要作这样的抽象和理想化。

尽管经济学的方法是先验的演绎方法,然而穆勒认为必须补充说明,后验方法在以下方面仍然有价值:

(1)“不是作为发现真理的方法,而是作为检验真理的方法”。(2)是将在每一个具体情况的复杂性中产生的不确定性“降低到最低限度”[3]。(3)先验方法在现实世界中的应用需要了解具体条件和干扰原因,而这反过来又需要经验的验证。对“干扰因素”的必要考虑无损于科学的正确性,并不构成对先验方法的任何偏离。“干扰因素”也有自己的规律性,据此先验方法可以预测干扰的性质及其程度[3]。经验的作用不是用于预测而是用于事后的经验验证。所以穆勒的结论是,总体上说,这仍然是抽象的先验的方法,但是在具体应用中又使用了后验的经验证实[4]。

我们没有忘记,穆勒最基本的立场是:在认识论上彻底的经验主义(连同在逻辑上坚定的归纳主义),而在经济学上却采取先验的演绎方法,两者是否相互矛盾?如何协调?

穆勒对先验方法有非常独特的分析,他甚至称之为“归纳与演绎的综合方法”。穆勒说,注重实际经验的实践家需要的是具体经验,他们完全从特殊事实出发,向上论证某个一般理论。与此不同,喜欢思辨的理论家则先从特殊事实出发,向上论证某个范围更广的一般原则,然而从这个原则出发,向下论证各式各样的具体结论。这两种方法的前者仅是归纳法,也就是后验方法;而后者则是归纳与演绎的综合方法,也就是先验方法[3]。

简单地说,经验归纳=先验演绎的基础。对于穆勒而言,认识论立场才是根本的,方法论观点只是认识论立场所派生的结果。认识论立场上的“后验、经验=先验的基础”,决定方法论观点上的“归纳=演绎的基础”。

同样的,穆勒对于三段论也有着非常独特的分析。他用整体论的观点把三段论推理放在一个长过程中,广义地看做“一个从特殊到特殊的推理”;由于三段论“通过先前的从特殊到一般的推理得到了保证,……因此,它是归纳的”[6]。应该说,从这种把演绎和归纳联结成整体的看法中,我们“可以感到有辩证逻辑的气息”。

穆勒既肯定经济学家使用先验的方法，但同时又肯定经济科学之所以成为知识是因为存在经验基础和归纳推理的逻辑。如果没有这种先验/经验和归纳/演绎的两重性，经济学就无法揭示人类追求财富的行为的普遍规律。

第二节　穆勒经济学方法论传统的继承和发扬

19 世纪上半叶，在 50 年内，穆勒观点受到质疑，最主要的批评来自一种更加经验的、归纳的和后验的历史主义方法，他们抱怨过分地依赖推理的抽象演绎法。所有这三种批评文献都赞同关于经济学的一个方法，这个方法是更具有历史性，经验上更为直接，较少普遍性，不太抽象，较少依赖于追求财富这一核心假设的；换句话说，他们明确反对穆勒关于经济学是近似的演绎科学的论断。

有批评也就有反批评。约翰·凯尔恩斯（John Cairnes）的《政治经济学的特点和逻辑方法》（1875）一书，对这些批评的攻击作出了有力的反驳。虽然凯尔恩斯的总体思路是穆勒的观点（经济学是一门关于趋势律的近似演绎科学）和方法的扩展与改进，但是在具体观点上也有偏离与差别，主要表现是[6]：（1）凯尔恩斯更坚持经济学学科的“假设特征”或者理想化的重要性。经济科学=假设真理=没有干扰才真≠事实真理。（2）与物理学相比，经济学研究不便应用实验方法的复杂现象。凯尔恩斯认为这反倒可以看做·种优点，·种幸运；在经济学的领域里能够通过对人类自身行为的考察直接获得根本原因。

凯尔恩斯也同穆勒一样，他认为检验是在特定的具体情况下确定哪一个干扰力量在起作用的方法。然而，凯尔恩斯却未必坚持了穆勒的强经验主义。

19 世纪穆勒传统更重要的后继者是老凯尔恩斯（John Neville Keynes），他是小凯尔恩斯（John Maynard Keynes）的父亲。他的《政治经济学的范围与方法》（流行版 1917）在 1890 年首次出版，被当作新政治经济学的权威方法论著作,冗长乏味的演绎与归纳的方法论之争就此结束。

老凯尔恩斯继承了穆勒、西尼尔、凯尔恩斯等人的演绎主义方法论传统,并且概括出六大特征:(1)明确区分实证科学和规范评价,认定经济学是一门实证科学;(2)将对财富的研究从社会的其他方面分离出来;(3)经济学是演绎的,或者说是先验的,而且不是实验的;(4)经济学是抽象的;(5)经济学的假设性(仅仅是关于趋势的科学);(6)观察起证实作用(在最后阶段)。凯尔恩斯认为这六个特征中的第一个是极其重要的特征,即经济学是一门实证科学而不是一门规范科学(这常常作为他主要的方法论贡献而被引用)。实证和规范的区分是凯尔恩斯对实证科学、规范科学和手段(art)的更全面的三分法的一个子集。实证科学是关于事实的研究(是什么),规范科学是关于规范和规则的研究(应该是什么),而手段则集中研究政策的应用(什么能够获得)。

凯尔恩斯解决穆勒(先验方法)和历史主义者(后验方法)之间方法论的争执的基本办法是:"没有哪一方是真的错了,我们应该把双方最好的方面结合起来"。转换成为我们熟悉的科学哲学语言来说,要在先验方法/后验方法之间保持"必要的张力",或者用辩证逻辑语言来说这应该是对两者实行"辩证的综合"。依笔者之见,老凯尔恩斯的《政治经济学的范围和方法》一文,在经济学方法论的范畴之内,已经十分清楚地表明了对于归纳与演绎的辩证关系的认识。

如果纯粹的归纳是不够充分,那么纯粹的演绎同样也是不充分的。将这两种方法错误地对立,似乎使用它们中的任何一方就会排斥使用另外一方,这是非常普遍的。事实上,只有将这两种方法公平结合,才有可能使得经济科学得到全面的发展。(Keynes 1917,p172)[17]。

总之,在笔者看来,经济学方法论的演绎主义传统由约翰·穆勒所开创,特别是由凯尔恩斯推向极致。无论是穆勒的思想还是凯尔恩斯的思想,在逻辑和认识论上都具有归纳/演绎、先验/后验的两重性。对于我们来说,这种关于归纳/演绎、先验/后验的两重性现象可以用辩证逻辑进行重新解读和合理辩护。

第三节　豪斯曼:经济学是受单一原因和趋势律支配的科学

丹尼尔·豪斯曼是穆勒演绎主义传统在20世纪后半叶的最重要的继承者和重新解读者之一。1992年在剑桥大学出版了《作为不精确和独立的科学的经济学》,这本书代表着他一生最有影响力的观点。

前文已经指出,穆勒首创了经济学的“先验—演绎”的方法论传统,并把经济学定律定位于“趋势律”。豪斯曼继承了穆勒传统并作出了全新的解释。他最关注从穆勒的关于经济学的演绎特征开始,强调经济学是一门“不精确的和独立的”科学。之所以“不精确”,是因为经济学中的定律只能是“趋势律”,考虑到干扰的存在,它不允许作出精确的经验预言;之所以“独立”,是因为单一的主导原因从根本上决定了经济领域中的所有现象(穆勒说的“追求财富”,加上罗宾斯来说的“资源稀缺”)。根据豪斯曼,“不精确性”和“独立性”共同促使一般均衡理论形成它的独有的特征。这种特征为穆勒的先验方法提供了一个实例,同时也准确地描述了当代经济学理论家实际所作的事情。

豪斯曼所谓不精确的定律的具体指称就是“趋势律”,但它确切的含义是可以更细致地进行逻辑分析的。通常认为,科学定律(laws)是使得经验规则成真的全称普遍陈述。“似律的”(law-like)陈述就是如果它为真那么它将是一条定律,而这种“似律的”陈述必须与仅仅是“偶适概括”严格区分开来。什么是“偶适概括”? 例如:“我右边口袋的钱全都是硬币”可以是一个真的陈述,但是它仅仅是一个碰巧真的陈述而绝不是一个真正的普遍定律。这就是“偶适概括”。科学哲学中有一个简单有效的判别法:如果“所有X都是Y”支持虚拟条件句,那么它就是定律。如果这一特定的Z是一个X那么它也必将是一个Y,然而同样的“偶适概括”却不支持这种条件句。例如,“所有的糖都是易溶的”这一全称普遍命题,就符合虚拟条件句,它并不是“碰巧真”。因为可以假想:只要把糖放进水里去,那么它必定会溶解。然而,没有必要每次都真的放进去试一下。如何将这些原理应用于经济学中的不精确的定律呢?

根据豪斯曼(和穆勒),经济学中起决定作用的因果因素导致了趋势;但是趋势只是潜能,既可以展示它们自身也可能不显示,因为存在着有许多“干扰因素”的影响。举一个简单的经济学的例子:某一特定商品(大米)的替代品(如面粉)的价格上升有一种提高那种商品(大米)价格的趋势,然而,许多抵消的因素可以很容易地干扰并阻止被观察的价格上涨。考虑到这些趋势的实际结果可能会也可能不会出现,这取决于相关的抗衡力量,那么作为结果的定律就是不精确的。正如豪斯曼所说:“趋势是隐藏在真正的规则下面的因果力量,它由不精确的定律表达出来”[7]。因为它们是不精确的,在传统的含义上,它们不是真正的科学定律。这就对如何为经济学定律辩护提出了一个严肃的问题。豪斯曼从逻辑上分析了四个不同的鉴别不精确的(趋势)定律的特质的方式或标准:

(1)不精确的定律是近似地真的,它们靠近错误的边缘。

(2)不精确的定律是概率的或统计的。经济定律表明人类往往可能是如何行动的,而不表明人类确实总是如何行动的。

(3)不精确的定律在没有干扰的情况下对于事情可能会怎样作虚拟的推断。

(4)不精确的定律符合含糊的其他条件都相同的条款[7]。

这里,豪斯曼实际上制定了一些相对严格的标准,为的是给在经济学中起作用的“不精确的”定律辩护。可以给这些标准起个合适的名称:第一条是“近似性(或似律性)”标准;第二条是概率的可靠性标准;第三条是可简化或可精炼的标准;第四条是可宽容的标准。所以,豪斯曼说:“在我看来,只要一个概括是似律的、可靠的、可精炼的和可宽容的,如果没有它的限制条件,即使它将面对反驳,我们也可以认为它是一条定律。”[7]

经济学方法论很重视理论的合理性辩护。在为经济学理论作为科学理论的资格进行逻辑辩护时,豪斯曼所持的是语义理论观。借助于这种观点,他解释了许多经济学中对理论进行数学化抽象的工作,同时又没有放弃他对科学的经验主义立场。

究竟怎样才有资格称作科学理论呢？豪斯曼的回答是：科学理论是“模型”与符合现实的“经验假设”之结合。理论=模型+经验假设。正如豪斯曼所说：“模型加上断言模型的预设符合世界的某些部分的普遍的理论假设得到理论”[7]根据豪斯曼的术语，凯尔恩斯的经济理论就是凯尔恩斯模型与某一种实际经济（如1933年欧美经济）满足该模型假设的情况此两者的结合。

豪斯曼的语义观所作的最重要工作是，把建模的纯数学性的理论工作及模型阐述这一件事，与经济现实中的经验方案区分了开来。大多数经济学家实际上所作的主要是提出纯粹经验的假设，然而这些假设可能包含在将模型应用于现实的过程之中；按照豪斯曼的分析，这是一种非常合适的“理论活动”。在经济学中借助于数学和逻辑手段所建构的抽象模型，比如一般均衡理论，只是相当于数学哲学中“未经解释的系统（抽象符号系统）”，唯有与经济现实中的经验事实挂钩之后，才被赋予实质性经验内容，变成“已经解释的系统”。所以豪斯曼指出，模型的建立及定理的证明，并不预设人们相信某一特定的模型在现实中是完全真实的。就好像天文学中的本轮—均轮式的数学模型（托勒密的），对于预言明天晚上某个时刻土星将出现在星空中的什么位置将是十分有效的，但是这并不意味着土星在物理上真的是这样运转。

就这样，按照豪斯曼“经验主义”（更加恰当的说法是自然主义）的路线，不仅纯粹的数学理论化是合适的，全部经济学家的“均衡理论化”的合理性还是可以得到辩护的。

第四节　卡特赖特：潜能实在论、经济学定律的趋势性质

南希·卡特赖特是穆勒演绎主义传统在20世纪的另一位最重要的继承者和重新解读者。她又是劳丹之后最有影响力的科学哲学家之一。卡特赖特的主要研究方向是：物理学哲学和经济学方法论，她最关注因果力量的

作用和科学的客观性。

卡特赖特之所以对于休谟主义的因果观表示强烈的不满，主要是因为休谟主义者只讲现象，不讲本质，有意躲避“科学背后的”力量，或躲避像因果力、根本力量或基本性质等概念。卡特赖特在1990年前后下决心再次将本性、必然性和潜能(capacities)等本质主义范畴引进自然科学哲学。Capacities在卡特赖特那里是个关键词，因此翻译的恰当性是个不可小看的问题。通常译为“能力”或“属性”，当然是不错的，不过仍有意犹未尽之感。看来卡特赖特哲学想要表达的本意，含有“所拥有的控制能力、潜在力量”的意思，自然现象有规律，科学有定律，在定律背后的更深层次有“因果性力量”在起控制作用，这就是实体的“潜能”。这就像物理学的概念，能=做功的本领，有待发挥的潜力，功=发挥出来的能。在科学家所研究的系统中，这种“潜能”或因果性力量的存在，决定了科学的因果观念绝不是降格为表面化的“恒常关联性”。一个系统的“潜能”规定在其中运作的因果律，后者又决定系统可能具有的解释力或经验性质。正如卡特赖特在《自然的能力及其测量》(1989)中所解释的：

并非定律而是潜能才是基本的。自然选择不同的因素所具有的潜能并且限制它们如何相互影响。任何自然界中发生的关联都是作为这些更为基本的潜能的作用的结果而出现的。在某种意义上说，……定律是附生现象[8]。

卡特赖特的立场是基于一种“自然主义”的进路；她反复强调，科学是什么必须由科学实践来规定，而实践科学家总是预设了所研究的系统中“潜能”或因果力的存在。另外，“绝对中立的观察”的观念根本不符合科学家的实际。其实，“绝对中立”恰恰是逻辑经验主义的一个教条(一种形而上学的建构)。历史主义的“观察渗透理论”或“观察带有理论的负荷”的论题就是针对性地批判这个教条的。

卡特赖特把上述思想贯穿到经济学方法论中去，她以两种不同的方式讨论了经济学：一是通过特例来研究因果性力量。她以考尔斯的计量经济学为例，用来研究潜能、因果性力量是如何出现在实践经济学家的工作之中。二是从更一般原理的高度来研究因果性机制。她介入经济学的更重要理由,是因为她关于科学定律的观点(潜能观以及描述因果机制的方式)与穆勒对经济学的趋势律的分析如出一辙。第一、第二这两种方式之间,就是特殊与一般的关系,两者不能截然分割开来。

按照卡特赖特研究经济学的第一种方法,她认为,经济学家通过计量经济学这个特例就可以发现这种潜能。关于计量经济学的主要观点是以简单的需求方程来表达的:

$q=\alpha p+\mu$(需求量=系数·价格+或然性波动)

其中 q 代表需求量,p 代表价格;μ 代表某种任意波动,μ 将决定性的关系转化为概率性的关系。估计的参数 α,代表价格和需求量之间的关系,根据卡特赖特,这就是一种稳定的潜能。该参数"衡量价格潜能产生(或抑制)需求的力量"[9]。按照笔者的理解,这就意味着,价格具有控制需求的因果性力量或潜能,并且它是定量化的。这种关系能在改变需求量的其他因素变化时保持不变。对卡特赖特来说,计量经济学家对这种关系的承诺只是一个特例。从更深层次看,它表明经济学家持有一种包含稳定的因果潜力、潜能或因果趋势的自然观或经济观。

卡特赖特研究经济学的第二种方法,对她的整个立场来说甚至更为重要。她的关于潜能、因果性潜力的观点与 J.S.穆勒是高度一致的。回忆一下穆勒在物理学和经济学之间所作的主要区别,就是在物理世界中,如力的平行四边形法则所表明,单个因果力独立地发生作用,具有加和性,因此原因的本质可以从所研究系统的经验行为中分离出来。在经济学中,复杂的经济原因从不孤立或单独地起作用,也不具有加和性。然而,却存在起主导作用的"单一的决定性原因"(如追求财富)。她说:

在这种情况下,传统的归纳法远远不够。在穆勒看来,它们必须由来自我们关于人性的一般知识的原理给予放大。这种"归纳和[演绎]推理混合的方法"就是他所谓的"先验的"方法[8]。

穆勒的解决方法是集中在经济系统中起作用的内在的因果"趋势",而不是(休谟的)体现现象层次的"有规则关联性"的定律;对穆勒来说"经济学的基本定律是关于持续'趋势'的定律而不是关于所发生的事情的定律;也就是说,是关于潜能的定律而不是关于事件结果的定律"。这些趋势,潜能(潜在能力)或它们的直接结果,在经济学中由于普遍存在的抵消因素很少能够直接观察到,例如趋势律的范例是古典经济学中利润率的下降,资本主义生产的基本潜能(因果性力量)产生的一种趋势使得利润率下降,尽管抗衡力量和干扰因素可能(几乎总是)阻止这种趋势被经验地观察到。

对趋势定律的分析需要一种高度的理想化的"抽象",这种抽象要能剥离所有的干扰因素以分离出相关的因果趋势。这种因果力或趋势,以及试图分离它的方法,正是卡特赖特在现代物理科学的实践中发现的那种做法(以及考尔斯的计量经济学)。可以说,卡特赖特的"潜能"(因果趋势)正是穆勒的趋势律在现代的特殊版本。卡特赖特自己是这样来解读她的"潜能"和穆勒的"趋势"观念之间的深刻的内在联系的:

只有我们预设存在潜能,存在即使离开对它们进行测量的环境还依然保持同一的稳定的潜能,我们鉴别以及应用因果模型的标准方法才有意义……而约翰·斯图亚特·穆勒已经教导我们,以那种方式推理,就是假设在自然界中存在起作用的稳定的趋势或潜能[8]。

【参考文献】

[1]桂起权:《经济学的科学逻辑研究纲领》,《华中科技大学学报》2007年第3期。

[2][爱尔兰]T.A.博伊兰等:《经济学方法论新论》,夏业良主译,经济科学出版社2002年版。

[3]穆勒:《论政治经济学的定义及其适当的研究方法》,载豪斯曼编:《经济学的哲学》,丁建峰译,上海世纪出版集团、上海人民出版社2007年版。

[4]Mill,John Stuart.1884. A System of Logic, Ratiocinative and Inductive :Being a Connected View of the Principles of Evidence and the Methods of Scientific Investigation ,8th ed. New York :Harper &Brothers[1st edition 1843]. pp.27,146,148.

[5][俄]罗森塔尔:《辩证逻辑原理》,马兵译,三联书店1962年版。

[6] D. Wade Hands, Reflection Without Rules, Cambridge University Press, First published 2001 ,pp.23 ,27,31

[7] D. Hausman, The Inexact and Separate Science of Economics. Cambridge: Cambridge University Press.1992.pp.127,128,141,77.

[8] N. Cartwright, Nature's Capacities and Their Measurement. Oxford: Clarendon. 1989.pp.2－3,183,190－191.

[9] N.Cartwright,"A Case Study in Realism :Why Econometrics Is Committed to Capacities."In PSA 1988 Vol.II,ed.A.Fine and J.Leplin,190—7.East Lansing,MI: Philosophy of Science Association.1989,p.195.

第二十章　开创金融物理学的类比启发法

玛丽·赫西在《科学中的类比和模型》中阐明的科学哲学基本原理:性质类比与关系类比,如何成为科学探索的启发式方法。

(1)杨振宁规范场理论的思想要点在于:对称性决定动力学规律,物理世界的规律在变换中的内在不变性。(2)陈省身的"纤维丛理论"可以称为是该物理理论最恰当的数学表现。通俗的例子:头发=纤维,头皮=底空间,合起来=纤维丛,等等。

在金融学与现代物理学(特指粒子物理学中的"规范场论"以及"纤维丛理论"的概念与方法)之间,能够合乎情理地建立起一系列相似性和对应关系。金融市场=金融规范场,美元-英镑兑换机制=金融纤维丛。

从逻辑和方法论的观点看,其奥秘就在于科学哲学中类比这一启发式方法在经济学与物理学这两个领域之间的合理运用。由此,开拓了金融物理学这一全新的学科领域。

马克·布劳格在《经济学方法论》中说过,所谓经济学方法论无非是科学哲学对经济学理论的运用。值得指出,一是在经济学方法论中,拉卡托斯的纲领方法论及其启发式方法则是备受经济学家青睐的科学哲学原理之一;二是玛丽·赫西在其科学哲学名著《科学中的模型和类比》中,则强调类比这一启发式方法具有特殊重要性。

本章的目标就在于阐明,运用科学哲学中类比这一启发式方法,在金融学与现代物理学(特指粒子物理学中的"规范场论"和"纤维丛理论"的深奥概念及方法)之间,何以可能建立起一系列相似性和对应关系。这将是一项不太轻松的任务。

金融学与物理学,初看起来似乎是“风马牛不相及”。然而,俄罗斯物理学家伊林斯基却采用类比和跨学科思维方式意外地发现,一是在爱因斯坦奇迹年(1905)所发现的布朗运动公式,其实是与1900年金融学家所发现的股票价格不确定性公式高度相似的。二是作为金融学基本方程式的Black-Scholes方程,是与统计物理或协同学中的Fokker-Planck方程具有十分相似的形式和密切关系的。

话说“股票价格的不确定性”,最近几年许多人对于此深有感触并吃尽了苦头。牛顿在炒股失败之后曾经感叹地说:“我可以计算天体运动,但无法计算人类的疯狂”。金融学中有个基本概念叫作随机价格游走——价格在每一步都按照独立的随机数变化。给出的股票价格不确定性公式是:$\Delta s=\sigma\sqrt{t}$(用√表示根号),意思是价格波动是时间跨度的函数,其中系数σ是价格波动率[1]。有趣的是,这个公式正好与爱因斯坦所发现的布朗运动公式相对应:$\Delta x=D\sqrt{t}$,意思是布朗微粒的坐标漂移是时间的函数,其中D是扩散系数[1]。原来,股票市场的价格波动的不确定性与分子运动的无规则性之间存在着惊人的相似性!这个事实,不能不让金融学家和物理学家双方都感到大吃一惊。

第一节　玛丽·赫西论“科学中的类比”

为了达到概念上的清晰性和准确性,我们先是对于玛丽·赫西在《科学中的模型和类比》中所述的关于类比的科学哲学原理作一个准确地说明,然后再将它应用到金融物理学中去。玛丽·赫西举了一个关于声音和光之间的类比的典型案例,可以同时说明两类类比,即“性质类比”和“关系类比”(也叫作“形式类比”)[2]。其中,光是“有待解释的系统”即“原型”,而声音则是“用以解释的系统”,即类比物或“模型”。见附表所示。

表 20-1 光—声类比

	共同的因果关系	声音的性质	光的性质
形式关系如定律、公式等的相似是纵向的	反射定律 折射定律 (+强度随距离按平方反比衰减的定律+……) 等等	1a.回声 2a.响度 3a.音调(声的频率) 4a.在空气中的传播	1b.反射 2b.亮度 3b.颜色(光的频率) 4b.在“以太”中的传播

这种类比可以用来提出双重要求。第一个要求是,在每一行(横向比较)中所对应的性质(1a 与 1b,2a 与 2b,3a 与 3b,4a 与 4b)是类似的,这就是性质类比。第二个要求是,存在着把每一行中的各项(对第一列是 1a2a3a4a;对第二列是 1b2b3b4b)联系起来的相同类型的因果关系,如反射定律(对第一列是声音的反射定律;对第二列是光的反射定律)、折射定律、强度随距离按平方反比衰减的定律(对第一列是声音强度定律;对第二列是光的照度定律)。

在表 20-1 中,被解释的系统=光;借用过来起解释作用的系统(即类比物)=声音。第一种类比,即性质类比体现在“声音的性质”和“光的性质”栏目之间的横向的类似性:光的反射与声音的反射(回声)相似;光照的亮度与声音的响度相似(两者都属于强度的范畴);光的颜色与声音的音调相似(因为两者都属于频率的概念。颜色是光波的频率,音调是声波的频率);如此等等。第二种类比,即形式类比则是体现在关于声音的因果关系与关于光的因果关系之间的纵向类似性。例如(1)光的反射定律是与声音的反射定律相似的,这不是指性质对性质的相似,而是指因果关系或数学形式上的相似。(2)光的折射定律说明的是,入射光、传光媒质与折射光之间的因果关系;对应地,声音的折射定律说明的是,原声波、传声媒质与折射声波之间的因果关系。这两个定律的相似也是因果关系上的相似。(3)光的照度定律与声音强度定律,又是因果关系上的相似。由于光的传播和声音的传播,都是呈现出球对称性的,因此都满足平方反比关系。

科学哲学家认为,在科学探索过程中类比是最重要的启发性原则,具有重大的方法论价值。科学家探索未知现象领域,要解决新问题,要追求新知识,要建立新的理论模型,这里没有现成的道路可走,不能从现成的普遍原理直接演绎出结论。类比是从已知到未知过程中极其富有创造性的推理,在这里大有用武之地。通过以上案例可以清楚地看出,科学家常用的类比主要有两种形式:性质类比和关系类比(即形式类比)。性质类比是根据被解释系统与解释系统(即类比物)之间存在的横向的(性质对性质的)类似性而进行推理;形式类比则是根据被解释系统与解释系统(即类比物)之间存在的纵向的因果关系或数学形式上的类似性而进行推理。由于科学理论的本质关系往往可以通过数学方程式表述出来,因此"形式类比"往往能够揭示本质上的关系[3]。

在上文中,我们已经把科学哲学家关于类比的方法论原理的要点讲清楚了。在下文中,我们将要把它应用于金融物理学。这又要分几步走。

第二节　杨振宁的"规范场论"与陈省身的"纤维丛理论"的类比

在通常情况下,经济学者并不熟悉现代物理学,尤其是不熟悉规范场论和纤维丛理论。为此,我们必须用尽可能通俗易懂并且简明扼要的语言来表述由杨振宁所开创的"规范场论"和由陈省身所奠基的"纤维丛理论"(当然,这本身无疑是一项艰巨的任务)。然后,再解释何以可能在这些概念与金融学概念之间建立起一系列对应关系。

首先,出于解读金融物理学的方法论思想的需要,最扼要地表达一下规范场论的核心思想。

整体上说,在规范场论构架中,杨振宁所说的"对称性决定着动力学"是一个极为精辟的新物理思想,一种精神支柱。对称性是自然的和谐和秩序的一种象征。规范场包含着深刻的内在对称性,而对称性决定着相互作用规律,决定着动力学。"规范对称性"又称作"规范不变性"——物理世界规律在(规范)变换中保持内在不变性。这些是规范场研究纲领的核心假说。杨振宁说过一句最有概括力的话:"近(现)代物理学研究自然界的

‘力’(指:基本相互作用),发现共有四种:核力、电磁力、弱力和引力。四种力和它们的能都是规范场(gauge field),这是近三十年来的一项基本了解。”[4]这一理论已经成为理解自然界诸种基本相互作用的可靠基础。

从语义上分析,“规范”的本义是测量的标尺、度量标准,或者说是“标度”。“规范不变性’的概念是由德国数学家外尔在1918—1919年间首先提出的。通俗地说,人人都知道,我们到服装店买衣服或者请裁缝师傅做衣服,如果你需要买或做一件衬衣,那么该多大就多大,这跟使用米尺、英尺或者中国尺来表示没有实质性的关系。实际东西的大小,不随度量的标准的变化而变化(这就像同样一份资产的价值,跟使用美元、法郎或者马克来表示没有实质性的关系)。当然,这里说的只是平直空间中“刚性度规”的情况。外尔考虑到,尽管爱因斯坦“弯曲空间”的情况更为复杂,每个时空点长度标尺和时间标尺都在变化,法线方向也在不断变化。然而,借助于“柔性度规”仍然可以把握“变中的不变性”。在不同时空点的“标尺”之间总是可以找到一个合适的“换算关系”的。(这就像在人民币、美元、欧元之间可以合理兑换而保值一样)道理就在于,客观的物理事件独立于我们所选择的描述框架。通过通俗的比喻,或多或少能体会“规范变换变中的不变性”的含义。

在物理学中,“物理规律(在变换中)具有内在不变性”的思想,正在一步一步地深化:伽利略的“力学相对性原理”(静止系与匀速系的等价性)仅仅局限于力学,爱因斯坦将它推广到整个物理学。狭义相对性原理的基本出发点是:自然规律对于所有惯性系都应当是一致的,尤其要求在洛仑兹变换下形式不变;广义相对论将不变性推广到非惯性系,但是变换所涉及的只是外部空间,还不包括内部空间;量子力学的方程则在各种“表象变换”中都保持不变;而在规范场论中所涉及的变换已经可以从外部空间,推广到内部空间。“规范不变性”是可以这样定义的:如果一个物理理论在变换群作用下,理论中方程式的形式保持不变,则这个理论是规范不变(指协变)的[5]。规范场论的整合外部/内部自由度的物理思想,若转换成数学,则在更抽象的、能够整合外部/内部空间的“纤维丛理论”(形式化体系)中得到体现。

接着，也是出于解读金融物理学的方法论思想的需要，最扼要地表达一下纤维丛概念之大意。正像普通老百姓都能理解，头发长在头皮上，头发=纤维，头皮=底空间，总体来就形成“纤维丛”。因为纤维丛=底空间+纤维。另一个熟知的例子是山坡上的树林子。树林子=纤维，山坡=底空间，总体来就形成“纤维丛”。因为纤维丛=底空间+纤维。到此为止，说得是外部空间。伊林斯基想得更巧妙，他把内部空间也考虑进去了，而且十分生动形象。他举例说，邮递员去送信，地址=地理坐标系中的位置=外部空间（底空间），因为什么大道什么街，几层楼，就相当于笛卡儿坐标的 XYZ。然而，公寓的房间里边则=内部空间。外部空间+内部空间=纤维丛，按照他的说法，就那么简单！对于杨振宁规范场论的“内部空间”，则是意味着电子自旋的内部自由度，或者质子中子同位旋的内部自由度。

如果从规范场论和纤维丛理论的观点，回过头来看爱因斯坦的引力场“弯曲空间理论”，那么原先感到神秘的现在就不再显得奇怪。这无非是：引力场=规范场的特例，引力势=规范势的特例。引力场=外部弯曲空间，规范场=推广到包括“外部+内部”的弯曲空间=纤维丛，如此而已。从规范场论的视野来看，与引力场的弯曲空间相似，物理系统的内部空间（如自旋、同位旋空间）的方向和“标尺”在不同时空点也是不同的。正像爱因斯坦所发明的“联络”在外部弯曲时空中，能起到“连通”不同时空点方向的作用那样，在推广后的规范场的“纤维丛空间”中，需要引入能够体现规范对称性的“规范势”，以便联络在不同时空点的内方向，如此等等。正因为这样，规范场论才是更加具有普遍意义的理论。

有趣的是，在物理学家杨振宁的规范场论与微分几何学家陈省身的纤维丛理论之间存在着“形式的相似性”，成为现代科学中“关系类比”的一个绝妙的例子。正是规范场论的成功和对应的丛理论形式化体系的发现，人们才认识到可以从现代数学的流形的观点来重新考察各种物质结构理论。正如杨振宁和吴大峻早在 1975 年的《不可积相因子的概念以及规范场的全域表示》中就列出的，规范场与纤维丛的许多基本概念之间存在着对应关系[6]。（我们只选取其中一部分）见下表：

物理学的:规范场的语言	数学的:纤维丛的语言
规范(或整体规范)	主坐标纤维丛
体现相互作用的规范势	主纤维丛上的联络
相因子	平移(平行位移)
场的强度	曲率
电磁场的规范势	对称群 U(1)纤维丛上的联络
同位旋场的规范势	对称群 SU(2)纤维丛上的联络

第三节　理论物理学与金融学的类比

许多学者都从各自不同的视角研究过理论物理学—金融学类比,却不是从逻辑或方法论的角度看问题。由于杨刚凯教授的论文《外汇交易市场的格点规范理论》[7]比较有代表性,因此我们就选择这篇论文的某些重要论断,用科学哲学观点进行重新解读。(原文是英文,有译文,但对译文不合意之处我们作了校正)

格点规范理论和金融市场上的一种模式之间存在着非常有趣的类比。

金融上的 Black-Scholes 方程与统计物理或协同学中的 Fokker-Planck 方程具有相似的形式和密切的关系。从逻辑观点看,它们正是属于逻辑学中所说的“形式类比”的范畴。新金融理论的开拓者伊林斯基在他的划时代著作《金融物理学》中,就系统地发展了物理—金融类比。

在经济学中所关注的外汇市场与粒子物理学所关注的规范场之间,存在着非常明显和简单的相似性。如果我们运用本文第一节所分析的类比方法(包括模型与原型的关系,类比性质与原来性质的对应,两者在形式关系或因果原理上的一致性等),那么这一切就容易理解。

金融上有几个关键性概念,可以用来说明“真正”的经济事实、现象和规律,正像物理事实、现象和规律一样,并不依赖于参照系的选择(也就是都满足所谓规范不变性)。

一、用货币进行商品交换时，有选择参照系的自由

Coordinate 兼有坐标/协定的意思，本义应当是选择参照系、坐标系的自由。我们采用这一译法，更能体现经济学与物理学在参照系选择上的共性，以及经济学—物理学类比的合理性。例如，关于货币单位的变化，新中国成立初期，在上海买一付大饼或油条是人民币 500 元（对应于现在的 5 分钱）。大约到了 1953 年，票面缩小到万分之一，10000 元改称 1 元。价值没有实质性变化，使用上却更加方便了。

让我们对比理论物理学：狭义相对论有选择不同惯性系的自由；广义相对论有选择不同广义坐标系的自由；量子力学有选择不同表象的自由；规范场论的自由度可包括外部和内部空间（如电子自旋的自由度），其每一个时空点的标尺，相坐标或相位角都可以自由选择（量子力学中波函数的相位角，也是这样）。

二、全球经济中，每一种货币都可以独自重新调整

与此相似，让我们对比理论物理学：在广义相对论中，弯曲空间的各一个时空点的法线方向相互之间并不一致，长度标尺或时间标尺也不统一；在规范场论中，每一个时空点的标尺或相位角可以独自重新调整。

三、由数量来刻画的“真正”的经济现象不依赖于参照系的选择

应当把独立于参照系选择的经济学量与依赖于参照系的经济学量严格区分开来。

让我们对比理论物理学：物理学规律在狭义相对论中，是相对于不同惯性系保持不变性（指协变性，下同）；在广义相对论中是相对于不同广义坐标系保持不变性；在量子力学中，是相对于不同表象保持不变性；规范场论则更有普遍性，它的自由度既包括外部空间又包括内部空间，其每一个时空点的标尺或相位角都可以自由选择，物理学原理在定域规范变换中保持内在不变性。

杨刚凯教授是这样总结上述从经济学（金融理论）中提炼出来的三个重要原则：(1)有些参照系（原译文不够恰当：协定）是可以改变的。(2)这

些变化可以在不同的地方独立地产生(即:局域性)。(3)"真正的现象"(指客观事件、规律)对于这些改变是不变的,杨说,它对物理学上的规范对称性也很关键。

杨在"Ⅱ规范理论"部分,在物理学意义上重申了(1)和(2)。至于(3)杨则进一步展开说,"物理学在某些变化下是不变的,一种对物理学没有影响的变换称为对称性(更准确地说,这种变换把方程的一个解映射成另一个解)"。这里,杨一语道破了"对称性"的真谛!如果翻译成科学哲学语言来说,原来物理学家所谓的对称性,指的就是物理世界规律的内在不变性,在变换中的不变性。杨进一步解释了"规范对称性":"如果这种变换可以直接移植到不同的点,那么这个对称就称为局部对称性或者规范对称性。"

另一篇相关的重要论文是李华钟先生的《理论物理学和金融学》[8]。作者在"金融市场作为量子规范场系统"小节中就指出,物理现象和规律,对于(局域)规范变换保持不变,即是把这一套物理量变换到另一套物理量去描述时,物理现象和规律不受影响,仍然是那些现象和规律(尤其是在每一时空点的变换可以相互独立)。说的是物理现象、事实和相互作用规律在变换中的不变性。他指出,如果将定域(即局域)规范场与金融市场进行类比,那么按照同样的道理,在金融市场中流通的是多种不同的货币,它们按约定的比率互换(而且不同时空点各自独立),互换中货币的价值不会改变。金融市场—规范场论类比中的对应关系可以列表如下:

经济学的:金融系统	物理学的:量子场系统
资金流	物质场(电子场)
证券	+电荷
债务	-电荷
套利场	规范场(电磁势)

有人要问:经济学的"市场"和物理学的"场"(重力场、电场、磁场等),在含义上差别这么大,为什么可以进行类比呢?回答是:类比方法的优越性就在于能够寻找、挖掘、发现跨越不同领域的出人意料的相似性。在电场中,正电荷是从高电位移向低电位的;在重力场,"水往低处流";在资本市

场,资金从赚钱少的地区向赚钱多的地区流动。这些道理都很自然。从历史上看,第一个应用理论物理学的统计方法进行金融市场分析的法国数学家L.巴舍利耶(1900),所使用的也正是类比方法,特别是形式类比:由于分子碰撞引起的布朗粒子运动的不规则性,对应于由于社会经济原因引起的股票市场的不规则性,如此等等。

第四节　采用经济学方法论进行逻辑分析的类比

拉卡托斯的研究纲领方法论在经济学的理论分析中有很多应用[9]。它有两个主要的启发式原则。反面启发法——指禁止做的事,即不得将矛头指向核心假说,理论的根本信念不容动摇;积极启发法(或正面启发法)——指示该做的事,也就是容许理论外围的种种辅助假说随时可以调整变形,以维护核心原理不受侵害,“时刻准备着”能够应付可预期的反常的一系列“策略性的提示、暗示或程序性的指令”,就像诸葛亮的“锦囊妙计”那样,包括如何增加辅助假说和改进分析技巧,如何积极解释和预言新的独立可检验事实等(这正是科学哲学初学者感到最难把握的)。科学哲学认为,研究纲领的积极启发法与核心假说之间存在深刻的联系。积极启发法作为策略性的示向原则能提供一系列的建议或暗示来充实研究纲领,为得是使纲领能对所研究现象作出合理的说明和预言。

直接针对我们的问题来看,试问杨振宁和米尔斯的规范场论,其核心假说是什么?回答是:“规范对称性”或者“规范不变性”,亦即自然定律在变换中保持内在不变性。试问当这个纲领性思想应用于金融领域的时候,它的“正面启发法”是什么?回答是:奥秘就在于“类比”二字之中,具体说是“规范场—金融类比”、“规范场—纤维丛类比”。这个“富有积极的启发意义的方法”,就包含在规范场论关于“基本对称性”的暗示之中,并表现为纤维丛的那一套精美的几何图画以及一种全新的语言(底空间、纤维、平移、曲率等)和描述方式,以及与之相关的解决疑难问题的一系列“策略性的提示或程序性的指令”,就像“锦囊妙计”那样。这种启发法绝不是空洞的说教，而是在许多不同场合中有活灵活现的表现。这一套一种全新的概念构架或方法论语言，产生出一种富有启发力的新思路，并且提供一种强有力的研究工具，有助于开拓新领域，建构新理论。

伊林斯基在《金融物理学》一书中亮出了规范场论的观点：对称群意味着动力学规律在“参照系”的变化中保持不变性。这在金融市场中如何体现呢？具体地说，金融市场拥有一个无限维的对称群或者规范群，这在本质上就意味着对于任何时间间隔，任何资产单位——作为金融学独特的“参照系”的变化（及其价格的相应变化），不引起动态规律的改变。这样，就把“规范不变性”的核心思想在金融学中具体化了。

纤维丛几何学中的局域对称性，被伊林斯基看做第一原理。在金融学中资产单位（或者说变化的计量单位）选择的“对称性”，与粒子物理学中时空计量单位或标度选择的“对称性”完全相似；金融学中的纤维丛结构和物理学的纤维丛结构完全相似。在金融学中，“纤维丛”几何可以有通俗性解释。连通=不同纤维上坐标系进行调整的规则（换算的规则）。“平移”（平行移动）在金融学中代表交换过程。一条曲线及其沿线连通场共同构成了“平移”。比较两个纤维的坐标，平移的结果，可以是并无差别，即协变差=0。依据“平移”，许多金融上的概念，如净现值、贴现和套利，都可以用纤维丛的“纯几何模型”重新描述。这种因“模型与类比”而建立的奇妙的对应关系，构成了整个金融物理学所有内容的基础。

伊林斯基的《金融物理学》[1]，建立了一系列新颖的类比关系。他用“平移”、“连通”和“协变差”等概念以及“纤维丛”图解来分析美元与英镑，即期汇率与远期汇率之间的转换等，成为新的有力的分析工具。

例如，可以用“平移”分析外汇交易。不同货币资金之间的比较，必须先转换成同样的货币，在数学上就表现为纤维坐标的“平移”。这里的类比是：资金空间=纤维丛。关于外汇的纤维丛空间，底空间=例如由标明美元、人民币、马克、法郎、日元等的平面上的点（五个基点）所组成；纤维=基点上0—∞之间的半线，可以从一个点跳跃到另一个点。平移=货币之间的兑换；连通=兑换率。在最简单情况下，假定眼前有两种货币：美元和人民币，并想用3美元兑换20元人民币（急于要现金，以便买些小商品）。再假定当时汇率是1美元可兑换人民币7元。因此，3美元可以合理地兑换成人民币21元。这就是，纤维坐标的“平移”。如果急于兑换成20元人民币，就吃亏了1元钱。换句话说，与实际该得的相比有差额，“协变差”=+1。以上分析不需要考虑时间因素。

又如关于贴现过程和净现值的分析，给我们提供了另一个关于“平移”的金融学例子。根据与上文相同的道理，货币相同、时间不同的资金也不能直接比较，必须先转换到同一个时间点上。投资者必须考虑利率或贴现率，考虑动态过程，以测定资金的时间价值。假定有人愿意把100英镑换成一年之后的103英镑。乍一看，103英镑更具有吸引力。但是，如果年利率是5%的话，100英镑在一年之后就“平移”成105英镑。换成103英镑的结果，不是占了3英镑的便宜，反而是吃了2英镑的亏。协变差=-2英镑。对于贴现过程分析的纤维丛空间，这里的类比是：底空间=时间轴；纤维=半线。净现值=本金=贴现因子·连本带利的所得。贴现过程扮演了纤维丛上的平移的角色。贴现因子·各点资金=坐标系的调整（规则），贴现率（即利率）=（相当于）连通场，等等。如果考虑一种更复杂的底空间，就可以同时刻画资金的两种流动方式：一是在各个市场之间流动；二是在同一资产的不同时点流动。这种新的底空间=由许多时间轴组成。

伊林斯基提出“金融电动力学”、“金融纤维丛”的说法。其中包含各种类比：

（1）金融市场=纤维丛。连通由价格和贴现因子给出。

（2）金融纤维丛的曲率=套利的超额收益率。

（3）规范不变性的金融动力学=资产单位变化遵循“变中不变性”的动力学。

（4）金融系统可与电场类比，现金/债务可与正电荷/负电荷类比。

现金——从价格高估的资产流向价格低估的资产；债务——流向正好相反。

正电荷——从电场的高电位流向电场的低电位；负电荷——流向正好相反。

（5）由现金/债务和套利场构成的金融系统的行为方式（所遵循的规

则),与由正负电荷所构成的电磁场所遵循的电动力学规律是高度相似的,如此等等。

当然,实际上存在种种差别,首先在于底空间的不同。电磁场的“电动力学”在连续的三维空间运行,而金融系统的“动力学”则在具有跳跃性特殊的“离散空间”运行。然而,我们更感兴趣的是暗含在差别之中的深刻的相似性。

金融—电磁场类比中最有价值的成分是:发现了金融系统所特有的规范对称性的形式。对于金融系统的资金流向背后的驱动力,可以有种种可选择的理论解释,由于电动力学的“规范对称性”研究方式是一种强有力的方法论工具,因此它能够在所有竞争对手中脱颖而出。

一般系统论的创始人贝塔朗菲反复强调指出,已经发现“在许多不同的科学领域内的结构上的同一性和同构性规律”[10]。贝塔朗菲在论述一般系统论的最早纲领时指出,其任务之一就在于,“研究各领域的概念、规律、模型的同形性,并帮助在各领域间转移使用。”[11]伊林斯基所说的,“在一个领域内的进展可以转换成推动另一个领域发展的动力”。也是同一个意思。

情况正是这样。我们已经看到,在现代物理学的规范场论中所发现的基本相互作用的“规范对称性”规律(自然定律在变换中的内在不变性),可以在金融理论领域转移使用。人们可以期待着,基本相互作用的“规范对称性”规律将会在其他许多科学领域十分有效地转移使用。

【参考文献】

[1][俄]伊林斯基著:《金融物理学》,殷剑峰、李彦译,机械工业出版社2003年版。

[2] Mary B. Hesse: *Models and Analogies in Science*, *University of Notre Dame Press*, 1970.

[3]桂起权:《类比与转换——打开思路的钥匙》,载张巨青主编:《科学研究的艺术——科学方法导论》,湖北人民出版社1988年版。

[4]陈省身:《陈省身文选》,科学出版社 1989 年版。

[5]桂起权、高策等:《规范场论的哲学探究:理论基础、历史渊源及其哲学意蕴》,科学出版社 2008 年版。

[6]杨振宁:《杨振宁文集》(上集),华东师范大学出版社 1998 年版。

[7]杨刚凯:《外汇交易市场的格点规范理论》(英文),英译汉:孙世杰、高岩,载《系统对称性与规范建模研究文集》(第一辑),上海系统科学研究院。

[8]李华钟:《理论物理学和金融学》,科技中国出版社 2005 年版。(特约稿)

[9]桂起权:《科学研究纲领方法论的经济学应用》,《经济学家》1999 年第 6 期。

[10]庞元正、李建华编:《系统论、控制论、信息论经典文献选编》,求实出版社。

[11]贝塔朗菲:《一般系统论:基础、发展和应用》,秋同、袁嘉新译,社会科学文献出版社 1987 年版。

第五编　经济学悖论

第二十一章　经济学悖论与经济学方法论

悖论是困扰人类思维和科学发展的跨学科难题。经济学悖论是经济学理论体系中出现的一种特殊的反常现象,对经济学家的思维方式提出了挑战,在经济学理论形成和发展过程中起了不可忽视的重要作用。经济学悖论的价值非同小可,悖论的提出和澄清使得人们的认识得以深化,并成为促进经济学家思维方式变革的契机和理论创新的内在动力。经济逻辑学作为一门新兴的综合性的交叉学科,有必要重视经济学悖论研究,深入探讨经济学悖论在经济学理论发展中的重要作用。经济学悖论具有重要的方法论价值,是目前逻辑学界和经济学界关注与研究的一个重大课题。本章首先简要介绍和分析西方经济学悖论的案例,探讨经济学悖论的理论价值和方法论意义;然后论述“经济人”假设及其演变,并从方法论的角度探讨“经济人”假设的合理性与局限性,以及经济学假设与经济学发展的关系。

第一节　从亚当·斯密的悖论说起

《伊索寓言》曾讲述过一个十分有趣的故事:在一个寒风凛冽的冬夜,一位旅行者来到森林之神处投宿。一进门,这位旅行者就呵气吹手指。主人问他为什么这样做,他解释说:“暖一暖手。”少顷,主人为他端来一碗滚烫的粥,他便呵气吹粥。主人又问他这是为何,他回答说:“凉一凉粥。”于是主人将这位旅行者赶出了门，因为他不能容忍这样一个荒谬的人：他的嘴一会儿出热气，一会儿又出冷气———他怎能用同样的气流既加热又冷却呢？

其实，在这个近乎可笑的故事中，问题并不在于旅行者的回答反复无常，而在于主人看问题的逻辑是荒谬的。由这个悖论故事，我们还可以联想到西方古典经济学鼻祖亚当·斯密的“经济人”假设及其悖论。大家知道，亚当·斯密一生中写过两部重要著作：《国富论》和《道德情操论》，前者奠定了现代经济学的根基，后者是西方伦理学史上不朽的经典之作。严格说来，亚当·斯密并不是最先提出来“经济人”假设和“经济人”概念的人，但他的确是第一个比较系统地阐述“经济人”假设思想的人。

在《国富论》中，亚当·斯密明确阐述了“经济人”假设的基本思想。首先，他认为人是自私自利的。人们在从事经济活动的过程中，都具有追求个人利益的本性，都是为了自己利益打算的人。他说：“我们每天所需要的食物和饮料，不是出自屠户、酿酒师或烙面师的恩惠，而是出自于他们自利的打算。”①其次，人是有理性的，这种理性就在于以最小的牺牲来满足自己最大的需求，从而实现个人利益的最大化。最后，每一个人对个人利益的追逐，客观上满足了他人和社会的利益。由于每一个人都是自私自利的，都关心自己的幸福和利益，于是在“看不见的手”的指引下，往往使他能比在真正出于本意的情况下更有效地促进社会的利益，人类的整个福利也就有所提高。

但在《道德情操论》中，亚当·斯密又提出了“道德人”的概念。他认为，作为经济人，人当然具有自私自利的一面，但这种自私自利又不是纯粹的，人还富有同情心的一面。也就是说，人除了自利的一面外，还有利他的一面。他认为，无论人们会认为某人怎样自私，这个人的天赋中总是明显地存在这样一些本性，这些本性使他关心别人的命运，把别人的幸福看成自己的事情，虽然他除了看到别人的幸福而感到高兴外，一无所得。

既然《国富论》和《道德情操论》是两本不同的著作，前者的出发点是利

① 参见亚当·斯密：《国富论》，商务印书馆1979年版。

己主义,后者的出发点是利他主义,那么,如何才能圆满地解决经济上利己与道德上利他的矛盾呢?亚当·斯密希望自己能够解决这个理论矛盾。他认为,利己主义和利他主义本质上是一致的,人们从利己主义的动机出发,通过“看不见的手”的调节,最终会实现利己和利他的统一。

“看不见的手”果真有如此神奇的力量吗?亚当·斯密断言:个体生产者只想达到自己的目标,他这样做时,像其他许多情况下一样,由一只看不见的手引导他去促进一种结果出现,而这个结果并不是他所追求的东西。所以,有时人们又把斯密悖论称为“看不见的手”悖论。

亚当·斯密悖论还有另一种说法,那就是亚当·斯密的“经济人”和“道德人”思想之间是否存在逻辑矛盾问题?对于这个问题西方学者有不同的看法。笔者以为,从表面上看,亚当·斯密的“经济人”和“道德人”思想之间是不相吻合的。其实,亚当·斯密理论的这种矛盾在各自的领域中并不存在问题,然而,在其思想理论不断扩张的进程中,亚当·斯密悖论恰恰成为西方经济学理论发展的内在动力。

第一,就亚当·斯密的经济学和伦理学本身来说,“斯密问题”是一个似是而非的悖论。早在19世纪中叶,德国历史学派的经济学家就提出了“斯密问题”,又称“斯密悖论”,即《国富论》中利己主义的人性假设和《道德情操论》中人类同情心的人性假设相互矛盾的问题。毫无疑问,经济学和伦理学是两个不同的研究领域。在亚当·斯密的理论体系中,经济学的出发点是“经济人”,而伦理学的出发点是富有同情心的“道德人”。这是人的本性中具有的相互矛盾的两个方面,是两个不同的问题。实际上,斯密的两部巨著是一个相互联系的整体,其价值观念和道德准则具有内在的一致性。

第二,虽然亚当·斯密的经济思想和道德学说在各自的领域都能自圆其说,但是一旦用他的理论来分析现实经济问题时,则难免出现一些困难。为什么呢?因为理论毕竟不是现实,任何理论都是有条件的、相对的。其实即使在经济学领域中,人们也不是在所有的情况下都是为了自己的利益而采取行动的,有时人们为了社会利益甚至暂时牺牲自己的利益。从方法论上说,亚当·斯密的“经济人”和“道德人”假设对于经济学分析和道德理论建构都是必要的。但任何理论抽象都有其不彻底性和局限性。在具体运用理论假设进行科学分析时，如果把“经济人”或“道德人”抽象推向极端，要么视利己之心为与生俱来和一成不变的东西，要么把利他之心绝对化或永恒化，则不可避免地导致“利己悖论”或“利他悖论”。例如，有人在论证“雷锋是最大的自私者”时，就把一切利他行为都视为利己主义。显然，这是不合乎情理的，也是可笑的。

第三，在西方经济学发展史上，亚当・斯密悖论一直是经济学的核心矛盾，两百多年来一直推动着经济学的发展。毋庸置疑，任何理论都有自身的边界。一个成功的理论，除了在其边界内具有逻辑一致性外，还需要对现实世界具有较强的解释力。在亚当・斯密之后，“经济人”假设受到各方面的批评和质疑，如“利他行为”对“利己行为”的诘难、“有限理性”对“完全理性”的抨击，以及“满意利益”对“最大利益”的挑战，这些批评和质疑都推动了“经济人”假设思想的发展和完善。

亚当・斯密的“经济人”假设及其悖论包含着许多重大理论问题，正确理解和研究“经济人”假设，对于发展我国社会主义市场经济具有十分重要的理论意义和现实意义。

第二节　水和钻石的悖论与经济学家的价值观

水很有用途，但它有很小的“价值”；钻石在被用于工业之前几乎没有什么用途，但它却有巨大的“交换”价值。怎样理解这个曾经困扰经济学家的难题？现在，我们来讲讲悖论促使经济学家认识到“物以稀为贵”是市场经济基本规律的故事。下面，让我们从世界钻石大会说起。

大家知道，非洲的钻石资源非常丰富。长期以来，非洲一些国家的反政府武装往往控制着境内的钻石开采基地，他们走私钻石原料以换取大量军火；而钻石行业的一些不法商人往往以低于国际市场的价格购入这些钻石，源源不断地为这些国家的反政府武装提供经济支持。这种“钻石换军火”的非法贸易变相地起到了为反政府武装输血打气的作用，是一些国家冲突加剧、战乱频仍的重要因素。

钻石的使用价值很小,但它很昂贵,具有巨大的“交换”价值。特别是钻石贸易已经引起联合国的高度关注,联合国安理会已经对安哥拉、塞拉利昂的钻石原料采取禁运措施。2000 年 7 月 17 日,在比利时举行的世界钻石大会疾呼:拒绝非法贸易,让钻石远离血腥的战乱和冲突! 这次世界钻石大会决定,在全球范围内建立起钻石的登记和注册制度。根据这项决定,每一个钻石原料出口国都将设立唯一的出口机构,负责把准备出口的钻石原料登记并封存;钻石原料进口国只能进口那些经过登记封存的钻石,否则将被视为非法交易。会议还决定成立一个国际性的监督机构,对全球钻石贸易进行监督和审核。

由世界钻石大会,我联想到不久前在南非约翰内斯堡举行的可持续发展世界首脑会议,全人类的目光聚焦于像水这些我们赖以生存却又在迅速减少的资源上。

由此,我们还联想到两百多年以前亚当·斯密(1723—1790)在《国富论》中提出的著名的价值悖论:“没有什么东西比水更有用,然而水很少能交换到任何东西……相反,钻石几乎没有任何使用价值,但是通过交换可以得到大量的其他物品。”①

水比钻石更昂贵吗? 显然,水是人们日常生活中必不可少的,它的使用价值很大,但水廉价;而钻石的使用价值很小,但它很昂贵。为什么对生活如此必不可少的水几乎没有价值,而只能用作装饰的钻石却能索取高昂的价格? 如果你对宝石是否那么有用一下子还想不清楚,那么至少你应该明白,没有宝石,人类社会照样会发展得很好。但是如果真的没有了空气和水,人类社会马上就会灭亡。虽然宝石也很有用,但是它远远没有水那么有用。不那么有用的宝石却比最有用的水贵得多,这说明价格不是由物品的有用程度来决定的。亚当·斯密认为,水有使用价值,而钻石有交换价值。他从价格中分离出效用。他还将使用价值和交换价值区分开,就好像价格和效用无任何联系。

① 参见萨缪尔森:《经济学》16 版中译本:70 页。

尽管两百多年以前,这一悖论困扰着亚当·斯密和其他古典经济学家,但是今天我们已经可以对此作出解释:水的供给和需求曲线决定了它的均衡价格十分昂贵。当然,我们还会问:为什么水的供给和需求曲线相交于如此低的价格?答案在于,钻石十分稀缺,因此得到钻石的成本很高;而水相对丰裕,在世界上许多地区几乎不花什么成本就能得到。19世纪70年代标志着价值基于边际效用的边际革命的开始,门格尔、杰文斯和瓦尔拉斯三个经济学家分别说明了价格或交换价值是由它们的边际效用来决定,而不是由它们的全部效用或使用价值决定,因为水是丰富的,增加一单位水很便宜,而钻石是极端稀缺的,增加钻石是昂贵的。如果我们用图来说明钻石和水的总效用和边际效用,那么,我们会看到,对于钻石来说,价格高而全部效用低;对于水来说,价格低而总效用高。其实,理解了水和钻石的相对稀缺性,更有助于我们说明水和钻石的悖论是怎样被解决的。水在整体上的效用并不决定它的价值或需求。相反,水的价格取决于它的边际效用,取决于最后一杯水的有用性。由于水如此丰富,所以最后一杯水只能以很低的价格出售。在一定条件下,即使最初的几滴水相当于生命自身的价值,但在最后的一些水仅仅用于浇草坪或洗汽车。

美国罗林斯学院(Rollings College)的经济学副教授马克·斯考森认为,亚当·斯密以前的教授海彻森和其他学院的老师已经在几年前就解决了这个悖论。他们认为,商品的价值或价格首先由消费者的所谓主观需求决定,然后再由商品相对稀缺性或丰富程度决定。

马克·斯考森还指出,亚当·斯密在他写作《国富论》前十年发表的一篇讲演中就解决了水和钻石的悖论。钻石和水的价格不同是稀缺性不同,亚当·斯密说:"仅仅想一下,水是如此充足便宜以至于提一下就能得到;再想一想钻石的稀有……它是那么珍贵。"[①]斯考特思(Scottish)教授补充说,当供给条件变化时,产品的价值也变化,亚当·斯密注意到一个迷失在阿拉伯沙漠的富裕商人会以很高的价格来评价水。如果工业能成倍地生产出大量的钻石,钻石的价格将大幅度下跌。

---

① 参见《国富论》第1卷第4章,商务印书馆1979年版。

既然亚当·斯密在他写作《国富论》前十年发表的一篇讲演中就解决了水和钻石的悖论，那么，为什么十年后写作《国富论》时他还受到这个悖论的困惑？马克·斯考森说，那不是由于他的心不在焉，也许是他的宗教嗜好。亚当·斯密是一个清教徒，坚信加尔文主义价值观。他的加尔文信仰强调努力工作、有效生产和节俭的好处，《国富论》充满了高尚情操和美德。在他的思想中，钻石和珠宝是殊荣的奢侈品，与水和其他有用“产品”相比相对无用，而且他的经济理论反映了这些价值观。

这个悖论告诉我们：产生水和钻石的悖论的原因离不开经济学家持有的价值观。实际上，任何一种经济理论，都是以一定的哲学思想作为基础的，不管提出这种经济理论体系的经济学家是自觉的还是不自觉的，都要按照某种哲学观点去思考和处理问题。其实，悖论是经济学理论创新的重要杠杆。经济学悖论的发现，虽然没有导致整个经济学理论大厦的“崩溃”，但却引起了经济学家的危机感。消除悖论，则意味着经济学家的哲学观、价值观必须调整，必须变革原有的思维方式。

第三节　投票悖论及其启示

哲学家苏格拉底曾发表过一个骇人听闻的观点：哲学就是一门练习“死亡”的学问。按照他的说法，哲学家的一生就是练习“死亡”的一生。而苏格拉底自己则因为反对雅典的民主制，被民主派以败坏青年和信奉新教的罪名判处死刑。苏格拉底本来可以通过认罪求赦、越狱逃跑、上交赎金等任何一种方式免于一死，但他却对死抱着乐观的希望，毅然决然地选择了死。公元前399年，苏格拉底在狱中饮鸩而死。丘吉尔也说过，民主制是一个非常糟糕的制度，但我还没有发现更好的。现在，西方人一般把民主政治看做是一种公共选择过程。

公共选择理论认为，人类社会是由经济市场和政治市场组成的。在经济市场上活动的主体是消费者（需求者）和厂商（供给者），在政治市场上活动的主体是选民、利益集团（需求者）和政治家、官员（供给者）。在经济市场上,人们通过货币选票来选择能给他带来最大满足的私人物品;在政治市场上,人们通过民主选票来选择能给其带来最大利益的政治家、政治法案和法律制度。大多数西方人认为,每个人都有自己对公共物品的优先顺序,民主政治的方式就是每个人通过投票,将自己的优先顺序表达出来,最后以多数人赞同的优先顺序作为社会的优先顺序。显然,民主政治是以每个个人的人权和产权为基础的。如果民主政治的结果违背了它赖以建立的基础,它就应该受到约束。那么,有没有一个十全十美的民主选举系统呢?下面,就让我们从"投票悖论"说起。

假定由甲、乙、丙三个候选人竞选州长。民意测验表明:投票者中有2/3愿意选甲而不愿意选乙,有2/3愿意选乙而不愿意选丙。这是否意味着愿意选甲而不愿意选丙的最多呢?

很显然,不一定!因为,如果在任意两个候选人中进行选择,那么其中一个候选人总是会赢得多数票而获胜。但是,如果在3个候选人之间进行选择,依据民意测验,投票的结果可能是循环的。如果投票者像表21-1那样排列候选人,就会引起一个惊人的悖论。

表21-1　投票悖论

甲	乙	丙
乙	丙	甲
丙	甲	乙

我们可以让候选人来说明这一点。

甲:我是甲。投票者中有2/3喜欢我,不喜欢乙。

乙:我是乙。2/3的投票者喜欢我,超过了丙。

丙:我是丙。2/3的投票者欢迎我超过了甲。

那么,我们应该选择谁当州长呢?当我们在候选人甲、乙之间进行选择时,候选人甲将获胜;当我们在候选人乙、丙之间进行选择时,候选人乙将获胜;但是,当我们在候选人甲、丙之间进行选择时,候选人丙将获胜。于是我们看到,甲胜过乙,乙胜过丙,丙又胜过甲。

这个悖论循环使人迷惑。这是因为我们通常以为"好恶"关系总是可传递的，如果某人认为甲比乙好，乙比丙好，我们自然以为他觉得甲比丙好。这个悖论说明事实并不总是如此。事实上，多数选举人选甲优于乙，多数选举人选乙优于丙，还是多数选举人选丙优于甲，这种情况是不可传递的。

上述说法不够直观、生动，如果将上述的甲、乙、丙转换为向一位姑娘求婚的三个人，也许更有助于我们理解这位姑娘从多中择一时可能出现的矛盾。上表中的那种排列情况可以解释为某一姑娘就三个方面比较这三个人优劣的次序，例如第一列是智慧，第二列是容貌，第三列是收入。若两两相比，这个可怜的姑娘就会发现，她觉得甲比乙好，乙比丙好，而丙又比甲好。于是，当这位姑娘从中择一时就会出现上述矛盾。

其实，上述悖论可追溯到18世纪80年代，当时法国社会学家孔多塞和数学家博尔塔就观察到多数票规则的一个重要特性——它不能在多个备选方案中达成均衡而在各种选择之间循环。这种现象被称作投票悖论或孔多塞悖论。

按照多数票规则进行集体选择就有真正的民主吗？投票悖论表明，当各个人的偏好不同时，任意加总这些偏好，其结果可能是不相容的。既然多数票规则导致投票循环，那么，是否存在一种政治机制或社会决策规则，能够消除这种投票悖论现象呢？1972年获得诺贝尔经济学奖美国斯坦福大学教授阿罗对此进行了认真研究，他证明：在人类偏好的一系列合理假设下，包括多数规则在内的投票机制无一能确保一组具有一致性的结果。他得出的结论是："如果我们排除效用人际比较的可能性，各种各样的个人偏好次序都有定义，那么把个人偏好总合成为表达社会偏好的最理想的方法，要么是加强的，要么是独裁性的。"阿罗的这个结论后来被称为"阿罗不可能性定理"或"阿罗悖论"。阿罗在他的《社会选择与个人价值》一书中断言，只要三个以上的投票者对三个以上的方案进行投票，就有可能出现所谓"循环的大多数"，使得少数服从多数的规则自相矛盾。只有借助于强制或独裁才能消除这种可能性。也就是说，阿罗认为民主的基础是不合理的。

阿罗的结论给了西方福利经济学致命的一击。但是，不少西方学者批评阿罗提出的条件过于苛刻，一些人认为阿罗悖论不具有经验上的相关性，他们试图通过放松阿罗所设的条件来解决阿罗悖论。

1998 年获得诺贝尔经济学奖的印度籍经济学家、英国剑桥大学教授阿马尔蒂亚·森,在《多数票决策的可能性定理》一文中提出,通过放松阿罗的条件使阿罗不可能性定理失效。森针对阿罗不可能性定理发起的挑战充分显示了他的睿智,他所提出的解决方案其实十分简单。森发现,在全体投票人都同意其中一个方案并不是最优方案的情况下,阿罗的“投票悖论”就可以迎刃而解。例如,假定有三个投票者甲、乙、丙在三种政策提案中进行选择,这三种提案分别代表对建一所新图书馆的三种不同的支出水平:A 低,B 中等,C 高。在这三种提案中三个人的偏好用不等号表示。如果三个投票人都不认为 A 方案(低支出)是最优的,我们就会得到下面表 21-2。

表 21-2 投票悖论的消除

政策提案			
投票者	A 低支出	B 中等支出	C 高支出
甲	<	>	<
乙	<	>	>
丙	<	<	>

很显然,在 A、B 两种方案中进行投票时,B 以全票获胜;在 B、C 两种方案进行投票时,B 以 2:1 获胜;在 A、C 两种方案中进行表决时,C 以 2:1 获胜。由于 B>A,B>C,C>A,结果必然是 B>C,B 以多数票获胜,这样投票悖论就消失了。

森还把这个发现加以延伸和拓展,得出了解决投票悖论的三种选择模式:(1)全体投票人都同意其中一项选择方案并非是最佳的;(2)全体投票人都同意其中一项选择方案并非是次佳的;(3)全体投票人都同意其中一项选择方案并非是最差的。在这三种选择模式下,投票悖论不再出现,取而代之的结果是得到大多数票者获胜的规则总是能够达到唯一的决定。

从投票悖论中我们能得到什么启示呢?首先,这个悖论已经在经济学理论创新中起到极其重要的作用。从发现悖论到解决悖论,经济学家不断放弃旧的思维框架,修整传统理论的基本概念,选择和采用新的框架,导致经济学中许多重要观念得以诞生。其次,这个悖论还表明西方民主制度并不是完美无缺的。任何制度安排都不是万能的，它会在一定的范围内起作用，超出这一范围，就要用其他制度安排来替代。再次，投票悖论表明投票实际上只是人的社会生活的很小一部分。在分工和专业化高度发达的今天，任何人都是靠“社会”生活的。最后，如果现实世界中的投票机制与阿罗提出的投票模型条件并不完全相符，那么，出现投票悖论的可能性就会更小。实际上，投票悖论对民主制来说可能并不像阿罗不可能性定理所说的那样严重。

第四节　期望效用理论上的两个悖论：阿莱斯悖论和交换悖论

期望效用理论指的是决策者在不确定的条件下如何决策的规范理论。

根据期望得益最大化原理，在不确定推理中，人们希望自己的期望得益最大——这里的得益可以是效用（它是主观值），也可以是金钱收益。假定在策略 S 下有 n 个可能情况，每个情况下的后果即得益为 C1，C2，…，Cn，每个可能情况相应的概率为 p1，p2，…，pn（这里 p1+p2+…+pn＝1），那么策略 S 下的期望得益为：

$$EU = C1\times p1 + C2\times p2 + \cdots + Cn\times pn$$

在多个备选策略中，根据期望得益最大原则，理性的决策者选择使自己的期望得益最大的那个策略。然而这个理论遭受着悖论。

我们先来看“阿莱斯悖论”。法国经济学家阿莱斯（M. Allais）在 1952 年提出了一个决策例子，这个例子“构成了对期望效用理论的最古老的、同时也是最著名的挑战”[8]。这个例子所反映的问题被称为“阿莱斯悖论”。

阿莱斯提出了这样一个思想实验：有三种货币奖励，一等奖 250 万元，二等奖 50 万元，三等奖 0 元。决策者面临两个选择测验。

第一组选择是在 L1 和 L1’之间作出的：L1＝(0，1，0)，L1’＝(0.1，0.89，0.01)。括号中为获得相应奖励的概率值或可能性。L1 的意思是，确定地得到 50 万美元，获得 250 万美元和一无所得（0 美元）的机会为 0。

L1’的选择是,10%的机会获得 250 万美元,89%的机会获得 50 万美元,1%的机会一无所得。

第二组选择是在 L2 和 L2’之间作出的:L2 = (0,0.11,0.89),L2’ = (0.1,0,0.9)。L2’的意思是,没有机会获得 250 万美元,11%的机会获得 50 万美元,89%的机会获得 0 美元,即一无所得。L2 的意思是 10%的机会获得 250 万美元,0 的机会获得 50 万美元,90%的机会获得 0 美元。

人们作出这样的选择是常见的,即认为 L1>L1’,L2’>L2。第一种选择的意思是,“确定地”得到 50 万美元,与 89%的机会获得 50 万美元、10%的机会获得 250 万美元,但同时可能一无所得(1%的可能性尽管微乎其微,但不为 0)相比,人们选择前者。作出这样的选择是可能的,人们能够给出作出该选择的某些“理由”。

第二种选择的意思是,10%的机会获得 250 万美元,90%的机会一无所得,与 11%的机会获得 50 万美元、89%的机会一无所得相比,人们偏好前者。前者一无所得的机会尽管比后者大 1%,但前者可能获得的收益(250 万美元)是后者的(50 万美元)5 倍,而获得这样的收益的可能性只比后者小 1%。作出这样的选择也有“理由”的。

然而,我们发现,根据期望效用理论,这两个选择是“矛盾的”,即如果某人认为 L1>L1’,那么他应当认为 L2>L2’,而不是相反! 实际上人们所作出的上述典型选择违反了期望效用原理。

假定有一个效用函数 u(x),它的大小反映的是钱 x 的数值对决策者的满足程度。那么 L1 和 L1’的期望效用分别为:

u1 = 0×u(250) +1×u(50) +0×u(0) = u(50)

u1’ =0.1×u(250) +0.89×u(50) +0.01×u(0) = 0.1u(250) +0.89u(50) +0.01u(0)

根据人们的实际选择 L1>L1’,即有 u1>u2’:

U(50) >0.1u(250) +0.89u(50) +0.01u(0)

上式两边同时加上数值 0.89u(0)—0.89u(50):

0.11u(50) +0.89u(0) >0.1u(250) +0.9(0)

上式反映的是 L2 期望效用大于 L2’的期望效用,即 L2>L2’!

“L2’>L2”与“L2>L2’”是矛盾的。

对这个悖论有不同的解释。我们自然会想到，期望效用理论是规范性的理论，按照这种决策是合理的，实际中的决策是“描述性的”，实际中的决策与规范理论不一致，表明实际中的决策中存在错误，实际中的决策通过逻辑分析可以修正自己的错误。这也是萨维奇（L.Savage）等人的观点。

现在我们来论述另一个我们称之为“交换悖论”的悖论。迪克西特和奈尔伯夫在《策略思维》（*Thinking strategically*）一书中举了这样一个“别人的信封总是更诱人的”例子。有两个分别装有一定数量的钱的信封，要将之给阿里和巴巴。他们事先不知道各个信封中的具体数目，而只知道钱数为5、10、20、40、80、160美元中的一个，并且知道其中一个信封中的钱数为另外一个信封中的两倍——这两点是他们的公共知识。他们各自打开自己的信封后观察到自己信封中的钱数，当然一方是不知道另外一方信封中的钱数的。现在假定给他们一个与对方交换的机会，问他们是否应当交换？[9]

我们假定巴巴拿到手的是20美元，阿里拿到手的是40美元。我们看他们根据期望得益理论的推理。巴巴想，我信封中的是20美元，那么对方的信封中可能是10美元和40美元。即，巴巴和阿里信封中的钱数的可能组合是：（20，10）和（20，40）。由于他不知道他们手中所拿的钱数的组合是其中的哪一种，于是他对它们赋予相同的概率。即50%的可能性为（5，10），50%的可能性为（20，10）。——这便是确定初始概率的无差别原理。这样，巴巴作这样的推理，如果我“交换”的话，期望收益为：10×50%+40×50%=25（美元）这个数值大于“不交换”的20美元。这样，“交换”与“不交换”相比，“交换”是合理的选择。所以巴巴得出“应当交换”的结论。

阿里拿到40美元，他也作同样的推理。在他看来，他与巴巴的组合可能是（40，20）和（40，80）中的一种。那么他如果“交换”的话，期望收益为：20×50%+80×50%=50。同样大于“不交换”的收益（40美元）。“不交换”与“交换”相比，阿里也应当选择“交换”。

问题出现了，由于巴巴和阿里手里的钱的总数是一定的，不可能出现这样的情况：通过交换，两个人的收益均增加。谁计算错误？还是两人均计算有误？

阿里和巴巴将对方手中的钱数猜成自己手中钱数的一半或两倍的可能性即概率各为0.5，这是正确的，因为他们“没有理由”认为其中一个可能性高于另外一个。而问题是，交换的发生是以对方愿意交换为前提的，并且对方交换也是以我愿意交换为前提的。对方“愿意交换”的情况下和对方“不愿意交换”的情况下，对方拿的钱数为“我”（阿里和巴巴）的一半还是两倍的概率是不同的。他们应当比较在对方“愿意交换”的前提下，自己“交换”和“不交换”的收益变化。具体分析如下：

假定，其中一人拿到的信封里装着的是160美元，另外一人的信封里装着的是80美元。即两人的钱的组合为（160，80）。拿到160美元，那么他肯定不愿意交换，这样，交换是不能发生的。在（160，80）这种情况下，不会发生交换是双方的公共知识。

由于有了上面的分析，我们来分析钱数为（80，40）的组合。拿到80美元的一方想：对方的钱数可能为160美元和40美元；如果对方的钱数是160美元的话，必定不愿意交换；如果对方愿意交换的话，对方手里的钱数只能是40美元；如果对方手里的钱数为40美元，我选择“交换”的话，则要吃亏。因此，拿到80美元的一方不会选择“交换”。在（80，40）这种情况下，交换也不会发生，这也是双方的公共知识。

我们同样可以得出在（40，20）、（20，10）组合的情况下，没有人愿意交换。只有在（10，5）的组合下，拿到5美元的一方愿意交换，此时对方即拿到10美元的人是不愿意交换的，在这种组合下交换也不能发生。

通过以上分析，任何一人拿到信封后，他拿到的钱数为160美元，80美元，40美元，20美元，10美元中的任何一个数均不愿意交换。唯一愿意交换的情况是，拿到5美元钱的人愿意，因为他交换只有可能获得更大的收益10美元，而不可能更少。但此时对方是不愿意交换的。

通过上述分析，巴巴和阿里拿到的钱的组合无论是上述哪一种情况，均不可能发生交换现象。

迪克西特和奈尔伯夫用上述分析解决了这个问题。

然而，问题并没有到此就结束。我们将前提作一定的修改，麻烦再次出现。如果我们对双方所能拿到钱的范围没有限定，而只假定一个人所拿到的钱数是另外一个人的两倍。这样，任何一个人当拿到装有钱的信封时——假定他的钱为 a，他判断另外一个人的钱数只有两个可能性，为 2a 与 a/2，并且由于他没有任何其他的信息可以判断；2a 与 a/2 哪个可能性更大，他给这两种可能性各配置概率 1/2。对方愿意交换的情况和不愿意交换的情况并没有影响他的概率配置。根据期望收益理论，并且在对方愿意交换的情况下，他应当选择“交换”。这样，我们发现通过交换双方期望收益均增加。事实上，这是不可能的。这里，我们无法用上述逆推的方法来解决。这构成一个悖论，我们可以将之称为“交换悖论”。

在期望效用理论问题上还存在圣彼得堡赌局难题[10]，这里我们不作分析。

【参考文献】

[1]亚当·斯密：《国富论》，商务印书馆 1979 年版。

[2]亚当·斯密：《道德情操论》，商务印书馆 1997 年版。

[3][美]亚当·斯密斯考森、泰勒著，吴汉洪、苏晚囡译：《经济学的困惑与悖论》，华夏出版社 2003 年版。

[4]M·布劳格：《经济学方法论》，商务印书馆 1992 年版。

[5]萨缪尔逊：《经济学》，商务印书馆 1985 年版。

[6]杨德明：《简论当代西方经济学方法论的演变》，《经济研究参考资料》1985 年第 24 期。

[7]刘凤义：《西方经济学与马克思主义经济学关于假设运用的本质区别》，《社会科学研究》2009 年第 3 期。

[8]安德鲁、马斯-科莱尔、迈克尔·D.温斯顿：《微观经济学》，中国社会科学出版社 2001 年版。

[9]DIXIT A K, *NALEBUFF B J.Thinking Strategically . W. W. Norton & Company*, 1993.

[10]桂起权、任晓明、朱志方：《机遇与冒险的逻辑》，石油大学出版社 1996 年版。

第二十二章　决策逻辑中的悖论研究

研究单个或多个理性主体在决策过程中的推理过程的决策逻辑，正越来越被逻辑学家、决策论专家、博弈论专家以及社会科学家所重视。决策逻辑是社会科学的基础，然而在决策逻辑中存在悖论：不确定的概然决策中的期望收益理论面临阿莱斯悖论和“交换悖论”；互动决策（博弈）中存在演绎性的逆向归纳法悖论，以及存在由纽柯姆难题改造而来的盖夫曼—孔斯悖论；群体决策中存在著名的阿罗悖论，等等。对这些悖论的研究和消解将推动社会科学的发展，当然也将推动逻辑学本身的发展。

第一节　互动决策中的逆向归纳法悖论与由纽柯姆难题产生的盖夫曼-孔斯悖论

博弈论研究多个（两个或两个以上的）主体在互动中（interaction）是如何决策的，博弈分为静态博弈和动态博弈。在动态博弈中，求解完美且完全信息动态博弈的解的方法是逆向归纳法。然而它也产生悖论。

为了分析这个悖论，我们看一个被称为蜈蚣博弈的动态博弈。

蜈蚣博弈是由罗森塞尔（Rosenthal）提出的。它是指这样一个博弈：两个参与者 A、B 轮流进行策略选择：可供选择的策略有“合作”和“不合作”两种。假定 A 先进行策略选择，然后是 B，接着是 A，如此交替进行。A、B

之间博弈的可能次数为一有限次，比如198次。这个博弈的博弈树如下：

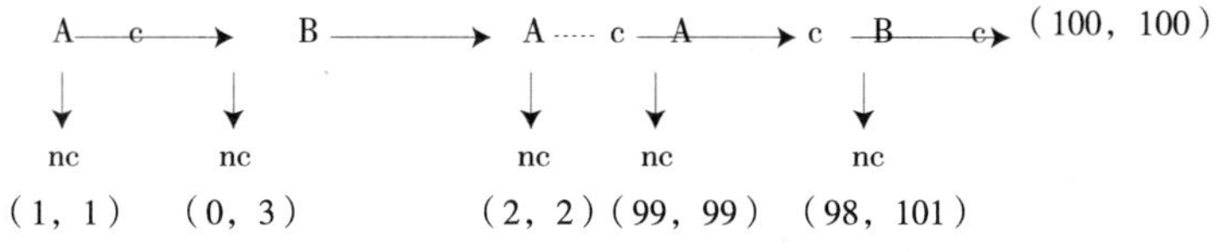

图22－1　蜈蚣博弈

（“c”，表示“合作”策略，“nc”表示“不合作”策略）

这个博弈的特点是，只要有人选择“不合作”策略，该博弈即告结束。因博弈树的形状像一只蜈蚣，而被命名成蜈蚣博弈。在蜈蚣博弈中参与人A、B应当如何进行策略选择呢？

根据逆向归纳法，在博弈的最后一步即第198步：B在“合作”和“不合作”之间作选择时，因“合作”给B带来100的收益，而“不合作”带来101的收益，根据理性人的假定，B会选择“不合作”。在第198步B选择“不合作”的结论是A、B之间的公共知识。但是，要经过第197步才到第198步，在197步，A考虑到B在第198步时会选择“不合作”——此时A的收益是98，小于B合作时的100——那么在第197步，他的最优策略是“不合作”——因为“不合作”的收益99大于“合作”的收益98……如此推论下去。最后的结论是：在第一步A将选择“不合作”策略——这构成子博弈纳什均衡。在这点上，A、B各自的收益均为。

双方各得益1，这是理性的选择结果。根据逆向归纳法推得的结果是令人悲伤的，从逻辑推理来看，逆向归纳法是严密的。但结论是违反直觉的。直觉告诉我们，·开始就停止的策略只能获取1，而采取合作性策略有可能获取100，当然A一开始采取合作性策略有可能获得0，但1或者0与100相比实在是太小了。直觉告诉我们采取“合作”策略是好的。而从逻辑的角度看，A一开始应选择“不合作”的策略。

是逆向归纳法错了，还是直觉错了？

似乎逆向归纳法不正确。然而，我们会发现，即使双方开始均采取合作策略，这种合作也不会坚持到最后一步。理性的人出于自身利益的考虑，肯定在某一步采取不合作策略。逆向归纳法肯定在某一步要起作用。此时只要逆向归纳法起作用,合作便不能进行下去。因此,我们不能怀疑逆向归纳法的合理性,它的推理过程严密,符合逻辑。然而如果我们用逆向归纳法来求解蜈蚣博弈,则博弈结果是不合理的。

逆向归纳法由于是完全归纳法,是演绎的,这个悖论因此是演绎性的悖论。对这个悖论仁者见仁,智者见智。有博弈论专家认为它是一个需要解决的悖论:理性人得出不理性的结果;也有专家认为,蜈蚣博弈所反映的不是悖论,逆向归纳法作为求解动态博弈的方法,是有效的,尽管用这样的方法求得的结果不是我们所期望的,但它是均衡结果,是完全理性的参与人的博弈结果[1]。

在博弈中存在另外一个决策"难题":纽科姆难题(Newcomb problem)。

1960 年,物理学家威廉·纽科姆(William Newcomb)提出了一个策略选择难题。哲学家诺齐克在 1969 年《纽科姆难题和两个选择原则》中转述了这个难题,并称之为纽科姆难题。然而,"人们从未看到纽科姆本人就该疑难问题发表文章",并认为它"是一个漂亮的难题。我真希望它是我提出的"。

不管纽科姆难题是谁提出来的,但它的提出引起了人们尤其是哲学家的广泛争论。它所反映的是理性人决策时的两个原则"期望效用原则最大化"(Maximum Expected Utility)与"占优策略原则"(Dominant Strategy)之间的冲突。纽科姆难题是这样的:

假定有两个黑色的盒子,人们无法看到盒子里的东西。1 号盒子里面有 1000 元钱;2 号盒子里面或者有 1000000 元,或者为 0 元(这由神来确定)。一个选择者有两个选择:(1)选择两个盒子全部,即 1 号和 2 号盒子;(2)只选择 2 号盒子。

假设一个有预测力的神,能够预测选择者将作出的选择。如果神预测他将"选择两个盒子",神事先不在 2 号盒子里放钱,即神使盒子里面的钱数为 0;如果神预测到选择者"只选择 2 号盒子",神将 1000000 元钱放进 2 号盒子里。如果神预测选择者将使用随机的方法作出选择,神仍使 2 号盒子空着。

我们假定了这个神能够准确预测。有可能的是,这个神的预测能力可能不是100%准确，但足够准确，如90%的准确。具有这个能力的可以是神，或者精灵，或者某个超级生物。这是人和神之间的一个博弈。该选择者将“选择两个盒子”还是“只选择2号盒子”？

表22－1　在神与人的博弈中人的得益

神／人	预测取两个盒子	预测取1个盒子
取两个盒子	1000	1001000
只取2号盒子	0	1000000

根据占优策略原则，该选择者应当选择“取两个盒子”的策略。

因为，神的预测是过去作出的。2号盒子里钱的多少是不可更改的，与选择者现在的选择无关。如果神预测到选择者将“取两个盒子”，而选择者“只取了2号盒子”，选择者所得为0元，而选择“取两个盒子”的策略的所得为1000元，“取两个盒子”的所得比“只取1个盒子”的收益多1000元。此时，选择者应当“取两个盒子”。而如果神预测到选择者“只取2号盒子”，他在2号盒子里面放了1000000元，选择者如果“只取2号盒子”，选择者的所得为1000000元，而如果“取两个盒子”，选择者的所得为1001000元，“取两个盒子”比只取一个盒子”多1000元。此时，选择者应当“取两个盒子”。综上所述，“取两个盒子”是占优策略。选择者应当选择“取两个盒子的策略”。

而如果根据期望效用最大化原则，选择者应当选择“只取一个盒子”的策略。

因为，假定选择者选择“取两个盒子”，神已经预测到这点，他使2号盒子里面为0，选择者的所得是1000元；选择者“只取2号盒子”，神预测到这一点，那么神在2号盒子里面放了1000000元，这样选择者的所得为1000000元。选择“只取2号盒子”比“取两个盒子”的所得多1000000元。因此，选择者应当选择“只取2号盒子”的策略。

即使神的预测不是100%的准确，只要神的预测准确度超过一定的概率,根据期望效用最大化原则,选择者还是应当选择"只取 2 号盒子"的策略。因为:假定神的预测是 90%的准确,"取两个盒子策略"的期望得益为:0. 9×1000+0. 1×1001000 = 101000(元)

"只取 2 号盒子"的期望所得为:0. 1×0+0. 9×1000000 = 900000(元)

此时,应当选择"只取 2 号盒子"。

通过计算,只要神预测的准确性超过 0. 5005,根据最大期望效用原则,我们应当选择"只取 2 号盒子"。

这两个选择均有理由,但它们不可能同时正确。究竟应当选择"取两个盒子"还是"只取 2 号盒子"的策略?

加得呐(Matin Gardner)1973 年在《科学美国人》杂志数学游戏栏目中邀请读者给出这个难题的答案以及建议,有明确答案的 126 封来信中,89 封信说选择 2 号盒子,37 封信说他们选择取两个盒子,另外有 18 人认为这道难题的条件不能满足。笔者也进行了一个实验,让学生进行选择,实验结果是,选择"只取 2 号盒子"的人多,其人数占总的实验人数的 80%左右,实验的具体结果见潘天群《博弈论中理性假设的困境》(见《经济学家》2003 年第 4 期)。

对这道难题,哲学家诺齐克、莱维均认为应当选择"取两个盒子",纽约大学政治系著名政治学家勃拉姆兹(Steven Brams)以及纽科姆本人认为应当选择"只取 2 号盒子"。

在笔者看来,纽科姆难题涉及人的意志是否是自由的问题。在博弈论中,博弈论专家预设了博弈参与人具有理性决策能力。但更为基本的是,博弈论预设了人可以"自由地"选择策略,即人的意志是自由的。然而在纽科姆难题中,由于假定了人的行为是神所可以预测的,人的意志便不是自由的,疑难便产生了。

纽科姆难题还不是严格意义上的逻辑悖论,但经由盖夫曼(H. Gaifmann)和孔斯(R.C.Koons)的改造,它便成为了一个严格的逻辑悖论。在这个改造中,一个超现实的超级生物或神被消除掉了。

甲向乙提出,乙可以选择盒子 A(空的)和盒子 B(1000 元),但不能两者都选。甲保证:如果乙作出了一个不合理的选择,甲将给他奖励 1000 元。

甲、乙都是理性人，我们假定A总能够兑现诺言。乙如何选择？

如果我们假定选择A是不合理的，则这样选择将使乙比选择B多9000元，这又使得选择A成为合理的行为；反之，如果选择A不是不合理的，则选择盒子A将至少比选择盒子B少1000元，所以选择A又是不合理的。这样，选择A是不合理的，当且仅当选择B是合理的。

这便与说谎者悖论有明显的类似。这个悖论被张建军教授称为“盖夫曼—孔斯悖论”。该悖论成为连接严格的逻辑悖论研究与决策逻辑悖论研究的一座桥梁[2]。

第二节　群体决策的阿罗悖论

一个群体根据一定的规则由群体成员的偏好关系确定出一个总的决策便是群体决策。群体决策的得出往往通过投票来进行。

投票博弈(voting game)是一种特殊的博弈。在投票博弈中，每个投票人对候选人或者候选方案存在着偏好，并且可以对之进行排序。一个理性人组成的群体在加总个体的选择时存在理性的方法吗？

对于理性，研究社会选择的经济学家一般将之定义在偏好关系上。理性的偏好关系，根据经济学家的观点，体现在关于偏好关系“≥(弱优于)”的两个基本假设即完备性和传递性之中。具体地说，如果“≥”满足：

(1)完备性。任何两个备选对象a、b，它们的关系或者是a≥b，或者是b≥a。二者必居其一。

(2)传递性假定。对于任意的三个备选对象，如果a≥b，b≥c，那么a≥c。

则称偏好关系≥是理性的。

阿罗将这两个假定看做公理。满足完备性假定的偏好关系被他称为连通(connected)关系，满足传递性偏好关系被他称为传递性(transitive)关系[3]。然而，当群体加总各个个体的偏好关系时，会出现“不理性”的结果。

举一个例子。假定有3个群体(可以是3个人)，他们对备选方案A、

B、C 进行表决。方法是两两进行比较,即让投票者对 3 个方案中的两个进行分别表决,然后再根据大多数规则决定哪个方案胜出。假定这 3 个群体的偏好关系如下:

表 22-2　一个可能的偏好顺序

群体 1	群体 2	群体 3
A	B	C
B	C	A
C	A	B

我们先让投票者对 A 和 B 进行投票。由于群体 1 和群体 3 均认为"A 优于 B",群体 2 认为"B 优于 A",这样,在这轮投票中 A 以 2∶1 战胜 B。

我们再让这三个群体对 B 和 C 进行投票。群体 1 和群体 2 认为"B 优于 C",群体 3 认为"C 优于 B",投票结果是:B 以 2∶1 战胜 C。

既然 A 战胜了 B,B 又战胜了 C,似乎是,如果对 A 与 C 进行投票,A 应当战胜 C。对于任何一个理性的投票人,这是自然的。但是,当群体对 A 和 C 进行投票时,C 以 2∶1 战胜了 A!

这就是阿罗悖论,又称为孔多塞投票悖论、循环投票悖论。当然,投票中不是任何时候都会产生投票悖论。3 个群体对 3 个方案的可能偏好状态为 216 个,出现悖论的状态是 6 个,即悖论的可能性是 1/36 即 2.78%。

投票悖论这个现象所反映的问题具有重大的理论意义,它反映了在社会加总成员偏好过程中,存在致命的缺陷,这正是著名的"阿罗不可能性定理"所揭示的。

本文所分析的只是决策逻辑中的部分悖论——如果它们都可以被称之为悖论的话,还有一些悖论与决策逻辑存在关联,如突然考试悖论(或突然演习悖论)、公共知识悖论(协同进攻难题)[4]等,我们这里没有叙述。

悖论是人类理性暂时的难题。人类的智力在不断地消解这些难题。在历史上,悖论的产生和消解促进了逻辑学、数学等学科的发展,笔者相信,随着决策逻辑中的这些悖论(以及其他的决策悖论)的研究与消解(如果这种消解不是原则不可能的话),建立在决策逻辑基础上的社会科学必将得到发展，当然这些决策逻辑悖论的研究和消解也必将促进逻辑学本身的发展。

第三节　埃尔斯伯格悖论

1926 年，拉姆齐（F.p.Ramsey）借助部分信念提出了主观概率的思想，可以对个体的概率进行数值上的测度，并且把主观概率和贝努里（D.Bemolli）的效用决策相结合，给出了一个主观期望效用决策的公理性轮廓。1937 年菲尼蒂（B.De Fnetti）论证了概率论的逻辑规律能够在主观主义的观点中严格地被确立，决策或者预见有着深刻的主观根源，为主观效用决策理论的发展奠定了基础。

1954 年，萨维奇（L.J.savage）由直觉的偏好关系推导出概率测度，从而得到一个由效用和主观概率来线性规范人们行为选择的主观期望效用理论。他认为该理论是用来规范人们行为的，理性人的行为选择应该和它保持一致性。在他的理论中，有一个饱受争议的确凿性原则（TheSure—Thing-Principle），它表明行为中间的优先不取决于对两个行为有完全等同结果的状态，只要两个行为在某种情形之外是一致的，那么在这种情形之外发生的变化肯定不会影响此情形下行为人对两个行动的偏爱次序关系[5]。

1961 年，埃尔斯伯格（Daniel Ellsbeg）在一篇论文中通过两个例子向主观期望效用理论提出了挑战。他的第一个例子是提问式的，表述如下[6]。

在你面前有两个都装有 100 个红球和黑球的缸Ⅰ和缸Ⅱ，你被告知缸Ⅱ里面红球的数目是 50 个，缸Ⅰ里面红球的数目是未知的。如果一个红球或者黑球分别从缸Ⅰ和缸Ⅱ中取出，那么它们分别被标为红Ⅰ、黑Ⅰ、红Ⅱ和黑Ⅱ。现在从这两个缸中随机取出一个球，要求你在球被取出前猜测球的颜色，如果你的猜测正确，那么你就获得＄100，如果猜测错误，那么什么都得不到。

为了测定你的主观偏好次序，你被要求回答下面的问题：

（1）你偏爱赌红Ⅰ的出现，还是黑Ⅰ，还是对它们的出现没有偏见？

（2）你偏爱赌红Ⅱ，还是黑Ⅱ？

（3）你偏爱赌红Ⅰ，还是红Ⅱ？

(4)你偏爱赌黑Ⅰ,还是黑Ⅱ?

埃尔斯伯格发现大多数人对问题1和问题2的回答是没有偏见。但是对问题3的回答是更偏爱于赌红Ⅱ的出现,对问题4的回答是更偏爱于赌黑Ⅱ的出现。

他认为,按照萨维奇的理论,假定你赌红Ⅱ,那么作为一个观察者将实验性地推断你是认为红Ⅱ的出现比红Ⅰ的出现更有可能。同时你打赌于黑Ⅱ,则可推断你认为黑Ⅱ比黑Ⅰ更有可能发生。但是,我们根据概率的知识知道这是不可能的,因为,如果黑Ⅱ比黑Ⅰ更有可能出现,那么红Ⅰ一定比红Ⅱ更有可能出现,所以,不可能从你的选择中推断出概率,也就是说你的行为选择根本不是在概率的启迪性判断下作出的,因此,在不确定情形下,主观概率不能赋值,没有概率测度能被确定。

埃尔斯伯格给出的另外一个例子直接针对确凿性原则,表述如下:[6]

在一个缸里装有30个红球和60个不知道比例的黑球和黄球。现在从缸中随机取出一个球,要求人们对下面两种情形下的四种行为进行选择。

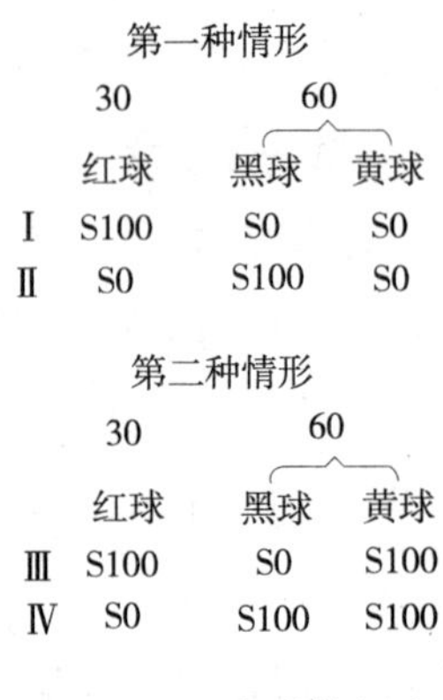

图22-1 备选的行为

行为Ⅰ是对红球的一个赌,当一个红球被取出可以得到$100,其他颜色的球被取出则什么都得不到;行为Ⅱ是对黑球的一个赌,当一个黑球被取出可以得到$100,其他颜色的球被取出则什么都得不到。行为Ⅲ是对红球或者黄球的一个赌,当红球和黄球被取出可以分别得到$100,黑球被取出则什么都得不到;行为Ⅳ是对黑球或者黄球的一个赌,当黑球和黄球被取出可以分别得到＄100，红球被取出则什么都得不到。

可以看到，这两种情形的区别仅仅在于第二种情形多了一个有完全等同结果的状态，即黄球被取出可以得到＄100。根据确凿性原则，人们对行为Ⅰ和行为Ⅱ之间的偏好关系应该和对行为Ⅲ和行为Ⅳ之间的偏好关系相一致。就是说，如果在第一种情形下选择了行为Ⅰ，那么在第二种情形下应该选择行为Ⅲ；如果第一种情形下选择了行为Ⅱ，那么在第二种情形下应该选择行为Ⅳ。

但是，埃尔斯伯格发现大多数人在第一种情形中选择了行为Ⅰ，同时在第二种情形中选择了行为Ⅳ；较少一些人在第一种情形中选择了行为Ⅱ，同时在第二种情形中选择了行为Ⅲ。而这两种选择模式都违背确凿性原则，因此，人们实际的行为选择明显与主观期望效用理论的结果不相一致。并且，他还得到一个重要的发现。他说："在重新思考所有他们按照这个原则'犯错的'决定后，许多人——他们不仅是富有经验的，而且是理智的——都决定他们希望坚持他们的选择。这其中包括先前感觉对这个原则有一个'首位的信奉'的人，他们发现在这些情形里，他们想要违背确凿性原则，许多人很惊讶，一些人很沮丧。"[6]

埃尔斯伯格所揭示的问题确实对主观期望效用理论产生了严重的冲击，因为他进行实验的对象不少是统计学家和经济学家，不仅这些人中的大多数，其中包括萨维奇本人都作出了"错误的"选择，而且有不少人在重新思考过后仍然不愿意改变自己的选择，这似乎说明主观期望效用理论并不具有规范性的作用。正如埃尔斯伯格所言："在上面的例子中，比起Ⅱ更愿选择Ⅰ和比起Ⅰ更愿选择Ⅳ的个体（或者，比起Ⅰ更愿选择Ⅱ，比起Ⅳ更愿选择Ⅲ）并不简单地在行动，"好像"他们对正在讨论的事件赋予了数字的或者甚至定性的概率。对他们来说，这正如有别的方法来指导行动[6]。

第四节　对主观期望效用理论的辩护

雷法（Howard Raiffa）认为自己是接受萨维奇理论的，他说："特别地，我发现,在由上面的作者引用的例子中,在某种意义上我希望自己的行为表现与萨维奇行为的规范性规定相一致。”[7]在对埃尔斯伯格提到的例子进行深入地研究后,他发现确实大多数熟知主观期望效用理论的人作出了违背该理论的选择,当对他们指出他们的行为和确凿性原则不相一致后,这些人中的许多还不愿意改变自己的选择。

不过,雷法并不因此就认为埃尔斯伯格所言就是合理的。他认为在一开始他会同意从大多数人(他自己也包括在这类人中)中不难得出对这个问题的不一致的回答,“但是,我想重申,这也是这些作者所强调的,萨维奇的理论不是一个对行为描述性的或者预言性的理论。它是一个目的在于建议相信它的人在复杂的情形下应该如何行为的理论,倘若他能在一个相对简单的、不复杂的情形下,在一种一致的意义上作出选择。”[3]相反,他对埃尔斯伯格的第二个例子进行了新的解释[7]。

假定现在有两个可供比较的选项(如图 22－2)。在选项 A 中,一个均匀的无偏心地硬币被投掷,如果正面朝上,那么行为Ⅰ被选择;相反,如果反面朝上,那么行为Ⅳ被选择。在选项 B 中,如果正面朝上,那么行为Ⅱ被选择;相反,如果反面朝上,那么行为Ⅲ被选择。

	正面朝上	反面朝上
选项A:	行为Ⅰ	行为Ⅳ
选项B:	行为Ⅰ	行为Ⅲ

图 22－2　供比较的选项

因为,你是更偏爱行为Ⅰ而不是行为Ⅱ,并且更偏爱行为Ⅳ而不是行为Ⅲ,所以通过占优原则,选项 A 是你首选的。现在,对选项 A 和选项 B 进行仔细的分析后,会发现两个选项最终的结果依赖于硬币的投掷和球的选择(如图 22－3)。

在选项 A 中,当一个红球被取出时,如果硬币的正面朝上,那么选择行为Ⅰ,可以得到 $100;如果硬币的反面朝上,那么选择行为Ⅳ,这将得到 $0。因此,当红球被取出时,我们有一个客观的 50 比 50 的机会得到 $100。在选项 B 中,当一个红球被取出时,如果硬币的正面朝上,那么选择行为Ⅱ,这将得到 $0;如果硬币的反面朝上,那么选择行为Ⅲ,可以得到

$100,因此,当红球被取出时,也有一个客观的50比50的机会得到$100。

当黑球或者黄球被取出,我们可以进行同样的分析得到相同的结果,所以,这个推理应该能够让每个人坚持选项A和选项B在客观上是相同的。因此,埃尔斯伯格的偏好是不合理的。

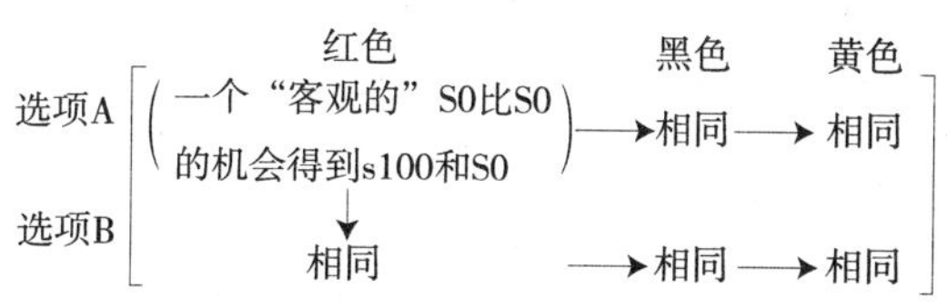

图22-3　选项的分析结果

雷法认为看不出一些人是如何驳斥这个逻辑得到的结论,并且他说:"事实很清楚地证明了一个理论是多么的重要,他能够用来指导在不确定情形下的决策。如果大多数人的行为在某种意义上都大概和萨维奇的理论相一致,那么理论将获得作为一个描述性理论的地位,不过将失去很多它的规范性的重要性。我们将不需要教人们怎么做,一切都是自然而然的。但是,正如不是大多数人都这样,我们必须去教他们,帮助他们指出这个需要。"[7]

萨维奇在1967年也指出他的偏好理论虽然不是严密正确,但也是近似正确,他认为依据奖金与事件联系的概率测度,是与人们对不确定事件的态度和可能的行为密切联系的,并且他说:"在什么意义上,这个理论是规范的?它的意思是一个沉思的人发现自己将要作出与理论相冲突的行为,他将重新思考,并且一些沉思的人确实发现理论是强制性的,他们半信半疑地接受。我感觉到强制性,但是不能很清楚地理解[8]。他认为应该对这种违反事实的结论进行哲学的思考。

1970年,萨维奇再次表示贝叶斯统计学是建立在行为规范的理论之上,因此行为表现是否一致很重要,这一点在经济学、哲学和心理学中都已经被重视,因为"至少在我们如何行为和我们应该如何行为之间有着一些联系。"[9]更重要的是,作为一种规范的行为理论可以帮助个体和组织的行为更一致。

罗伯茨(Harry V. Roberts)一再强调个体的行为应该规范,贝叶斯决策理论规范的价值是伟大的。在分析了埃尔斯伯格的第一个例子后，他认为差不多每个人在对概率估计清楚时会接受萨维奇的公理。之所以会出现一个人的回答违背公理的情形，是因为这个人没有对埃尔斯伯格所提出的问题进行认真的考虑和推断，结果在回答时出现了错误。既然这样，当一个人发现自己最初的回答违背了塞维奇的公理，他应该改变自己的选择，如果他还继续顽固地坚持最初的回答，这肯定是不负责任和不明智的[10]。

第五节　对主观期望效用理论的摒弃

我们知道风险是概率分配已知的情形，而不确定是概率分配不清楚的情形，因此，埃尔斯伯格悖论和阿莱斯悖论的不同在于，它暗示了在风险和不确定情形下的决策应该有所不同。

埃尔斯伯格的例子得到了现代心理学的证实，前景理论（Prospect Theory）就认为决策加权的来源包括风险，人们更喜欢打赌于一个缸，它的里面装了相等数目的红球和黑球，而不喜欢打赌另外一个装了未知数目红球和黑球的缸。更通常地，人们的偏好不仅依赖于他们的不确定程度，而且依赖于不确定的来源，这种现象被称为来源相依（Source Dependence）。

特韦尔斯凯（Amos Tversky）认为来源相依有来源偏好和来源敏感性两个方面。来源偏好因为损失减小加权函数，因为盈利增加加权函数，在埃尔斯伯格例子中，人们对于已知概率的缸的偏好优于未知概率的缸正好阐明了这个关系。并且特韦尔斯凯提出“人们对不确定比对风险的敏感较小的调查结果显示了不确定增强了从期望效用的背离。……最终，人们经常更喜欢打赌于未知概率，而不是打赌于已知概率的观察资料需要对结论重新评估，这个结论通常来自埃尔斯伯格的例子。它显示了人们更喜欢风险而不是不确定，当他们感觉消息不灵通或者是无能力的时候。但是在其他的情形下，人们经常打赌于不确定的来源（比如体育或者天气）而不是风险。”[11]这样一来，埃尔斯伯格所言的人们决策的时候有着别的方法来指导的想法就可以通过前景理论来说明。前景理论认为并不能用完全的理性来规范人们实际的行为，主观期望效用理论的一些理性的假设并不成立，实际上，人们的行为选择要受到心理因素的影响，是受理性和心理因素共同作用的结果。因此，关于人们行为的决策理论只能是描述性的，这不仅可以解释人们实际行为偏离理性预测的原因，而且为行为决策理论的研究指明了新的方向。

【参考文献】

[1]BINMORE K. A Note on Backward Induction . Games and Economic Behaviour, 1996:17.

[2]张建军:《逻辑悖论研究新论》,南京大学出版社 2002 年版。

[3]肯尼思·阿罗:《社会选择:个性与多准则》,首都经济贸易大学出版社 2000 年版。

[4]MORRIS S, SHIN H S. Approximate Common Knowledge and Co-Ordination:Recent Lessons from Game Theory. Jornal of Logic, Language, and information, 1997 (6):171 - 190.

[5]Savage L J. The foundations of statistics. New York : John Wiley and Sons,1954,23.

[6]Ellsberg D.Risk, ambiguity, and the savage axions.The Quarterly Journal of Economics, 1961, 75(4):643 - 649.

[7]Raiffa H.Risk, ambiguity, and the savage axions : comment.The Quarterly Journal of Economics, 1961, 75(4):690 - 694.

[8]Savage L J.Difficulties in the theory of personal probability.Philosophy of Science, 1967, 34(4):305 - 310.

[9]Savage L J.Reading suggestionsfor the foundations of statistics. The American Statistician, 1970, 24(4):23 - 27.

[10]Roberts H V.Risk, ambiguity, and the savage axions : comment.The Quarterly Journal of Economics, 1963, 77(2):327 - 336.

[11]Tversky A, Wakker P.Risk attitudes and decision weights [J]. Econometrica, 1995, 63(6):1255 - 1280.

第六编　辅　论

第二十三章　墨子经济逻辑思想

中国古代逻辑是世界三大逻辑源流之一，深刻地影响了中国古代的经济思想。研究中国古代经济思想，应当注意到中国古代逻辑对其深刻的影响。墨子是墨辩逻辑的创始人，也是中国古代最有成就的逻辑学家，特别是经济逻辑学家。本文探讨了墨子“察类”、“明故”的逻辑方法在阐述“义利论”、“生财论”、商品交换论思想时的应用，并探讨了其作为经济逻辑思想有机构成的“权”论、“效”论等逻辑方法。本章尝试从经济逻辑学的角度，对墨子的经济思想与亚当·斯密的观点进行比较，以启发新的思考。

墨子是墨辩逻辑的创始人，也是中国古代最有成就的逻辑家，特别是经济逻辑学的开创者。墨子对名（概念）、辞（命题）、说（推理论证）都有精深研究，总结出“（辞）以故生，以理长，以类行”这一逻辑思维法则①。在春秋战国时代的诸子中，墨子的经济逻辑思想可谓独树一帜。本文将从“义利”论、“生财论”、“权”论和商品交换论及“效”论等方面来探讨墨子的经济逻辑思想。

第一节　“察类”、“明故”与“义利”论

墨子十分重视“察类”、“明故”。《墨子·非攻下》篇载：“子墨子言曰：

① 《墨子·大取》。

‘子未察吾言之类,未明其故者也。’”《墨子·尚同下》载:“……此何故以然,则义不同也。”“然计若家之所以治者,何也?唯以尚同一义为政故也。”“察类”就是把握事物类的关系,即理清事物“类”之间的“同异”关系和事物类的本质;“明故”,就是要寻找出事物的真实原因,也就是作因果分析。“察类”和“明故”是联系一致的,前者是知其然,后者是知其所以然。

墨子“察类”,揭示了人类的动物生存本能就是“趋利避害”。他说:“利,所得而喜也”,“害,所得而恶(厌恶)也。”①在此基础上,墨子提出了“义利”论。义,是指人类社会关系中应当遵循的最高道德准则;利,则是指能够满足人欲望的各种好处。“义”和“利”这两者(两类事物)的关系问题,如果把握得当,对于国家的政治、经济、伦理道德和社会风尚都有十分重要的意义。儒家“重义轻利”;法家“贵利轻义”;道家则以超道义、超功利的态度看待义利,在把握“义”和“利”的关系上都有失偏颇。而墨子通过“察类”,对“利”与“义”之间的“同异”关系把握得准确。《墨子·经上》云:“义,利也。”这揭示出“义”对于“利”而言并不是孤立的,而是一种依存的关系,离开了“利”,则“义”就空洞无物。不过,墨子并没有反过来说“利,义也”,因为这不符合“义利”之间“类”的“同异”逻辑关系。墨子“察类”,明辨了“利”与“义”的“同异”之处,所以,他既不重义轻利,又不重利轻义,而是主张义利合一。

墨子“明故”——借助因果分析,对“义”的重要性加以揭示。《墨子·贵义》篇云:“万事莫贵于义”。“义”既是在经济上导致天下“富”的原因,又是在政治上导致天下“治”的原因。《墨子·天志下》云:“天下有义则治,无义则乱。”《墨子·耕柱》云:“今用义为政于国家,人民必众,刑政必治,社稷必安。”这里的“治”、“安”是从政治上说的;“富”、“众”(“众”是“富”的结果)则是从经济上说的。

墨子“察类”、“明故”,提出了“兼相爱”、“交相利”的思想。“兼相爱”、“交相利”,是每个人在现实生活中的基本行为准则,是一种对共同生存、趋利避害的自我保护的自觉意识,实际上也是个人交往、社会交往、国家交往中的普遍行为准则。“兼相爱”、“交相利”,就是“尚利”与“贵义”的统一。

---

① 《墨子·经上》。

墨子深刻地认识到人的本性是“趋利避害”，由于个人、家庭、国家之间是同处于一个相互依赖、相互制约、相互作用的整体之中，作为这个整体当中的一部分，个体的人与他人、家、国的关系都是相互作用的，所以，人与他人、家、国之间的爱与利就具有相互性，亦即互为因果。墨子说：“夫爱人者，人亦从而爱之；利人者，人亦从而利之；恶人者，人亦从而恶之；害人者，人亦从而害之。”①“兼相爱”，就是无差别地爱社会上一切人。《墨子·兼爱上》云：“天下人兼相爱，爱人若爱其身”。“交相利”是个人与个人、个人与社会、群体与群体的互利，即：“利他与利己”的统一。墨子从因果关系分析出发，指出：“凡天下祸篡怨恨，其所以起者，以不相爱生也。②”

墨子的“兼相爱”、“交相利”思想，提倡的是“相爱相利”，强调的是互惠性，是适合市场经济本质要求的价值观和经济哲学的。亚当·斯密认为，人的本性是利己主义的，人都需要别人的帮助，利己主义的互相帮助只有在互利的基础上进行。

第二节　“察类”、“明故”与“生财”论

墨子的基本经济主张就是生财和节用[1]。墨子说，禹遭遇七年水灾、汤遭遇五年旱灾，“然而民不冻饿者，何也？其生财密，其用之节也。”又说：“财不足则反之时，食不足则反之用。故先民以时生财，固本而用财，则财足。”③“固本”就是努力“生财”的意思，而努力“生财”就可以防止百姓遭受冻饿之患。

墨子对国民财富生产和增长的各种因素或原因进行了探讨：

一、“强力”生产观

墨子“察类明故”，最先认识到劳动是人的本质，是生产和增长财富的

① 《墨子·兼爱中》。
② 《墨子·兼爱中》。
③ 《墨子·七患》。

根本原因。墨子揭示了人不同于一般动物的本质区别就在于人必须依赖自身的劳动能力，通过生产生活资料来求得生存；而动物的生存是依靠其本能，对动物而言，“衣食之财固已具”①。他说：“今之禽兽、麋鹿、蜚鸟、贞虫，因其羽毛以为衣裘，因其蹄蚤以为绔屦，因其水草以为饮食”，“今人固与禽兽、麋鹿、飞鸟、贞虫异者也……赖其力者生，不赖其力者不生”。墨子所说的“力”是人类所具有的创造财富的能力。就一国而言，这个“力”包括“王公大臣”、“士君子”用于“强听治”的“力”和“贱人”用于“强从事”的力。他对统治者的听治和劳动者的从事都突出一个“强”字。“王公大臣之所以蚤朝晏退，听狱治政，终朝均分，而不敢怠倦”，“卿大夫之所以竭股肱之力，殚其思虑之知，内治官府，外敛关市、山林、泽梁之利，以实官府，而不敢倦怠”，“农夫之所以蚤出暮入，强乎耕稼树艺，多聚叔（菽）粟，而不敢怠倦”，都是因为“强必富，不强则贫；强必饱，不强必饥。”②这揭示了人们只有通过劳动才能求得生存与发展的道理。不仅如此，墨子认为，无论是体力劳动还是脑力劳动者“各因其力所能至而从事焉”③，即每一个阶层都应当各尽其力于本职工作而不可倦怠。

墨子认识到，加紧生产、增加社会财富才是硬道理，为此，他反复强调要“强从事”，因为“不强从事则财用不足”④。他说：“民有三患：饥者不得食，寒者不得衣，劳者不得息。三者，民之巨患也”⑤。生产不发展，财用不足，必然有国忧民患。只有发展生产、创造充裕的社会财富，才能解决其他社会问题，实现国泰民安。他说：“是以椒粟多而民足乎食”，“官府实则万民富”，“以此谋事则得，举事则成，入守则固，出诛则强”⑥。

亚当·斯密说：“每个人改善自身境况一致的、经常的、不断的努力是社会财富、国民财富以及私人财富所赖以产生的重大因素。这不断的努力，常常强大得足以战胜政府的浪费，足以挽救行政的大错误，使事情日趋改

---

① 《墨子·非乐》。
② 《墨子·非命下》。
③ 《墨子·公孟》。
④ 《墨子·非命上》。
⑤ 《墨子·非乐上》。
⑥ 《墨子·尚贤中》。

良。”[2]这观点类似于墨子的“强力”生产观。

二、保护人力资源，增加人口

墨子最早系统地阐述了人口生产，认识到物质生产和人口生产的相互适应，是社会财富创造与增长及社会发展的前提条件。墨子所处时代，地广人稀，许多荒地没有开垦，加上连年战事，人口锐减，劳动力的不足严重影响了财富的生产和社会的安定。墨子常把“人民之众”同“国家之富”、“刑政之治”并提，作为国家富强的标志。他反对统治者妨碍人口增殖的做法：一是“使民劳，税敛厚”，“民财不足”，冻死饿死；二是诸侯兴师，“攻伐邻国。久者终年，速者数月，男女久不相见，此所以寡人之道也”；三是“厚葬久丧”，“败男女之交”；四是君主蓄养宫女姬妾。“大国数千，小国累百”，使“男女失对”。为此，墨子主张扩张人口生产，并对人口生产提出具体措施，如：促使人们早婚多育等，以增加人口生产。这是符合当时物质生产需要的实际情况的。

三、选贤任能，民富国强的根本保证

墨子认识到选贤任能，是实现民富国强的根本保证。《墨子·尚贤中》曰：“贤者之治国也，蚤朝宴退，听狱治政，是以国家治而刑法正。贤者之长官也，夜寝夙兴，收敛关市、山林、泽梁之利，以实官府，是以官府实而财不散。贤者之治邑也，蚤出莫入，耕稼树艺、聚菽粟，是以菽粟多而民足乎食。故国家治则刑法正，官府实则万民富。”“以此谋事则得，举事则成，入守则固，出诛则强。”①

四、合理分工

墨子是一位亲自参加手工业生产劳动的思想家。墨子“察类明故”，认识到分工是社会劳动的一种自然分类，充分肯定了分工是天下“义事成”的原因。其分工思想涉及男女性别分工、体力脑力劳动分工、能力专长分工、

① 《墨子·尚贤中》。

生产过程分工。墨子说:“凡天下群工,轮车、鞼鞄、陶冶、梓匠,使各从事乎其所能。”①“能筑者筑,能实壤者实壤,能欣者欣,然后墙成也。为义犹是也,能谈辩者谈辩,能说书者说书,能做事者做事,然后义事成也。”②墨子通过分工协作在“筑墙”这种生产劳动的三个环节即整个过程中的作用,说明只有通过合理的社会分工,才能“义事成”。墨子的分工思想特别强调要因“才”分工,发挥各自所长。

五、依靠科技促进生产力发展

墨子的科技实践和科学研究充分说明他认识到科学技术是生产力,是提高劳动生产率、创造和增长财富的重要因素。墨子是中国历史上最早崇尚科学技术的学派领袖,是先秦时期的科学巨匠。墨子亲自从事科学技术实践,十分重视生产工具的积极作用,有很多发明创造。他重视从各种工匠技术经验中“察类”、“求故”、“取法”、“明理”,即:寻找出各类事物所以然之原因,概括其规律,总结出了力学、运动学、光学、数学等跟生产活动密切相关的各类科技知识。《墨子·经上》曰:“法,所若而然也。”意思是:“法则”(或“规律”),就是遵循它就能得到结果的东西。《墨子·法仪》曰:“百工从事,皆有法所度。”

亚当·斯密也深刻认识到分工的积极作用和生产工具的改良对提高劳动生产力的重要作用。他在《国富论》中借用扣针制造的环节和过程阐述了社会生产过程中分工协作的重要性——分工有利于增进技艺,各尽所长,提高劳动效率和劳动生产率,提供更多的相互需要的、可交换的产品。他把劳动分工看成是“国家财富增长的一个大原因”[2]。关于机器、设备的改良及劳动的合理分配对提高劳动生产力的重要作用,亚当·斯密论述道:“要增加同数受雇劳动者的生产力,唯有增加那便利劳动、缩减劳动的机械和工具,或者把它们改良。不然,就是使工作的分配更为适当。”[3]

---

① 《墨子·节用中》。

② 《墨子·耕柱》。

六、节用论

墨子既强调勤劳——“强力”生产，又强调节俭。司马谈《论六家要旨》说：墨子“强本节用，不可废也。”“强本节用，则人给家足之道也，此墨子之所长，虽百家不能废也。”

墨子主张国家财政开支和个人消费的节俭，认为节俭能够“兴利”。国家节用，既可以“去其无用之费”，减少财物的消耗，又可以将节省下来的财物用于增加生产投入，这样也就有利于国民财富的增加。《墨子·节用上》云：“圣人为政一国，一国可倍也。大之为政天下，天下可倍也。”这里“倍”就是指因节用而使财富成倍增长的意思。

墨子从衣、食、住、行、丧葬及文化娱乐等各个方面贯彻节俭的观点。《墨子·节用中》曰：“凡足以奉给民用，则止。诸加费不加于民利者，圣王弗为”。他的节俭论确实是合理的思想。物质生活资料生产和节俭并重，是墨子的长处，也是其他各家无法否定的富国裕民的真理。

墨子的节俭论，不只是增加积累、增加投入的问题，还有保护生产劳动、节约资源、合理消费的积极意义，有利于促进生产，保护和合理利用资源，形成节约型社会，确保社会经济的可持续发展。

亚当·斯密也有基本相同的看法，认为国民财富增长有赖于“节俭”所造成的资本增加，指出：“资本增加，由于节俭；资本减少，由于奢侈与妄为”，“增加财产的最适当的方法，就是在常年的收入或特殊的收入中，节省一部分，贮藏起来。”[3]

第三节　“察类”、“明故”与商品交换论

墨子“察类”、“明故”，认识到商品的“本质”，就是用来交换的劳动产品。墨子用鞋匠制鞋的例子来揭示商品的本质。《墨子·经说下》云：“为屦以卖，不为屦”，即鞋匠制鞋是为了卖，而不是做给自己穿。墨子还揭示了商品交换的规律。《墨子·经说上》云：“价宜，贵贱也”，即商品价格有个适宜的水平，这是区别商品贵贱的标准。高于它，谓之贵；低于它，谓之贱。

《墨子·经下》云:“价宜则售,说在尽。”《墨子·经说下》云:“价:尽也者,尽去其以不售也。其所以不售去,则售,正价也。价也宜不宜在欲不欲,若败邦鬻室嫁子。”商品价格适宜,交易才能达成。只有把一切造成商品卖不出去的原因都去除掉,商品才能全部卖出去。“尽”,是指“所以不售”的一切原因,包括商品的质次价高、不符合人们的需要、供过于求,等等。因为生产是用于满足需求的,如果商品不能全部售出,将导致生产者遭受损失和社会财富浪费。墨子关注商品全部顺利售出的问题,这与西方经济学家关注产品的供求均衡问题,实质相同。墨子揭示了交易价格的“成因”。价格是否适宜,取决于买方是否有购物的需求(“欲不欲”)。比如,战败国、卖屋嫁女,由于急切卖,买方则会压低售价,而这样达成的售价也是适宜的价格。这就是说,在交易当中,对方急切想买,价格宜于提高;对方不急切想买,价格宜于降低。这样所形成的价格也是“正价”或“宜价”。墨子“这里所说的‘价宜’,十分类似于马歇尔所说的‘均衡价格’。”[4]

墨子揭示出商品跟货币这两类事物之间存在一种“比价关系”。《墨子·经下》云:“买无贵,说在仮其价。”《墨子·经说下》云:“买,刀籴(谷物,粮食,泛指商品)相为价。刀轻则籴不贵;刀重则籴不易(贱)。王刀无变,籴有变。岁变籴,则岁变刀。”这几条所包含的意思是:买卖无贵贱,只是反映了商品和货币的一种比价关系而已。当货币贬值时,则商品价格表面上涨,而实际价格并未上涨;当货币升值时,商品表面价格下降。此外,即使国家规定的货币(“王刀”)重量没有变化,但是,因受供求关系影响,商品(“籴”)的价格也会发生变化。每年商品的价格都会变化,自然会相应地引起货币价格的变化。

第四节　经济决策的比较逻辑方法——“权”论

“处利害”是墨辩逻辑的六大功能之一。“权”,就是“处利害”的逻辑比较方法。《墨子·大取》云:“于所体之中而权轻重之谓权。权非为是也,亦非为非也。权,正也。”权,本意是秤锤,其作用是衡量物体的轻重。权,作为一种比较的思考活动，不是解决是非问题，而是对利害的轻重进行比较（比较的逻辑方法），即解决利害的轻重问题。《经上》云："欲正，利；恶正，权害。"权，衡量、考量、比较。对利的"欲"或对"害"的恶，这种情感会影响人作出明智的决断，这时就应诉诸理性的"权衡"来使得"欲正"和"恶正"，以解决利害的轻重问题。《经说上》云："权者两而勿偏。"权，比较厉害的两个方面而不偏废。

墨子认识到，"利"与"害"两者并不是彼此孤立的，而是利之中有害，害之中有利，是对立统一的关系，所以，应当懂得"权"，在利之中取大；害之中取小。这才是利益最大化的明智之举。《墨子·大取》云："利之中取大，害之中取小也。害之中取小者，非取害也，取利也。其所取者，人之所执也。遇盗人而断指以免身，利也；其遇盗人，害也。……利之中取大，非不得已也；害之中取小，不得已也。所未有而取焉，是利之中取大也；于所既有而弃焉，是害之中取小也。"经济活动中，"两利相权取其大；两害相权取其小"，无疑是明智的决策逻辑方法。

"权"是最基本的经济逻辑思维方法。西方经济学中的均衡论、边际效用论、比较优势论、囚徒困境论等经济理论，都是意在说明如何通过"权"来实现利益最大化。

第五节　经济思想、理论的检验方法——"效"论

墨家贵"效验"，认为要辨明是非、利害必须依靠"效验"。《非命上》说："言必立仪。言而无仪，譬犹运钧之上而立朝夕者也，是非利害之辨，不可得而明知也。"一种言论或学说的是非、真伪可通过确立一定的标准来衡量。为此，墨子提出检验言论真伪当否的"三表法"：以圣王之事（历史事实）、百姓耳目之实（百姓的日常事实）、国家百姓人民之利（社会实际的效果——当前事实）作为标准。它的精神实质就是从"实"出发，要求思想、理论必须经得起经验事实、实际效用的检验。

由"三表法"进而概括出"效"论。《小取》曰："效者，为之法也。所

效者,所以为之法也。故中效则是也;不中效则非也。此效也。""中效",就是合乎某个"标准";不中效,就是不符合某个"标准"。"效"是用于证明或检验某个说法、理论或思想正确与否的逻辑方法。李匡武说:"关于'效'过去有许多不同的解释。我们认为都不大妥当。'效'有效法、效验之意,大致和'墨经'中的'法'同义,也就是验证思想议论的一般标准。'所效'则指思想议论所必须遵循的具体法则。"[5]"效"的检验方法可表示为:

凡与M(某个标准)相符的,就是R(否则,就不是R)

S与M相符(或不相符)

所以,S是R(或不是R)

在中国思想史上,墨子第一次提出要对思想、理论进行检验并确立检验的标准。科学哲学正是主张要对理论进行检验,因为"检验具有能够确认理论的有效性和真理性这样双重的功能。它不仅对理论的有效性有价值,对其真理性的作用更为重要。"[6]墨子所说的"效",是关于一切思想、理论,当然也是关于经济主张(或政策、举措)、经济思想、经济理论等的检验方法。

本文意在引起经济思想史研究界注意到:中国古代逻辑是世界三大逻辑源流之一,深刻地影响了中国古代的经济思想。研究中国古代经济思想,应当注意到中国古代逻辑对其深刻的影响。

【参考文献】

[1]叶世昌:《中国古代经济思想史》,复旦大学出版社2003年版。

[2]亚当·斯密:《国民财富的性质和原因的研究》,商务印书馆2003年版。

[3]亚当·斯密:《关于法律、警察、岁入及军备的演讲》,商务印书馆1982年版。

[4]蒋自强等:《经济思想史》,浙江大学出版社2000年版。

[5]李匡武:《墨家的辩学》,见《中国逻辑思想史论文选》(1949—1979),生活·读书·新知三联书店1981年版。

[6]舒炜光:《科学认识论》第三卷,吉林人民出版社1990年版。

第二十四章　儒家譬式思维方法的经济逻辑价值

第一节　儒家譬式推理的发现与澄清

孔子是儒家譬式推理的最早提出者,但是他的这一重要逻辑思想却一直被后代学者作着伦理学的解释,其逻辑学价值被传统的道德学家无情地遮蔽了。孔子第一次提出有儒家特色的譬式推理方法是在《论语·雍也》中(以下所引《论语》只注篇名)。原文为:

子贡曰:“如有博施于民而能济众,何如?可谓仁乎?”子曰:“何事于仁?必也圣乎!尧舜其犹病诸!夫仁者,己欲立而立人,己欲达而达人。能近取譬,可谓仁之方也已。”

对这一段经典的表述,历代学者热衷于论证和阐释“己欲立而立人,己欲达而达人”,而对“能近取譬”多不重视,其方法论意义未能得到应有的弘扬与阐发,因此,从语义学、逻辑学的角度对此“能近取譬”进行研究,发现和澄清其逻辑学价值是完全必要的。

一、学术界对“能近取譬”诠解的分歧

学术界对“能近取譬”的解释一直存在分歧。

观点一:“能近取譬”指的是以己为喻,推己及人,包括忠和恕两个方

面。冯友兰说,“孔丘说:恕是‘己所不欲,勿施于人。’(《颜渊》)又说:‘己欲立而立人,己欲达而达人,能近取譬,可谓仁之方也矣。’(《雍也》)意思就是说,我自己不愿意别人这样对待我,我也不要这样对待别人。我自己有个什么欲求,总要想着别人也有这样的欲求,在满足自己的欲求的时候,总要想着使别人也能满足这样的欲求。这就叫‘能近取譬’。”[1]他指出,“如何实行仁,在于推己及人”。“己欲立而立人,己欲达而达人”,换句话说,“己之所欲,亦施于人”,这是推己及人的肯定方面,孔子称之为“忠”,即“尽己为人”。推己及人的否定方面,孔子称之为恕,即“己所不欲,勿施于人”。推己及人的这两个方面合在一起,就叫作忠恕之道,就是“仁之方”(实行仁的方法)[2]。

观点二:“能近取譬”是推己及人,是“恕之事”,不含“己欲立而立人,己欲达而达人”之事。朱熹说,“‘己欲立而立人,己欲达而达人’,仁也;‘能近取譬’,恕也。”又说,“‘能近取譬’,则以己之欲立,譬人之欲立;以己之欲达,譬人之欲达,然后推己所欲以及于人,使皆得其立,皆得其达,这便是为仁之术。”[3]845他说:“譬,喻也。方,术也。近取诸身,以己所欲譬之他人,知其所欲亦犹是也。然后推其所欲以及于人,则恕之事而仁之术也。”[4]朱熹还特意对两段进行了区分,他说,“‘己欲立而立人,己欲达而达人’,是以己及人,仁之体也。‘能近取譬’,是推己及人,仁之方也。”[3]钱穆、张岱年等持这一观点。

观点三:认为“能近取譬”是拿身边的万事万物来和人进行比较,寻找人立身行事的依据。杨树达认为,“能近取譬为行仁之方者,万事万物在此身之外者,皆引之于人身而求其相合”。[5]

当然,学术界还有其他的观点。如杨伯峻解作“能够就眼下的事实选择例子一步步去做”,[6]李泽厚释为“从近处做起”[7],金良年解成“能近取己身为例”[8]杨普罗解释为“能够(像这样)就近以立人达人为榜样(学着)去做”[9],朱乐宁则理解为“能够从自己和身边的人和事出发,研究和解决每个人所面临的各种问题”[10]。上述观点纷争表明:考订明示孔子思想依然是十分迫切的任务。

二、“能近取譬”的字义

要正确理解“能近取譬”，首先要准确理解这四个字的字义。

“能”，《说文解字》说是熊属，“能兽坚中，故称贤能，而强壮称能杰也。凡能之属皆从能。”段玉裁注曰，此四句发明假借之旨，贤能、能杰之义行而本义几废矣。[11]《尔雅·释鱼》说是三足鳖。“能”的衍生义则由这种动物的强壮而来。“能”主要用衍生义，即表示具备某种能力或达到某种效率的“能力、才干、贤能、能够”之义。

“近”，《说文解字·辵部》说，“近，附也。从辵斤声。”《宋本玉篇》说，“近，不远也。”《尔雅·释诂》说：“迩，几，暱，近也。”归结起来，古辞书解释的“近”主要指空间上的一种相对位置状态，与表距离的“远”相对。《子路》：“叶公问政，子曰：近者悦，远者来。”《季氏》：“今夫颛臾，故而近于费。”这两个“近”字就是空间上距离小之义。此外，“近”还指时间上的相对位置状态，即时间前后相距不远。《卫灵公》：“子曰：人无远虑，必有近忧。”这里的“远”“近”就是时间概念。由本义“近”又引申出亲近、靠近、接近等意思。如《子路》：“子曰：刚毅木讷近仁。”《阳货》：“子曰：唯女子与小人难养也，近之则不逊，远之则怨。”等。《论语》中使用的“近”字，上述三种意义都有，“能近取譬”的“近”字如何解释？从文义看，解释成“接近、靠近、亲近”讲不通，而解释为表空间的概念和表时间的概念都可以说得通。

“取”，《说文解字·耳部》说：“取，捕取也。从又耳。”这个字比较好理解，没有疑义。“譬”，《说文解字·言部》说，“譬，谕也，从言，辟声。”“谕，告也。”段玉裁注：“譬与谕，非一事。此亦统言之也。”“凡晓谕人者，皆举其所易明也。《周礼·掌交》注曰：‘谕，告晓也。’晓之曰谕。其人因言而晓，亦曰谕。谕或作喻。”[11]段氏的注解甚是。“譬”和“谕”并不完全一样，“谕”是告晓、晓谕，而“譬”字则侧重表达通过比较的方式达到通晓的目的。《康熙字典》引徐锴的注说“犹匹也，匹而喻之也。”也是在强调“匹而喻之”的方式。《论语》共有6处用了“譬”字，有“譬之……”“譬如……”“譬诸……”的用法。“取譬”的用法又见于《诗·大雅·抑》：“取譬不远，昊天不忒。”郑玄笺：“今我为王取譬不及远也，维近耳。”《汉语大字典》解释“譬”字有两义：(1)用打比方的方法说明事理，使容易明白。(2)明白通晓[12]。“能近取譬”的“譬”当属第一义。《诗经》是“取譬”的渊薮,《阳货》中,孔子说:“小子何莫学夫《诗》?《诗》,可以兴,可以观,可以群,可以怨。迩之事父,远之事君。多识于鸟兽草木之名。”孔安国注:“兴,引譬连类。”冯友兰说,“或从《诗经》里的诗句联系到道德问题,或从道德问题联系到《诗经》里的诗句,都是‘引譬达类’。”[1]“引譬达类”也就是“取譬”以达类。

从上述来看,单用“推己及人”来解释“能近取譬”是讲不通的。一则“能近取譬”与“推己及人”二者所表述的意义域有明显差别,前者的意义重点在“取譬”二字上,后者则在“推”字上;二则“近”的外延很广,既可指时间的远近,又可指空间的远近,“己”作为主体的人最容易察觉的对象,用“近”来表达“己”则可,但用“己”来替换“近”则不可。同样,杨树达先生用“万事万物在此身之外者”释“近”,把“此身”排除在外,用“引之于人身而求其相合”释“取譬”,也值得商榷。诠释工作要保证诠释过程中意义不增加也不减少,既不增字解经,又不减字解经。从字面上看,“能”是能够,“近”是就近,“取譬”是打比方,“能近取譬”就是“能够就近打比方”。

三、“能近取譬”的对象分析

儒家“能近取譬”的对象可以归纳为以下五大类:

第一,以日常生活中经常近距离接触的事物取譬。以日常生活中经常接触的事物来打比方能够做到通俗易懂,浅近明白,这些事物既包括天地、山川、河流、草木、禽畜等,也包括一些生活器具,日常用品,孔子曾取譬过的就有山川、器物(如攲器、瑚琏、车),等等。如孔子说,“人而无信,不知其可也。大车无輗,小车无軏,其何以行之哉?”(《为政》)“信”是人的立身之本,孔子拿大车和小车的关键零件“輗”和“軏”来取譬,生动形象地说明“信”的重要。

第二,以日常生活中发生的事件取譬。以事件打比方也能很明白地说明道理。如孔子说:“孰谓微生高直?或乞醯焉,乞诸邻而与之。”(《公冶长》)微生高家里没有醋,别人向他借,他不说没有,而是跑到邻居家借来给人,孔子用这个事件来晓谕什么是“直”的道理。子游问孝,子曰:“今之孝者，是谓能养。至于犬马，皆能有养；不敬，何以别乎。”（《为政》）为了区别“能养”与“孝”的区别，孔子用养马和养狗的事件与孝敬老人之间比较，既生动又贴切。

第三，以时间序列中众所周知的历史人物和事件取譬。历史人物和事件广为流传，众所周知，就像昨天刚发生的一样，拿这样的例子取譬，也可以说“近取譬”。孔子讲到的历史人物很多，如子谓子产，“有君子之道四焉：其行己也恭，其事上也敬，其养民也惠，其使民也义。”（《公冶长》）子曰：“伯夷、叔齐不念旧恶，怨是用希。”（《公冶长》）以历史事件取譬的例子有：“微子去之，箕子为之奴，比干谏而死。孔子曰：殷有三仁焉。”（《微子》）

第四，以经典名句取譬。孔子经常引用《诗》、《书》、《易》以及流传的经典名言来晓谕哲理，这样的例子不胜枚举。孔子曾分别引用《诗经》里的“温恭朝夕，执事有恪。”“孝子不匮，永锡尔类。”“刑于寡妻，至于兄弟，以御于家邦。”“朋友攸摄，摄以威仪。”“昼尔于茅，宵尔索绹，亟其乘屋，其始播百谷。”来从事君、事亲、事妻子、事朋友、事耕五个方面劝谕子贡不能停止学习[13]。孔子所引用《诗经》的话形象地表达了生命不息奋斗不止的人生理念与道德要求。

第五，以自己取譬。历代解“能近取譬”的主流观点就是以己作譬，例子很多。刘宝楠、冯友兰诸先生所引之例均是。所谓“己欲立而立人，己欲达而达人”，由自己推至他人，讲的就是以己作譬。孔子说的“己所不欲，勿施于人。”也是拿自己取譬。

从儒家取譬的大量例子来看，孔子所谓的“能近取譬”当是从思维方法角度提出来的，而不是从伦理的角度。儒家认为，要改变一个人的行为，关键在于改变他的价值观念，要改变价值观念则要采取正确的说服方法，不能“以力服人”，而要“以理服人”。孟子说，“以力服人者，非心服也，力不赡也。”（《孟子·公孙丑上》）孔子说，“仁远乎哉？我欲仁，斯仁至矣。”（《述而》）心中“欲仁”，“仁”才能实现。这个“欲”就是内心的价值追求。而“能近取譬”就是要摆事实，讲道理，推类比较，综合分析，说服对方或说服自己，激发人内心的认识，强化“仁”方面的“欲”。如果内心能认识到“仁”的价值，树立了正确的价值观念，自然就会努力地去实现它。而如果取譬太远,玄之又玄,说服对象听都没听过,怎么信服?不信服就达不到说服的效果,无法实现价值的传递和延伸。从这个角度看,孔子提出"能近取譬"的方法,并把它广泛运用于伦理教化领域是很有价值的。

四、"能近取譬"在上下文中的含义

要准确把握"能近取譬"的价值意蕴,还需要进一步准确理解上下文结构。

观点一认为,前后文义一统,"忠恕是仁之方",能近取譬包含忠和恕两个方面。观点二则认为,"夫仁者,己欲立而立人,己欲达而达人"是孔子对"仁"的界定,"能近取譬"则是为仁的方法。比较两者的观点,本文认为观点二在上下文结构分析上是正确的,但在上下文意义的关系分析上则显得不足。

从上下文的意义域看,"己欲立而立人,己欲达而达人"是一个价值状态的描述,描述的是仁的价值状态而非方法,而"能近取譬"恰恰是行事的方法而非价值状态。上文"己欲立而立人,己欲达而达人"的"欲立"和"欲达"显然指的是主体的心理期望状态,而"立人"和"达人"则一般解释为"使人立"、"使人达",即古代汉语的"使动用法"。杨普罗认为,"立人"、"达人"指已立之人和已达之人,使动用法不成立,理由是:自己还仅仅处于"欲立"而非"已立"状态,又有什么条件与能力去"使人立"?[9] 此说不通。因为"使人立"和"使人达"是行为的目标期望状态,表示一种价值取向和行为过程,是"要使人立"和"要使人达",不一定非要等到自己立了才萌生使别人立的念头,自己达了才萌生使别人达的念头,在一念发动之处即可观照人我。而且,杨氏把"立人"、"达人"视作与"贤人"相同的词法结构,看做一个名词,是错误的。古代汉语里一般都是单字词,逐渐发展到现在以双字词或多字词为一般语词的,况且,"立人"出来就没有过和"贤人"相同的用法。同时,"己欲立而立人"中的"而"表递进,指"自己想立,进而……","而"字前面是动词,后面表递进的成分却是个名词,也不合语法。因此,杨普罗所解释的"自己想立也要像已立之人那样做"是错误的,而传统所理解的"使人立"、"使人达"则合乎内在的语义逻辑。

“立人”、“达人”作为主体所期望的价值状态,当然还只是一种未发生或未实现的价值取向,因为这组递进关系中的前一部分是“欲立”和“欲达”,一个人不可能在自己还在“想”的时候就已经帮人实现了。因此,从“欲立”“欲达”到“立人”“达人”是从一种价值取向转入另一种价值取向,这种价值取向的转变,也是情感取向的转变。“已欲立而立人,已欲达而达人”指自己想立就要进而想到使别人立,自己想达就要进而想到使别人达。按照这种语义解释,显然它不是指一种具体的行为,也不是一种具体的方法,而是一种抽象的处事原则,超越“爱已”走向“爱人”的一般原则。孔子有言“仁者爱人”,“克己复礼为仁”,“己所不欲,勿施于人”都无一不充分体现这一基本价值原则。普遍的价值原则与具体的操作方法显非一事,不可混同。

从自己想立达到使别人立达,这之间靠的不是亲情,而是一种胸怀天下、物我兼照的情怀和境界。正因为这一原则跨越了“一己之私”,所以它不是低层次的价值取向,而是高层次的价值追求。要跨越“人己之障”,需要行为者自身通过某种方法找到自己价值取向的依据,建立基本的行事逻辑。孔子紧接着说:“能近取譬,可谓仁之方也已。”正是指明“能近取譬”就是使自己获得实践“仁”的行为依据的方法。因此,我们完全有理由确信“夫仁者,已欲立而立人,已欲达而达人”确为孔子对仁所下的原则性定义,而非“仁之方”的一部分。孔子所说的“仁之方”就是指“能近取譬”。

五、“能近取譬”是儒家的逻辑方法

从上述分析可知,“能近取譬”并不能简单以“推己及人”来解释,“能近取譬”的外延比“推己及人”要大得多,其实质就是一种推类的方法,既可以是由彼事物推知此事物,可以是彼事理推知此事理,而推己及人只是类推的具体方法之一。毫无疑问,以“忠恕”解“能近取譬”不但在字义和文法上讲不通,而且还会遮蔽“能近取譬”的方法论价值,把儒家基本的认识事物的方法演绎成伦理道德实践的方式。忠恕只是一个伦理价值的概念,是处理人与人之间关系的行为价值状态。朱熹解释说,“尽己之谓忠,推己之谓恕。”而“能近取譬”则是一种认识方法和思维方法,强调的是推类,以取其

“譬”,使人通晓明白。价值不能等同于方法,如果以“忠恕”解“能近取譬”,把价值等同于方法,就会得出很多荒谬的结论。著名史学家周谷城先生曾指出这样推导的荒谬性,他说:“絜矩之道,就是衡量之道,不外拿自己作个标准,去衡量别人,从而知道别人之所恶,也和自己的一样。不过这里有一问题,倘人而不仁,所谓‘自己’根本坏了;然则还可以拿来作个标准,衡量一切吗?关于这层,孔子从来没有作过负责的保证,也绝不作负责的保证,因此之故,他的教育学说里,道德学说里,便特别有话可讲了。”[14]周先生的话恰恰证明了用“推己及人”替换“能近取譬”会得出荒谬的推论。这也正是笔者不赞成用“推己及人”来解释“能近取譬”的原因之一。

“能近取譬”作为方法,首先根源人的认知特点。孔子认为,“凡人之知,能见已然,不能见将然”。(《大戴礼·礼察》)要获得新的认识,就需要运用一定的方法。“取譬”就是选取恰当的事理进行推类的方法,“能近”就是要就近,不要选迂远疏阔之事或物,否则就难以有可比性和说服力。“取譬”的目的是“明”。孔子说,“夫谈说之术,……辟称以喻之,分别以明之……”(《韩诗外传》《卷五)《荀子·非相》作“分别以喻之,譬称以明之”,“辟”与“譬”通。墨子说,“辟也者,举物以明之也。”即“以类取,以类予”。(《墨子·小取》)可以从事理上以类取其同,也可以从属性上取其同,以其类而推之。只有以类推之,才能保证推求道理的过程中不出现错误。因此,“譬”是使人“明”的推类方法,孔子说,“若夫无类之说,不形之行,不赞之辞,君子慎之!”(《韩诗外传》〈卷五〉)讲的就是这个道理。

值得注意的是,我国古代“譬”的方法是一种通用的逻辑方法。惠施说:“夫说者固以其所知谕其所不知而使人知立。”(《说苑》〈卷十一〉)汉代王符也说:“夫譬喻也者,生于直告之不明,故假物之然否以彰之。”(《潜夫论·释难》)唐代魏征就非常善于运用这种方法。《旧唐书·魏征传》后的评论说:“臣尝阅魏公故事,与文皇讨论政术,往复应对凡数十万言,其匡过弼违,能近取譬,博约连类,皆前代诤臣之不至者。”[15]恰如其分地评价了魏征的贡献。正是因为魏征善于运用能近取譬的方法,所以他所进之言都直白易懂,简洁深刻。相比之下,如果把“能近取譬”解成“推己及人”,并进而用“忠和恕”来阐发,就离“取譬”的本义相差越来越远了。

总而言之，长期以来用“推己及人”来注解“能近取譬”不准确，准确的解释应当是“能就近打比方”。孔子之所以主张“近取譬”，是因为人所熟知明白的事物有很强的说服力，能够使人明白，如果用一个大家都不知道的事来打比方，谁也明白不了，就失去了打比方的意义。“能近取譬”可以是“服己”，也可以是“服人”，时时处处就近打比方，能有效地说服自己，使自己摆脱感情的偏见，又能使他人明白事理，帮助他人解决价值选择上的难题，最终做正确的事。因此，“能近取譬”是实现“成己成人”的双重价值目标的重要方法和手段。

可喜的是，随着研究的深入，已经有越来越多的学者开始关注儒家“能近取譬”的逻辑思维方法内涵，而不是沿袭“推己及人”的伦理说教。张晓芒等学者都认同这一观点[16]。王明辉博士则明确指出，孔子首先提出了“能近取譬”的类比方法，是中国逻辑第一人[17]。笔者则通过对《诗经》、《周易》、《论语》、《孟子》、《左传》等传世经典取譬的例子进行梳理，发现大量的观点和学说都是通过取譬来建构的，儒家譬式推理方法有着自身的特点，是一种创新的思维方法。

第二节　儒家譬式推理的形式与特点

前文已通过梳理证明，把儒家譬式推理仅仅理解成“拿自己作譬，推己及人”是十分狭隘的。这种狭隘的理解源于对孔子“能近取譬”的不正确解读。“譬”并不等同于“比喻”，它是拿已知与未知进行比较而获得新知的方法，已知和未知不一定非得是两类不同的事物，所以譬式推理可以是同类相推，也可以是异类取譬，前者类同理同，是非比喻式的推理；后者类不同理同，是比喻式的推理。

一、儒家譬式推理的形式

（一）同类相推

同类相推，是根据事物的类属性进行推理。“类”是逻辑学最基本的范畴,是概念、判断、推理等逻辑思维活动赖以进行的基础。任何事物只要有共同的特有属性,就可以建类。而从概念内涵所反映的事物属性相同或不同,可以确定事物是同类还是异类的类别关系。同类之间必定有相同的属性,就可以相通相推。《韩诗外传·卷五》引孔子的话说:"若夫无类之说,不形之行,不赞之辞,君子慎之!"《孟子·告子上》说,"故凡同类者,举相似也。"同类相推就是按照"举相似"的原理推出同类其他个体也具有相同属性,由于是"举相似",所以其结论只能是或然的。运用这样一个或然性的推论方法,怎样才能保证我们行事的可靠性和正确性?儒家找到了一个解决办法:就是运用肯定式和否定式的同类相推法,并采取谨慎的行为策略。

肯定式同类相推的一般形式是:

A 类事物具有属性 a、b、c、d,

甲属于 A 类事物,

所以,甲具有属性 a、b、c、d。

《庄子·逍遥游》记载孔子的一段话:"昔者海鸟止于鲁郊,鲁侯御而觞之于庙,奏九韶以为乐,具太牢以为膳。鸟乃眩视忧悲,不敢食一脔,不敢饮一杯,三日而死。此以己养养鸟也,非以鸟养养鸟也。"这是一个典型的同类相推:鸟的饮食生活习惯具有一般的特征 a、b、c、d;海鸟即使再神奇,它也属于鸟类;所以海鸟也具有鸟类一般的饮食生活习惯特征 a、b、c、d。人和海鸟是异类,所以不能用人的饮食生活习惯来养鸟,必须以"鸟养"养鸟。

当然,肯定式的同类相推的形式也可以是:

A 事物具有属性 a、b、c、d,

B 事物具有属性 a、b、c,

所以,B 事物具有属性 d。

肯定式同类相推的这两种形式带有演绎推理和归纳推理的特点。

把同类相推应用于处理人际关系的领域,有两种推理形式:

一是否定式同类相推,一般形式是:

自己不愿意做某事,

甲和自己属于同类，

所以，甲可能不愿意做这件事情。

所以，不要让甲做这件事情。

否定式的同类相推有很大的或然性，因为甲也有可能愿意做这件事。那么为什么要选择“甲可能不愿意做这件事情”而进一步作出“不让甲做这件事情”的推理呢？这需要用博弈矩阵来分析。上面这个推理有四种情形：

A.自己不愿意做某事，让甲去做；

B.自己不愿意做某事，不让甲去做；

a.甲愿意做；

b.甲不愿意做。

四种情形中，对自己来说有 A 和 B 两种策略，对甲来说有 a 和 b 两种态度。如果采取 A 策略，甲有可能愿意，也有可能不愿意。如果甲愿意做当然好，但是没有不透风的墙，如果甲知道这是别人把自己不愿做的事给他做，他肯定高兴不起来，彼此就容易出现信任危机。如果甲不愿意，结果就更不用说了。而采取 B 策略，不论甲愿意还是不愿意，都不会出现人际交往的不愉快。我们把处理这个人际关系的效果好坏用加减号表示，从下面的博弈矩阵(图 24－1 可以看到，否定式同类相推的譬式推理具有绝对的优势。

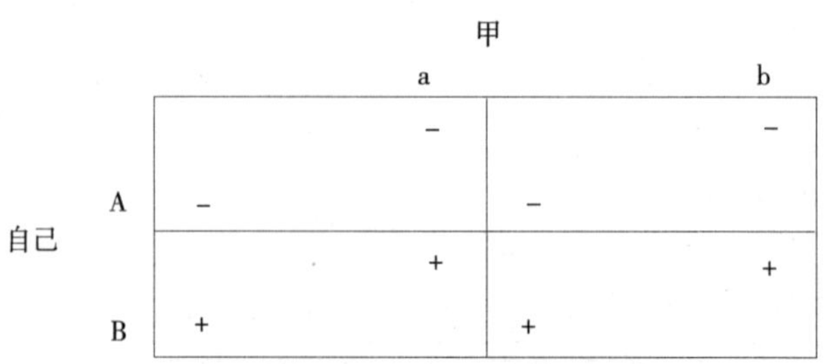

图 24－1　否定式同类相推的矩阵

另一种是人际关系的肯定式同类推理，一般形式为：

自己愿意做某事，

甲和自己属于同类，

所以，甲也可能愿意做这件事情。

所以让甲做这件事情，但是要注意策略。

这个推理也可以列出四种情形：

A.自己愿意做某事，让甲去做；

B.自己愿意做某事，不让甲去做；

a.甲愿意做；

b.甲不愿意做。

同理，博弈矩阵如下（图 24－2）：

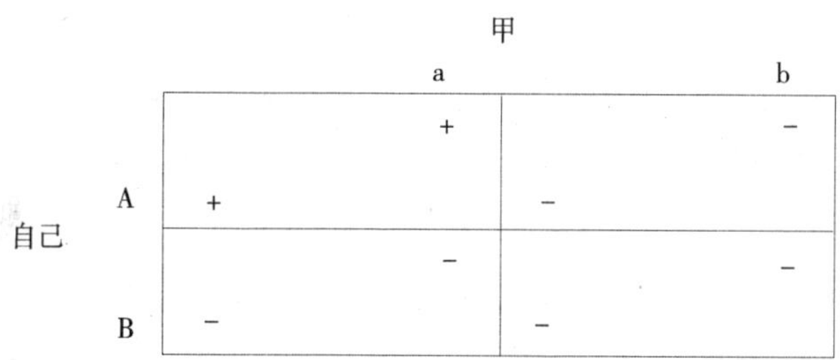

图 24－2　肯定式同类相推的矩阵

从矩阵可以看出，当自己和甲都愿意做的时候，让甲去做，就会皆大欢喜，不让甲做，就会不欢而散；自己愿意做，甲却不愿意，这时让甲去做，甲也会有意见，不让甲做，甲就会想："你怎么也不征求我的意见？"想来想去，还是有意见。所以在这个推理的策略选择上，选择"让甲做"得到两个"+"号，这相对于否定式同类相推四个"+"号来说，还只能算是相对优势，所以，此时一定要主动去征求对方意见，采取谨慎策略。孔子一方面说"己欲立而立人，己欲达而达人"（《论语·雍也》）；另一面又说："忠告而善道之，不可则止，勿自辱焉。"（《论语·颜渊》）可谓深明此理。

（二）异类取譬

异类取譬方法主要有喻证法和比德法。

喻证法又叫比喻推理，是用众所周知、形象浅显的事例来比喻说明深刻的事理，也即拿比喻者之理论证被比喻者之理的方法。它要求比喻者和被比喻者之间不仅是两组不同的事物,而且两者之间要有内在的性质联系,存在共同的道理。类要相异,理要相同。只有类相异,才能作比喻,只有理相同,才能进行推理,起到论证的作用。如《孟子·滕文公下》载宋大夫戴盈之说:“税率十分抽一,免除关卡和商品的赋税,今年还办不到,预备先减轻一些,等到明年,然后完全实行,怎么样?”孟子用比喻推理反驳说:“现在有一个人每天偷邻人一只鸡,有人告诉他说:‘这不是正派人的行为。’他便说:‘预备减少一些,先每个月偷一只,等到明年,然后完全不偷。’如果知道这种行为不合理,便赶快停止算了,为什么要等到明年呢?”孟子用“明知偷鸡不对而不迅速停止”的荒谬性来喻证“明知横征暴敛为不对而不迅速停止”的荒谬性,形象生动。从孔夫子开始,历代儒家学者都非常擅长于比喻推理,例子很多,不一一列举。

比德法是对不同类的事物在属性上进行人性化归纳和取同,二者互相“比德”,引起社会价值的联想与迁移。比德法的推理形式通常是:A具有属性a、b、c;a、b、c是完美人格应具有的美德;所以人应当和A比德,提醒自己把这些美德内化为自身品质。《荀子·法行》记载:子贡问孔子,“为什么君子贵玉而贱珉?是不是因为玉少而珉多?”珉是像玉的石头但不是玉。孔子回答说,“夫玉者,君子比德焉。温润而泽,仁也;缜栗而理,知也;坚刚而不屈,义也;廉而不刿,行也;折而不桡,勇也;瑕适并见,情也;扣之,其声清扬而远闻,其止辍然,辞也。”比德形式的譬式推理通过对大自然的分析,超越了自然事物与人文价值之间无法在类上取同的局限,使两者在品质和属性上找到共同之处,从而成为人立身行事的依据,实现自然法则向人文法则的转化。这种方法影响十分深远,这早已成为了有中国特色的论证传统。

由于譬式推理是或然性的推理,所以为保证推理的准确性,儒家学者在复杂问题上,一般都会同时举多个譬喻共同分析一个问题,从不同的事物、不同的事件或不同的经典在同一问题上的共同思想中晓谕基本的道理。通过多角度举例子打比方,综合比较,举一反三,明了事情的性质,保证取譬的正确性,从而作出准确的价值选择。

二、儒家譬式推理的特点

譬式推理方法是中国古代重要的逻辑方法,并不是儒家独有的方法,这样的方法强调:思考和认识不能只局限于这一个或这一类上,即不能是一点的、孤立的,而要考察该事物或该类事物与周围事物或物类的广泛联系,由一点推及两点或多点,彼此照应,相互启发。由此,既可以从对特定对象的认识扩展到其他对象,又可以利用对其他对象的认识来强化对特定对象的认识。在这种多对象、多层次、多维度对象认识的交互作用中,发现新问题,提出新见解,形成新思想。但是在以“仁”为核心的儒家体系中,譬式推理被赋予了新的内容和形式,因而具有儒家自身的特点。

(一)“取譬”唯近

儒家譬式推理最重要的一个特点就是明确提出“近取譬”。这一点其他派别都没有提到。“近”首先指空间上的一种相对位置状态,与表距离的“远”相对。《宋本玉篇》说,“近,不远也。”是指空间上距离小。其次,“近”还指时间上的相对位置状态,即时间前后相距不远。《论语·卫灵公》:“子曰:人无远虑,必有近忧。”这里的“远”“近”就是时间概念。再次,由本义“近”引申出亲近、靠近、接近等意思。如《论语·阳货》:“子曰:唯女子与小人难养也,近之则不逊,远之则怨。”“近取譬”的“近”字从文义看,解释成“接近、靠近、亲近”讲不通,而解释为表空间的概念和表时间的概念都可以说得通。从“取譬”的范围和对象来看,“近取譬”也包含有时间和空间两层意义。儒家譬式推理要求“近取譬”主要是要保证对象能理解所譬事物,如果对象都不理解,说了半天,也是白说,起不到作用。《淮南子·人间训》记载,孔子周游列国,半路上马跑了,吃了农民的庄稼,农民很生气就把马扣下了,子贡前去要马,怎么也说服不了对方,孔子说,“夫以人之所不能听说人,譬以太牢享野兽,以九韶乐飞鸟也。予之罪也,非彼人之过也。”[18]打比方就是为了让人明白,如果讲一些对方都听不懂的东西,再能说,讲得再好,也没有用。后来孔子让随行的马夫去说,很快就把马要回来了。取譬唯近,目的在于使对方能明白,说服对方。

(二)方法综合

儒家譬式推理第二个特点就是方法综合,富有层次性。儒家譬式推理方法综合了类推的方法、综合比较的方法，表现为举例子、打比方、讲寓言、数字抽象等多种形式。类推方法的依据是同一类事物在相同条件下具有相同的属性，可以从事理上以类取其同，也可以从属性上取其同，以其同类而推之，目的就是“引譬达类”。只有以类推之，才能保证推求道理过程中不出现错误。所以孔子说，“若夫无类之说，不形之行，不赞之辞，君子慎之!”(《韩诗外传》卷五)“己所不欲，勿施于人。”自己不想做的就不要让别人去做，自己和别人都是人，属于同一类，既然是同类，自己有这种想法，推而广之，估计别人也不会愿意做。只要不强加于人，就不会有冲突。类推的方法能使人明了事理。

综合比较方法一般通过多个譬喻共同分析一个问题，从不同的事物、不同的事件或不同的经典在同一问题上的共同思想中晓谕基本的道理。通过多角度举例子打比方，综合比较，举一反三，才能明了事情的性质，保证取譬的正确性，从而作出准确的价值选择。季氏将伐颛臾，孔子批评冉有时说：“求，周任有言曰：‘陈力就列，不能者止。’危而不持，颠而不扶，则将焉用彼相矣？且尔言过矣，虎兕出于柙，龟玉毁于椟中，是谁之过与?”(《季氏》)就一连运用了三处“取譬”：一是运用名人名言来比方，说明在工作岗位上就要维护道义，若做不到，至少也不能继续再干，如果再干，就违背工作职责；二是运用盲人的助手打比方，助手的责任就是扶助盲人，如果他遇到危险你不扶助，那要你干什么？三是运用老虎和龟玉打比方，老虎从笼子里出来伤人了，珍贵的美玉被毁坏在了盒子里，这是谁的过错？管理者有着推脱不了的干系。现在你是管理者，就应当尽到自己的责任，作出正确的价值选择。

另外值得一提的是，儒家经典《周易》中还探索了一个数字抽象的取譬方法，把取譬的对象进行图像和数字抽象，探索社会规律。《周易·系辞传》说，“天一，地二，天三，地四，天五，地六，天七，地八，天九，地十。天数五，地数五，五位相得而各有合。天数二十有五，地数三十，凡天地之数五十有五。此所以成变化而行鬼神也。大衍之数五十有五，其用四十有九。分而为二以象两。挂一以象三。揲之以四以象四时。归奇于扐以象闰。五岁再闰。故再扐而后挂。是故四营而成易，十有八变而成卦。八卦而小成。

引而伸之,触类而长之,天下之能事毕矣。显道神德行。是故可与酬酢,可与佑神矣。”[19]金景芳先生说,这段话讲的是蓍,蓍用数,因为数是抽象的,可以代表一切。例如,“一”可以代表一个人,也可以代表一棵树,还可以代表一匹马、一头牛,等等,具有普遍性[19]。这些抽象的数并不是随意编出来的,而是经历了一个取譬到抽象的过程。又比如《周易·乾卦》爻辞:“初九,潜龙勿用。”象辞说,“潜龙勿用,阳在下也。”文言:初九曰:“潜龙勿用”,何谓也?子曰:“龙德而隐者也。不易乎世,不成乎名,遁世无闷,不见是而无闷。乐则行之,忧则违之,确乎其不可拔,潜龙也。”[20]这里,从爻辞、象辞和文言都表达了这样一种思想:一个人在还不具备一定实力或者火候的时候不要轻易去表现自己,要潜心修行。而这个道理是通过“潜龙”这个譬喻得到的。

(三)注重教育

儒家思想的核心是“仁”,譬式推理方法是实现“仁”的重要方法,而“仁”的价值体系推广的过程本身就是一个教育的过程,在以吏为师的古代,更是注重譬式推理在教育领域的应用,所以儒家譬式推理带有十分突出的教育色彩。确切地说,儒家譬式推理方法中包含有许多针对如何开展教育的有效方法。如儒家运用譬式推理方法开发了一系列短小精辟的寓言故事系统,经典文本系统、实践教学系统和器物教化系统。短小精辟的寓言故事具有完整的故事结构,借助于一个或多个足以说明一个事理的故事来启发人的智慧,把抽象的思想与生动的生活经验故事化、形象化,并将其寄托在寓言故事中,从而表达自己的思想。经典文本系统包括《诗经》、《尚书》、《周易》等经典,还包括历代史书,这一系统直接为譬喻提供经典资源。实践教学系统则把教学带到了活生生的现实场景中,让事件本身就直接给受教育者以启迪。器物教化系统则为教育者提供了一系列的器物,包括实用的器物和非实用的器物,这些器物都有一定的象征意义,是用来取譬的,人们只要一看到这些器物,就会想起相关的价值理念,就会受到影响。《说苑》记载,孔子带着学生参观周庙,看到有欹器,就问管理员这是什么器具,管理员说这是右座之器,孔子说,我听说过这种东西的特点就是“满则覆,中则正,虚则欹。”于是他与学生一起试验乐一下,果然如此。孔子感叹道:

“哪有盈满又不会倒覆的事呢?”[21]“右座之器”又称“宥坐之器”,就是放在座位右边的用于劝导警戒的器具,没有什么实用价值,但是能给座位边上的人以启迪与教育。在古代儒家教育思想的指导下,建构了这样的器物系统,如书房的门窗做成冰裂纹,喻示读书辛苦,板凳一坐十年冷;堂屋的八仙桌上会放置瓷瓶和镜子,喻示平安;老式学堂供有木铎,喻示传道;等等。象儒家那样重视教育,把譬式推理方法如此深入广泛地运用到教育领域的,其他诸家诸派中难以找见。

(四)注重策略

据前文可知,孔子深入考察了人我之间的行为策略,提出了处理人际关系的最优策略——忠和恕:忠就是“己欲立而立人,己欲达而达人”;恕就是“己所不欲,勿施于人”。其中“恕”是绝对优势策略,“忠”是相对优势策略。虽然孔子没有提出博弈论,但是他通过同类相推,发现了人际交往中基本的博弈模型,提出了人际交往的基本原则。这一方法本质上是通过把自身的体验类推,推知他人在此环境条件下亦当有类似体验,并从而理解对方的心理和行为,预见行为结果,选择优势策略。在经济活动中,每个经济主体都要面对市场和竞争对手作出自己的最优决策,经济行为的结果是主体自身决策的结果,而决策前系统研究利益关联人的对局、分析博弈主体的理性行为显得至关重要。儒家譬式推理虽然不是现代博弈逻辑,但是,人际同类推理的优势策略博弈本身不能不说就已经具备经济逻辑的基本特征。

(五)注重创新

在儒家思想方法体系中,“创新”是其根本的追求之一。《礼记·大学》说,“苟日新,日日新,又日新。”《周易·系辞传》说,“日新之谓盛德。”儒家譬式推理中的同类相推能使我们从个体属性上升到类属性,又从类属性推演到个体,从而提高抽象概括和推理的水平;比喻推理则能通过相关譬喻推导和证明一个结论,实现价值的迁移和知识的创新;比德方法则充分体现了儒家对不同类事物之间属性推理的特色,通过对异类事物的“德性”描述,启发我们的想象力,启示我们去联想,能有力促进不同领域知识的交流、融合与借鉴,从而使新思想、新理论能迅速诞生。

（六）注重价值

行为的价值性是指行为的经济性、合理性与正当性，任何政治、经济行为在实施之前都要进行价值性的论证。儒家在“仁爱”的核心价值观指引下，用譬式推理来论证行为的价值性，最终形成了“利以义取”的经济观和“以义为利”的生态价值观。儒家由人之间的仁爱推及万物之间的仁爱与和谐共存，有“恩及禽兽”、“仁及草木”、“化育万物”之说。王阳明说，“是故见孺子之入井，而必有怵惕恻隐之心焉，是其仁之与孺子而为一体也；孺子犹同类者也，见鸟兽之哀鸣觳觫，而必有不忍之心焉，是其仁之与鸟兽而为一体也；鸟兽犹有知觉者也，见草木之摧折而必有悯恤之心焉，是其仁之与草木而为一体也；草木犹有生意者也，见瓦石之毁坏而必有顾惜之心焉，是其仁之与瓦石而为一体也。”（《王阳明全集·续编一》）儒家看来，经济活动并不是人一方的行为，其价值性要在人与环境（资源）的和谐相处中才能得以体现。儒家的这种生态经济价值观可追溯到2000多年以前，这不能不说和儒家譬式推理把引入“异类比德”的方法有关。

三、儒家譬式推理符合现代经济与管理的需要

经济学大师熊彼特（Joseph Alois Schumpeter）认为，现代经济活动的本质特征就是创新，而创新则是把生产要素和生产条件的新组合引入生产体系，创新包括新财富的创造、新生产方法的采用、新市场的开辟、新资源的开发和新产业组织的形成。企业家的职能就是创新，而经济发展就是整个资本主义社会不断实现的新组合[22]。现代经济作为创新经济，首先要有创新思维方法作为研究和生产的工具。同时，在现代经济活动中，企业的团队精神与共同价值观的塑造越来越成为企业管理的中心工作，因为世界市场的纵深发展使现代企业必须面对如何有效整合团队、提高团队凝聚力和战斗力的核心问题。因此，注重教育、注重创新、注重行为策略与价值的儒家譬式推理方法越来越成为企业家关注的焦点，而且在现代经济与管理中正在发挥着越来越重要的作用。

第三节　儒家譬式推理在现代经济与管理中的创造性转化

譬式推理本是儒家重要的逻辑方法，但是一直被其伦理学意义所遮蔽。汉武帝以后，儒学被定为独尊，国家经济管理工作主要都是由儒家学者主持，历史上有很多精通经济管理的大儒。儒家譬式推理的思维方法也被广泛地应用到政治、经济等领域，尤其是经济管理领域的应用使儒家譬式推理具有在现代经济活动中推广的历史与文化土壤。

关于中国古代逻辑思想的现代经济逻辑价值研究，中国逻辑学会经济逻辑专业委员会主任瞿麦生教授提出：要运用历史和逻辑相统一的方法，注重经济逻辑本土化，避免用西方逻辑简单地套解中国经济逻辑思想，避免把中国丰富的经济逻辑思想变成西方经济理论的翻版。[23]这是研究中国传统逻辑方法在现代经济活动中的应用以及中国传统逻辑思想向现代有中国特色的经济逻辑方法转化的重要指导思想。本文作为传统思维方法向经济逻辑方法转化的探索性研究，其目的不只是研究方法本身的现代性转化，更多的则是推动儒家譬式推理在我国经济发展中的自觉应用，为有中国特色的社会主义经济建设添砖加瓦。

一、实现儒家譬式推理方法在经济活动中创造性转化的可能性

儒家譬式推理方法在现代经济活动中创造性转化的可能性主要可以通过现代经济活动对思维方法的需求表现出来。

（一）儒家譬式推理方法符合现代经济活动对策略优化方法的需求

在现代经济活动中，需要对大量行为进行优势策略选择，作出组织决策。儒家譬式推理中的同类相推的方法正是行为推理中的重要逻辑方法。比如：

海尔集团最初为了进军美国家电市场，经市场调查了解到：美国单身家庭将越来越多，家庭趋向小型化；美国人有好“大”的观念，不愿意生产小型

(小容量)电冰箱。一般据此进行逻辑推理:

(1)如果美国单身家庭将越来越多,家庭趋向小型化,美国人就会有小容量电冰箱的需求;

如今美国单身家庭将越来越多,家庭趋向小型化;

所以,美国人就会有小容量电冰箱的需求;

(2)如果美国人不愿意生产小型电冰箱,我方生产适合美国小型家庭用的电冰箱就能打开销路;

如今美国不愿意生产小型电冰箱;

所以,我方生产适合美国小型家庭用的电冰箱就能打开销路。

海尔公司正是依靠这一准确预测,才及时抓住了商机,在美国家电市场上一举成功[24]。

上面是从假设推理肯定前件式的推理方法角度进行分析的,其实这里还隐藏着一个譬式推理:

我觉得自己单身时使用电冰箱,小型电冰箱是最方便的。

美国人和我一样也是人;

所以,单身美国人使用电冰箱时,也会觉得小型电冰箱是最方便的。

这是儒家譬式推理中处理人际关系的肯定式同类相推,肯定推理的行为策略是相对优势策略,所以还需要进一步的市场和顾客心理调查做支撑。现代经济生活中,产品的开发要围绕人来设计,市场的预测要参考人们的需求,通过自己的亲身体验,并通过儒家譬式推理推知他人的可能体验,再进一步参考相关区域文化和政治因素,便可以开发出适应某一类人需求的产品,或者较为准确地预测出某一类产品的市场需求,从而作出准确的决策。这样的推理方法正是现代经济活动中所需要的。

(二)儒家譬式推理方法符合现代经济活动对创新思维方法的需求

儒家譬式推理中的同类取譬能使我们从个体属性上升到类属性,又从类属性推演到个体,从而提高抽象概括和推理的水平;异类取譬、多譬连用则能通过多个相关譬喻共同推导和证明一个结论,有效克服一个譬喻自身的局限性;异类比德则充分体现了儒家对不同类事物之间属性推理的特色,通过对异类事物的"德性"描述,启发我们的想象力,启示我们去联想,能有力促进不同领域知识的交流、融合与借鉴,从而使新思想、新理论能迅速诞生。

(三)儒家譬式推理方法符合现代经济活动对协调人际关系方法的需求

现代经济的发展已经使人类生产生活不论从组织规模上还是从活动空间上都达到了有史以来最高水平,个体的差异性和利益的特殊性使得员工之间冲突日益突出出来,成为制约组织发展的瓶颈,如何协调人际关系,提高组织的凝聚力就成了现代经济活动中的核心问题之一。儒家是专门研究如何协调"人我关系"的学派,孔子认为"能近取譬"就是实现仁爱的基本方法。后世儒家把这种方法解释为"推己及人",尽管后儒的解释不失狭隘,但是还是反映了孔子在伦理关系处理上进行譬式推理的思想,他主张把自身的体验通过类推推知他人在此环境条件下亦当有类似体验,并从而理解对方的心理和行为。通过推己及人,儒家提出了诸如"己所不欲,勿施于人"、"躬自厚而薄责于人"、"以直抱怨,以德报德"等处理人际关系的原则。而且,儒家"异类比德"的方法把人置于大自然之中,与物比美德,激发人的价值联想和迁移。儒家譬式思维方法在传统社会里集中论证并形成了儒家核心的价值体系,其中,最为重要的价值就是"和谐"。孔子提倡的"仁爱"、"和谐"一直是儒家核心的价值观念。从这个角度来看,儒家譬式思维方法对明了事理、修养身心、促进人与人之间和谐共处有十分重要的价值,符合现代经济活动对协调人际关系方法的需求。

(四)儒家譬式推理方法符合现代经济活动对生态文明建设的需求

现代经济在飞速发展的同时也伴生了大量问题:环境污染、企业社会责任缺失、地区发展失衡、贫富差距加大,等等。各界精英都开始意识到建设和谐的生态文明的重要性。在中国共产党的十七大上,胡锦涛同志提出"要建设生态文明,基本形成节约能源资源和保护生态环境的产业结构、增长方式、消费模式。循环经济形成较大规模,可再生能源比重显著上升。主要污染物排放得到有效控制,生态环境质量明显改善。生态文明观念在全社会牢固树立。”[25]胡锦涛同志代表中国共产党人高瞻远瞩，站在了时代的前沿，把现代经济活动对生态文明建设的需求写进了党的历史性文献。儒家譬式思维方法跨越了严格意义的类推方法，同类之间不但可以进行严格的类推，而且可以进行模糊推理和异类之间推导。儒家运用取譬的方法，把取譬的对象进行归类、整理，并进一步符号化，构建了周易卦象的符号推演系统，由于这些对象是按属性进行归类的，属性之间的关系演化就成了这个符号系统推演的主要内容，其结果就是形成了极具中国特色的辩证逻辑体系。在这个体系中，人只是诸“象”中的一个，天地万象之间和谐生长则是周易大道的主旨所在。因此，可以毫不怀疑地说，儒家譬式思维方法符合现代经济活动对生态文明建设的需求。

二、儒家譬式思维方法在现代经济活动中的运用

（一）运用儒家譬式思维方法提高组织和研究者的创新能力

第一，运用譬式推理方法，改进生产工序

味千中国控股有限公司的创始人、主席兼行政总裁潘慰在产品开发流程中增加了一个特殊的工序，就是组织公司高层人员“试吃”。对于半年更换一次菜单，每年菜品更新率高达40%的味千拉面来说，是每月都要频繁进行的工作。而老总们手中的这碗汤面，可能在很短的时间内，就出现在你家楼下味千拉面的新产品菜单上[26]。潘慰增加的这一道工序，看起来很简单，但深得儒家譬式思维方法的精髓。人的味觉的确具有很强的主观性，众口难调，但是根据同类取譬的方法，卖自己“试吃”之后认为好的产品，这是一个相对优势策略。技术部可以根据这个策略对面条的主料和配料进行进一步的调整和改进，这是实践中最为可靠的一种选择。当然，如果按照同类取譬法，潘总裁还应当进一步优化这种方法，专门成立一个来自各个不同风味地区的技术员品尝组和顾客品尝组，开发更具有地方风味的面食，获得更大的竞争优势。

第二，运用譬式推理方法，洞察经济行为规律

美国著名心理学家罗伯特·西奥迪尼教授有一次在街上遇到一个男孩，小男孩先作了一番自我介绍，然后问要不要买几张五美元一张的杂技表

演票，教授婉言谢绝了。“既然是这样，”小男孩说，“要不要来一点我们的巧克力？只要一元钱一块。”教授当即买了几块。当然，教授很快感觉不对劲，他马上回到办公室，把研究助理们叫过来开会。研究后发现，这是互惠原理在起作用[27]。西奥迪尼教授是研究依从心理学的专家，他曾广泛参与了推销、募捐、广告等多个职场，亲自体验人们在经济行为中的行事逻辑，虽然他更多的是从心理学的角度对这些行为进行描述和解释，但是他的研究法却毫无疑问是逻辑的方法。像他这样把自己的事例拿来进行反思，并进行验证和推广，就是典型儒家譬式推理方法。运用譬式推理方法洞察经济行为规律，然后再进行细心论证，这是现代经济学研究的重要方法。

(二)运用儒家譬式推理方法提高员工的凝聚力

增强员工凝聚力的核心环节就是通过领导者的行为和决策把企业的核心理念植入到员工心中，提高员工的认同感和归属感。普遍性知识对人们认识活动的指导作用只是从抽象意义上来说的，现实中，人们在与他人交往沟通时，总是在自己既定的思维模式指引下和已有的知识结构和系统诱导下来认识和推论未知世界的。儒家譬式推理方法通过取譬来启发思考，能触发核心价值的植入机制，促进企业核心价值的形成。李嘉诚在创业初期，遭遇了塑胶厂濒临倒闭的危机。一天，他回到家里，担心母亲为他操心，所以强作欢颜。但还是被细心的母亲看出来了。母亲给他讲了一个和尚因守信用而得传衣钵的譬喻。李嘉诚听后，悟出了“诚信是立商之本”。他回到工厂，召集员工大会，坦陈了自己的错误。安顿好员工情绪之后，他又一一拜访银行、原料商、客户，向他们道歉，并作出相应承诺。李嘉诚的做法得到大多数人的谅解，并很快度过了危机[28]。李嘉诚的母亲虽不经商，但是她使用的却是儒家常用的譬式推理方法，举出一个例子，让儿子自己“取譬”、推理。李嘉诚从中领会到了处理人际关系的根本道理，所以能够以诚感人，取得了大家的谅解和支持，提高了员工的凝聚力，从而使工厂走出困境。

(三)运用儒家譬式推理方法促进新时期的生态文明建设

儒家譬式思维方法体系是一个全方位取譬的体系，同类取譬和异类比德使人们能超越自身的局限，把人和自然万物同等看待，取其同，别其异，求其理，最终获得了有中国特色的生态伦理智慧。通过取譬，儒家认为，人与大自然的关系是相互依存的关系，人是大自然中的一群生命体，是大自然的一个组成部分，不应该随心所欲地征服自然、统治自然、支配自然，而必须学会尊重自然，爱惜自然。儒家依据“取譬”系统，认为对待天地万物应采取友善、爱护的态度，若随意破坏、浪费资源，就会危急到人类自身。孔子说，“伐一木，杀一兽，不以其时，非孝也。”儒家突破了固有的家庭与社会伦理思想范畴，由家庭、社会进一步拓展到生态自然，完成了“亲亲、仁民、爱物”的逻辑发展轨迹，从爱人到爱物，走人与自然和谐发展的道路。现代企业如果理解和接受儒家的譬式思维方法与主张，提升企业的社会责任，企业家都来做关心社会和环境的儒商，那么我们党提出的生态文明建设的政治主张就能很快实现，企业也会得到健康和持续的发展，赢得良好的商誉。

三、儒家譬式推理方法在管理中的运用

（一）儒家譬式推理方法在决策中的运用

作管理决策，关键是要对决策本身的定性上有基本判断，如果这个判断出现失误，对管理活动来说将是致命的。管理活动往往会涉及方方面面的利益，如果不能体会管理对象的处境，就不能感受到管理行为实施后的直接影响，因而就会麻痹大意，等到意识到问题时，往往已经出现大的冲突，解决起来就很复杂。能近取譬的方法能使决策者综合比较，了解和推断并预知决策的后果，从而达到定性分析的目的。

通过取譬，可以推知已行之政的好坏。《新序·杂事》记载了这样一件事：郑国人游于乡校，议论执政的好坏。然明问子产为什么不毁掉乡校，子产回答说，为什么要毁掉呢？所论是好的就采纳，有怨言就改善治理方法，不能作威来防乱，“譬之若防川也，大决所犯，伤人必多，吾不能救也，不如小决之使导，吾闻而药之也。”孔子说，“以是观之，人谓子产不仁，吾不信也。”[29]子产通过取譬于防川，确信自己所执之政的正确。孔子据此说子产是仁人，很重要的原因在于子产把能近取譬运用到了管理中，这样仁政才能得以推行。这正印证了“能近取譬，可谓仁之方也已”这句话所含的“仁之方”不只是个人修身实现仁德之方，还包括推行仁政之方。

通过取譬，可以准确判断社会基本力量之间的关系和社会发展状况，确

保国家正确决策。贞观初年,唐太宗对大臣说:"为君之道,必须先存百姓。若损百姓以奉其身,犹割胫以啖腹,腹饱而身毙。"建议大夫魏征回答说:"古者圣哲之主,皆亦近取诸身,故能远体诸物。"[30]唐太宗把损害老百姓的利益比作割大腿的肉来喂饱肚子,等到肚子饱了,身体也就完了。可谓是深刻至极。正是通过这样的比喻,唐太宗和他的大臣们都始终以百姓为重,铸造了贞观之治的盛世。魏征的回答直接点出了唐太宗所打比喻的依据,就是"近取诸身"即"能远体诸物"。贞观六年,匈奴平定,社会安稳,生产丰收。一些大臣见机纷纷称述功德,请唐太宗举行封禅大典,只有魏征以为不可。唐太宗在这种氛围下也很想炫耀一下,于是质问魏征为什么不可封禅。魏征打了一个比方,有人得了十年的病,疼得很厉害,后来经过治疗调养终于马上要痊愈了,这时候是皮骨仅存。但是如果见他病好了,马上要他挑一担米,每天走一百里,一定做不到。现在的国家刚刚经受不止十年的战乱,虽然天下安定了,但是府库并不充实,茫茫千里,人烟断绝,鸡犬不闻,道路萧条,进退艰阻。怎么可以竭尽财力做那些劳民伤财之事呢?唐太宗从此不再提封禅之事了[30]。

通过取譬,可以判断领导者自身的管理水平,促使领导不断改善管理,提高管理的质量。唐太宗的成功很大程度上得益于他善于能近取譬,不断提高自身素养,加强管理。有一次,唐太宗把自己收集的优质弓给造弓的工匠看,工匠说都不是好弓,唐太宗由此领悟到自己戎马倥偬,多年使用弓箭,尚不能精通弓的学问,更何况刚刚即位治理国家呢?所以他从此诏京官五品以上晚上在中书内省值班,勤于政事,知百姓利害、政教得失。

通过取譬,还可以判断管理决策是否科学,及时纠正错误决策。有一次政府征兵,封德彝建议把家中满十八岁的排行第二的男子也征点入伍,唐太宗同意并下达了文书,可是魏征不同意,诏书下了三四次,魏征就是不同意。唐太宗大发雷霆,把他找来怒气冲冲地说,"中男若实小,自不点入军;若实大,是其诈妄,依式点取,于理何嫌?君过作如此固执,朕不解公意!"魏征严肃地回答说,把水抽干了来捕鱼不是得不到鱼,而是第二年没有鱼;把山林焚毁了来捕兽不是得不到兽,而是第二年没有兽。如果把家庭中的男劳动力都抽走了,以后农民的收入如何保障?国家的税收如何保证?而且兵贵在精，不贵在多，人多了也只是充当杂役，终是无用[30]。最后唐太宗同意了魏征的看法，作出了正确的决策。

《贞观政要》中记载这样的事例很多，唐太宗经常把治国与栽树相比，把君民关系与舟水关系相比，把治国与养病相比等，都非常深刻。在《旧唐书·魏征传》后，刘昫评论说，"臣尝阅魏公故事，与文皇讨论政术，往复应对凡数十万言，其匡过弼违，能近取譬，博约连类，皆前代诤臣之不至者。"[15]恰如其分地评价了魏征的贡献。正是因为魏征善于运用能近取譬的方法，所以他所进之言都直白易懂，简洁深刻，唐太宗十分器重他。尤为值得注意的是，贞观朝并不是只有魏征一人懂得运用取譬的方法，从唐太宗到房玄龄、张玄素、杜如晦、褚遂良等都经常运用。贞观朝的辉煌政绩不能不说和以唐太宗为首的领导集体懂得运用儒家譬式推理这样的定性方法有关。

（二）儒家譬式推理方法在识人用人中的运用

人才在任何时代都是管理者关注的核心，如何准确地识别人才，如何正确地使用人才，一直是管理的核心环节之一。由于儒家譬式推理方法重视综合比较，举一反三，所以对人才的定性分析准确率也很高。

儒家譬式推理方法的一个主要的做法之一就是拿自己作比，推知对方的心理、思想的活动状态。通过将心比心，设身处地，能从对方长期的行为中准确推知人才的基本政治态度，作出准确的定性分析。初唐时期，岭南诸州奏冯盎反叛，前后上奏有数十次之多。于是唐太宗要命令将军蔺谟、中郎将牛进等发兵征讨。魏征分析说，国家刚刚安定，还没恢复元气，岭南道路又险阻，出兵大事不可不慎，而且冯盎并没有造反，不必兴师动众。唐太宗说，那么多奏折都报他谋反，为什么你说他没有造反？魏征说，如果冯盎要谋反，当在国家还没有平定之时，若在那时候交结豪杰，镇守关隘，设置官府，自立为帝，加之岭南地理险要，谁能征服他？这么多年他的军队不出境，而且服从中央的领导，足以证明他没有谋反。而且，如果中央请他来朝谒，只要他没有反心，就一定会高高兴兴来，不必劳师远征。结果正如魏征所料。后来唐太宗说，"初，岭南诸州咸言冯盎反，人皆劝朕须振兵威，言者既多，不能无惑。唯魏征以为千石之弩，不为鼷鼠发机；大国之师，岂为蛮夷兴动？胜之不武，不胜为笑，但怀之以德，必不召自来。朕命一介使人，遂得岭表无事，不劳而定，胜于十万之师，征不可不赏。”[30]魏征的综合比较分析，看起来似乎稀松平常，但实际上是既有胆又有识，有胆的前提是有识，有识则是能近取譬的结果。在只能快马传书的时代，国家疆域辽阔，治理尤为不易，只有准确分析形势，判断地方官员的基本政治态度，中央才能作出正确的选择，魏征通过能近取譬准确判断出人才的政治态度，避免了一场内乱，功不可没。

《论语·述而》记载这样一段故事：冉有问子贡，想知道老师是否愿意出仕卫国。子贡答应问问，可是子贡并没有直接问孔子，他问：“伯夷叔齐是什么人呢?”孔子回答说：“是古代的贤人。”子贡又问：“他们的处境那么不好，心里有怨恨吗?”孔子回答说，“他们求仁得仁，有什么好怨恨的！”子贡出来告诉冉有说，老师是不会出仕卫国的。要了解一个人内心真实的价值观，不能直接问“你的价值观是什么样的”这样是有明显诱导性的问话，而要通过侧面的交流来比较发现。子贡的做法完全符合能近取譬的方法要求，这也可以说是孔子教导子贡“能近取譬，可谓仁之方也已”的一个注脚。

通过譬式推理，我国形成了古代独特的识人之方法。我国古代流传了一些经典的人才学的著作，如三国时期刘劭作的《人物志》、诸葛亮的《心书》、曾国藩的《冰鉴》等，他们提出的各种识人用人之方大多由譬式推理方法推导得来。比如诸葛亮主张到基层求才。他说，“夫柱以直木为坚，辅以直士为贤，直木出于幽林，直士出于众下。故人君选举，必求隐处，或有怀宝迷邦，匹夫同位；或有高才卓绝，不见招求；或有忠贤孝悌，乡里不举；或有隐居以求志，行义以达其道；或有忠质于君，明党相谗。”[31]87王充说：“有根株于下，有荣叶于上；有实核于内，有皮壳于外。文墨辞说，士之荣叶皮壳也。实诚在胸臆，文墨著竹帛，外内表里，自相符称；意奋而笔纵，故文见而实露也。人之有文也，犹禽之有毛也。毛有五色，皆生于体。苟有文无实，是则五色之禽，毛妄生也。选士以射，心平体正，执弓矢审固，然后射中。论说之出，犹弓矢之发也。论之应理，犹矢之中的。夫射以矢中效巧，论以文墨验奇。奇巧俱发于心，其实一也。”[32]另外，刘劭还提出了“八观”法，等等。

在实践中,识人和用人是不能分开的,用人之中已含识人之术。儒家譬式推理方法能使管理者准确把握人才内心的真实想法,了解人才的基本态度和价值观念,了解人才的知识结构和独特的才能,在用人之时通过儒家譬式推理方法常常能够克服一时之情绪,避免作出错误的决策。如有一次皇甫德参上书唐太宗,说营造洛州宫殿是劳人;收地租是厚敛;俗尚高髻是宫中所作。太宗很不高兴,认为这是讪谤,当须论罪。魏征进谏说:"昔贾谊当汉文帝时上书云'可为痛哭者一,可为长叹息者六。'自古上书,率多激切。若不激切,则不能起人主之心。激切即似讪谤,唯陛下详其可否。"太宗很高兴地接受了魏征的建议,说:"要是真处理了皇甫德参,以后就不会有人再提意见了。"[30]魏征打一个比方,把问题清楚明了地分析出来了,唐太宗也就消除了一时的情绪,维护了高层管理人员的和谐与稳定。

(三)能近取譬在沟通中运用

如何实现有效的沟通是管理的核心主题之一。领导公务繁忙,难有时间经常了解下情,所得的资料很多都是一级一级传送来的间接资料,若不能举一反三,以常情来综合比较分析,就很容易忽视基层的问题,最终导致积弊丛生,而等到问题显露出来的时候,就已经是非常严重了。如果管理人员能够运用能近取譬的方法,就能比较准确地获取真实的信息,实现有效沟通。

春秋五霸之一的齐桓公曾出门打猎来到一山谷,于是问一老者,这是什么地方?老人说是"愚公谷"。桓公很奇怪,就问为什么,老人说,谷名因他而起,他曾经养了一头母牛,生了一头小牛,等小牛长大了就牵到市场上去卖。一个青年人说,牛不能生马,没有付钱就把他的牛牵走了。邻居们以为老者愚蠢,就称这个山谷叫愚公之谷。桓公说,你也真是愚蠢,为什么要把牛白给他呢?第二天桓公把这件事告诉管仲。管仲非常严肃地自责说,"此夷吾之愚也。使尧在上,咎繇为理,安有取人之驹者乎?若有见暴如是叟者,又必不与也,公知狱讼之不正,故与之耳,请退而修政。"[33]老翁不敢告状,他还要生活,所以只好承认自己愚蠢。而桓公身居深宫之中,不能明白民间疾苦。只有管仲从言语之中进行譬式推理,分析出问题所在:以常人论,牛被人无理抢走,老人不敢告官,说明狱讼不正,狱讼之不正恰恰是自己一国之相的责任。孔子听说这件事以后,说:“弟子记之,桓公霸君也,管仲贤佐也,犹有以智为愚者也,况不及桓公、管仲者也?”齐桓公是有作为的国君,管仲是有名的贤相,在他们的治理下尚且还有以聪明为愚蠢的人,更何况那些不如桓公和管仲的管理者呢?孔子是一个很擅长分析的学者,他以事例作譬,先说明“取譬”可以准确捕捉隐含的未知信息,然后进一步说,在那样的高明人的管理下尚且如此,更何况那些不高明的人呢?看来只有认真比较分析,才有可能解读出正确的信息,实现有效沟通。

唐贞观二年,为充实后宫,文德皇后访求到了隋通事舍人郑仁基之女,太宗聘其为充华。诏书已经拟出,只等发布了。魏征听说她已许嫁陆氏,于是进谏阻止这件事,太宗听从了魏征的意见。可是其他几位宰相不同意,陆家也递交奏折表示与郑家毫无瓜葛,许嫁陆氏是外人妄说。古代皇帝的婚嫁是大事,经这么一折腾,太宗开始怀疑,继而生气,就质问魏征。魏征解释说,想必是陆家害怕皇上现在同意不娶郑女,日后会暗中加害于他,所以反复陈述郑女与其没有关系。而郑家是隋朝旧臣,也不敢言语。所以难以知晓真相。太宗于是下诏说,“今闻郑氏之女,先已受人礼聘,前出文书之日,事不详审,此乃朕之不是,亦为有司之过。授充华者宜停。”当时之人,莫不称叹[30]。

实现管理的有效沟通,不能仅仅依靠基层递交的材料,也不能仅仅靠视察的所见所闻。递交的材料都是被处理过的,那些对下级官员不利的信息大多被删除了,而外出视察,所到之处官员陪同,谁敢说“坏话”、提批评意见?而且视察所到之处一般都是处理过的现场。能近取譬的方法能使我们运用日常身边的事例进行综合比较和分析,推导出事件的可能性和不可能性,从而确知基层的真实情况,作出正确的决策。

综上所述,儒家譬式推理方法是我国古代社会实践中积累出来的重要方法,它能通过整体的推类获知未知事物的性质和状态,给决策工作提供基本的判断信息,而且通过综合比较和推理,为创新工作提供可靠的依据。在当今时代,虽然管理的各项技术条件比历史上各个时期都要先进,但是政策和治理目标始终要通过层层贯彻才能得以实现,而且我国各个地区的现实条件差异很大,要做好各个层级的工作,依然任重道远。这样的社会大背景,更凸显出能近取譬的譬式思维方法的现代价值。譬式推理方法不但对提升管理者的政治素养,使广大管理人员改善组织内部关系,提高人际和谐度,促进管理人员之间互相理解,团结协作也有着十分重要的作用。因此,我们提出,要重视对传统思维方法的研究和分析,把带着厚重道德解说外衣的传统思维方法剥离出来,恢复它的本来面目,挖掘出传统思维方法的现代价值,实现现代和谐管理,使人们在新时代还能真正体会到传统思维方法带来的效益。只有这样,我们才能走出一条既现代的又有中国特色的和谐发展道路。

【参考文献】

[1]冯友兰:《中国哲学史新编》(第一册),人民出版社1982年版。

[2]冯友兰:《中国哲学简史》,北京大学出版社1996年版。

[3][宋]黎靖德:《朱子语类·卷三十三》(第3册),中华书局1986年版。

[4][宋]朱熹:《四书章句集注》,中华书局1983年版。

[5]杨树达:《论语疏证》,上海古籍出版社1986年版。

[6]杨伯峻:《论语译注》,中华书局1980年版。

[7]李泽厚:《论语今读》,安徽文艺出版社1998年版。

[8]金良年:《论语译注》,上海古籍出版社1995年版。

[9]杨普罗:《再释"仁之方"》,《学术研究》2002年第1期。

[10]朱乐宁:《"能近取譬"辨释》,《黄山学院学报》2003年第1期。

[11](汉)许慎撰、(清)段玉裁注:《说文解字注》,上海古籍出版社1988年版。

[12]汉语大字典编辑委员会编,徐中舒主编:《汉语大字典》,四川辞书出版社、湖北辞书出版社1990年版。

[13](清)王先谦:《荀子集解》,中华书局1988年版。

[14]周谷城:《中国通史》(上册),上海人民出版社1957年版。

[15](后晋)刘昫等撰:《旧唐书》(第八册),中华书局1975年版。

[16]张晓芒:《"譬"的思维方法及其在现代教学中的作用与意义》,《湖南科技大学学报》(社会科学版)2004年第2期。

[17]王明辉:《何谓逻辑学》,中国戏剧出版社 2005 年版。

[18]何宁:《淮南子集释》,中华书局 1998 年版。

[19]金景芳:《周易·系辞传》新编详解,辽海出版社 1998 年版。

[20]《周易正义》,《阮元校十三经注疏本》,上海古籍出版社影印 1997 年版。

[21]向宗鲁:《说苑校证》,中华书局 1997 年版。

[22][美]约瑟夫·熊彼特著,何畏、易家详等译:《经济发展理论——关于利润、资本、信贷、利息和经济周期的考察》,商务印书馆 1990 年版。

[23]瞿麦生:《关于经济逻辑学及其研究的基本构想》,《天津商学院学报》2007 年第 1 期。

[24]瞿麦生:《寻求超越——点击经济逻辑》,香港东西文化事业公司 2004 年版。

[25]胡锦涛:《胡锦涛在中国共产党第十七次全国代表大会上的报告》[EB/OL].(2007-10-24)[2007-10-25].http://news.xinhuanet.com/newscenter/2007-10/24/content_6938568.htm。

[26]谭丽雅:《一碗拉面生意做到 90 亿》,《京华时报》2007 年版。

[27][美]西奥迪尼著,张力慧译:《影响力》,中国社会科学出版社 2001 年版。

[28]黎红雷:《中国管理智慧教程》,人民出版社 2006 年版。

[29](汉)刘向编,卢元骏注译:《新序今注今译》,天津古籍出版社影印台湾商务印书馆版 1988 年版。

[30](唐)吴兢撰,[日本]原田種成校:《贞观政要定本》,日本财团法人无穷会东洋文化研究所,昭和 37 年 05 月。

[31](蜀)诸葛亮撰,乙力编:《诸葛亮兵法》,兰州大学出版社 2004 年版。

[32](汉)王充撰,黄晖校释:《论衡校释》(附刘盼遂集解),中华书局 1990 年版。

[33](汉)刘向编,卢元骏注译:《说苑今注今译》,台湾商务印书馆 1979 年版。

第二十五章　概率动态认知逻辑研究动态——兼论其对经济逻辑研究的意义

概率逻辑是逻辑学界、哲学界、经济学界和心理学界共同关注的研究领域,将认知逻辑和动态、时间逻辑等和概率逻辑相组合,来对概率进行研究是目前国际上比较前沿的研究领域,同时也可以为经济逻辑研究提供新的方法。

第一节　概率逻辑的研究背景及意义

对归纳逻辑的前沿性研究首先要对作为归纳逻辑主体的概率逻辑进行研究。概率逻辑的前沿问题体现在三个方面:第一,在逻辑哲学方面,或者说从概率逻辑的语义上看,归纳逻辑研究焦点集中在对概率的各种不同解释上。按照古典解释,概率与可能性是密切相关的,这样一来,概率就成了一种模态;按照逻辑的解释,概率理论作为部分蕴含的逻辑,实质上是演绎逻辑的推广;对于像频率解释和性向解释那样的客观主义解释来说,概率理论可以看做是“机遇”的逻辑;按照主观贝叶斯主义的解释,概率是关于部分信念的逻辑。其发展趋势是概率解释的多元化,在各种解释中,认识论解释适用于社会科学,而客观主义解释适用于自然科学。在该过程中,主观概率有了长足的发展,特别是主体交互概率解释的兴起和发展。第二,在逻辑方面，通过对主观主义概率原则的放宽和弱化，催生了许多非柯尔莫哥洛夫(Kolmogorov)概率公理系统，比如抛弃西格马域子结构、抛弃精确概率、完全抛弃数字概率、负值概率和复数值概率、抛弃正规化公理等，从某种意义上来说，它们是在帕斯卡概率的各种解释遇到这样或那样困难的情况下提出来的，是对帕斯卡概率逻辑的进一步发展，是"异常"逻辑在归纳概率逻辑中的对等物。值得注意的是，"动态概率认知逻辑"以及概率判断的支持理论等，在主观主义概率理论发展的大背景下，开启了把概率逻辑与认知逻辑结合起来研究的全新道路，成为概率逻辑系统的一支新秀。第三，在应用方面，随着主观贝叶斯主义的蓬勃兴起，归纳逻辑被广泛地应用于社会科学和自然科学。一方面，经济学家、社会学家、政治学家把贝叶斯定理作为工具，应用于主体间行为、群体行为的研究，极大地促进了决策理论和博弈论的发展，使归纳与决策问题、归纳与博弈问题成为研究热点，其表现之一是归纳概率与博弈论相结合的"博弈逻辑"的兴起。另一方面，计算机科学家和人工智能研究者把归纳逻辑，特别是贝叶斯定理作为工具对包括专家系统、基于主体的系统等知识系统的知识进行推理，推动了贝叶斯网络、知识挖掘、知识处理、机器学习等方面的研究。总的来说，"概率化"是现代归纳逻辑发展的主要标志，而对概率的解释问题始终是归纳逻辑哲学的中心问题之一。通过对概率解释不断深入地研究，可以揭示经典概率逻辑理论的局限性，因而进一步推动概率逻辑的发展，从而刺激概率逻辑的研究向前发展。在现代逻辑的研究过程中，出现了很多重要的分支，其中包括认知逻辑、动态逻辑、时间逻辑、概率逻辑，利用现代逻辑为工具，将这些逻辑进行交叉和融合，具有广阔的发展前景，并广泛地应用于各种社会科学和自然科学之中，为哲学、计算机科学、人工智能、心理学、经济学等各学科的研究提供了重要的工具。

归纳逻辑是逻辑学家应该关注的一门学科，现代归纳逻辑的发展，主要基于对概率逻辑的一种发展。概率事实上是普遍存在的。在所有的科学中它都起到了重要的作用。它支撑了大量的社会科学——证据，例如，统计测试，置信区间，回归法等就是一些比较流行的应用。另外，它也渗透到了哲学的许多领域。比如在认识论，心灵哲学，认知科学，我们都可以看到用主观概率函数来模拟这样一些概念,并且知识也可以通过这样的函数更新来模型。因为概率论是决策论和博弈论的核心内容,它也可以作为伦理学和政治哲学的分支。它也出现在科学哲学中,用来分析理论的确证,例如量子力学,统计力学,遗传学。在逻辑哲学中,甚至也占据着重要的位置。因而,在概率的基础理论中的问题至少承担着间接地,并且有时是直接地涉及自然科学、社会科学和哲学。对概率的认知基础的研究是这些基础问题中最重要的问题之一。

从研究方法上看,目前贝叶斯推理的研究普遍采用实验验证有关假设的方法。显然,仅仅这样是不够的。如果采用认知科学中的多种方法,尤其是计算机科学广泛采用的非单调推理方法、数据挖掘方法等,有可能更好地说明一些争论问题。

归纳论证和演绎论证的区别在于前者具有逻辑和事实两方面的不确定性。因此,归纳概率逻辑研究的最基本的逻辑问题是归纳论证的不确定性度量问题。进一步,由于度量归纳不确定性的方法,即归纳方法,本身是一个归纳论证。所以它面临着描述恰当性和合理性两方面的问题。后一问题,即休谟(Hume)问题,是归纳概率逻辑最基本的认识问题。帕斯卡归纳概率逻辑预设了逻辑全知者假定和概率全知者假定,这使得基于帕斯卡概率各种解释的归纳逻辑分别遇到各种不同形式的描述恰当性和合理性两方面的困难。从认知科学和哲学的视角看,归纳逻辑句法的发展经历了从帕斯卡概率逻辑或科尔莫哥洛夫概率逻辑到非帕斯卡概率逻辑或非科尔莫哥洛夫概率逻辑的发展历程。前者是经典概率逻辑,后者是非经典概率逻辑。这类似于演绎逻辑中经典逻辑与非经典逻辑之分[1]。

第二节　目前研究状况

在国外对概率的研究比较早,也比较深入。近期的研究现状为 2003 年 J.Y.Halpern 出版了《不确定性推理》[2](*Reasoning about Uncertainty*)对不确定性的相关问题进行了详细的讨论。

认知逻辑是模态逻辑,最初是由辛迪卡(Hintikka(1962))[3]发展起来的。在辛迪卡的《知识和信念》(*Knowledge and Belief*,1962)一文中,首次利用了可能世界来刻画知识这一研究领域被称为是认知逻辑(epistemic logic)。在此"认知"(epistemic)一词的含义更加宽泛,借助于信念和其他的一些方法,一个主体的认知也可能包含信息,在该领域中出现了大量的研究文献。在此,仅仅给出了认知逻辑的一些概貌。如果希望获得更多的关于认知方面的知识,可以参见 Fagin, Halpern,Moses 和 Vardi(1995)[4]或者是 Meyer 和 Van der Hoek(1995)[5]。《知识推理》(*Reasoning about Knowledge*)涉及了知识推理。主要介绍了知识模型的完全性和复杂性,多主体系统中的知识、协议和程序,公共知识和一致性,建立在程序基础上的知识,知识的发展,逻辑的全能,知识和计算,公共知识修正等相关的认知逻辑,对认知逻辑作了详细而全面的论述。

逻辑动态就是如何去研究带有行动的逻辑的方法,但是它也可以从哲学的角度来进行定义。在一阶逻辑理论的基础上通过增加行动、事件和博弈等方法,从而丰富了一般意义上的哲学里的逻辑动态的研究方法。在 20 世纪末,通常主要从逻辑和哲学的结合点来进行考察,如 van Benthem (2007)[6]文章中所陈述的内容不仅仅只是一些子规则,而更多则是一些在哲学、逻辑、语言学、计算机科学和其他领域之间都适用的一些规则,他将用来研究认知科学的一些逻辑的方法运用到对信息科学的研究,从而从某些方面回避了关于逻辑全知者的假定方面的一些哲学问题,将认识逻辑从静态转向了动态,从"动态视角"来考察信息及其变化。

动态逻辑是用来发展计算机所处理的程序的模态逻辑。该逻辑分支是从 Pratt(1976)[7]开始的,主要研究命题动态逻辑(PDL),Segerberg (1977)[8]给出的公理系统大部分至今仍在使用,但对其完全性的证明很难,后来由 Kozen 和 Parikh(1981)[9]提出的证明是最精致的证明系统之一。在《逻辑哲学手册Ⅱ》中 Harel 的"动态逻辑"(Dynamic Logic, 1984),引入了计算机程序处理的一些方法,建立了命题动态逻辑系统(PDL),给出命题动态逻辑的语形、语义、过滤和可判定性以及演绎的完全性和 PDL 的复杂性,并给出了一个标准的 PDL 逻辑系统,最后又给出了一阶动态逻辑

DL,并给出了其公理系统,对动态逻辑进行了全面系统的研究。存在的问题是采用典范模型的方法来提供的完全性的证明应用起来并不是很成功。(一个典范模型是一个模型使得每一个不可证明的公式在该模型中都可以找到一个反例,参看(Blackburn, de Rijke 和 Venema, 2001)[10]。由 Segerberg 提出的公理系统是一个弱完全的系统,因为 PDL 不是紧致性的(compact)。其目的是为命题动态逻辑提供一个强完全性的证明系统,对于该系统所采用的典范模型的方法常常用来证明完全性。这主要来自于 Gerard Renarel 和 Rineke Verbrugge 的工作相关的成果(参见 Renardel de Lavalette, Kooi,和 Verbrugge, 2002[11])。无穷的证明系统 PDLω,以及一些证明的推演规则,主要是用来证明 PDLω 是强完全的。为不可数的公理化的模态逻辑提供了一个强完全性的证明方法,特别适用于带有公共知识算子的认知逻辑。PDLω 的典范模型并不满足程序协调性。

B.P. Kooi 在 2008 年的《动态认知逻辑》(*Dynamic Epistemic Logic*, 2008)中对认知逻辑,动态认知逻辑,信念修正,公开宣告逻辑,认知行动,行动模型,完全性,复杂性等问题进行了系统的讨论和研究。

Johan van Benthem 在 2008 年的论著《*Logical Dynamics of Information and Interaction*》中讨论了信息动态,理性主体和智能互动,基于范围的认知逻辑和信息,公开发现的动态逻辑、推理和实现的动态逻辑,博弈中的理性动态,遭遇概率等涉及信息变化的认知逻辑、概率逻辑、决策逻辑和博弈逻辑等领域的知识。

现在有许多将概率、信念和时间相结合的论文,其中包括 Halpern 和 Tuttle(1993)[12]以及 Fagin 和 Halpern(1994)[13],他们都运用了关于执行(run)的概率系统。Kooi(2003)[14]一文则将概率逻辑和公开宣告逻辑结合起来,该概率系统所涉及的时间,包括过去时和将来时,但却需要利用条件以确保主体的概率方法能够根据实际需要而改变。公开宣告逻辑和更一般的动态认知逻辑(DEL)都提供了技术方面的程序来处理基于接受公开信息的信念变化,并且 Kooi(2003)中扩充了这种技术程序来证明概率方法如何可以改变已知的信息。但是,DEL 限制了用它来表达具有过去和将来特征的时间的能力。在非概率的语境中通过增加时间算子到 DEL 中实现,论文 Sack.J(2008)[15]中刻画了执行系统中的随机时间,就是采用的类似的技术手段,通过 DEL 系统可以从一种状态转化到另一种状态。该论文的目的是为了将时间逻辑和 DEL 逻辑相结合的概率,其重点引入先验的时间算子并探索其完全性。

在 Satoru Suzuki(2006)的《*Prolegomena to General-imaging-Based Probabilistic Dynamic Epistemic Logic*》一文中,给出了一个新的概率动态认知逻辑系统,并且粗略地证明了其可靠性和完全性,并将 Kooi.B.P(2003)中的系统由单主体扩充为多主体的情况。

概率更新是最近一些年来比较新的研究领域,它主要是通过构造动态认知逻辑,从而对信息变化进行推理,其采用的方法就是概率信息,同时也可引入与多主体相关的理论来对信息进行推理。Johan van Benthem, Jelle Gerbrandy and Barteld Kooi 在 2006 年发表了一篇题为《*Dynamic update with probabilities*》的文章,提出了静态认知概率逻辑,非概率信息更新的动态认知逻辑以及将认知和概率相组合的概率更新系统,并为概率信息变化提供了一个模型,构建了动态认知概率更新逻辑系统。

郭美云的博士论文《带有群体知识的动态认知逻辑》(2006)在认知逻辑的基础上引入公开宣告算子,并且引入了公共知识和普遍知识算子,给出了带有群体知识的动态认知逻辑的完全性和可靠性的不同的证明方法。国内学者李小五的《动态认知逻辑专题》(*Topics on Dynamic Epistemic Logic*, 2008)也对动态认知逻辑进行了详细的研究,其中主要涉及认知逻辑,动态逻辑 PDL,无穷命题逻辑系统,动态认知逻辑,作一个行动,知道一个行动,认识一个行动,认识概念,知道一个个体和知道一种关系,动态否定,动态条件逻辑,认知系统和条件系统的更新语义等内容。刘奋荣的《动态偏好逻辑研究》,研究了动态偏好逻辑,该逻辑可以用来研究博弈及决策等相关的领域。这些学者都分别从动态的角度,对认知逻辑、偏好逻辑进行了深入的研究,很好地实现了将动态逻辑和认知逻辑的交叉融合,然而,他们并没有将概率和认知、动态相融合。

第三节　存在的问题及未来研究方向

目前国内外对认知逻辑的研究已经相当成熟,而如今认知逻辑有向应用领域发展的趋势。随着信息科学的不断发展,博弈、信息、计算机科学和认知逻辑的结合愈加紧密。去年,曾有多项社科基金是属于认知逻辑方面的项目,如西南大学何向东主持的国家社科基金项目《基于逻辑视域的认知研究》,编号为:11BZX062),教育部人文社科研究项目有湘潭大学陈晓华的《基于认知动作和受限主体的逻辑研究》,中山大学崔建英的《博弈论中理性主体互动的动态认知逻辑研究》等。

但是,由于认知逻辑存在有一些问题,如知识的全知或称知识的全能问题,以及现代模态逻辑的研究现状,制约了认知逻辑的进一步发展,虽然认知逻辑从静态发展到动态,由单主体发展到多主体,由单一的认知逻辑同其他的如时间逻辑、概率逻辑、动态逻辑等进行组合,从而构造出新的逻辑系统,但这些都无法回避认知逻辑所面临的研究困境。阿姆斯特丹大学的范本特姆教授为了回避知识全知和全能问题,将对知识的研究转向对信息的研究,和信息科学以及计算机科学中的动态逻辑相结合,同时利用数学中的集合论中的选择公理、树、广义拓扑、定义在二阶算术上的布尔集以及映射集等理论来研究博弈论,动态信息以及言语行为等理论。2009 年至 2011 年间,国外又有几篇博士论文包括 Andreas Witzel 的《知识和博弈:理论和执行》(2009 年 5 月)、Tomohiro Hoshi 的《认知动态和协议执行》(2009 年 8 月)、Daisuke Ikegami 的《在集合论和逻辑中的博弈研究》(2010 年 4 月)、Fernando Raymundo Velazquez Quesada 的《动态信息初探》(2011 年 2 月)都是从应用的角度来对认知逻辑和动态信息进行研究。综上可见哲学逻辑以及集合论的发展对信息科学和博弈论的研究至关重要,逻辑学界与信息科学和博弈论界在研究重点上有很大的不同。逻辑学家注重理论研究,信息科学和博弈论家注重逻辑的实际应用。这两个领域往往各自独立地研究同一个问题,却较少交流沟通,在我国,这种情况尤为突出,自 20 世纪中以来,我们更多地借鉴苏联的学科划分体系,致使学科之间的交叉渗透难以进行,重复研究,壁垒森严的现象时有发生。目前我国的逻辑学和信息科学和博弈论领域同样是这种局面。显然,从信息科学和博弈论、人工智能、认知科学角度来看待逻辑,其研究视角和研究内容具有很大的开拓性。

现在我们讨论更深层次的研究,公开认知一个语句并不是人们可以获得新信息仅有的方法。在信息中存在的有些变化却不能用概率动态认知逻辑来模型。在将来,也希望可以模型博弈行动。在 Baltga, Moss, Solecki (1999)中为带有公共知识的动态认知逻辑提供了一个完全的证明系统。

除此之外,另一研究方向是沿着 Baltag(2002)所提出的方法来发展的新的逻辑,将认知行动看做认知行动模型,为带有认知模型的积,生成一个执行行动后的结果,这些模型都可以看做是由概率模型组成〔可参见 van Benthem(2002a)〕。即使如此,如果行动假设无法将可能世界集区分开来,就会出现问题,为了解决这样的问题,人们就不得不去模型策略和协议。

在概率论中,还有其他的更复杂的将新信息相混合的方法,例如 Jeffrey 的条件化规则〔参见 Jeffrey(1983)〕,Dempster 的复合规则〔参见 Dempster (1967)〕和交叉熵(cross entropy)〔参见 Kullback 和 Leibler(1951)〕。他们分别构建了不满足条件概率为模型来表达混合新信息的方法。

同时在该领域的研究还面临着其他一些问题。

其一,是概率的哲学问题。概率逻辑可以看做是数学概率和哲学概率之间的一个桥梁,不同的哲学可以得到不同的逻辑,但是这些逻辑之间的相互关系及其应用是值得研究的。

其二,运用组合模态逻辑,是否可以构造越来越复杂的逻辑系统呢?关于组合方法是否能够持续不断地构造越来越大的逻辑系统的问题,以及构造动态认知概率逻辑系统的必要性问题,刘奋荣曾经在 2008 年 4 月,在她的博客中记载下了刘新文向范本特姆的提问,以及范本特姆所作的回答。刘新文曾经问道:现在大家似乎对逻辑的组合很感兴趣。例如,我们可以在认知逻辑中加入动态算子得到动态认知逻辑,加入时间,得到时态的动态认知逻辑,然后再加入策略等。这一过程似乎永无止境。我有时想,这样做的目的到底是什么?当我们做这样的事情的时候,应当考虑什么问题呢?

范本特姆的回答如下:“能否持续不断地构造越来越大的逻辑系统呢?首先需要提醒的是,对形式模型做‘有控制地扩张’是科学事业的核心,所以这样做本身没有什么错。当然应当也要有‘侧重的’创造性的活动,找到简单的新模型来解释迄今为止未探索的现实的某些方面。事实上,关于理性主体的个别方面(例如行为、信念和偏好等)的模型早已存在很长一段时间了。这就是通常所谓的‘分析’方法的一种体现。但在很大程度上却忽略了另外一个新问题:这些要素能否成功地在系统中运作呢?或者说所有的这些事情在人的头脑中能否同时进行呢?”

“在20世纪90年代出现了激动人心的新趋势,即考察当逻辑系统组合在一起的时候会是什么样的,大家都对模态逻辑系统的各种组合进行了‘实验’。可以把这看做是实际的需要,但是我本人却把它看做是关于‘认知体系’的基本问题:即不同的逻辑子系统在交换信息的过程中如何能够共同发挥作用呢?随着时间的流逝,大家将会清楚地看到,该问题是很棘手的。原因在于整个系统的复杂性是由组成部件的复杂性所决定的,而且也受组合方式的制约。例如,J.Halpern和M.Vardi发现了如下的结果:如果把单独的可判定的认知逻辑和时态逻辑组合在一起,假设主体具有完美的记忆力,那么组合的认知时态逻辑将会变得不再是可判定的了。存在的问题是,为了描述更有意义的现象,就需要更复杂的系统,主体需要执行很多不同的任务。恰当的方法论就是首先要在简单的逻辑系统中来对这些任务进行分析。最后,需要弄清楚如果把这些系统组合在一起,它们是如何运作的,对此还远没有较为一般的认识。我(范本特姆)本人也曾经与E. Pacuit和J. Gerbrandy写论文讨论过将动态认知逻辑和时态逻辑组合在一起的相关问题,我们脑中的确在思考这样的一些一般性问题。大家并不提倡‘盲目的’组合,但大家也的确意识到了其中涉及的复杂性的极限问题。我认为不能不加限制地构造大的怪物,但是却希望看到这是激动人心的挑战!什么样的原则可以促使组合的逻辑变得更加简单呢?如何能够避免著名的‘科学悖论’,即创造的理论比现实还要复杂呢?我们的目标应当是解释现实,设法简化现实。”可见,运用组合模态逻辑的方法,并不能无限制地进行任意组合,而应该根据需要,构造出符合实际的模型。

第四节 对经济逻辑研究的意义

在应用方面,随着主观贝叶斯主义的蓬勃兴起,概率动态认知逻辑被作为研究工具和方法,广泛地应用于经济逻辑领域。经济学家、社会学家、政治学家把贝叶斯定理作为工具,应用于主体间行为、群体行为的研究,极大地促进了经济逻辑中决策理论和博弈论的发展,使归纳与决策问题、归纳与博弈问题成为研究热点。例如:归纳概率与博弈论相结合的"博弈逻辑"、归纳概率与决策理论相结合的"决策逻辑"得以借此方法迅猛发展。

阿姆斯特丹大学的范本特姆教授将信息科学和计算机科学中的动态逻辑相结合,同时利用数学中的集合论中的选择公理、树、广义拓扑和定义在二阶算术上的布尔集以及映射集等理论来研究博弈论、动态信息以及言语行为等理论,为研究理性主体博弈过程中的理性动态、智能互动等涉及信息变化的认知逻辑、概率逻辑、决策逻辑和博弈逻辑等,提供了新的研究范式。

【参考文献】

[1]鞠实儿:《非帕斯卡归纳概率逻辑研究》,浙江人民出版社 1993 年版。

[2]Halpern. J. Y. *Reasoning about Uncertainty*. MIT press , Cambridge, Massachusetts London, England, 2003.

[3]Hintikka,J. *Knowledge and Belief*:*An Introduction to the Logic of the Two Notions*.Cornell University Press,1962.

[4] Fagin, R., Halpern, J. Y., Moses, Y. and Vardi, M. *Reasoning about knowledge* . MIT Press, Cambridge, MA,1995.

[5]Meyer, J.-J. and W. van der Hoek. Epistemic Logic for AI and Computer Science. Cambridge: Cambridge University Press. 1995.

[6]van Benthem,J. Logic Games, From Tools to Models of Interaction. in

A. Gupta, R. Parikh & J. van Benthem, eds. *Logic at the Crossroads*, Allied Publishers, Mumbai, 2007: 283 - 317.

[7]Pratt, V. R.. Semantical considerations on Floyd-Hoare logic. In Proceedings of the 17th IEEE.1976.

[8]Segerberg, K. A completeness theorem in the modal logic of programs. Notices of the American Mathematical Society 24 (6), A{552. 1977}.

[9]Kozen, D. and R. Parikh. An elementary proof of the completeness of PDL. Theoretical Computer Science 14, 113 - 118. 1981.

[10]Blackburn, P., M. de Rijke, and Y. Venema. *Modal Logic*, Volume 53 of Cambridge Tracts in Theoretical Computer Science. Cambridge: Cambridge University Press. 2001.

[11]Renardel de Lavalette, G.R., B. P. Kooi, and R. Verbrugge.Strong completeness for propositional dynamic logic. In P. Balbiani, N.-Y. Suzuki, and F. Wolter (Eds.), AiML2002-Advances in Modal Logic (conference proceedings). P.377 - 393. Institut de Recherche en Informatique de Toulouse IRIT.2002.

[12]Halpern,J. and Tuttle, M. Knowledge, probability, and adversaries. Journal of the ACM. 40(4):917—962. 1993.

[13]Fagin, R. ad Halpern, J. Reasoning about knowledge and probability. *Journal of the ACM*. 41(2): 340 - 367, March 1994.

[14]Kooi, B. P. Probabilistic dynamic epistemic logic. *J. Logic Lang,. Infrom*, 12(4):381 - 408, 2003. Special issue on connecting thc different faces of information.

[15] Sack, J. Temporal languages for epistemic programs. *Journal of Logic, Language and Information*. 17(2):183 - 216. April 2008.

[16]江天骥:《归纳逻辑导论》,湖南人民出版社 1987 年版。

第二十六章　经济逻辑研究的科学逻辑视角

本章提出经济学逻辑的一种新研究纲领，即科学逻辑纲领，它既不同于传统的应用形式逻辑加语言逻辑纲领，又不同于博弈论纲领。

几个关键性概念的联系与区别：科学逻辑与科学哲学，经济学方法论与经济哲学。

经济学科学逻辑纲领主要研究内容的示例：

(1)经济学定律的趋势律性质。演绎主义，检验的辅助作用。

(2)理论的形式结构。经验定律与理论原理，模型的理想化。

(3)经济学解释。演绎—规律模式(D—N 模式)，归纳—统计模式(I—S 模式)，等等。

(4)经济学理论辩护的逻辑。简单证伪图式与整体论证伪图式。

(5)经济学理论演变发展的逻辑。纲领方法论简介，用调整辅助假说消解反常，维护核心原理，等等。

2002 年 11 月全国经济逻辑会议在天津的召开，标志着我国经济学逻辑研究开始进入一个新的更高的发展阶段。

自 1987 年《工作与逻辑》、1988 年《经济逻辑学》[1]的出版到 2002 年全国经济逻辑的天津会议的召开，我国的经济逻辑基本上是在形式逻辑为主导的范式(即概念框架)中展开研究的。通常，经济逻辑表现为形式逻辑的扩展与应用，这是它的基本定位。然而，我们认为实际上经济逻辑(更细致的划分是：针对经济现象的称作“经济逻辑”，针对经济学理论的，则应称为“经济学逻辑”。但在不作细致分辨时，仍笼统地合称为“经济逻辑”）应当在科学逻辑的范式中展开研究才更加合适，而不应当定位在形式逻辑上。原因在于，随着国际上经济学方法论研究的进展，以及近年来国内对科学哲学（连同科学逻辑）的深入研究和广泛传播，为经济逻辑的研究提供了全新的背景。在这种背景下，经济逻辑的研究已经出现新的转机，也就是面临着从形式逻辑向科学逻辑的范式转换。借助于这种范式转换，有望实现我国的经济逻辑研究的创新，从而很好地与国际接轨。

第一节　“经济学的科学逻辑”想法之由来

这里，首先要弄清经济学理论、经济学方法论与科学哲学（连同科学逻辑）的相互关系。在西方，经济学的理论研究离不开经济学方法论，而经济学方法论则直接表现为科学哲学的通用原理在经济学理论中的应用。科学哲学学术圈内的人都知道这一件事。那么，科学哲学与科学逻辑的相互关系又如何呢？简单地说，他们就像一对孪生子，只是同一个科学方法论的不同表现或变形。如果需要突出科学方法论的哲学方面，它就以科学哲学的身份而出现；如果需要突出科学方法论的逻辑功能，那么它就以科学逻辑的面貌出现。在西方经济学方法论与科学哲学文献中，实际上已经提供了大量可供选择的逻辑与方法论理念以及经济学的思想素材。对于我们经济逻辑研究者而言，只要我们善于批判性地学习，并善于做改造、转换工作，就必定能够从这一丰富的思想宝库或者说是强有力的方法论的工具箱中汲取对自己有用的东西。2002 年 11 月，桂起权教授带领着对经济学逻辑有着浓厚兴趣的博士生段文辉参加了全国经济逻辑的天津会议，在语言逻辑、形式逻辑、博弈逻辑百家争鸣的热烈气氛激励之下，桂教授提出了“经济学的科学逻辑”的口号和纲领。

实际上，在桂起权与任晓明合写的《科学逻辑在知识创新中的作用》[3]（即《逻辑与知识创新》一书第四篇，包括第 15—18 章），已经详细论述了科学逻辑在科学发现、科学解释与科学辩护以及科学发展中的作用，阐明了科学哲学或科学逻辑的全套基本原理。不过,鉴于当时的写作目的,不是针对经济学理论的,而是针对知识创新的。然而,现在我们的目标是要转向经济学逻辑。

按科学哲学与科学逻辑的眼光看,从总体上说,经济学逻辑应当研究经济学前提的逻辑性质、经济学理论的形式结构、经济学解释(即说明)的逻辑、经济学理论辩护的逻辑、经济学理论发展的逻辑模式,等等。在下文中,我们将分别对此作纲要性的阐述,有的部分说得详细,有的部分则说得简略,这是有选择性的。

第二节　经济学定律的趋势律性质

关于经济学假设或理论前提的性质。究竟是不证自明、毋庸置疑而且必然真的公理,还是虚拟的理想化的前提(在这种情况下,前提真假无关大局,只要推出有用结论就行)? 这些假设或前提,究竟可不可检验(包括证实和证伪)? 经济学定律究竟是趋向性的还是必然性的? 弗里德曼的工具主义,范・弗拉森的建构经验论,还有科学实在论,还有因果整体论等,究竟谁对谁错?

很可能就像著名寓言《盲人摸象》所隐喻,每一学派(相当于一个盲人)都掌握一个局部真理,唯有整合之后才可能有完全真理。

一、经济学方法论的演绎主义视角

在20世纪首先是由L.罗宾斯在专著《经济科学的性质与意义》(1932)中所明确表达出来。追溯历史,约翰・穆勒可以说是在经济学家中演绎主义方法论的先驱者、早期代表和核心人物。尽管在归纳逻辑史和科学哲学史上,他以“古典归纳主义的奠基者”和“穆勒(归纳)五法”而闻名。由穆勒所提倡,又为西尼尔与凯尔恩斯等人所共有的有关经济学的方法论理念可以归结为:[4]

(1)演绎主义。这是认为政治经济学的复杂性要求所进行的科学研究只能通过演绎的方法才能达到。因为经济现象中必定存在多因素复杂相互作用，而且实验方法一般不可行，归纳法无法直接运用。

（2）"趋势律"论题。这是认为经济学基本法则（相当于公理）在原则上是明显正确的和毋庸置疑的，但在实际应用时却显得并非放之四海而皆准的，原因在于存在诸多因素混杂的情况以及无法消除的干扰。穆勒确信，已经构建的经济学法则虽然为特定因果关系如何运行提供了一个准确地说明，但所展示的只能是一种趋势或倾向。

（3）经验性检验没有特定科学实验那样的"判决性作用"，而仅仅具有辅助性作用。这种辅助性作用的具体表现是：正如穆勒所断言的，经济学基本法则的内在含义在限定条件下（包括界定了的背景及相关环境的特定参数）可以得到演绎和展开。然而，经验性的证实或认证，对于确定已建立的经济学理论的可应用边界或范围（绝不是用于检验其真假），对于在事后去发现"干扰"因素何在，对于寻找或判定所遗漏的重大因素等都有相当的作用。

（4）在表述经济学基本法则时，经常使用"在其他情况都相同的条件下"的条款，至少可以从理论上（在意念中）排除"干扰因素"。穆勒所采用的这种理想化方法，在"趋势律"的构成中起关键作用。

在现代经济学方法论文献中，豪斯曼（1992）坚决支持这种应用"其他条件不变"来排除干扰的观点。他认为，经济事实都是复杂相互作用的结果，包含着所有的作用力，但是在构建理论时则应该使用演绎法，将最重要的作用纳入考察范围，而将其他作用排除在外。这就意味着我们需要用"其他条件不变"对于所有的额外作用力（"干扰因素"）作出处理。正如我们在微观经济学的消费者行为理论中所做的那样，首先从理性经济人的公理出发，假定消费者是完全理性的，偏好是固定的、可排序的等，推演出关于消费的无差别曲线，然后得出向下倾斜的需求曲线，在这种演绎主义的框架下产生关于序数性的效用价值论的命题。例如，饼干的价格上升，奶酪的价格也就跟着上升，如果其他条件不变的话。

从方法论视角看，经济学家大致分为两个阵营：经济学的纯粹理论家更加喜欢采用演绎法，而计量经济学家更加使用归纳法。然而，如果以为演绎法和归纳法是非此即彼、泾渭分明的，那么必然是一种误导。实际上，不少杰出的经济学家是把归纳法和演绎法结合起来使用的。假说演绎法被认为同时包含归纳法和演绎法的两重性。例如，在19世纪，马歇尔在对于厂商与社会福利条件的研究中，既用归纳法去考察实际行为，从中提升出原理，又用演绎法进行推理，两种方法运用自如、得心应手[5]。而在20世纪的经济学方法论中，则出现了一种极有价值的启发性观点——即认为有可能把“不证自明的原理”与“可检验性”耦合起来。例如，理性预期理论就提出了将原理与经验观察相互耦合的解决办法。它认为，如果“理性经济人”的原理有合理性，那么资料显示的结果必然接近一种均衡状态。理性预期理论的代表人物之一萨特金就提出，要把理论与经验研究放在同一逻辑基础上，以沟通归纳法与演绎法这两个极端[5]。

二、工具主义的方法论

弗里德曼在20世纪经济学家中被认为是“工具主义的方法论”的主要代表，因为他对经济学前提毋庸置疑的真实性提出了工具主义式的反驳。他的核心论题是，经济学可以有虚拟的理想化的前提，前提究竟是真还是假无关大局，不会影响推理的有效性，只要推出有用的结论就行。这种观点引起强烈反响，对其批判最狠的是操作主义者萨缪尔森。萨缪尔森给弗里德曼的观点戴上一顶帽子，称之为“F—曲解”（意即弗里德曼的曲解）。他还将所谓F—曲解细分为两种：一是说虽然理论假定缺乏现实基础，却与结果的有效性无关；二是不把简化模型的虚拟性看做缺点，反而当作优点[6]。萨缪尔森讥讽道，弗里德曼的“经济学假设的虚拟性”论题，就像西方人爱吃的甜圈饼（我们可以补充说，也像武汉人爱吃的“面窝”），中心部分是空的（比喻核心原理的不实在性）而边缘部分却是饱满可口的（比喻所推出结论却有实用性）。萨缪尔森这是言过其实。弗里德曼的方法，无非是科学中常用的理想化方法在经济学中的应用而已。笔者和阎坤如合作在《弗里德曼“经济学假说虚拟性”的逻辑分析》[6]一文中对此作了细致分析。

经济学方法论理论家终于认识到，真理不在演绎主义（假定经济学理论前提无可怀疑地真）或是工具主义（假定经济学前提的非实在性）这两个极端之上(即任何一极),而应在两极之间保持必要的张力。这样才能构成新古典经济学的合理基础[4]。

三、科学哲学诸流派均已渗透到经济学界,并找到了自己方法论的拥护者

(1)经济学中的“科学实在论”者确信,经济学的“理论名词”在现实世界真实经济现象中有所指称,科学的经济理论给予人们有关现实世界经济运行机制或者规律的真实描述。他们相信成熟的经济理论代表或接近经济学的真理。顺便说,有些经济学方法论译著如《经济学方法论新论》把“科学实在论”混淆于“存在主义”(使人想到海德格尔的“此在”之类),那是十分糟糕的。因为,他扰乱了读者的头脑,妨害了经济学学者对于方法论的正确理解。

(2)经济学中的“建构经验论”者确信,科学的经济理论旨在给予人们有关经济的可观察世界的如实描述,成熟的经济理论具有“经验恰当性”,我们不必为它是否代表了“实在”的“真理”而操心[4]。这就像在物理学中,建构经验论者只相信“可观察量”,不愿意面对“物理实在”。他们说,现象背后的“实在”,我们既没有权利断定它有,又没有权利断定它无。对于科学家的研究工作来说,只要经验上有恰当性就行了,深层次的真不真、实在不实在是不必过问的,也是不可能说清楚的。自以为可以说清楚,反倒容易犯“独断论”的错误。对于建构经验论来说,经济学家的目的不是去较好、较真实地描述世界,而是在于借助于理论恰当地建构事实。他们认为,任何解释都是在一定条件下对于特定问题作出的回答。相对于不同条件就要有不同的回答,根本不存在普遍有效的通用解答。例如,通货膨胀或者经济低增长现象,就不存在万能的统一解释。但是精细入微的描述和具体分析可以保证不同条件下作出对于特定现象的恰当解释。

(3)另外,经济学中的“工具主义”者所关注的重点则在于,经济理论能否成为有效的探索工具[3]。这样看来,建构经验论的立场是介乎科学实在论与工具主义之间的。

第三节　经济学理论的形式结构

关于经济学理论的形式结构，应当研究演绎系统化思想在经济学理论中的表现，经济学理论的逻辑构造、观察语言、理论语言及对应规则（语义规则）在经济学中的表现，数理形式演算在经济学中的表现、特点和作用，模型在经济学表述中的作用，等等。

科学理论可以看做由经验定律、理论原理、对应规则、数学计算与模型这五大要素所组成的多重结构。这是一种有广泛影响的科学哲学观点（以竹尾治一郎的《科学哲学》为代表）[7]。对于经济学理论也是这样。

首先要区分经验定律与理论原理。所谓经验定律就是关于直接可观察条件、属性及其规则联系的普遍命题，它是可以直接经受实验检验的。实验所涉及的那些实体和属性用“观察名词”来刻画。例如物理学中的玻意耳定律（压力与体积的反比关系）就是由实验所得的经验定律。所谓理论原理就是关于不可直接观察的实体和性质规律。例如气体分子运动论原理。由于理论包含表示不可直接观察的“实体”或性质的“理论名词”（例如气体的分子），因此不能直接检验。由高层的理论原理可以推出低层的经验定律。由气体分子运动论原理可以推出玻意耳定律。在经济学中也是这样。就消费者的行为而言，人们总是选择他们能买得起的最佳消费方式。它可以看做经济家从大量生活实践中总结出来的一条经验定律。另外，它也可以看做更高层次的“理性经济人”的理论原理在逻辑上的一个推论。一般地说，“理性经济人”作为理论名词是难以直接观察的。

不过，抽象的理论名词却可以通过“对应规则”与观察名词连接起来，而获得经验上的意义。在经济学中，商品的“价值”连同“社会必要劳动时间”是抽象的、难于直接观察的，然而“价格”却是可观察的。价值规律起到了联系价值与价格两者的中介结构的作用，这就是经济学中“对应规则”之一例，如此等等。

正如谢拉·C.道在《经济学方法论》（2005，中文版）中所说，模型在经济学中发挥着重要的作用。“经济学模型”是介乎经济学理论与经济资料之间的媒介，通常它采用图解方式或数学方程式呈现出来。她把经济学模型划分为四个类型：(a)作为理论检验工具的模型。在经济学中，模型=理论的特殊表现形式，它意味着理论是可检验的。例如，新古典厂商理论断言，厂商是追求利润最大化目标的，这就有待检验。(b)应用经济学模型。应用经济学家建立模型是为了说明实际问题，由于现实世界的复杂性，我们只能对理想模型的简化形式进行间接检验。(c)作为思想实验工具的模型。货币主义者卢卡斯指出，理论经济学的功能之一就是，用虚拟的实验机制模拟现实经济情境，以便检验出低成本的政策措施来。(d)作为交流方式的模型。

在经济数学中，大量使用模型，模型=传达核心思想的方式。例如，菲利浦斯建立了一个流体模型，用以类比凯恩斯经济学的收入—支出模型，使得凯恩斯的思想变得一目了然[5]。有时候，对于同一个经济学理念，按照研究目的的不同，可以应用不同的模型加以刻画。比如，对于效用最大化的理念，通常就有两种模型：(1)贝克尔模型；(2)博弈论模型。贝克尔是家庭经济学的先驱者，他把他的理论建立在“家庭等级制度模型”上，他用社会成本理论分析家庭内部的分工。在这里，家长是完全利他主义的，其行为目的是一心一意为了家庭其他成员和家庭整体利益，而家庭其他成员的目标则是自身效用的最大化。博弈论模型讨论的是与对手有相互依赖性的决策过程中所运用的策略。例如，婚姻就是家庭成员之间的合作博弈。两个模型的差别在于，前者关注改变家庭关系的经济因素，后者关注隐含在偏好中的非经济因素，等等。对于同一个问题，还可以有女权主义理论解释。女权主义者理论关注的是，在贝克尔理论中只是隐含着的偏好和价格。另外，她们更关注的是社会习惯。不同的模型各自引出不同的结论。

有些模型同时也是一种类比，也是一种隐喻。实际上，隐喻、类比与模型之间并没有绝对分明的界限。亚当·斯密关于“看不见的手”的著名隐喻，从今天的观点看，实际上是经济控制论的负反馈自动调节机制的通俗表述，它既是模型又是类比。近20年来，由麦克格劳斯凯伊所倡导的“经济学修辞学”(更一般是“科学修辞学”)正在兴起，隐喻的重大的方法论功能重新被发现。隐喻不再仅仅被看做是一种“文学描写”的手段,一种外在于逻辑观点的语言修饰的工具,一种辅助性的提高说服力的手法,而是被提高到类比、模型一样的方法论地位,因为它一样对于科学探索和科学创新具有助发现的启示作用,因为隐喻的合理运用照样可以影响人们的探索路径和观点的内在逻辑[5]。

第四节 经济学理论的科学解释与辩护

最值得一提的是“证伪的逻辑图式”。

波普尔率先对这一问题作过较透彻的研究。他主张,在理论的检验中所采用的逻辑只是演绎逻辑,其中心在于证伪。他强调,证伪的逻辑是严密的演绎逻辑。可以通过用证伪逐个消去假定的成分,最终确定现有理论中的最佳理论。具体消去程序如下:

假定在背景知识 K 的基础上,由某一核心假定 h 加上先行条件 C 推导出一个预测 E,如果观察、实验的结果否决了 E,那么由于假定 h 蕴含 E,非 E 就反过来证伪了 h。波普尔的证伪消去法可图解如下:关于经济学的科学解释,尤其应当研究归入经济学定律的解释,研究它的逻辑结构,研究演绎—规律模型与归纳—统计模型在经济学中的具体表现,经济学的因果性解释只是定律解释的一个特例。还要研究经济学预测与经济学解释的逻辑对称性,等等。

经济学家总是用经济规律来消解经济现象之谜,寻找原因或根据,来回答经济生活中所提出的为什么问题。这就是对经济现象作出科学说明,也叫作科学解释。亨普尔的解释理论近年来备受经济学家的青睐。

在日常生活中,我们会碰到大量有待解释的经济现象。举个简单的例子说,改革开放以后,特别是近几年来,许多普通家庭的生活费中用于购买食品的费用比重减少了,用于购买冰箱、彩电、洗衣机等家用电器的部分却增加了。这类现象自然可以用经济学中的“恩格尔定律”来解释。一般地说,经济学解释是将用于解释的经济学规律覆盖了被解释的经济现象,并将其归入规律之中。这种模型有覆盖律模型之称。它又划分为演绎—规律模式与归纳—统计模式这两大类以及中间类型，若有必要还可以进一步细分。若由以规律（普遍全称命题）和初始条件（单称命题）为前提，以被说明的陈述为结论这样的演绎论证来进行解释，则称之为演绎—规律模式（D—N 模式）。若换作概率性的内容，则成为归纳—统计模式（I—S 模式）。恩格尔定律是一条概率统计定律。因此，某个家庭随生活水平的提高，用于购买食品的费用比重的减少，将以很高的概率被统计规律与先行条件的组合所确证，如此，等等。

关于经济学理论辩护的逻辑。首先要区分发现的语境（context）与辩护的语境，研究类比、隐喻与模型在经济学理论中的助发现作用。研究经济学探究的模式与经济学假说的检验，经济学的局部证伪的逻辑图式，迪昂—奎因的整体论论题，等等。

$$K \wedge h \wedge C \rightarrow \mathrm{E}$$

$$\frac{\neg E}{\therefore \neg h}$$

很可惜，其实这是一个不恰当的演绎推理。观察事实非 E 所证伪的应当是 $K \wedge h \wedge C$，也就是“背景知识 K、核心假定 h 加上先行条件 C”的组合，矛头不一定直接指向核心假定本身。因此，当预言 E 被否决时，不应当草率断定以核心假定为代表的范式整个地被证伪（即“整体的证伪”），因为有可能只是某个辅助假定有错的局部问题（即“局部的证伪”）。在这里，我们实际上是要采用迪昂和奎因所提出的整体论观点来校正波普尔的证伪逻辑图式。迪昂和奎因不把科学的理论看做一个孤立的核心假定，而是包括核心假定、辅助假定、作为理论前提的背景知识、作为初始条件的观察命题等组成的整体。看来证伪逻辑并没有像波普尔所设想的那么简单，但波普尔绝不是一无是处。如果把证伪局限于某一个大的理论范式的具体假说的证伪，也就是“局部证伪”，波普尔的证伪逻辑就可以成为妥当的局部证伪图式：

$$K \wedge h \wedge C \rightarrow \mathrm{E}$$

$$K \wedge C$$

$$\frac{\neg E}{\therefore \neg h}$$

将 $K \wedge C$ 和 $\neg E$ 一起放进前提之中的根据是,在这一研究的具体语境或局部问题中,背景知识和先行条件以及观察命题非 E 的真理性都无可怀疑。于是,我们就有了一个合法的演绎论证。这就是用迪昂和奎因的整体论校正后的"局部证伪的逻辑",它的妥当性是没有疑议的[4]。

如果将上述公式中的 K 换成 H(辅助假说),证伪的逻辑图式仍没有变。现在举一个经济学的案例来说明它的应用。在消费者行为理论中最引人注目的反常事实莫过于"吉芬商品"了。著名的经济学规律需求律断言,一种物品的价格上升,随之而来的是其需求量的下跌(两者呈反比关系),在图中表示为完整的双曲线型的需求曲线(见图 26-1)。可是,所谓"吉芬商品"却破坏了反比关系。

"吉芬商品"的雅号从何而来?原来,维多利亚时代的经济学家吉芬爵士发现,在爱尔兰大饥荒中,土豆涨价而需求量反而增大。它在图中表示为下端呈回归形态的需求曲线(见图 26-2)。还有另一种极端情况,那就是所谓炫耀型商品,它也是破坏了正常的反比关系,但是它在图中表示为上端呈回归形态的需求曲线(见图 26-3)。电视中报道过,武汉汉正街服装市场上有一种女装标价 80 元时好多天没人买,后来个体老板灵机一动,提价为 680 元,没几天就有人为女朋友买走了。这就是炫耀型商品。

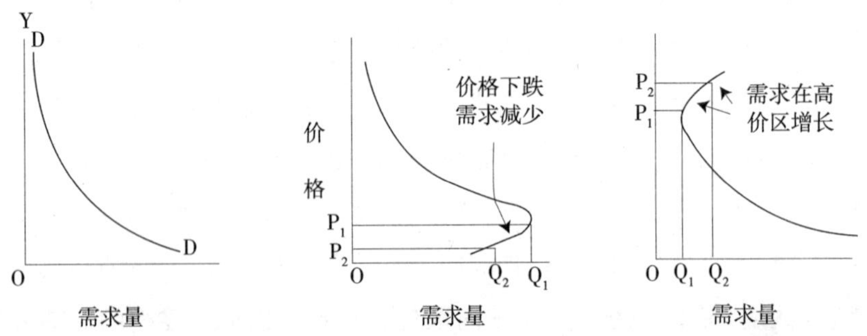

图 26-1　一般需求曲线　图 26-2　吉芬商品的回归需求曲线　图 26-3　炫耀型商品的回归需求曲线

试问:吉芬商品的消费量随价格上扬而增加的反常事实,究竟证伪了什么？从迪昂—奎因的整体论观点看，所证伪的并不是需求律（或需求曲线）的核心部分h，而只是证伪了暗含在背景知识中错误的辅助假定 $K \wedge C$（即假定需求双曲线在两端可顺势无节制地延长）。事实上吉芬商品的曲线没有沿着一般需求曲线一点点递减，反而突然转向，拐了个弯，在下端呈回归形态。写成正确的局部证伪图式（也可以用横式表示），则是：

$$h \wedge k \wedge c \rightarrow E, h, \neg E / \therefore \neg (K \wedge C)$$

顺便说，经济科学逻辑研究者必须善于汲取方法论前辈所留下的思想遗产。因此，在这里有必要明确一下波普尔方法论的合理成分究竟是什么，那正是经济方法论学者特别喜欢使用“证伪主义”口号的原因。它被概括为三个主要成分：（1）流行的波普尔证伪主义。我们通过消除错误而学习，理性的批判的争论——重点在争论。波普尔有时候称此为“批判的理性主义”。波普尔本人明确表示过，他的思想真正关键是可错主义以及批判的方法。（2）波普尔的“境况逻辑”（即问题导向和形势分析）。经济学家从波普尔的境况逻辑中学到了比从其证伪主义中更多的东西。联系经济学的应用，这种启发式的问题导向乃是每一位新古典经济学者心目中的第二天性。（3）按照“苏格拉底式的辩证法”来解读波普尔，已被列入“经济学方法论的新进展”的主要内容之一。这样人们就会发现有一个“苏格拉底式的波普尔”。波普尔思想中的这种辩证法成分比批判的理性主义、证伪主义更重要。在波普尔看来，科学相应地就是苏格拉底的批判性对话与辩论。对于任何辩论，简单而可靠的方法是不存在的，成功的保证也是不存在的。正如博兰所认为，苏格拉底式的辩证法乃是波普尔科学观的本质核心。可证伪性、制度分析、批判的理性主义都只是开胃食品，而不是主菜。

第五节　经济学理论演变的逻辑

关于经济学理论发展的逻辑模式，主要借鉴科学哲学中的纲领方法论与科学革命论的逻辑构架。经济学方法论学者所说的“证伪主义”，既包括波普尔的又包括拉卡托斯的。拉卡托斯之所以受到许多人青睐，是因为他的方法论可操作性强。要对经济学“范式”革命作精细结构分析必须结合“研究纲领”才行。作为案例,我们可以对它作有选择的逻辑分析。

拉卡托斯的科学研究纲领方法论(简称 MSRP)。这个理论结构模型的特点在于:一是研究纲领并非单一的理论,而是由某种根本信念所支撑的整个理论系列组成,它是开放的、可调节的。二是纲领具有精致的结构,分为“硬核”与“保护带”两层。硬核是纲领中的不可触动的深层核心假说与根本信念;硬核周围有一层必须经受检验压力的由众多辅助假设所组成的保护带。面对反常情况,保护带可以通过调整辅助假设来消解反常,维护硬核并促进纲领通过内部的理论交替而取得进步。研究纲领有进步与退化之分,前者不断产生新预言,后者丧失启发力。启发法规则也有正面与反面之分。这些我们已在《科学研究纲领方法论的经济学应用》[8]一文中作了细致分析。

这里只是简单举例说,拉特西斯有关传统厂商理论的案例分析,已被认为是在经济学文献中自觉运用科学研究纲领方法论的一个经典性范例。拉特西斯认为,厂商行为理论只是新古典经济学总纲领在微观经济学领域的一个子纲领,具体包括完全竞争、不完全竞争和垄断理论等不同理论变体在内。首先,根据总纲领硬核的要求厂商必定被假定为理性经济人(核心假定还包括私有产权与市场经济机制)。其次,厂商子纲领的硬核还作了进一步的要求:(1)厂商追求利润极大化;(2)掌握完全的信息;(3)决策有独立性;(4)暂且先假定以完全竞争的市场为背景。当然,鉴于硬核的性质是关于终极实在的形而上猜想,对它既不可能又无必要作直接检验。为了把纲领的硬核转化为纲领的“保护带”上关于厂商的具体理论,对核心命题还必须补充一些辅助假说,诸如:(1)产品是无差别的;(2)厂商数目对给定市场来说足够大的(以致他们没有一个人对市场价格能单独产生可观的影响);(3)允许厂商自由进入或退出市场。所有这些涉及非垄断性的辅助假说按其逻辑性质而言,在原则上是可能独立受检验的。新古典纲领在厂商问题上的正面启发法,其总方针是推究出种种理论的比较静态的特性,而更具体的程序性指令则是:(1)把市场分解为买方和卖方;(2)具体规定市场的结构;(3)给出产生行为假定的理想化定义;(4)确定其他情况不变的条件;(5)把这种情境转换为微积分中的极值问题,并考察其一阶导数和二阶导数,以便作数学处理等等[9]。可见,拉特西斯的突出优点就在于,他在运用纲领方法论评价厂商理论时,能够密切联系实际情况将硬核、辅助假说、正面启发法等基本概念表述得一清二楚,并做到一一对号入座,如此等等。

本文的讨论只是以少数案例为样板,起着展示与启发引导作用。当然,还有无穷尽的层面和问题有待于有志者共同来开发。

【参考文献】

[1]瞿麦生:《工作与逻辑》,北京大学出版社 1987 年版。

谢新观、谢先仁、姜成林:《经济逻辑学》,中央广播电视大学出版社 1988 年版。

[2]张巨青:《科学逻辑》,吉林人民出版社 1984 年版。

[3]黄顺基、苏越等主编:《逻辑与知识创新》,人民大学出版社 2002 年版。

[4][爱尔兰]T.A.博伊兰等著(夏业良主译):《经济学方法论新论》,经济科学出版社 2002 年版。

[5][美]谢拉·C.道:《经济学方法论》(杨培雷译),上海财政经济大学出版社 2005 年版。

[6]阎坤如、桂起权:《弗里德曼的“经济学假设虚拟性”的逻辑分析》,《淮阴师范学院学报》2006 年第 1 期。

[7][日]竹尾治一郎编(桂起权、王建新译):《科学哲学》,上海译文出版社 1994 年版。

[8]桂起权:《科学研究纲领方法论的经济学应用》,《经济学家》1999 年第 6 期。

[9]参见马克·布劳格:《经济学方法论》,商务印书馆 1992 年版。

第二十七章　经济逻辑研究的辩证逻辑视角

本章重申应用辩证逻辑观点对马克思《资本论》进行解读的合理性；西方马克思主义者的《经济哲学导论》也提供新的启示。

在汲取“西马”对经济哲学研究的新成果的基础上，表明马克思主义经济学与西方主流经济学两者并非简单地相互排斥。

“两重性逻辑”（dialogic）：一个深刻的真理的对立面可以是另一个深刻的真理。

邓小平的“政治—经济不等式”：“市场经济≠资本主义”；“计划经济≠社会主义”，对于破除经济学的“两个教条”的意义。

用“两重性逻辑”这种辩证逻辑，为邓小平“南方讲话”和“社会主义市场经济”进行逻辑辩护。社会主义好，市场经济也很好！

目前，在以上海财经大学张雄为凝聚核的“经济哲学”科学共同体，和以天津商业大学瞿麦生为凝聚核的“经济逻辑”科学共同体中，笔者是从科学哲学/科学逻辑和辩证逻辑的双重眼光看问题的独特的一员。

受老一代学者的影响，笔者向来喜欢辩证逻辑。1962 年，罗森塔尔的《辩证逻辑原理》中译本刚刚出版，就满怀热情仔细认真地阅读了它。出于对罗森塔尔的崇敬，也顺带阅读了他的《马克思〈资本论〉中的辩证法》。在同一时期笔者还关注过阿列克山也夫（俄）、戈尔塔利（墨西哥）、寺泽恒信（日）等人的辩证逻辑。寺泽恒信也涉及了资本论的辩证逻辑。

本章所作的工作是要表明，本书的经济学逻辑可以在理论上为改革开放以来的实践进行有力的逻辑辩护，因而具有非常现实的社会效益。

第一节　马克思《资本论》的辩证逻辑

在今天的社会主义中国，说马克思的《资本论》已经家喻户晓，实不为过。解读《资本论》的读本恐怕会有好几十种，而从辩证逻辑视角进行解读的，值得一提的代表作则是章士嵘的《〈资本论〉的逻辑》（湖南人民出版社 1983 年版）和刘永佶的《〈资本论〉逻辑论纲》（河北大学出版社 1999 年版）。

马克思《资本论》的辩证逻辑解读的要点：

《资本论》的基本内容日益为人们所熟知。马克思在世时只出版了第一卷（1867），此后又由恩格斯帮助整理出版了《资本论》第二、第三卷（1885、1894）。第一卷讨论资本的生产过程，第二卷讨论资本的流通过程，第三卷则讨论资本主义生产的总过程。《资本论》的逻辑体系具有鲜明的辩证逻辑性质。正如列宁所看到，马克思虽然没有遗留下专门的辩证逻辑，却遗留下了资本论的辩证逻辑。马克思本人曾在 1858 年致恩格斯的信中明确表示过，如有时间或机会，他很愿意对辩证逻辑原理作一种非常精炼的正面概括，只需要两三个印章就够了。也就是“把黑格尔所发现、但同时又加以神秘化的方法中所存在的合理的东西阐述一遍，使一般人都能够理解。”[1]据笔者所记得，马克思在为反对蒲鲁东而写的那本著作《哲学的贫困》（1847 年出版）中，几乎已经这样做了。在那里，有对黑格尔辩证逻辑思想的整段评述[2]，尽管是淹没在与蒲鲁东论战的语言里，用“正言若反”方式来概述的。

《资本论》第一卷共分为七篇。第一、第二篇论述从商品、货币到资本的转化；第三、第四、第五篇论述绝对/相对剩余价值的生产；第六、第七篇论述剩余价值转化为资本，资本的积累。从辩证逻辑眼光看，《资本论》逻辑体系有这样几个特征。第一个特征是，作为整个《资本论》辩证逻辑体系总的出发点（第一卷第一、第二篇）的是关于商品的二重性的辩证命题。其基本内容是，商品是包含使用价值/价值这样的内在辩证矛盾的二重物，它是劳动二重性（具体劳动/抽象劳动的辩证矛盾）的体现。进一步说，第二个特征是，整个《资本论》辩证逻辑体系，都是“商品二重性”初始命题的内在辩证矛盾的逐步展开，在一对又一对的矛盾、对立的交互作用中，推理链条一环扣一环地向前推进。如使用价值/价值、具体劳动/抽象劳动、私人劳动/社会劳动，相对价值形式/一般等价形式等矛盾对立，最终演化发展成资本与劳动的矛盾对立。从商品的价值形式的分析中说明了商品向货币的转化。又借助于剩余价值的概念，表明资本是价值增值的结果，从而说明了货币向资本的转化。第三、第四、第五篇对剩余价值的讨论，则立足于资本主义商品生产是劳动过程（既形成使用价值，又形成价值）与价值增值过程的对立统一。关键在于，马克思发现了“劳动力”这种特殊的商品，在劳动过程中（例如在一天里）能生产超过它本身具有的和消耗的价值——剩余价值。

为了与《资本论》的这一部分对照起见，笔者重读了马克思在1849年专为工人所写的通俗读物《雇佣劳动与资本》[3]（1891年新版，恩格斯在导言中解释说，唯一的重大修改是用“劳动力”概念替代初版中不够确切的术语“劳动”）。读后主要的心得是，在那里马克思的剩余价值理论（关于资本家如何剥削工人等）的核心思想已经形成，而且是原汁原味的，是用德国工人所能理解的最朴实、最生动的语言表达出来的。整本小册子甚至没有直接使用“剩余价值”这个词，虽然它还没有用辩证法的理论语言进行逻辑重构，但实质上却没有任何损失。可以说，这是一本不用“剩余价值”术语的剩余价值学说解读。有了这种对照，我们就容易把握《资本论》中用严格的理论语言所表述的剩余价值学说的精神实质，看来抽象的思辨不会妨害而只会加深我们的理解。

正如英国著名经济学家米克（R.Meek）在《卡尔·马克思的经济学方法》中所指出，马克思的《资本论》在方法论方面的发展和概念创新，包括“抽象劳动和具体劳动的重要区别，劳动与劳动力的区别，不变资本与可变资本的区别。”还有与著名的剩余价值概念相联系的“其他一些概念、关系和方法”[4]。这确实是马克思经济学说中极有特色的方面。

接着说，在《资本论》第一卷最后的第六、第七篇，是对资本主义生产过程的总体上的考察，这是以关于资本的构成（不变资本/可变资本）及其在积累过程中的变化分析为依据的。马克思指出，资本总是以资本价值的不变部分牺牲它的可变部分来实现增值的。这样看来，资本与劳动的对抗实际上是商品内在矛盾辩证展开的结果，也是劳动过程与价值增值过程的矛盾运动深化的结果。

从辩证逻辑眼光来看，《资本论》逻辑体系的第三个特征，按照笔者的说法，是能够在充分揭示并恰当描述真实的辩证矛盾的基础上来维护理论的逻辑一贯性。在《资本论》中，辩证逻辑关于揭示事物辩证本性的要求与形式逻辑有关排除逻辑矛盾的要求，并不相互冲突。罗森塔尔最早看出了这一点。笔者曾经在《古典经济学纲领与经济学革命的来龙去脉》一文[5]的“从斯密革命、李嘉图扩展到穆勒综合”小节就根据马克思的观点对此做过细致分析。与此直接相关，章士嵘也曾在《〈资本论〉的逻辑》中，就古典政治经济学中的悖论与难题发表高见[6]。他认为，这些悖论无非是客观事物内部深层复杂的辩证结构尚未被人们认识而造成的。客观矛盾模模糊糊地歪曲地反映到人们的思维中来，就表现为逻辑矛盾或悖论。当人们能够按本来面目去把握事实内部深层的辩证结构并且能用更为清晰的理论语言把它精确刻画、反映出来，悖论或逻辑矛盾就消解掉了。当今在逻辑界悖论问题再次成为讨论的热点。章士嵘先生的看法仍不失为一种独树一帜的精彩见解。事实上，最终导致李嘉图学派解体的，诸如价值规律（等价交换）与利润之间的矛盾，就是按马克思的剩余价值观念（即劳动力能创造出比自己的再生产更多的价值）来消解的。整个《资本论》第二卷的逻辑体系，非常科学地说明了资本的矛盾运动自主演进，生产资本、商品资本与货币资本立体地并存并连续地依次循环，这正是剩余价值不仅要生产而且要实现的全过程。货币资本是实现了的剩余价值。剩余价值当然不能靠流通来产生，但从时间段上说“又不能不在流通中产生”。马克思《资本论》所揭示的，正是有关资本主义生产方式的客观经济现象背后深层的辩证结构，而不是蒲鲁东式的辩证把戏。

第二节　马克思主义者也可以从西方主流经济学得到启示

在西方，自从《资本论》问世以来，马克思主义经济学虽遭到了主流意识形态的压制，但研究从未中断过。使笔者特别感兴趣的是，西方分析派马克思主义的主要代表之一美国经济学家罗默（J.E.Roemer），他在《在自由中丧失——马克思主义经济哲学导论》一书中，对资本主义剥削的不公正性以及社会主义的正当性所进行的新型论证或合理性辩护。如果转换成科学哲学的语言来说，罗默认为，马克思研究纲领的核心原理——资本主义剥削是不公正的，这是不容置疑的。然而，马克思所采用作为论证手段的辅助假说——劳动价值论则是不必要的和不正确的。换句话说，核心原理必须坚持，辅助假说可以抛弃、可以调整变形，辩护策略必须改进。为了说服西方相信主流派经济学的同行，他借助于建构标准的微观经济均衡模型，来重新定义剥削。也就是用“少于或多于社会必要劳动时间进行工作”来划分“剥削者”或“被剥削者”。这是纯技术意义上定义的剥削。罗默认为，它与马克思根据剩余劳动来定义的剥削在事实上保持一致。

罗默在书中第七章通过建构两类理想的经济模型表明：在不存在劳动市场而只存在资本市场的“孤岛”，甚至在劳动市场和资本市场都不存在的“孤岛”，只要存在初始财产的不平等和正常的等价交换，就都可以出现剥削[7]。这样，就可以完全独立于劳动价值论来讨论剥削。因此，产生剥削的罪魁祸首，是生产资料的初始不平等分配（资本产权不等）。正如《资本论》第一卷第七篇第24章“所谓原始积累”所详细描述过的那样，资本主义社会最初都是通过类似掠夺、奴役及盗窃之类的方式来确立不平等的资本产权的。最后，罗默完全放弃了传统方式按剩余劳动对剥削的定义，而将剥削定义为由初始产权不平等所导致的结果不平等，从而突出了罗默研究资本主义剥削的独特视角。这样一来，注意力的焦点就从剥削转移到不平等的初始产权及其后果，从根本点上说，它仍与马克思主义观点保持一致。

罗默没有简单地把西方主流派经济学与马克思主义经济学看做相互排

斥的东西，相反，他肯定西方主流派经济学的方法论工具的启发性作用。他很有创意地居然立足于标准微观经济模型，推演出一系列对马克思主义经济哲学来说极为有趣的、有意义的结果。例如，定理4.1（剥削与利润的关系定理）[7]：正利润率存在的充分必要条件是劳动受到剥削，记为 $\pi>0$ 当且仅当 $e>0$。这一定理正确刻画了通常人们关于剩余劳动体现为利润的直觉，为对工人的剥削是解释利润的条件这一主张提供了理论基础。森岛通夫甚至称它为“马克思主义基本定理”。又如定理6.2（阶级—剥削对应定理）[7]：那些通过将自己置身于雇人劳动的阶级实现最优化的人是剥削者，而那些通过出卖劳动实现最优化的人是被剥削者。这个定理所得结论显然符合马克思主义观点，但它却是借助于标准微观经济模型推导出来从而得到证明的。

有趣的是，根据罗默的定理7.1（资本市场与劳动市场存在同构关系），这种同构关系可以在一国的剥削地位与该国同国际资本市场的关系中得到证明。阶级—剥削对应原理说明资本输出国是剥削者，资本输入国是被剥削者。一个国家在经济上的等级定位取决于国内资本—劳动比的大小。罗默指出，一个国家在对外开放过程中在纯技术意义上受另一国家的剥削未必是坏事，也并不意味着在国家间存在“不平等交换”（即等价交换原则的破坏）。罗默强调说，富有帝国主义国家财富来源的真正奥秘在于“这些国家的高资本—劳动比——而所存在的剥削只是这种初始分配的一种征兆。”[7]这就为像我国那样的发展中的社会主义国家与发达资本主义国家之间的经济交往的合理性进行了逻辑辩护。

笔者从罗默那里所得到的主要启示是：第一，对于马克思主义经济哲学而言，马克思主义的核心原理（按通常的说法是基本原理与基本结论）必须坚持，而核心原理周围的理论保护带上的辅助假说（按通常的说法是个别原理、个别结论乃至个别词句）是可以修改，可以调整变形，甚至可以抛弃或重新引进，必须适应新情况随时改进辩护策略的。至于在核心原理与辅助假说之间应当如何进行划分，罗默的具体结论未必正确（如对劳动价值论的简单否定，如将剥削问题定为核心），是可以进一步商讨的；第二，重要的是，马克思主义经济学与西方主流派经济学之间不是简单地相互排斥、非此即彼的。事实上,许多有见识的当代西方经济学家都从马克思的思想中得到新的启示。反过来,以罗默为代表的西方马克思主义经济学家,向我们示范了马克思主义也可以从西方主流经济学那里得到方法论上的有益启示。

第三节　邓小平的“政治—经济不等式”和“两重性逻辑”

在2005年11月于桂林召开的全国辩证逻辑会议上[8],笔者的报告论文是《邓小平的“经济学不等式”与两重性(辩证)逻辑》[9]。其重点是,“两重性逻辑”(dialogic)是当代复杂性方法论创导者之一法国学者莫兰(E. Morin)在《复杂性思维》(2005年3月,长沙国际会议论文)一文中所提倡的新概念。所谓“两重性逻辑”的原则是指,把表象上应该互相排斥的两个对立的原则或概念联结起来,因为它们实际上是不可分割的和对于理解同一实在是缺一不可的。莫兰引用玻尔的话来说:“一个平庸的真理的对立面是一个愚蠢的错误,但是一个深刻的真理的对立面总是另一个深刻的真理”。

在经济学中有两个教条长期束缚着人们的头脑,这就是:

(1)资本主义混同于市场经济;

(2)社会主义混同于计划经济。

当然这种混同是有历史原因的。

“市场经济”理念原本是一个深刻的真理,然而“市场经济”作为成熟形态在历史上的出现却是与资本主义紧密地联系在一起,因而“资本主义市场经济”受到了马克思强有力的批判(尽管马克思没有直接使用这个词)。另外,“社会主义”理念是另一个深刻的真理,然而,“社会主义”变为社会现实却是与计划经济紧密地联系在一起(如苏联)。因而,“社会主义计划经济”是作为“资本主义市场经济”的反题而出现的。于是,这两个深刻的真理不幸陷入水火不相容的境地。下一阶段才是辩证的综合,它出现在改革开放后的中国。

社会主义国家由于在一开始抛弃了“市场经济”的自动调节机制，多走了半个多世纪的弯路，吃了大亏，这才重新认识到“市场经济”机制对社会主义的必要性。人们对“市场经济”这一深刻真理的认识所走的“之”字路，在哲学上就相当于“否定之否定”的过程。

邓小平高瞻远瞩，提出“计划经济≠社会主义”、“市场经济≠资本主义”这两个著名不等式，一下子解构了长期禁锢人们思想的两大经济学教条。在实践中极大地解放了生产力。他在这两个政治—经济不等式基础上，借助于两重性逻辑，通过辩证综合产生出“社会主义市场经济”的新概念。在我国实现马克思政治理想最佳可行的通道就在于邓小平所倡导的市场经济。

可是现在仍然存在两种极端情况，一是借“划清”姓社姓资的名义指责当前市场经济一无是处，其实那只是在名义上而绝不是在实质上坚持马克思主义；二是对于我国现行市场经济好的政策措施及其实际收效，有人却按“资本家逻辑”加以解释和理解，把功劳记在“资本主义”和“私有化”头上。“两极相通”。此两者都没有摆脱“计划=社会主义”、“市场=资本主义”的两个教条，都没有理解邓小平政治—经济不等式与“两重性逻辑”的深刻意义。邓小平把“市场经济”和“社会主义”这两个在表象上似乎应该互相排斥的对立原则或概念联结了起来，整合成一个不可分割的整体，名之为“社会主义市场经济”。也就像马克思、恩格斯对费尔巴哈的唯物主义与黑格尔的唯心辩证法所作的艰辛而深刻的批判改造工作那样。这就使得两个深刻的、对立的局部真理整合成一个更深刻、更精辟、更完善的真理。这种“两重性逻辑”无疑是辩证逻辑的特殊表现形式之一。

以邓小平的“两重性逻辑”理念连同两个“政治—经济不等式”为出发点，由此可以进一步按辩证方式解构新自由主义代表哈耶克、新制度学派的科斯、张五常等人的思想，取其将计划经济视为祸害，而将市场经济视为救星的内容，化敌为友，做好理论上的辩证转化工作，为社会主义市场经济所用。

我们仍需要用“两重性逻辑”来看待那些经济学家朋友：

例如，哈耶克对社会主义计划经济缺陷的批判是深刻的，对社会主义者有启发力的哈耶克对社会主义计划经济的寿命大约为70年的预言,有一半是言中了,社会主义计划经济死了,但社会主义还活着。哈耶克正确地认识到"经济学是典型的某类关于复杂现象的新兴科学"[10],价格、利润所传递的信息,在市场的自组织秩序中有指导功能。问题在于,他不该把市场经济看做资本主义的专利。哈耶克认同社会主义者的价值理念,认为他们的意图纯洁、目标崇高,但方法却不可行[10]。问题在于,他不该把计划经济看做实行社会主义的唯一途径。

对张五常教授,如果你把他看做"反社会主义的急先锋"、"国际垄断资本主义的代言人",那么当然就难以对话了。如果你把看做回祖国热心推行市场经济的积极分子和爱国者,那么共同语言就很多了。这样就化敌为友了。至于对他的新制度派"药方"或建议,好的当然要采用,不太合适的就要修改调整,完全不合适的也就不必勉强了。

社会主义市场经济在实施过程中会碰到市场的负面效应问题。应当怎么办?

2004年11月复旦大学陈学明教授因受邀请来武汉大学讲学,介绍西方马克思主义(他是全国西方马克思主义研究会会长)。陈会长在演讲一开始就提出一个尖锐的问题。他说起,前些日子在复旦校园里出现一个很大的条幅,大意是问,在强势群体和弱势群体的对峙中,复旦的教授该站在哪一边?整个演讲表明,他对马克思和马克思主义充满深情。他也提到,马克思对资本主义连同市场经济持批判态度,而且在马克思所设计的社会主义蓝图中,市场经济完全没有地位。他对我国目前的社会主义市场经济在实践中出现的负面现象进行猛烈抨击,并表示深深的忧虑。另一次,南京大学张异宾教授来武汉大学作西方马克思主义的演讲时提出了完全相同的问题。

实际上,2004年7月5—6日,中央编译局等单位主办的"当代马克思主义理论的挑战与发展:劳动产权及其他"学术研讨会已经提供了答案。(该次会议的成果以论文集形式由曹天予主编《劳动产权与中国模式——当代马克思主义在挑战中发展》,由社会科学文献出版社2006年6月出版)

劳动产权会议表明,若要问社会主义市场经济相对于资本主义市场经济的特异性在哪里？可以简要地回答说,在资本与劳动的关系上,资本主义只是维护资本产权的,而社会主义市场经济则还要维护劳动产权。劳动产权的最主要表现形式是人力资产,它应享有与一般资本产权类似的权利,其核心是剩余索取权。劳动产权应当正式写入社会主义国家的宪法。与此相关,社会主义市场经济的理念,必须继承马克思反对资本主义雇用劳动制度,反对剥削与压迫并竭力维护劳动者的权益等价值理念。邓小平关于"消灭剥削、共同富裕"的社会主义理念与马克思的价值理念仍是一脉相承的。具体实施则要依靠确保劳动产权,尤其是劳动者的剩余索取权(通过"利润分享")。有了这一点限制,"社会主义市场经济"框架下,只要国家能掌握重要经济命脉,同时可以允许外资、合资、独资的私有制企业。因为这种限制能使私有的生产资料不再成为剥削压迫的手段。这样的话"消灭剥削"就不必推迟到遥远的将来去实现。

有人说,"利润分享"是资本主义市场经济中已经出现过的一种管理手段、一种协调劳资关系的有效激励和约束机制。那是撒切尔夫人与戴高乐将军所欣赏过的。它是否适合于社会主义？我们使用它的根据是什么？回答是:根据在于邓小平的政治—经济不等式:市场≠资本主义,计划≠社会主义,政治与经济分开,目的与手段分开。政治理念要靠自已坚持,手段、工具无所谓姓社姓资。按照笔者的理解,邓小平1992年南巡讲话的核心思想就在于这种两重性的辩证逻辑。

【参考文献】

[1]马克思:《资本论》(书信集),人民出版社。

[2]马克思:《哲学的贫困》,《马克思恩格斯选集》第1卷,人民出版社1995年版。

[3]马克思:《雇佣劳动与资本》,《马克思恩格斯选集》第1卷,人民出版社1995年版。

[4]胡代光等主编:《评当代西方学者对马克思"资本论"的研究》,中

国经济出版社 1990 年版。

[5]桂起权:《古典经济学纲领与经济学革命的来龙去脉》,载武汉《经济评论》2004 年第 4 期。

[6]章士嵘:《资本论》的逻辑,湖南人民出版社 1983 年版。

[7][美]J.E.罗默著:《在自由中丧失——马克思主义经济哲学导论》,段忠桥等译,经济科学出版社 2003 年版。

[8]桂起权:《辩证逻辑正在向深度和广度推进》,《河南社会科学》2006 年第 3 期。

[9]桂起权:《邓小平的"经济学不等式"与两重性(辩证)逻辑》,《全国辩证逻辑会议论文》2005 年 11 月,在《东南大学学报》2006 年第 6 期发表时,改名为《关于邓小平"经济学不等式"的哲学思考——兼谈社会主义经济理论的逻辑协调性》。

[10][英]阿兰·艾伯斯坦:《哈耶克传》,秋风译,中国社会科学出版社 2003 年版。

第二十八章　经济逻辑研究的共生逻辑视角

经济共生逻辑是关于经济共生体在经济决策、推理、解释、管理、经贸投资合作等经济活动和相关研究中选择和遵循的一般思维活动规律和方法。作为一种新型逻辑工具，经济共生逻辑主要功能和作用是，运用经济共生的特点和一般规律，采用演绎、归纳、类比等逻辑推理方法，借鉴生物共生研究成果，识别经济共生现象，掌握各经济共生体之间和经济共生体内部各主体之间形成的经济共生关系，解析经济共生关系特点，概括总结经济共生思维活动规律与方法，为经济共生体结构的稳定和优化提供策略和方法选择，预测经济共生风险和发展趋势，取得成本最小化和收益最大化的最佳平衡，从而推动整个经济关系稳定和经济社会与生态环境协调发展。

本章参考共生、生物共生、生物起源等学说，结合经济活动领域实际，运用演绎、归纳、类比等基本逻辑方法，归纳了共生说可适用于经济共生研究的依据，推理出经济共生的概念和特点，诸如经济共生体的主、客体具有多元性、层次性和法定性，经济共生体客体中互利、偏利、寄生三大共生关系具有共存性和可转化性，追求互利共生胜于偏利或寄生共生的主体平等的经济共生体和追求偏利或寄生共生的主体不平等的经济共生体同样具有可持续发展性，针对不同类型经济共生体选择不同经济共生思维方式方法的灵活性，同一经济共生体和不同经济共生体之间同样存在三大类共生关系，应妥善选择思维方式方法，以实现经济共生体稳定、优化发展的必要性等，梳理出经济共生逻辑概括了经济共生逻辑作为社会科学方法的基本概念、特点、方法和实践意义，形成了经济共生逻辑观。随后列举了典型经济共生特例，对其进行经济共生逻辑分析，最后运用经济共生逻辑工具解析了经济领域的现实、热点问题。

第一节　共生、生物共生、生物起源等学说

相关共生的学说主要有生物共生说、共生起源说、互助说、其他学说，还有经济共生说。

一、共生说

（一）共生的概念

“共生”一词，英语称为 Symbiosis，希腊语称为 symbioun。《朗文当代英语词典》（第四版）的共生定义是不同生物间相互依靠的关系。微软电子百科全书的共生定义是两类不同有机体（生物体）的共同生活关系，如互利共生、偏利共生、偏害共生、寄生。

不列颠百科全书在线网的共生定义是两个物种个体间任何形式的共同生活，包括互利共生、偏利共生和寄生。因此，共生同时具有正面（有益）性和负面（有害）性，共生个体称为共生体。两类共同生活的物种之间均具有共生性，无论是否有益、有害或者无相互影响。

对于共生，可从不同维度进行不同分类。

依照共生位置，可分为外共生、内共生。外共生方面，共生体生活在宿主的表面，包括消化道内表面或外分泌腺体的导管；而内共生方面，共生体生活在宿主的细胞内或是个体身体内部但亦可能存在于细胞外。

依照与生物体利弊关系而言，共生可分为以下几类：寄生，即一种生物寄附于另一种生物身体内部或表面，利用被寄附生物的养分生存；互利共生，即共生体成员彼此都得到益处；偏利共生，共生体对成员一方有益，对其他方无益，包括有害。

(二)共生的特点

综上所述,可将共生概括出下列五点特征:

(1)共生主体具有自然界(生物)和社会(人类)二元性(经济关系属于人类社会关系的一部分,故共生的社会性主体包括共生的经济性主体);

(2)共生研究并反映的是生物界、人类、人类和自然三个方面的共生关系及实际应用;

(3)共生主体内部和之间具有对立统一性,竞争与共生并存;

(4)共生具有互利性、偏利性和寄生性,因此,共生并非仅指互利共生,也不等于互利共生;

(5)共生体关系具有相对稳定性、非永久性特征。

二、生物共生说

1873年,德国植物学家德巴里(Anton de Bary)阐述"共生"现象时最早提出Symbiosis(共生)一词,指出"共生是不同生物密切生活在一起"。最早提出内生说的施姆贝尔(A. F. Schimper)1883年发现,绿藻和高等植物的叶绿体能自行繁殖分裂,在形态上与自由生活的蓝藻很相似,因而提出质体来自寄生的蓝藻的假说。Feank和Pfeffer在1885年和1887年分别提出,真菌与森林根部形成的菌根可能存在共生作用。梅林(Melin,1923,1925)以大量实验证实了真菌根的共生性。

20世纪60年代,电子显微镜下发现,植物的叶绿体与蓝藻(蓝菌)极其相似,叶绿体本身也含有DNA的核质(nucleoid)区,都有片层状结构。还发现,细胞器与细胞整体的关系与自然界的内共生现象非常相似。

1967年,美国国家科学院琳·马古利斯(L.Margulis)院士发展了俄国共生学派的细胞共生起源理论,提出了著名的线粒体(mitochondria)、叶绿体的内共生形成学说(Serial Endosymbiotic Theory),更强调合作、共生,认为生物进化的最主要过程是共生融合。《细胞进化中的共生》(*Symbiosis in Cell Evolution*)一书中,她从生态学角度指出共生的动态进化特征,认为共生是不同生物种类成员在不同生活周期中重要组合部分的联合。

被喻为"生物多样性之父"、"社会生物学之父"的哈佛大学威尔逊

(Edward Wilson)教授,通过对昆虫等研究,就群体共生现象进行了科学归纳,认为自然生物中存在群体寄生、群体偏利共生、群体互利共生三种现象。

三、共生起源说

共生起源说研究的是生物进化及其规律。“共生起源”一词英文 Symbiogenesis 由发现叶绿体源于蓝(绿)藻并提出共生起源假说的俄国植物学家梅里日可夫斯基(K. S. Merezhkovsky)在 19 世纪末提出。之后,批评共生起源概念的俄国植物学家额兰金(A.A.Elenkin)反而推进了人们对共生起源的理解,库佐波利延斯基(B. M. Kozo-Polyansky)发现并认为细胞的游动性源于共生,塔赫塔尖(A.L.Takhtadzhyan)认为进化过程有分离起源(segregogenesis)与综合起源(synthogenesis)两种,共生起源进化属于综合起源范畴。

共生起源说认为,共生是地球上复杂生物起源的关键。物种进化过程中,日益多样化的微生物逐渐形成了一系列共生关系,不同微生物在共生关系中发挥着不同作用,维持生存。这些共生关系逐渐发展成一个关系紧密的互利网络,每种微生物都好像是机器上的一个齿轮。最终,进化成了带有一层保护膜的整体,谓之细胞,其中微生物都成为细胞的一部分:线粒体、细胞核(nuclei)和核糖体(ribosomes)。

生物共生说和共生起源说揭示了自然界植物进化的规律,即不同有机体(生物体)具有共生性,其共存共生形成了更高一级生命系统,完成了有机体(生物体)向更高一层级进化。

四、互助说

从自然界动物进化角度研究共生的代表学说是互助(Mutual Aid)说。它揭示动物界和人类社会进化中互助所起的巨大作用,其意义不亚于从植物或其他微生物揭示共生的历史贡献。首先提出互助的是圣彼得堡大学院长、著名鱼类学家凯士勒(Karl Fedorovich Kessler)教授。他不否认生存竞争,但认为动物世界的逐步发展,特别是人类发展,受惠于互助之处远远超过互争。从动物进化视角进行共生研究的代表是俄罗斯地理学家、共生主义倡导者克鲁鲍特金（P.A.Kropotkin）。受凯士勒教授主张的启发，克鲁鲍特金对自然界动物的行为及规律进行了长期研究之后，在1902年伦敦出版商出版的《互助：进化的一个要素》（*Mutual Aid：A Factor of Evolution*，又名《互助论》）中，分别论述了蒙昧人、野蛮人、中世纪城市人和现代人之间的互助。他没有否认大自然中普遍存在的斗争和残杀，但同样注意到大自然中普遍存在的“合群性”、互助性，发现动物群居互助是生存竞争中最好的武器，互助作为一条自然法则，是进化的一个重要因素，认为动物世界的逐步发展，特别是人类的发展，受惠于互助之处远过于互争，主张凡是个体间竞争最小化，互助最大化动物种群，必定最昌盛。

生物共生说和内共生起源说不否定生存争斗现象的普遍存在性，同时肯定合作、共生的真实存在性和常态性，揭示了共生在生命进化中的推进作用。

五、其他学说

中国古代思想家就有体现共生相关的观点提出。流传中国三千余年的《易经》，是一部以“天人合一”倡导万物“共生”的东方哲学经典。《易经》六十四卦，卦卦涉及共生；其中十三卦，卦卦谈及共生。

《国语·郑语》言及西周末年思想家史伯“和实生物，同则不继”的主张。史伯解释道“以他平他谓之和”。“和”乃会聚不同事物而得平衡、统一。史伯认为，各种各样事物的平衡、统一，会产生新的事物，而事物的同一、重复，并不能推动事物的发展。强调各种不同事物共生相处，是事物发展动力的主张，反映了与共生观的一致性。

《荀子·王制》提出“群居和一”说：“人生不能无群，群而无分则争。争则乱，乱则离，离则弱，弱则不能胜物”。又说：“人何以能群？曰：分。分何以能行？曰：义。故义以分则和，和则一，一则多力，多力则强。强则胜物。”“分”，职责。“义”，道义。荀子认为，人类应当从事和群活动，才能避免争斗和动乱，才能使个体行动协调一致，产生巨大凝聚力。群居生活要以道义来明确职责，明确了各自职责，人们就能在道义范围内，各司其职，彼此和谐。万众一心多力，则能取胜。寥寥数语，言明合作共生的意义和方法。

西方历史上有主张人类互助合作共生的著名西方思想家，比如荷兰的格劳秀斯（Hugo Grotius）、德国的斯宾诺莎（Beruch Spinoza）、意大利的维可（Giouanni Vico）和英国的欧文（Robert Owen）。英国学者赫胥黎（Thomas H. Huxley）认为，将来人类进步，依靠内部增进各种合作，直到克服内部各种竞争。派克（Robert · E.Park）20 世纪 20 年代就提出过共生体系与共识体系的基本概念；日本国际建筑大师黑川纪章（Kisho Kurokawa）四十多年前认为，共生思想是即将到来的生命时代的基本理想，将成为 21 世纪的新秩序。他倡导的共生思想，对建筑学界、社会学界、经济学界及其他多领域产生了重大影响。尾关周二在《共生的理念与现代》一书中认为，从 20 世纪末到 21 世纪，“生存斗争”正逐渐让位于“共生”，主张生物界共生、人类世界共生、人类与自然共生。柯勒瑞（Caullery）和刘威斯（Leweils）分别在 1952 年和 1973 年提出共生、互惠共生、寄生和其他有关不同物种间关系的概念，并注入了超出生物学领域的更深刻的社会历史含义。

中国当代有众多关于共生的著作问世。萧灼基（2002）认为，共生现象不仅存在于生物界，而且广泛存在于社会体系之中，经济学上的共生就是指经济主体之间存续性的物质联系；《寻求超越点击经济逻辑》（瞿麦生，2004）从经济逻辑的理论体系构想视角，对经济共生逻辑进行了概念性探讨；《关联与聚集：影响东道区域产业竞争力的关键因素》（王传英，2008）借助交易成本函数和社会经济网络理论，剖析了跨国公司在产业集群中获得的集聚利益，以筹供关系为基础，对汽车产业共生集群现象进行了有针对性的分析；《共生构建说》（李思强，2004）对共生及其构建进行了系统研究；《社会共生论》（胡守钧，2006）从主体、客体、关系等多元角度，与生物共生相类比，对社会共生进行较全面的探讨；《企业共生论》（吴飞驰，2002）从企业共生角度对共生进行了系统研究；另外，《金融共生理论与城市商业银行改革》（袁纯清，2002）、《走向共生》（陈秋玲，2007）、《工业共生进化及其技术动因研究》（郭莉，2008）、《共生理论——兼论小型经济》（袁纯清，1998）等著作，分别涉及了经济领域的共生问题。

中国关于共生的论文越来越多，涉及教育共生、行业共生、产业共生、经济共生等诸多领域，最早介绍共生的论文当属《共生概念发展的历史、现状及展望》(洪黎民,1996)。

第二节　经济共生观与经济共生逻辑观

一、经济共生观

(一)经济共生现象

早在20世纪初,一位西班牙小伙子在美国举办的世界博览会上出售自制薄饼,生意不好。而相邻一个卖冰淇淋的商贩生意十分火爆,用来盛冰淇淋的纸杯很快用完了,需回家去拿。卖薄饼的小伙子见状,灵机一动,提议将自己薄饼卷成锥形,用来盛冰淇淋,卖冰淇淋商贩见该法不错,遂要了小伙子薄饼,没想到这种冰淇淋很被客商看好,卖得更火。结果作为竞争对手的两个商贩不仅共同获利,而且被评为"世界博览会明星"。这既是蛋卷冰淇淋的起源,又反映出经济活动中互利共生、合作双赢的经济共生逻辑观。

蛋卷冰淇淋的故事,仅仅是生产和经济过程中形成和存在的、众多互利共生、合作双赢关系的个案。从全球性的世界贸易组织(WTO)到地区性的亚太经合组织(APEC)、经济合作与发展组织(OECD)等,从世界贸易组织到欧盟(EU)到中国—东盟自由贸易区(CAFTA)、北美自由贸易区(NAFTA)、南部非洲经济体(SADAC)等,从国家级产业园到地方性产业园,从深圳特区、浦东新区到滨海新区,从环渤海经济区、武汉—长沙经济区到成渝经济区,从中国—埃及苏伊士特区到遍及世界各地的唐人街,从世界级研发、制造、服务基地到国家级、区域级研发、制造、服务基地,从人类经济与环保协调发展的生态型农业、生态型工业、生态型旅游业到生态宜居城等,从丹麦的卡伦堡生态工业园到中国海南国家生态工业建设示范园区、广西贵港国家生态(制糖)工业示范园区到天津经济开发区;从中关村电子一条街到天津鞍山西道电子一条街,从北京王府井、武汉汉正街、西安东大街、上海南京路到天津和平路,从天津的文化街、服装街、食品街、风情街到古玩街,从循环经济、低碳经济到产业共生,从城乡一体化到区域经济合作,构建和谐的劳资和外包关系，经济领域的共生现象比比皆是。

(二)经济共生概念及成因

(1)经济共生的概念

经济共生可理解为不同经济主体为了一定经济利益，在经济活动中形成的共生关系。袁纯清先生将经济共生理解为各经济主体在合理的度之下分享财富所形成的经济和谐关系。

所谓经济活动是指人们在一定的社会规则约束下通过一定的手段和方式获取物质财富的行为统称，也可理解为生产、交换、分配、消费活动的组织结构和运行方式。

经济共生与生物共生的不同点是，经济共生是人类经济活动中形成的关系，主体是人类。有别于自然界的其他动物、植物和微生物的是，人类有更聪明的大脑，能够更好地运用大脑思维和行为，更理性地减少来自内部和外界的阻力和冲突，更好地运用知识、经验、智慧优化资源配置，追求最大化经济利益和各经济共生体的利益平衡，预测经济领域的未来发展。

(2)经济共生的成因

经济主体选择共生的动因何在?

文化传统和共同价值观对经济实践有指导意义。“日月合一为易”是《易经》最重要思想之一，主张在平等条件下天地共生、万物共生、上下共生、朝野共生、国际共生。《易经》的相反相成观和佛教的对立统一观，都在解释经济主体共生合作的动因。

自然科学领域的重大理论和发现，总能对社会科学领域产生传导效应；一个领域某项理论成就和发现，往往能对同一领域的其他方面研究产生比照式、联想式思维效应。生物共生重大理论发现，对经济领域各主体选择共生实现生存发展，起着不可低估的暗示作用。

社会科学的重大发现对经济共生的选择也能产生正面的、积极的作用。互助论等社会科学研究发现，人类具有为了自身生存需要而合群抱团，互助共生的天然心理需求。经济主体为追求环境效益、经济效益和社会效益最大化，有必要共生合作，形成各类经济共生体。李嘉图的“比较优势”理论，成了世界贸易组织这一全球最大经济共生体诞生的理论基础。基于可持续发展理论，鉴于全球气候变暖对人类生存构成威胁，由于国际社会作出了碳排放承诺和政府推出了低碳经济、循环经济等产业政策，关联企业、专业化供应商、服务供应商、金融机构、相关产业厂商、销售渠道、顾客、辅助产品制造商、基础设施专业供应商、政府及其他提供专业化培训、信息、研发、标准制定的机构、行业公会、民间团体等经济领域多元主体，被动地选择可持续发展的、新型经济共生体的建构。

经济进步动力源于大多数经济利益的可协调性而非冲突性。产业共生等理论指导下的产业共生体，实现了资源的更佳配置和经济生态协调发展，激发了各主体优化经济共生体的意识和行为。

基于20世纪发展起来的产业集群（industrial Cluster）理论、工业生态（industrial ecology）理论、循环经济（cycled economy）理论、产业共生（industrial symbiosis）理论，鉴于工业化国家普遍经历了产业集群的工业化过程，尤其是启动于20世纪60年代的世界上最早的工业共生系统——丹麦卡伦堡（Kalunborg）工业生态园的成功示范效应，越来越多的生态工业园（eco-industry park）出现了，它们选择遵循“回收—再利用—设计—生产”的循环经济模式。这种工业共生体（industrial symbiotant）作为经济共生体的一部分，直接快速推动经济社会的可持续发展。在中国，生态工业园是继经济技术开发区、高新技术开发区后的第三代产业园区。其中，海南国家生态工业建设示范园区、广西贵港国家生态（制糖）工业示范园区、天津中新生态区等项目堪为生态工业园的代表。

国内外部分相关理论和研究成果，也侧面说明了经济共生的成因。例如，图尔凯姆的《分工论》为经济体的合作动因提供了结构性分析。经济主体，无论基于故有的亲情、同情、依赖关系，还是敌对合作关系，出于生存目的，会选择合作路径，形成经济共生体。克鲁鲍特金《互助论》的合群互助作用远远大于争斗和残杀这一推动人类社会发展进步的规律，可从一个侧面解释，经济主体选择与其他经济体合作，形成经济共生体的原因。

综上所述，经济共生之所以存在，人类出于自身生存需要选择的合群抱团互助共生，经济主体对最大化效益的追求，以及可持续发展下新增长方式的产业升级调整，都为经济共生的选择提供了必要性；人类的理性智慧，社会经济利益的可协调性和人们成功的经济理论和实践经验,都为经济共生的选择提供了可能性。

形成经济共生体的动因大致可分为市场性动因和非市场性动因。可从动因的视角,将经济共生体大致分为两相情愿型、一厢情愿型、指定型、政策导向型四种。

(三)经济共生特征的结构性分析

经济共生反映的是一种经济关系,经济关系属于社会关系的一部分。相比植物界、微生物界和其他动物界,人类社会关系具有复杂性,涉及不同经济主体的经济共生关系同样具有复杂性。

研究经济领域的共生现象,首先应当找出研究对象,即经济共生体,研究与生物共生体的异同。然后根据经济共生体的特点,解释经济领域的种种现象,总结经济活动中一般共生思维,指导经济领域的种种活动。

下面从经济共生体的主体和客体两个方面,对经济共生进行结构分析。

经济共生的主体特征。

经济共生体是一个存在,是由不同经济主体构成的、从事具有经济内容的、相关经济活动的一个共生载体。经济共生体的主体为各种经济活动的行为人,其特征可概括如下:

(1)主体构成呈多元化,具有复杂性

经济共生体既有横向、平等的经济主体,又有纵向、不平等的经济主体。既有从事生产、流通、消费的主体,又有管理前述活动的主体(政府部门和依法授权的行业协会);既包括从事经济活动的群体,又包括从事经济活动的个体。从事经济活动的群体中,既包括各类企业,又包括事业单位、政府部门、社会团体和其他单位具有从事经济活动主体资格的部门;既包括从事经济活动的国内群体和个体,又包括从事经济活动的国外群体和个体;既包括有行为能力和主体资格的群体和个体,又包括限制行为能力和无行为能力和主体资格的群体和个体。国外群体中,既包括外国政府组织、非政府组织、外国企业、其他组织,又包括欧盟(EU)、阿盟(LAS)等地区组织和世界贸易组织(WTO)、世界旅游组织(UNWTO)等国际经济和贸易组织。国际经济组织既包括政府间国际经济组织,又包括非政府间国际经济组织。政府间国际经济组织成员既包括有独立主权的政府，还包括无独立主权的政府。从事经济活动的个体中，既包括受聘于某单位、某部门从事经济活动的国内外个体，又包括独立从事经济活动的国内外个体，也称为自由职业者。构成经济共生体的主体地位可能具有平等性（多指普通民事、商事主体），也可能具有不平等性（处于垄断地位和非市场因素主导的经济主体）。

国家和地区及之间的经济共生体诸如世界贸易组织（WTO）、经济合作与发展组织（OECD）、亚太经合组织（APEC）、北美自由贸易区和中国东盟自由贸易区（CAFTA）。

识别不同类型的经济共生体，可归纳各共生体的具体特点，对经济共生体对号识别，有针对性地就经济共生体面对的问题进行解析，提供选择性建议。

（2）经济共生的主体资格具有法定性

构成经济共生体的主体具有合法性要求（诸如企业工商登记、在核定范围内经营、涉及国家专营的取得主管部门批准、从事经济活动的个体有完全民事能力，哪些主体不得从事哪些经营等禁止性规定等）。不合法性可能适用经济共生体的所有主体，也有可能适用部分主体（即共生体内部某一主体资格不合法，如合法设立、存续并经营的企业聘用童工或未取得合法签证的外籍员工，行业协会与合法设立、存续并合法经营的企业和有民事行为能力的个人订立合作经营合同等）。

另外，经济共生体内主体或共生体违反法律规定的，形成和追求经济共生利益的权利，往往受到限制（如限制个人高消费和剥夺出国权利）或丧失（吊销营业执照）。概括起来，违反情形主要有违反法律法规、违反社会公共利益、损害第三人权益和未执行法院、仲裁机构到期裁判文书、裁决书和到期债权文书。

（3）经济共生体和共生体内部各主体的思维具有对立统一性

经济共生体和共生体内部各主体之间，经济共生体之间都具有对立统一的心理状态。经济共生体和经济主体相互之间，既有利益之争的竞争思维，又有追求经济利益最大化的合作内心驱动，均为了追求利益最大化。过程中发生利益冲突的，经济共生体的相对较弱一方具有更强的、维护和推动共同利益和更大利益，抵消冲突成本、损失的内在驱动力。

经济共生的客体特征。

经济共生的客体是指共生体主体共同指向的对象，可理解为共生体的利益面。这种利益面具有以下特征：

(1)经济共生客体具有多样性，合作互利共生是经济共生主体的永恒追求

如前述共生的特征一样，经济共生体形成和追求的共生利益有互利性、偏利性和寄生性，而且较生物共生形成和追求的利益复杂得多，但合作互利共生是经济共生主体的永恒追求。

《千里走单骑》电影情节涉及中国、日本两地，该电影剧组本可采用《北京人在纽约》、《李小龙传》等运作方式，将剧组搬迁到国外景点，现演现拍，仅形成剧组与演员和投资商共生体。但选择了将涉及日本景点的戏交由日本合作方打包完成的合作模式，在前述传统共生体基础上增加了剧组与日方合作伙伴构成的共生体，既分利于日方商业伙伴，又节约了中方成本，扩大了电影发行的市场份额，堪称合作共生、互利双赢的经济决策范例。

(2)经济共生客体具有相对性

该相对性是指经济共生体追求的、较生物共生利益复杂得多的互利性、偏利性和寄生性利益具有相对性。

具体而言，一个经济共生体的互利共生利益，并不等于是其他经济共生体的互利共生利益，例如欧盟对非欧盟的世贸组织成员进口的产品实施反倾销、反补贴、特保等措施。显然，贸易救济措施带来的利益对欧盟成员国互利，但对利益相对人即出口商和整个行业而言显然不是互利的，恰恰有害：欧盟共生体和贸易救济提起相对人的共生体之间，可能形成偏利共生，即仅对欧盟有利；或先对欧盟有利，最终双方俱损。另一相对性情形是，经济共生体的主体为了共同利益，恶意串通，损害第三人利益。

一个经济共生体的偏利共生利益，并不等于是其他经济共生体的偏利共生利益。例如中央政府与地方政府投资搞人才外包服务基地，并按参加培训的员工人数向所在企业补贴。该共生体中，中央政府投资而无经济利益回报，地方政府、参加培训的企业和个人受益，这属于偏利共生的客体，但

换回的是参加培训的企业和个人的互利、未来发包和接包单位的互利，以及最终中央政府与投资对象的互利。

一个经济共生体的寄生利益，并不等于是其他经济共生体的寄生利益。无行为能力者接受民政部门接济和福利机构的收养，对政府部门而言形成的是寄生关系，对整个社会的共生体而言显然不是寄生性的，对其他经济共生体而言具有偏利性，因为政府接济收养行为减轻了社会负担，他们受益了，同时政府因其善举与其他共生体形成了和谐的社会关系，最终使得政府受益，形成了另一互利的共生体。

另外，互利共生的利益，并非全部符合正义、公允良俗，并非符合法律、法规和社会公共利益，例如为经营黄色淫秽国外网站提供网络接入的服务商，为了分享经营利润，恶意串通，损害网络用户而形成的商业利益，又如因贩毒卖淫、贩卖军火形成的利益，这些共生客体本身就是违法的、负向的、有害的。

(3)经济共生的客体具有法律规定性

经济共生体的客体，即经济共生体形成和追求的利益受到法律规定的鼓励、允许或限制。经济共生的客体不合法的，必将影响其主体利益的实现。不合法的经济共生客体，主要由“当为而不为”和“不当为而为之”两大原因而形成。

常见情形是，与当地国有机构或企业联手对外投资之前，在投资决策期间，清楚地了解当地政府的产业政策和投资导向很重要，掌握哪些领域的投资经营被允许、被鼓励、被限制，就能避免投资决策的失败，避免前功尽弃，实现共同投资各方的共同利益。经济主体与其他方面开展经营活动过程中，违反了限制性、禁止性规定，未取得行政许可经营的或进入经营禁地经营的，即使共同开展的经营对共生体各方互利互惠，后果可想而知。又如，从事合法经营的主体与从事非法经营的主体，为了共同利益而开展投资经营，即使共同投资经营的领域具有合法性，可以肯定的是，共生体主体的非法性，导致该共生体的客体具有违法性，该经济决策必以失败而告终。

(4)经济共生的客体具有经济性、社会性、生态性的三重性

当今社会越来越强调企业的社会责任和环保意识。形成或追求经济共

生的利益时,既应考虑到经济共生体的盈利性,又应考虑到对社会和生态环境的正面或负面影响。

(5)经济共生的客体具有可转化性

经济共生形成或追求的利益可在一定条件下向另一方向转化。共生体的主体因受法律规定、产业政策、商业技能与道德培训、正面宣传等外力影响,可改变利益追求方向,将不合法的经营转化成合法的,从追逐经济利益的单一价值观转向追求经济利益、社会利益、环保利益并举。当然,这是正向转化的假设。在负面影响作用下,经济共生客体可能发生由正向负,由利向害的转化。从侧面反映经济群体和个体的可塑性和企业责任、社会责任、环保责任重塑的必要性。

(6)经济共生体具有非永久性

经济共生的客体具有的可转化性意味着,对经济利益的追求处于变化当中,利益不可能一成不变。出现情势变更或共生体主体反目,都可能导致共生客体的不存在,继而导致主体的不存在,最终经济体的不存在;另外,设定的有的利益是确定的,本来就有时限性。例如,为了中标某大型基础设施建设项目,成立了项目公司,招标结束后,无论中标与否,该项目公司就不再存续,公司的客体,即追求的中标利益自然失去了存在的必要。

(7)经济共生客体形成具有规律性

经济共生利益面的形成过程和难易程度虽不相同,但有规律。由实力相当、平等主体构成的共生体,其共生客体往往容易形成,且往往具有权利义务的对等性;经济共生体主体缺乏该基础,将可能形成不对等的共生客体,形成不平等的话语权,不平等的利益分配机制,不平等的合作共生意愿,还有难以达成的利益共享机制。

经济共生体主体的不对等性,往往构成经济共生体的形成、维护障碍和客体的形成维护障碍。形成共生客体意味着建立利益分配机制,维护共生客体意味着维持利益分配机制的稳定性,维护可期待利益的实现。共生客体的形成和维护障碍往往来自于强势群体或个体。弱者大多有自然而然的“共生”要求,对“共生”有天然的亲和性,而强者缺乏该心态和动力。塞尔维亚作为相对弱国,希望全力准备加入欧盟这一强势经济体,但经济强者和弱者的不对等性，使得形成共同利益的进程艰难：塞尔维亚预算，一切顺利的话，可望 2014 年成为欧盟成员国。又如，多哈回合自 2001 年启动，一谈就是 8 年。2009 年度 WTO 第七次部长级会谈仍无结果，就是因为旨在重新分配利益，形成新的经济共生客体的谈判涉及农产品补贴、工业产品关税降低等成员国的切身利益，而协商谈判的世贸组织成员国经济实力不对等。

（8）经济共生客体发展的适度性。

在法律规定的范围内，追逐自身最大利益的同时，兼顾经济共生体内部其他经济主体和其他共生体的利益，至少不违法，超过该度，共生客体即走了负向发展之路，经济共生体的发展不会持续，这就是共生客体适度发展观。经济过度发展造成资源能源浪费、生态污染、过快城市化触及土地保护红线，信息泛滥导致文化污染等，都是经济共生客体适度发展的反证。

（四）经济共生的基本结论和对实践的指导意义

了解经济共生的基本结论，可以形成对经济共生的一般性判断，有助于识别经济共生现象，有助于运用经济共生逻辑工具，为各类经济活动的有效决策、预测和经济研究提供参考。

（1）经济共生是一种经济现象，经济共生客体内部和之间存在互利性、偏利性、寄生性，满足一定条件时，三种共生态可相互转化。因此，一方面，应当运用共生逻辑，优化共生体，稳定共生体，使得共生客体具有吸引力；另一方面，应当根据不同而正当的利益追求，促成经济共生客体的“三利”正向转化。

（2）经济共生客体的互利共生、偏利共生、寄生关系，并非所有互利共生有益，也并非其他两个关系无益；互利共生客体在违法、垄断、损害其他共生客体时就具有非正向性、有害性的；在助残扶贫帮困的特定条件下，追求偏利共生具有正当性。因此，经济共生关系的客体本身和其他经济共生关系的客体具有互利性和合法性，且对包括某一经济共生体在内的所有共生体具有互惠互利性（至少无负向性、有害性）之时，经济共生体才具有稳定性和可持续性、发展性。

（3）为维持经济共生体内部各主体和经济共生体之间的利益平衡，与大自然、全社会协调发展，与弱势群体开展经济活动时，不能一味地追求经济活动的互利性，应重视在助残扶贫帮困的特定条件下追求偏利共生的正当性，有时需要构建偏利经济共生体，使得共生体中处于弱势一方多得。如处于不同发展阶段的国家政府地区形成经济共生体后，较发达的国家政府地区，往往会单方采取关税饶让、降低关税、减免贷款，免息贷款等方式，使经济体的较弱的国家政府单方得到利益，维持该经济共生体存续，实现共同发展；国家为了鼓励就业，为青年创业提供无息贷款，为下岗再就业职工提供政府补贴的培训，按人头向用人单位提供财政补贴；为优化人才供给结构，满足产业优化调整对专门管理人才和技能人才的需求，向政府人力资源外包或服务外包基地提供财政补贴。

(4)经济共生体的主体具有多样性、复杂性、法定性，具有既想追求共生利益最大化又想维持共生体稳定的双重心理；经济共生体内部和之间，会因生产、分配、消费活动中产生的外部效应而构成合作、竞争并存的心理状态。

(5)为了追求利益最大化，经济体形成时和维护过程中，经济共生体的相对较弱一方具有更强的维护和优化共生体，推动共同利益和更大利益以抵消冲突成本和损失的内在驱动力。

(6)经济共生主、客体具有法定性和限定性。因此识别经济共生体时，应有意识甄别其主体资格和经营范围的合法性与合规性；从事经济活动的选择时，应有意识注重共生体和共生体的主、客体的合法性、合规性，明确哪些当为，哪些不当为。

(7)经济共生体的走势具有可预测性。因此，可从共生体类型识别开始预测，到共生体主体构成的特点及合法性、客体的合法性、与外部需求的一致性、客体发展的适度性、共生体内外合法的互利共生的度、优化后不共生要素减少的度、共生体内部与共生体之间协调合作的度等方面综合分析推断。

(8)经济共生体具有非永久性。这要求共生体的经济主体具有预见性，发挥主观能动性，调整自己共生体的主体；共生关系能满足各方需求，才有动力维护该关系；经济共生客体长期不能满足共生主体各方需求的，便会失去维持共生关系的意愿，共生体内相关各方势必离开，共生体就不可能存续。应提高共生关系的产出效益,增加现有资源或创造新资源,借此优化客体,提升可持续发展动力,防患于未然;寻求合作伙伴的,应对照上述经济共生主体客体特征诸要素,对潜在合作伙伴的现状和趋势进行评估。

二、经济共生逻辑观

经济共生逻辑是关于经济共生体在经济决策、推理、解释、管理、经贸投资合作等经济活动和相关研究中选择和遵循的一般思维活动规律和方法。经济共生逻辑观认为,自然界生物(即动物、植物、微生物)以共生体为载体而生存和活动,存在互利性、偏利性和寄生性,与生物界一样,经济界主体同样以经济活动中形成的、存在互利、偏利和寄生关系的经济共生体为载体而生存和活动,经济活动中形成的经济共生关系既存在于经济共生体内部,又存在于经济共生体之间,具有共存性和可逆性,经济共生体内部及之间的共生关系会得到主动或被动维护、优化。

对实力相当、主体平等的经济共生体,应当直接追求动态的互利共生关系;对实力悬殊、主体不平等的经济共生体,应当先追求动态的偏利甚至寄生共生关系,然后在共生体客体的动态发展中实现向互利共生的最终转化。

经济共生逻辑具有普遍适用性。它归纳自经济主体的各种经济活动相关思维决策与推理过程中,又应用于经济活动相关思维决策与推理过程中,取于斯而用于斯,是先验性与后验性的统一。

经济共生逻辑方法,是从传统逻辑转化而来的一种非形式逻辑,是应用逻辑意识的体现。它的提出,适应了当代逻辑科学研究应用导向的时代要求,为进一步开发经济逻辑理论成果的方法论提供新路径,为逻辑应用方法论在逻辑基础理论与应用之间搭起了一座桥梁,促进应用经济逻辑意识、经济逻辑基础理论与经济逻辑应用三个层面的互动。

经济活动与之形成的经济关系涵盖面广,而演绎、归纳、类比经济共生思维规律方法过程中不可能面面俱到,因此,该逻辑方法运用对正确经济推理、经济管理、经济决策等活动具有参考性,而非决定性。结合常识、其他相关理论和工具,比照适用经济共生逻辑的,效果更佳。

第三节　经济共生逻辑的适用

一、经济共生逻辑适用范例

（一）黄豆玉米套种法的共生逻辑

小时候就了解玉米地里套种黄豆这种耕作法。道理是，黄豆根茎能生长出菌孢，对地产生的肥力足可替代钾肥，既多收一料黄豆，又壮了土地肥力，正向经济效益显著。时隔几十年，这种耕作法在农村仍然延续。

对该经济现象如何做逻辑解析？之所以将黄豆玉米套种称为经济现象，一方面是因为农耕是一种生产型经济活动，种什么如何种是经济决策过程；另一方面是因为投资了种子、农时等成本后，对农作物增收这一经济回报有期待，是生产活动中的一种心态；还有，该耕作的投资回报结果可影响下次耕作决策，这属于经济预测范畴。黄豆和玉米套种后，便形成了互利共生的经济共生体，所谓互利性，是因为两个共生体——种植户和玉米黄豆，还有黄豆和农田——都受益了：黄豆生长过程中根部产生根瘤菌，能够固定空气中大量的游离氮素作肥料，土地肥力增强了，为玉米生长提供了营养，生长中形成的地表植被，可涵收水分，疏松土壤，增加透气性，不与玉米争水肥的同时，还减少了杂草与玉米争水肥和阳光的难题，形成了耕作环节的良性循环；另外，种植户购买肥料的成本节省了，玉米丰收了。黄豆玉米套种法形成的良性循环效应，对种植户和土地共生体而言具有正向性。一直延续至今的该耕作法，堪为经济共生思维决策的经典案例。

（二）沼气池的共生逻辑观

近年来注意到，政府出资鼓励农村地区修建沼气池。利用人畜粪便发酵，产生的沼气作为清洁能源点火、烧饭、发电，利用人畜废物的同时也节省了燃气和用电费用，方便了人们生活，还减少了燃烧秸秆煤炭对环境造成的损害。沼气池与用户、粪便、政府形成的数个共生体产生共生互利的效果，且不对大气与沼气池等其他共生体产生负向共生效果。这就是为什么沼气池尽管天寒地冻时节发酵效果不佳，但其增加速度并未因此显著下降，已建沼气池数量也并不因此减少的经济共生逻辑原因。

（三）农村和农业发展模式和产业调整的共生逻辑

同样在部分农村和边远地区，近年来出现了招商引资，将高耗能、高污染企业请进本地，企业与当地形成了互利经济共生体：企业利用当地廉价土地、原材料、基建投资、劳动力获得更大利润回报（IRR），当地政府因企业引进拉动当地 GDP 增长和税收增加，当地劳动力和原材料得到就近利用，当地消费者得到更便利的产品消费。是否据此判断引进该项目的经济决策是正确的，是否可以预见，该共生体具有稳定性和可持续发展性？高污染企业致使当地空气酸化，工业废水污染当地土壤和地下水，致使当地住户身体不适甚至病变，高耗能企业与当地争能源，等等，致使当地政府被迫在经济增长、生态环保和民众健康之间痛苦抉择。

追求经济共生体内部和与其他所有共生体之间正向互利效应的经济共生逻辑观，对农村地区经济可持续促发展具有指导意义。越来越多深受"两高"之苦的农村和边远地区作出了另一经济选择，即关停高污染、高耗能企业，还当地一片蓝天和一湾清水，修复当地生态环境。然后开发生态农业和生态观光业，与当地附近城镇形成新的经济共生体：生态农业基地为附近城镇提供无污染、无公害绿色粮食蔬菜，农业生态观光园吸引附近居民前来休闲观光，体验田园生活，带来消费，带回无公害、无污染绿色蔬菜水果和其他农副产品，形成生态农业和生态观光业的互利共生体：业主投入有了显著收益，且不以环境污染、生态破坏为代价；观光客的休闲旅游以更经济的休闲游投资换回清新空气、休闲心情、健康食品。追求经济共生体内部和与其他共生体之间正向互利效应的经济共生逻辑观得以体现和实现。

该经济决策的正向性、示范性效应是显著的。未受"两高"工业污染的农村地区和边远地区，可如法炮制，构建上述生态经济共生体和共生关系；可以上述共生逻辑思维为指导，利用改善后的良好基础设施，良好自然生态环境，引进技术密集型、高科技、高附加值、环境友好型企业，建立互利共生的经济共生体，构建互利主导的、与共生体内部主体、其他共生体互利共生的良好关系。

(四)京津角力与合作:经济共生逻辑之视角

1997年3月,天津市党政领导率团访京,与北京市领导"双城会",对京津互利双赢的新型合作伙伴关系达成共识,签署了全面合作会谈纪要,共生"双城记"大戏开演了:经数年努力,京津两市正在实现共生互利双赢:天津成为北京奥运的协办城市,天津水滴成为2008年北京奥运会的分赛场;京津打造30分钟高速交通圈,城际高铁加快了京津同城化步伐,促进了交通、旅游、房地产和相关产业的互动发展;将本在北京举办的部分国际会展业务分给天津;天津滨海机场成为2008年北京奥运会主降机场之一,当年三十多万左右奥运官员、运动员、观众经由天津滨海机场前往京津,参加或观看奥运比赛;天津商业大学FIU合作学院500名学生参与了奥运餐饮等相关服务;京津旅游互动机制帮助京津走出了"金融危机"带给旅游业的困境。京津的互利共生也带动周边地区的联动发展:2004年2月,京津冀地区经济发展战略研讨会达成"廊坊共识",确定启动京津冀区域发展总体规划和重点专项规划编制,共同构建区域统一市场体系,消除壁垒,扩大相互开放,创造平等有序竞争环境,推动生产要素自由流动,促进产业合理分工;廊坊清算系统提升了该地区支付效率;天津与石家庄、太原等十几个城市合作建成无水港,优化了天津与周边地区的经济共生体。追求互利双赢的共生关系,使得京津"双城记"大戏精彩上演,精彩落幕。

而在20世纪末,京津两大城市还上演过两幕竞争共生、零和互损的"双城记"大戏。一幕是1989年,北京在天津港吃不饱的情况下,无视不利自然条件,投巨资与河北唐山合作建京唐港;另一幕是1990年,当时国家计委拟在京津兴建一个30万吨乙烯生产基地。按国际惯例,只有60万吨以上才可能有效益。面对该大项目,京津两地展开争夺,各不相让,最终国家计委各不得罪,批准两市各建一个15万吨项目,结果谁也不受益。一方有利就是对另一方不利的竞争共生意识导演了这几场"角力"大戏,结果两败俱伤。

(五)城乡统筹发展的共生逻辑

中央政府为了统筹城乡发展,提高人民生活水平,逐步消除城乡差别,实现城乡共享社会经济发展成果,在农村地区实行了"三减一补"、支农惠农等政策，取消了针对农业和农民的四项税收和其他负担。与1999年相比，2006年一共减轻农民负担1250亿元；对农民实行多项生产性直接补贴。2006年补贴309.5亿元，以后年份补贴科目和金额继续增加；加大了对农村基础设施建设的投入，加快解决农村人口饮水安全问题，发展农业水利、农村交通、电力和沼气；大力发展农村教育、卫生、文化等社会事业，政府新增的这方面事业经费主要用于农村；在全国范围普遍建立农村最低生活保障制度，着力保障农村贫困人口和农民工等特殊人群的权益。

政府为了统筹城乡发展，提高人民生活水平，逐步消除城乡差别，实现城乡共享社会经济发展成果，保障人人老有所养，解决老农保制度"集体补助落空，政府财政支持和保发放缺位，保障水平低，保障机制弱"以及不适应人员流动、户籍变迁、老龄化保障等诸多问题，以现行企业职工基本养老保险制度为基本模式，在个人缴费，集体补助，政府补贴保发放的基本原则下，以政府为主体建立起"保基本、多档次、广覆盖、相衔接、可持续"的新型农村社会养老保险制度。参保人员按规定履行缴费义务，年龄达到男60周岁、女55周岁及以上、缴费满15年及以上的，可按月享受养老金待遇到终生，待遇还将适时调整提高，死亡后可获得丧葬费和抚恤金。

为解决农民工养老保险不能"全国漫游"和过度依赖土地养老的问题，国务院2009年12月22日召开常务会议，决定实施全国统一的城镇企业职工基本养老保险关系转移接续制度。这就意味着，2.3亿农民工中参加城镇企业职工基本养老保险的人员，从2010年开始，即可跨省就业时随同转移基本养老保险关系，并在参加续费满15年后按月领取养老金到终生。据安排，将实行全国统一保险账号，接转农民工的养老保险、医疗保险、工伤保险等所有险种。另外，中国政府在各地推出农村大病统筹医保政策，为农民提供了基本医疗保障。

国家以行政拨款、减税等形式推出多项支农惠农政策和新农村建设，与农民和农村形成偏利共生关系，使得一方直接受益，同时又使城乡共生体和政府国民共生体更加稳定、关系更加和谐、经济社会更加发展，是共生逻辑在农村经济决策中的体现，是"科学发展观"在农村工作中的实际运用。

(六)世界最大经济共生体的发展选择

自1947年开始,国际经济领域就出现了与联合国并行的、与世界银行(World Bank)和国际货币基金组织(IMF)形成“货币—金融—贸易”三位一体的国际性贸易组织关贸总协定(GATT),从关税饶让,取消贸易壁垒为目标,促进国际间商品、服务自由流动和投资。从GATT到世界贸易组织(WTO),这两个国际贸易共生体,先后作为全球最大经济共生体,确实为各个成员和其他方面带来了正向利益。无论GATT还是WTO,其成立都体现出全球经济共生理念。就主体而言,WTO共一百五十几个成员,既有主权国家,又有非主权政府;既有大国,又有小国;既有发达国家、发展中国家,又有不发达国家和最不发达国家。主体具有多元性和不均等性。

在WTO共生体内部,一方面,WTO成员可依照世贸组织原则,开展互利双赢的商品贸易、服务贸易、国际投资;一个WTO成员争取到针对别的WTO成员的利益,该利益同样适用其他成员。这反映该共生体的互利共生共存性。WTO共生体的客体具有互利共生的价值取向。

另一方面,出口商或投资商破坏或怀疑损害经济贸易投资领域合作双赢的利益的,进口国可依照世界贸易组织赋予的贸易救济措施,对进口产品和服务提起反倾销、反补贴,启动特别保障措施,侵害出口国产业和企业利益;WTO成员企业、组织可滥用世界贸易组织平台,以倾销、政府补贴等不正当竞争方式开展商品和服务贸易,对进口国的相关产业和市场造成干扰和实质性损害,转而形成偏利共生体。

国际贸易组织在日内瓦刚刚结束的第七次部长级会议,旨在利用该共生体平台,运用WTO规则,就取消降低农产品、非农产品补贴、工业品减税、知识产权贸易举行构成多哈回合一部分的多边谈判,旨在建立在WTO成员间重新分配国际贸易利益的新机制。WTO召开部长级会谈,是在维护并优化该共生体的客体,使得WTO这一利益共生体通过调整机制,使自我关系的修复理顺过程,具有可持续发展前景。

在世界贸易组织和其他组织之间,例如世界贸易组织(WTO)与北美自由贸易区(NAFTA)和中国东盟自由贸易区(CAFTA)之间,正在形成世界贸易组织倡导的多边贸易体系(MTS)和部分地区实现的区域贸易自由化

(FTA)并存局面。如何看待 WTO 共生客体 MTS 和其他区域经济共生体的共生客体 FTA 之间的关系?

FTA 是 WTO 共生体之外的组织,因此探讨两者之间的关系,就是探讨一个共生体与其他共生体之间的逻辑关系和处理问题。

FTA 给当地国带来的利益远大于 WTO 所能带来的,这就是在 MTS 存在并倡导的情形下产生 FTA 的主要原因。关贸总协定第 24 条规定:通过自愿签订协定发展各国间经济一体化,对扩大贸易自由化有好处。该 24 条确立了 FTA 与 MTS 共存的互利共生法律基础,追求互利共生,是经济共生体存在和发展的动力。相关成员追求的是 FTA 与 MTS 互利共生的现实存在,而不是可能。实际上,各地区倡导并形成的 FTA 和 WTO 的 MTS 体系肯定有冲突的可能。调整 FTA 共生体客体,减少、避免 FTA 与 WTO 利益冲突,是两者互利共生,长久持续的思维方式。

应当适用同样的逻辑方法应对 WTO 正面临的偏利共生问题。面对各成员国经济困境,多哈回合谈判艰难,提高技术标准和检疫检验等非关税壁垒等,贸易保护主义在抬头。世贸组织的数据显示,从 2008 年 7 月到 2009 年 6 月,世贸组织成员共报告了 217 项反倾销调查措施,同比上升 15%,这构成对世界最大经济共生体稳定和发展的挑战,需要运用经济共生逻辑思维校正这一负面经济关系偏差。世贸组织总干事长拉米(Pascal Lamy)2007 年 8 月 17 日在吉隆坡会议上题目为《全球化贸易趋势与面临的大事》的演讲中呼吁,抵制贸易保护主义抬头趋势,实施 WTO 成员间和成员内部之间贸易利益的公平分配,寻求稳定的多边贸易体系。WTO 成员应重视贸易利益在成员国之间和成员国内部均衡分配,成员国内部应通过税收、投资等方式实现再分配,分享国际多边贸易发展的利益。

二、经济领域热点问题的经济共生逻辑解读

从经济共生的主体、客体两维度,对经济领域共生现象问题进行识别、解析、推理、决策、预测,是经济共生逻辑思维的方法论。实践中,应考虑到经济共生主、客体的法定性,主体的多元性、客体中互利、偏利、寄生三种共生存在形式及其辩证关系(即共生形式可转换性的外部作用),经济共生体

追求合作互利共生和稳定发展的本质特征,经济共生体内部及之间的辩证共生关系,尤其是经济共生体与生态环境之间的和谐共生、协调发展关系。

（一）如何看待中国和世贸组织其他成员的利益冲突？如何应对国际社会接二连三针对中国的反倾销、反补贴和特保？

中国在国际平台上与世贸其他成员形成了全球性经济共生体。该共生体形成的经济关系具有互利性还是偏利性,要依当时具体经济局势而决断。按照经济学家李嘉图的“比较优势”论,正常经济贸易情况下,中国和其他世贸成员订立合同时形成的是互利共生关系。合同订立后,如果对方国内经济恶化导致国内消费空间压缩和消费者更多选择购买物美价廉的“中国制造”(哪怕是中国境内的外商独资企业或中外合资企业制造),如果汇率变化对进口国不利,如果中国企业技术升级引发产能提高和产品价格下降,都可能导致出口产品更廉价或出口订单大量增加,这会给进口国生产、销售同类产品带来不利影响,导致失业率上升和社会不稳定。这实质上导致了该共生体向偏利共生关系的转换,对进口国产生逆向有害的偏利后果。进口超过一定程度,或进口国政府国内压力超过某临界点后,受损进口国利用WTO允许的规则,采取贸易救济措施,于法有据。

发展互利共生关系,符合中国和其他世贸成员的共同利益。中国产品和服务需要海外市场,开拓海外市场会发生不菲的成本。采取“以牙还牙”竞争共生逻辑观,采取对等贸易救济或贸易报复措施,不利于经贸共生体的可持续发展,可能导致共生体可期待利益的丧失,以致共生体解散,海外市场退出。

因此,注重并评估国际经济共生体的互利共生的本质特征和要求,加大进口国对中国的出口额、中国在进口国更多投资、控制中国出口额增加、汇率战略性调整、制定价格战略以改变中国出口产品价格偏低局面,等等,都可让利于进口国,均衡共生体内部利益,减少来自国内的压力。

（二）如何看待强强联合？

强强反映的是经济主体实力强的特征,强强联合体现的是新共生体的形成、维护或升级。

新共生体的目的和结果都是整合经济实力强主体的优质资源。在市场经济条件下，经济主体自主联合，形成新的共生体，只要共生体客体保持合理的度，即形成对己的互利共生关系对其他共生体不产生偏利结果，即只要不形成仅对自己共生体受益，其他共生体和主体均受害的后果，靠“看不见的大手”，即市场自我调节即可。但，强强联合的结果往往导致共生体的客体超过合理的度，占领过多市场份额，形成垄断，威胁到其他同类共生体的生存和整个经济发展，这时就得靠“看得见的大手”，即政府介入了。

（三）城管部门如何管理城镇的流动小商贩？

城镇流动小商贩和当地形成了事实上的偏利共生的共生体。作为当地经济共生体中的弱势主体，他们对城镇共生体更具依赖性，小商贩本应得到政府和其他经济主体的照顾。作为和城镇经济共生体形成管理关系的城管部门，存在两难抉择：允许小商贩当街摆摊，与其职责相冲突；不允许其摆摊，又与小商贩依靠该共生体谋生（生存权）的利益相冲突，这实际上是管理权和生存权、公权与私权的冲突。

在科学发展观指导下，中国现在正在构建和谐社会，也就是全社会大经济共生体内部包括个体在内的每个主体都能得到互利共生的经济地位（至少相对而言），该共生体下社会财富能更均衡分配。在缺乏其他经营之道和救济渠道条件下，堵截他们，不让他们流动摆摊，必将影响他们在大经济共生体的利益，甚至生存权。

确保基本的生存权，同时不致影响城管部门执行职务，是解决之道。办法一，变堵为疏，允许在不影响交通市容的特定时间，特定地点流动摆摊；办法二，建固定设施，变流动摊贩为固定摊贩，补贴启动费，并在一定时间适当减免税费；办法三，发动社会各方面资源，为流动小摊贩安排其他生存之道（这恐怕有难度）。可以看出，治理流动小摊贩不仅仅是行使管理权，也不仅仅是某个政府部门职责。

北京2009年12月24日气温骤降，北京市政府联合有关部门，寻找沿街流浪、乞讨人员，劝其临时进驻救助站躲避严寒，政府买单安排食宿，对坚持露宿街头者，政府免费送保温棉衣被子。北京的该决策，有利于经济社会大共生体的稳定和谐，对弱势群体的善举也赢得了社会广泛肯定，堪称互利双赢。

（四）如何看待高房价问题？

住房所处的房地产业，形成了两大共生体：内部的共生体和与其他产业的共生体。房价偏高，对共生体内部而言是典型的偏利共生，而且基于房地产商和购房者的主体不平等性，这种共生模式没有可选择性，房地产商所处的强势地位无需与购房者议价，这使得该共生体的另一主体购房时感到不公而无奈。另外，高房价使得购房者和潜在购买房者减少了其他领域的消费预算，在对外出口受国际市场影响很难反弹的情形下，在信贷大量投入，投资杠杆几乎用尽后，拉动内需，启动国内市场消费成了不二的选择，高房价和购房者对高房价的预期，无不影响其他领域消费，直接影响其他产业的消费拉动，导致其他产业产能过剩，库存增加，停工休假，致使房地产业形成一方得利，其他产业未因房地产受益而受益，而是深受其害的偏利共生关系的形成。

为了国民经济健康发展，为了改变其他产业和房地产业的利益失衡、房地产商和购房者的利益失衡局面，应该调控房价了。

（五）如何实现人个体经济利益最大化？

这是一个关于个体经济主体的策略选择的问题。

个体需要从事经济活动，融入经济生活中，在经济共生体中形成共生关系，这既是生存发展需要，也符合经济共生逻辑观的要求。

要成为经济共生体一部分，首先应考虑主体问题：是作为个体主体还是群体主体一分子，即自由职业者或个体经营者，还是应聘于某个单位。具体而言，选择成为自由职业者或个体经营者，应考虑跟哪个市场的哪个主体形成共生体，是单位还是个人？是国内的单位或个人，还是海外的单位或个人？某些领域的海内外的服务价格差异大，工作要求各异，选择海内外客户能获取的报酬和利益差异明显，很有开发海外合作伙伴的动因。发展国内客户为合作伙伴的，如何了解对方主体合法性和资信状况，更容易找到了解路径；发展海外客户为合作伙伴的，又如何了解海外对方的主体合法性和资信状况？相对有点儿麻烦。这里不去讨论如何了解，而是是否建立合作关系的决策逻辑，即为什么要了解？有的经营实体未经合法注册登记，不履行纳税义务，或没有从事某经营的权利能力，或资信状况不好，有赖账记录，或利用不平等合作地位、乘人之危、恶意欺诈，追求并维持与客户偏利共生状态。这些可能如不排除，即使做了合作的经济决策，就像是定时炸弹一样迟早要损害主体利益，能否保证个人合同利益先放一边。

受聘于某单位的，是企业、事业单位还是其他？企业的话，是国企还是私企？私企中是派驻海外企业还是内地企业？是中资企业还是外资企业？是做管理岗位还是技术岗位？不难理解，这些不同考虑会涉及不同的经济利益，产生不同的共生关系。

然后是合作或加入的共生体客体，无论是群体还是个体，对方经营的是合法的产品或服务吗？从事的是生产还是经营？是否值得干？是否有能力干？工作流程、企业文化、薪资标准等是否有吸引力？工作是否稳定？等等问题，决定合作或加入之前，这些关于潜在合作方的情况有必要了解全面准确。

有自己中意的合作对象，而且成功合作或入职的，应当考虑当为而为，不当为而不为之的原则，无论如何能干，无论如何值得干，都须在法律规定、企业规章规定、合同约定的范围内开展生产、经营、管理等经济活动，否则违法违约的代价可能已前功尽弃，而且有可能导致财产权利损失或人身权利剥夺。

生产经营活动中，除了构建与同事、资方、合作伙伴互利共生的和谐关系外，还应注意遵纪守法，遵守职业道德和禁止性规定，不损害其他共生体利益，不为了自身利益，不惜与合作伙伴或资方恶意串通，损害第三方利益，包括损害社会公共利益；也不应因无知而受到对方和第三方的恶意损害。

相反，还应树立并营销自己的品牌，用自己的诚信、勤奋、效率、合作、可塑性等美德赢得共生体内部和外部的认同，同时包括外语在内的技能和理论，提高层次，优化所处共生体，与其他共生体形成良好的生态环境（对于不处于优势地位的个体而言，基于先舍后得逻辑，往往起先构建有利于对方的偏利共生体，然后逐渐转型为趋于互利的共生体），走可持续发展之路。

实现个人经济主体利益最大化的共生逻辑路径是与本共生体和其他共生体构建、维护、优化互利共生关系，甚至稍稍有利于其他主体的偏利共生关系，而无论何时，不以损害、牺牲本共生体的其他主体或其他共生体的利益为代价。

【参考文献】

[1]瞿麦生：《关于经济逻辑学及其研究的基本构想》，《天津商业大学学报》2007年第1期。

[2]黑川纪章：《共生哲学》。

[3]胡守钧：《社会共生论》，复旦大学出版社2006年版。

[4]李思强：《共生构建说》（论纲），中国社会科学出版社2004年版。

[5]吴飞驰：《企业共生论》，人民出版社2002年版。

[6]《朗文当代英语词典》（第四版），外语教学与研究出版社2005年版。

[7]生物共生学说的发展与在其他领域的应用研究综述.经济学家网站：http://www.jjxj.com.cn，2006：11—3。

[8]邹振环：《影响中国近代社会的一百种译作》，江苏教育出版社2008年版。

[9]胡爱生、刘巧燕：《化学的抽象与抽象化学研究的思想方法》，《自然辩证法研究》1998年第1期。

[10]Mutual Aid：A Factor of Evolution，Kropotkin，P.A.，1919，William Heinemann，London.克鲁鲍特金：《互助：进化的要素》，商务印书馆1983年版。

后　记

《经济逻辑导论》，一部绽放群体思想火花，汇聚团队智慧光芒的开创之作！

三十年的艰辛探索，三代人的呕心沥血，由我来承担这承前启后之责，心中沉甸甸，肩上沉甸甸。唯恐辜负前辈与同行挚友的重托！

鲁迅先生说："世上本无路，走的人多了便有了路。"

在没有路的地方走出一条路来，谈何容易！走对了路就是丰功伟绩！

1983 年我们和陈孟麟、郑功伦老师一起成立了"中国经济逻辑研究会"，披荆斩棘，创出了一条经济逻辑研究的新路。

1984 年我们开始研究逻辑学的应用，从人的实践——说、写、做三方面着手，在中国逻辑与语言函授大学开设了"逻辑的应用"课，分说话与逻辑、文章与逻辑以及工作与逻辑三篇来讲。我的讲稿是"逻辑的应用——工作与逻辑篇"，越讲越受欢迎，于是成为一门独立的课程，讲稿拓展为专著《工作与逻辑》，1987 年 5 月北京大学出版社出版，被誉为"经济逻辑的奠基之作"，获得首届金岳霖学术奖，2004 年又获中国逻辑学会优秀学术成果奖。2006 年我主持本国家社会科学基金项目的研究，吸取国内外最新研究成果，广泛听取意见而独立完成课题的总体设计和申报，具体的开题写作阶段，又从整体的思路主线、指导思想、理论体系到各章具体的思路观点，都和执笔人进行了详细的沟通。在各章执笔者按设计的意图完成初稿后，我又按全书的理论体系，进行统稿，去掉重复内容、调整个别结构、融合风格、理顺、贯通全书。重点部分如本书的第一编的第一至第三章、第二编的第四、第五两章我都亲自撰写。我们的课题组成员在具体的研究攻关过程中,团结奋战,气氛和谐,优势互补,互相帮助支持,使本书智慧突显,水平突显,独具特色。为此,本书如果有什么不足、缺点、问题甚至错误,那是我的工作或水平问题,应由我来承担相关责任。

我要特别感谢本书的全体作者,这些夜以继日努力奋战的课题组成员——团队挚友和忘年之交们。首先要感谢的是,我的大师兄、令人佩服的“阿桂”,一位兼具辩证逻辑与科学逻辑双重眼光的武汉大学哲学院桂起权博导教授,在本书的经济逻辑方法论和辩证逻辑、科学逻辑的视角研究中表现出特有的才能。还有中央财经大学关珠副教授和中南财经政法大学张斌峰博导教授的博弈逻辑、经济语用逻辑和经济推理研究;天津财经大学刘明明教授的墨家经济逻辑思想研究;天津广播电视大学古文化教授和天津大学徐景中教授的经济思维确定性原则和论证性原则研究;安徽省社会科学院经济研究所沈跃春研究员的经济方法论与经济悖论关系研究;首都经济贸易大学吴坚教授和傅殿英教授的经济推理特征研究及经济逻辑方法论的逻辑意义研究;南京大学哲学系潘天群博导教授和他的学生季爱民的决策悖论研究。

在本书的作者中,尤其要感谢甘愿吃苦耐劳、严谨创作的青年才俊们:瞿彦、胡天军、丁亦岑、苗杨、杨岗营、葛亚军、张志宇、刘赏、朱立华、贺寿南、杨琪、唐文广、吕建武、闫乃权、杨渝玲。

《经济逻辑导论》是一部专著,不是论文集,它受着篇幅和本书理论框架体系和思路主线的限制,原来作为2006年国家社科基金项目“经济逻辑研究”阶段性成果独立发表过的46篇论文,许多都未吸纳到本书中来。另外,鉴于国家关于课题申报人员变化比例的限制,本书有的作者没参加申报,故未列结项书名单中。在此,对大家的辛勤工作一并表示衷心感谢!

特别感谢诺贝尔经济学奖获得者罗伯特·奥曼(robert j.aumann)和模糊逻辑创始人扎德(Zadeh L.A.)对我们经济逻辑研究的热情支持。衷心感谢我应邀赴中国香港、台湾及韩国、日本、德国、澳大利亚、瑞典、挪威、丹麦和芬兰讲学及学术交流时,校方的盛情邀请、热情款待和学术界朋友的诚挚帮助和支持。

衷心感谢我们最崇敬的全国人大副委员长、中国民主建国会原主席成思危教授，中国逻辑学会副会长蔡曙山博导教授和副会长何向东博导教授，在百忙中拨冗为本书亲自撰写序言并给予高评与指教！

感谢中国民主建国会中央办公厅，特别是王慧仙副主任和天津市委欧成中主委及市委办公室同志的热情帮助和支持。

感谢中国逻辑学会的全力支持，没有他们的支持，便没有我们经济逻辑兴旺发达的今天。

感谢三十年来，一直指引、扶持我们经济逻辑研究的逻辑学界老前辈周礼全、杜岫石、吴家国、诸葛殷同、刘培育、郑功伦、欧阳中石等先生。

感谢给本研究提供各种优惠条件、热情指导、周到服务和坚决支持的天津商业大学校长刘书瀚教授等领导及科研处、学报编辑部的诚挚帮助。

本书的出版得到人民出版社社领导的大力支持，特别是责任编辑的热情洋溢、积极认真的辛勤工作，在此表示最诚挚的感谢。

最后，特别感谢我的父母，是他们护佑我克服重重困难完成了此书，是他们给了我：积极进取的思想，宽阔的胸怀，强健的体魄，百岁的榜样！

瞿麦生

2013 年 8 月

于天津商业大学

责任编辑：娜　拉
装帧设计：刘菁华
责任校对：张吉利

图书在版编目（CIP）数据

经济逻辑学导论/瞿麦生 著. -北京：人民出版社，2013.8
ISBN 978-7-01-012423-0

Ⅰ.①经…　Ⅱ.①瞿…　Ⅲ.①经济学-逻辑学　Ⅳ.①F0-05

中国版本图书馆 CIP 数据核字（2013）第 181651 号

经济逻辑学导论
JINGJI LUOJIXUE DAOLUN

瞿麦生　著

人民出版社 出版发行
（100706　北京市东城区隆福寺街 99 号）

环球印刷（北京）有限公司印刷　新华书店经销

2013 年 8 月第 1 版　2013 年 8 月北京第 1 次印刷
开本：710 毫米×1000 毫米 1/16　印张：33.75
字数：497 千字

ISBN 978-7-01-012423-0　定价：67.00 元

邮购地址 100706　北京市东城区隆福寺街 99 号
人民东方图书销售中心　电话（010）65250042　65289539